STEVE JONES

DARWINS GARTEN

STEVE JONES

DARWINS GARTEN

Leben und Entdeckungen
des Naturforschers Charles Darwin
und die moderne Biologie

Aus dem Englischen von Michael Bayer,
Anne Emmert und Hans Freundl

Piper
München Zürich

Mehr über unsere Autoren und Bücher:
www.piper.de

Die englische Originalausgabe erscheint 2009 unter dem Titel
»Darwin's Island« bei Little, Brown Book Group, London.

FSC
Mix
Produktgruppe aus vorbildlich
bewirtschafteten Wäldern und
anderen kontrollierten Herkünften

Zert.-Nr. GFA-COC-001298
www.fsc.org
© 1996 Forest Stewardship Council

ISBN 978-3-492-05213-9

Gesamtherstellung: Kösel, Krugzell
Printed in Germany

Inhalt

Darwins Garten 7

Kapitel Eins
Der Orang-Utan der Königin 23

Kapitel Zwei
Der grüne Tyrannosaurus 67

Kapitel Drei
Angst und Freude 103

Kapitel Vier
Der Triumph des Geistesadels 147

Kapitel Fünf
Der domestizierte Affe 183

Kapitel Sechs
Die denkende Pflanze 221

Kapitel Sieben
Ein perfekter Vogel 253

Kapitel Acht
Wo die Biene schnuppert 291

Kapitel Neun
Wenn die Würmer am Werk sind 319

Darwins Garten 357

Literatur 393

Darwins Garten

Wie heute jedes Schulkind weiß, beobachtete Charles Darwin die Finken auf den Galápagos-Inseln, als er sich während seiner Reise mit dem Expeditionsschiff *Beagle* mehrere Monate dort aufhielt. Auf jeder Insel gab es eine eigene Finkenart, und Darwin fand schnell heraus, dass sie alle von einem gemeinsamen Vorfahren abstammten; sie waren ein Ergebnis der Evolution. Gleich nach seiner Rückkehr legte er seine Theorie in dem Werk *Die Entstehung der Arten* dar, in dem er nachwies, dass der Mensch von den Schimpansen abstamme. Indem sie das Überleben der Stärksten und am besten Angepassten fördere, habe die unerbittliche Natur dafür gesorgt, dass das Unvollkommene ausgemerzt werde, und durch den Aufstieg des *Homo sapiens* an die Spitze des evolutionären Stammbaums habe sie ihr angestrebtes Ziel erreicht. Geplagt von Schuldgefühlen darüber, dass er die Lehren der Kirche ersetzt hatte durch eine freudlose Vision des Menschen als eines rasierten Primaten in einer amoralischen Welt, habe sich Darwin aus der Öffentlichkeit zurückgezogen. Er bereute seinen Frevel auf dem Sterbebett und wurde zu Grabe getragen als ehrenwerter, aber fast vergessener Gelehrter, der sein Werk – wie so viele andere berühmte Wissenschaftler – bereits als junger Mann vollendet habe.

Diese Vorstellungen haben nicht viel mit der Wirklichkeit gemein. Darwin war kein angestellter Naturforscher, sondern er bezahlte seine Reise als Begleiter des Kapitäns der *Beagle* aus eigener Tasche. Während der fünfjährigen Reise verbrachte er nur fünf Wochen auf Galápagos, und davon nur die Hälfte der Zeit an Land, und besuchte nur vier der rund ein Dutzend Inseln des Archipels. Er zeigte nur geringes Interesse an seiner Finkensammlung und verwahrte sie achtlos in einer Kiste, ohne festzuhalten, woher die Exemplare stammten, denn viele der berühmten Vögel kamen auf mehreren Inseln vor, nicht nur auf einer. Es vergingen zwei Jahrzehnte bis zum Erscheinen der *Entstehung der Arten* (ein Werk, in dem der Ausdruck »Evolution« nicht ein einziges Mal vorkommt). Der Ausdruck »Survival of the Fittest« (das Überleben der bestangepassten Individuen) stammt nicht von Darwin, sondern wurde von dem Philosophen Herbert Spencer geprägt als zusammenfassender Begriff für die natürliche Auslese, das Herzstück der Evolutionstheorie. Bereits ein Jahrzehnt vorher hatte Tennyson die blutigen Fänge und Klauen von Mutter Natur bemüht, jedoch nicht als Umschreibung einer Theorie über das Leben, sondern im Zusammenhang mit der Trauer um den Tod eines Freundes. Die Evolution besitzt kein Endziel, dem sie zustrebt, und der Mensch stammt nicht vom Schimpansen ab, wenngleich beide einen gemeinsamen Ahnen haben (ein Gedanke, mit dem sich Darwin erst ein Dutzend Jahre nach dem Erscheinen der *Entstehung der Arten* eingehender beschäftigte). Auch die Kirche arrangierte sich nach kurzer Zeit mit seinen Ideen, da diese keine Auswirkungen auf die Religion haben, wie die Kirchenmänner schnell erkannten, und das angebliche Bekenntnis auf dem Sterbebett ist schlicht eine Fälschung (allerdings trifft es zu, dass der große Naturforscher in der Westminster-Abtei beigesetzt wurde, wo er noch immer ruht und Scharen von Touristen achtlos an seiner Grabstätte vorbeilaufen).

Der am weitesten verbreitete Irrtum ist die Annahme, die Reise auf der *Beagle* habe das Ende von Darwins wissenschaftlicher Karriere dargestellt. In den vier Jahrzehnten Lebenszeit, die ihm noch verblieben, nachdem er 1836 aus der weiten Welt heimgekehrt war, arbeitete der Begleiter von Kapitän Fitzroy mindestens ebenso eifrig und engagiert wie als junger Mann. Er kaufte das südlich von London gelegene Down House in dem gleichnamigen Dorf (dessen Name auf Betreiben der Post ein Schluss-e erhielt, was Darwin jedoch beharrlich ignorierte). Anfangs erschien ihm das Haus als langweilig und eher unattraktiv, doch nach kurzer Zeit wurde es, nicht zuletzt mithilfe seines beträchtlichen Vermögens, zu einem großen, bequemen Landsitz ausgebaut. Darwin wurde in seinem Heimatland sesshaft und kehrte ihm nie mehr den Rücken: ein treu sorgender Mann und Vater, der ungern seinen weitläufigen Garten verließ, außer für gelegentliche Reisen zur Überprüfung seiner Theorien und bisweilen auch, um Besserung seiner angegriffenen Gesundheit zu suchen. Viele Jahre, nachdem er Down House bezogen hatte, schrieb er mit einer gewissen Befriedigung: »Wohl nur wenige Menschen haben ein zurückgezogeneres Leben geführt als wir … Mein Leben läuft ab wie ein Uhrwerk, und ich richte mich aus auf jenen Augenblick, in dem es endet.« Großbritannien war die erste und die letzte der vierzig Inseln, die er besuchte, und ihre Pflanzen und Tiere beschrieb der Patriarch von Down House wesentlich detaillierter und ausführlicher als jene, die er andernorts gesehen hatte. Seine Heimat Kent war für ihn viel eher ein Ort der Entdeckungen als der Dschungel am Amazonas oder die karge vulkanische Landschaft der Galápagos-Inseln. Auf den britischen Inseln erwarb sich Darwin seinen wissenschaftlichen Ruf.

In diesem Buch geht es um den verkannten Darwin, die berühmteste Persönlichkeit auf dem Gebiet der Biologie, und um seine jahrelangen Forschungen über die Pflanzen, Tiere und Menschen in seinem Heimatland. *Origin of Species* ist zweifellos das berühmteste Werk der Naturwissenschaft. Im Jahr 2009 jährt sich sein Erscheinen zum 150. Mal (und

2009 ist auch der 200. Geburtstag seines Autors), doch allein an dieses Opus magnum zu erinnern, wäre ebenso töricht, als würde man Shakespeare nur als Autor von *Hamlet* feiern. Das Lebenswerk des großen Naturforschers erscheint wie ein paradiesisches Archipel an Informationen, eine Fülle von miteinander verbundenen Beobachtungen, die zusammen ein harmonisches Ganzes ergeben. Er schrieb rund sechs Millionen Worte, niedergelegt in neunzehn Büchern, Hunderten von wissenschaftlichen Aufsätzen und unzähligen Briefen, rund 14 000, die erhalten geblieben sind. Zwar konnte er – wie aus einer Bemerkung von Alfred Wallace Russell hervorgeht, der ihn dazu gebracht hatte, die *Entstehung der Arten* zu schreiben – sein Opus magnum nie fertigstellen, sein »großes Arten-Buch«, doch ein Großteil von dessen geplantem Inhalt wurde im Laufe von Darwins Leben in einer Reihe eigenständiger Werke veröffentlicht. Durch Darwins engagiertes Wirken entwickelte sich die Biologie zu einem einheitlichen Theoriegebäude, das auf der großen Idee einer gemeinsamen Abstammung fußt, auf dem Gedanken der Evolution. Die Werke, die in Darwins komfortablem Arbeitszimmer entstanden, wurden zu Führern, die einem gänzlich neuen Wissenschaftszweig einen Sinn gaben und ermöglichten, einen Weg zu finden durch ein bislang unerforschtes Labyrinth aus Untiefen, Riffen und entlegenen Gärten des Wissens, die wie eine Ansammlung vermeintlich unzusammenhängender Fakten erschienen.

Die *Entstehung der Arten* war im Grunde lediglich der Auftakt zur wissenschaftlichen Karriere eines großen Mannes. Es ist gleichermaßen eine Reportage und eine Forschungsarbeit. Die meisten seiner übrigen Veröffentlichungen beruhen dagegen auf eigenen Beobachtungen und Experimenten und befassen sich mit unverkennbarer Begeisterung mit Aspekten der Natur, die auf den ersten Blick fast nichts miteinander zu tun zu haben scheinen. Darwins heimische Werke, wie man sie nennen könnte, umfassen folgende Bücher (in der Reihenfolge ihres Erscheinens und mit verkürzten Titeln angegeben): *Monographie der Rankenfüßer* (in vier Bänden), *Orchideen und Insekten, Das Variieren im Zustande der Domestikation, Die Abstammung des Menschen, Ausdruck der Gemütsbewegungen, Insektenfressende Pflanzen, Kletternde Pflanzen, Kreuz- und Selbstbefruchtung, Blütenformen an Pflanzen, Bewegungsvermögen der Pflanzen* und *Bildung der Ackererde durch die Tätigkeit der Würmer.* Die *Entstehung der Arten* enthält nur eine einzige Illustration, die meisten übrigen Werke sind dagegen voll mit Strichzeichnungen, Stichen und Bildtafeln, insgesamt fast fünfhundert (wovon einige auch im vorliegenden Buch wiedergegeben werden). Der *Ausdruck der Gemütsbewegungen* war zudem eines der ersten wissenschaftlichen Werke, die mit Fotos illustriert wurden.

Ein Großteil seines literarischen Werks zielte auf ein breites Publikum und war in verständlichem, klarem viktorianischen Stil verfasst. Im Jahr 1865 schrieb Darwin an Thomas Huxley: »Bisweilen will es mir scheinen, als seien allgemeine und für jeden verständliche Abhandlungen für den Fortschritt der Wissenschaft von fast ebenso großer Bedeutung wie die eigentlichen grundlegenden Werke.« Charles Darwin war somit der erste populärwissenschaftliche Autor – was auch sein Verleger erkannte, der für die *Entstehung der Arten* ähnlich viel Reklame machte wie für das durch und durch von viktorianischem Geist geprägte Werk *Self-Help* des bekannten Sozialreformers Samuel Smiles, das am selben Tag erschien. Auch dem Autor war das große Interesse der Öffentlichkeit für dieses Thema nicht entgangen, denn er war einer der ersten Vertreter seiner Zunft, der vom Verlag einen Vorschuss verlangte, bevor er sich an den Schreibtisch setzte. Im Unterschied zu den meisten seiner Nachfolger besaß er so gute Fremdsprachenkenntnisse, dass er einige der Grausamkeiten aufdecken konnte, die seinen Manuskripten von den Übersetzern angetan wurden, und er grübelte ausgiebig darüber nach, wie sich sein zentraler Begriff »natural selection« am besten ins Französische oder Deutsche (»natürliche Auslese«) übertragen ließe

In diesem Buch versuche ich, Darwins Schriften auf die heutige Zeit zu beziehen und den bedeutendsten Biologen der Welt im Kontext der heutigen Forschung zu verankern. Sein schriftstellerischer Kanon ergibt nur einen Sinn, wenn man ihn als Gesamtheit betrachtet. Auf den ersten Blick besteht kein Zusammenhang zwischen den Themen, die er behandelte – Regenwürmer, Inzucht, Rankenfüßer, Pflanzenhormone, Domestikation, insektenfressende Pflanzen oder der Ausdruck von Freude und Verzweiflung bei Hunden, Affen und Menschen –, doch sie alle verbindet ein gemeinsamer Aspekt: Es geht darum, wie kleine Veränderungen im Laufe der Zeit zu großen Unterschieden führen können. Der Familienmensch Darwin sah keinen Unterschied zwischen den Kräften, durch die seine Frau und seine Kinder entstanden waren, und jenen, die an anderen Stellen des Universums wirkten. Wegen anfänglicher Bedenken über mögliche Risiken einer Heirat mit seiner Cousine führte er Experimente mit Blumen durch, und sein Interesse für die Gemütsbewegungen von Tieren brachte ihn dazu, die Gefühlsäußerungen seines kleinen Sohnes mit jenen von Hunden und Affen zu vergleichen. So sehr sich seine Kinder auch von diesen niederen Lebewesen unterschieden, waren sie doch alle aus dem Wirken der gleichen biologischen Kräfte hervorgegangen, sie waren das Ergebnis einer Evolution, einer »Abstammung mit fortwährender Abänderung durch natürliche Züchtung«. Diese Vorstellung und Darwins Bereitschaft, diesen Gedanken auch auf uns selbst anzuwenden, empörte manche von Darwins Zeitgenossen und bereitet auch heute noch vielen Menschen Unbehagen.

Die Biologie hat viele Helden hervorgebracht, Charles Darwin aber ist einzigartig, denn er hat auf vielen ihrer Gebiete Pionierleistungen vollbracht. Mit zunehmendem Alter wurde er als Wissenschaftler immer besser, denn er begnügte sich nicht damit, die Ergebnisse anderer Forscher neu zusammenzustellen, so brillant eine Synthese auch sein mochte, sondern begann seine Ideen durch eigene praktische Forschungen zu überprüfen, mit denen er vielfach seiner Zeit voraus war. Später sagte er einmal: »Ich bin wie ein Spieler, und ich mag ein wildes Experiment.«

Viele gebildete Menschen haben schon einmal etwas gehört oder gelesen von der *Entstehung der Arten* oder der *Fahrt der Beagle,* doch seine übrigen Werke sind fast völlig unbekannt. Die meisten Biologen kennen zumindest einen Teil dieser Werke, denn jedes Buch ist ein Meilenstein ihrer Disziplin. Die *Bildung der Ackererde durch die Tätigkeit der Würmer* begründete die moderne Wissenschaft vom Boden, der *Ausdruck der Gemütsbewegungen* ebnete der vergleichenden Psychologie den Weg, während die *Kreuz- und Selbstbefruchtung* und die *Blütenformen* ein erster Versuch waren, den Ursprung der geschlechtlichen Fortpflanzung zu begreifen. Die Experimente, die im *Bewegungsvermögen der Pflanzen* beschrieben werden, waren der erste Hinweis auf die Existenz von Hormonen (obwohl es diese Bezeichnung damals noch nicht gab und ihr Nachweis bei Tieren erst dreißig Jahre später erfolgen sollte). Darwin schrieb auch über insektenfressende Pflanzen, über die Beziehungen zwischen Insekten und Orchideen und über die Entwicklung unserer einheimischen Tiere und Pflanzen (wo er sich mit Fragen der Vererbung auseinandersetzte und die Zusammenhänge durch seine Darlegungen über Kreuzungen zwischen runden und runzligen Erbsen schon sehr gut erfasste). Auch seine vier Bücher über Rankenfüßer, so entrückt sie erscheinen mögen, sind wichtig, weil sie zeigten, dass die juvenilen Formen mehr enthüllen über verwandtschaftliche Verhältnisse als die ausgewachsenen und dass auch so komplizierte Körper wie die unseren auf einem einfachen Bauplan beruhen. Bei Rankenfüßern und allen anderen Lebewesen bringt der von ihm beschriebene Mechanismus der natürlichen Auslese Organe von großer Vollkommenheit hervor, und zwar nicht planvoll, sondern durch Herumprobieren mit dem Material, das zur Verfügung steht.

Die Abstammung des Menschen und die geschlechtliche Zuchtwahl, wie der vollständige Titel des Buches lautet, unterscheidet sich von Darwins übrigem Werk. Es erschien 1871 und war zugleich die erste ernstzunehmende Darstellung der menschlichen Evolution als auch eine Einführung in die Bedeutung des sexuellen Wettbewerbs in der Biologie. In diesem Buch werden Darwins Thesen in Bezug auf eine einzelne Gruppe von Lebewesen dargelegt: den Menschen und seine Verwandten. Ähnlich wie die *Entstehung der Arten* ist auch dieses Werk im Kern eine Zusammenstellung der Ergebnisse anderer Forscher. Nichtsdestotrotz fügt es sich gut ein in das Lehrgebäude der Down-House-Schule, wie ich Darwins Ansatz nennen möchte, und ich verwende es hier als Einführung in die Welt der modernen Evolutionsbiologie, wie sie von uns und den uns verwandten Primaten verkörpert wird. In der Erforschung unserer Vergangenheit hat sich viel getan seit dem Erscheinen dieses Buches. Wenn der Autor der *Entstehung der Arten* sein Werk heute überarbeiten müsste, würde er wohl nicht mehr Tauben und Schildkröten oder Regenwürmer und Rankenfüßer als Beispiele heranziehen, sondern seine Mitmenschen. In der *Entstehung der Arten* wird der *Homo sapiens* nur einmal erwähnt, nämlich in der vorsichtigen Behauptung, dass »Licht ... auf den Ursprung der Menschheit und ihre Geschichte fallen« werde, und dieses Versprechen wurde auf überzeugende Weise eingelöst. *Darwins Garten* zeigt, wie die Wahrheiten, die Darwin erkannte, die Wissenschaft des Lebens zu einer Einheit werden ließen.

In diesem Buch versuche ich alle diese Themen entsprechend dem heutigen Wissensstand darzustellen und vergleiche am Schluss die heutige Welt der Biologie mit jener von 1859. Wie der berühmte Naturforscher, der wenig angetan war von den unreifen Versuchen, seine Ideen auf die Gesellschaft zu übertragen (wie es eine Zeitung versuchte, die behauptete, sein Werk beweise, dass »Macht recht hat und dass deshalb auch Napoleon recht hat und ebenso jeder betrügerische Geschäftsmann«), enthalte auch ich mich möglichst jeder Diskussion über die Bedeutung des Darwinismus für das Schicksal des Menschen. Ebenso vernachlässige ich die fruchtlosen Streitigkeiten über dessen Interaktion mit der Religion. Der Kampf um die Trennung von Wissenschaft und Theologie fasziniert noch immer einige Menschen, aber die meisten Wissenschaftler zeigen daran kein Interesse. (Es gibt allerdings Ausnahmen: Der viktorianische Naturforscher Thomas Henry Huxley meinte: »Um die Wiege einer jeden Wissenschaft liegen erledigte Theologen herum wie die erwürgten Schlangen um jene des Herkules.«) Die heutige Biologie unterstreicht durch ihren Erfolg, welch geringe Bedeutung sie besitzt für jene Fragen, die noch immer von Nicht-Biologen ebenso häufig und wie erschöpfend diskutiert werden. Darwin schrieb in der *Abstammung des Menschen:* »Wir haben es hier nicht mit Furcht und Hoffnung zu tun, sondern allein mit der Wahrheit, soweit wir fähig sind, sie zu entdecken.« Nur dies kann die Wissenschaft leisten, mehr nicht.

Mein berühmter Vorgänger am University College in London, der Nobelpreisträger von 1960 Peter Medawar, äußerte sich einmal sarkastisch über die relativen Leistungen von Forschern und Künstlern und bemerkte in Bezug auf Watson und Crick (die Entdecker der Doppelhelix): »Sie waren nicht nur klug, sie hatten es auch mit etwas zu tun, bei dem sie klug sein mussten.« Charles Darwin unternahm nicht nur Reisen, es gab auch etwas, weswegen er reisen musste. Der Reiz der Weltreise auf der *Beagle* lag darin, dass sie einen Sinn hatte. Einem echten Abenteurer genügt es nicht, einfach nur frohgemut hinauszuziehen: Er muss ein Ziel im Auge haben. Am Ende seines Reiseberichts schreibt Darwin: »Sollte mich jemand um Rat fragen, bevor er eine lange Reise unternimmt, würde meine Antwort davon abhängen, ob er eine ausgeprägte Neigung für einen Wissenszweig besitzt, welche dadurch gefördert werden könnte.«

Darwins Odysseen, von Galápagos bis nach Westwales, spielen eine wichtige Rolle im Gedankengebäude der *Entstehung der Arten* wie auch in Darwins Leben. Die *Beagle* legte auf den Weltmeeren rund 48 000 Kilometer zurück, doch auf seinen Reisen in Großbritannien kam Darwin auf eine ähnliche Strecke. Darwins Werk war immer eng verbunden mit der Umgebung, in der er sich befand, sei es im Regenwald, einem ländlichen Großstadt-Vorort oder in seinem weitläufigen Garten. Seine früheste Erinnerung, heißt es in seiner *Autobiographie,* bezog sich auf einen Ausflug zu den Seebädern in der Gegend von Abergele, als er vier Jahre alt war. Sechs Jahre später kam er ein zweites Mal an die Küste von Wales, in die Nähe von Towyn, wo ihm einige »seltsame Insekten« auffielen (schwarz-rotgefleckte Widderchen), die in der Gegend um Shrewsbury nicht vorkamen. Anders als viele Naturforscher seiner Zeit, die ganze Schränke mit Schmetterlingen oder Muscheln vollstopften, um sich gewissermaßen eine biologische Briefmarkensammlung aufzubauen, fragte er sich schon als Kind, warum es diese Insekten nur hier und nicht auch woanders gab.

Mit zunehmendem Alter wurde die Naturgeschichte für Darwin zur einzigen, alles andere verdrängenden Leidenschaft. Sein anfängliches Interesse für Literatur, Kunst und Musik verschwand, und er schrieb einmal: »Kürzlich habe ich versucht, Shakespeare zu lesen, doch er erschien mir so unerträglich langweilig, dass mir schier übel wurde.« Er las gerne schwülstige Romane (je einfältiger die Handlung, umso lieber waren sie ihm, wie seine Kinder berichteten), und verkaufte das Wedgwood-Porzellan und die Reliefarbeiten von Flaxman, die in seiner Familie als Erbstücke weitergegeben wurden. Außerdem konnte er »absolut nichts« anfangen mit einer Sammlung von Turners Aquarellgemälden. »Mein

Geist«, schrieb er, »ist anscheinend zu einer Maschine geworden, die aus einer großen Sammlung von Fakten allgemeine Gesetzmäßigkeiten herausarbeitet, doch dass dies die Verkümmerung jenes Teils des Gehirns verursacht haben sollte, in dem die höheren Empfindungen angesiedelt sind, kann ich mir nicht vorstellen« (dennoch schickte er den *Ausdruck der Gemütsbewegungen* zur Rezension an Kunstzeitschriften, die das Werk wegen seines mangelnden Gespürs für das Wesen der Kunst kritisierten).

Durch seine Begeisterung für die Wissenschaft wurde aus Charles Darwins kindlichem Interesse für die Insekten von England und Wales eine lebenslange Beschäftigung mit der Biologie und der Geologie seiner Heimat. Seinen ersten wissenschaftlichen Aufsatz (über die Eier eines Tieres, das er am Firth of Forth entdeckt hatte) publizierte er in den zwölf kalten Monaten, die er in Edinburgh verbrachte. Nach einem kurzen Aufenthalt in Dublin zog Darwin nach Cambridge, wo er oft stundenlang durch Moore und Niederungen stapfte und Käfer sammelte. Kurz bevor er auf der *Beagle* zu seiner Weltreise aufbrach, reiste der junge Naturforscher drei Wochen lang durch Nordwales, von Shrewsbury nach Conway und Barmouth, in Begleitung des Geologen Adam Sedgwick, der ihm Grundkenntnisse in der Erstellung von Karten beibrachte, die ihm auf seiner Reise zugutekommen sollten. Nach dem Ende dieser Exkursion ging Darwin nach Schottland und veröffentlichte dort seinen ersten größeren wissenschaftlichen Text, in dem ihm allerdings ein grober Fehler unterlief, als er eine Reihe von parallel sich hinziehenden Unterterrassen oder »Straßen« an den Berghängen im Tal Glen Roy als vom Meer geformte Strandlinien deutete und nicht als die Ufer von ausgetrockneten Gletscherseen (worüber er später schrieb, er schäme sich sehr dafür.) In späteren Jahren unternahm er zahlreiche Reisen durch Großbritannien, die entweder Forschungsarbeiten dienten oder Ferien mit seiner Familie waren oder durch die er den Infektionsepidemien entkommen wollte, die gelegentlich Downe heimsuchten (und an denen zwei seiner Kinder starben); er fuhr nach Wales, auf die Isle of Wight (wo er Alfred Lord Tennyson kennenlernte), nach Torquay, in den Lake District (hier begegnete er John Ruskin), nach Stonehenge, in die englischen Heidelandschaften, und er besuchte eine Vielzahl großer Herrenhäuser im gesamten Königreich. Oft reisten seine Untersuchungsgegenstände – Töpfe mit Orchideen oder fleischfressenden Pflanzen – mit der Familie, was bisweilen zu beträchtlichen Unannehmlichkeiten führte. In den vierzig Jahren, die er in Down House lebte, hatte er sehr viel Zeit, um seine Insel zu durchstreifen wie einen riesigen Garten. Charles Darwin verbrachte zweitausend Nächte auswärts – umgerechnet einen Tag in der Woche, wobei aber nur wenige Exkursionen einen Monat oder länger dauerten.

Auf einigen seiner Reisen beschäftigte er sich mit wissenschaftlichen Dingen, viele unternahm er aber auch seiner angegriffenen Gesundheit wegen. Kurz nach seiner Rückkehr von der Reise mit der *Beagle* wurde er chronisch krank, und sein starker Tabak- und Schnupftabakkonsum trug nicht dazu bei, seinen Gesundheitszustand zu verbessern. Darwin besuchte die Heilbäder in Great Malvern, Guildford und Ilkley (wo ihm das erste Exemplar von *Origin of Species* ausgehändigt wurde). Seine letzten Lebensjahre waren geprägt durch bisweilen seltsame Versuche, seine körperlichen Gebrechen zu lindern (aber er räumte auch ein, dass sein schlechter Gesundheitszustand, »der mir freilich etliche Lebensjahre raubte, mich vor den Ablenkungen durch Gesellschaften und zerstreuende Unterhaltung geschützt [hat].« Das Hauptsymptom war Übelkeit und es war häufig durch Stress hervorgerufen; das rasch hingeworfene Schlusskapitel der *Entstehung der Arten* löste einen schweren Anfall aus, der zu einer starken körperlichen und geistigen Schwächung führte. Die Beschwerden waren so heftig, dass Darwin gelegentlich Einladungen von Freunden ablehnte, bei ihnen zu übernachten, »weil meine Würgeanfälle außergewöhnlich laut werden können«.

Er probierte es mit Condys »Ozonized Fluid«, mit »enormen Mengen von Kalk, Magnesium & Ammoniumkarbonat« sowie mit eisgefüllten Gummiflaschen, die er sich auf den Rücken band. Doch nichts half (dennoch lernte er Billard spielen und wurde ein großer Anhänger dieser Freizeitbeschäftigung, die ihm half, sich zu entspannen und die, wie er bekannte, »die scheußliche Krankheit aus meinem Kopf vertreibt«). Der Autor der *Entstehung der Arten* war ein Opfer des viktorianischen »Dämons der Dyspepsie« (unter dem neben seinem Bruder Erasmus auch Thomas Carlyle, George Eliot, Charles Dickens, Florence Nightingale und die Evolutionsforscher T. H. Huxley, Alfred Russell Wallace und Herbert Spencer litten). Ihre Beschwerden legten den Grundstein für den Wohlstand zahlreicher Pharmazeutika-Hersteller (wie beispielsweise von Henry Wellcome, der später dazu beitrug, den Triumph des Darwinismus zu finanzieren, die Sequenzierung der menschlichen Erbsubstanz). Wodurch Darwins Krankheit hervorgerufen wurde, ist unbekannt: Manche vermuteten einen unterdrückten Konflikt zwischen dem christlichen Glauben und dem Rationalismus, manche meinen, ein Parasit, den er sich in Brasilien eingefangen habe, sei schuld, oder auch eine übermäßige Aufnahme von Luft. Die Ärzte diagnostizierten »starken Speichelfluss« – Sodbrennen, wie es die moderne Medizin bezeichnet, den Rückfluss von Magensäure in die Speiseröhre –, ein Leiden, das durch ein Magengeschwür verursacht werden kann. Wie wir heute wissen, werden die Symptome einer Dyspepsie – Übelkeit, depressive Verstimmungen und Mattigkeit – durch ein Bakterium hervorgerufen. Dieses Leiden, das zahlreiche Intellektuelle des 19. Jahrhunderts heimsuchte, lässt sich heute mit einer einfachen Pille kurieren.

In seinen späteren Lebensjahren verließ der alternde *pater familias,* auch aufgrund seiner schlechten gesundheitlichen

Verfassung, Down House nur noch selten und ernährte seine Familie mit 53 verschiedenen Arten von Stachelbeeren und drei Arten von Kohl. In seinem Garten führte er zahlreiche Experimente durch, unterstützt von William Brooke, seinem »grimmigen Gärtner« (den man angeblich nur ein einziges Mal lachen sah, als ein Bumerang in ein Gurkenbeet einschlug). Die Geschichte des berühmten Naturforschers endet auf klassische Weise mit dem Tod des Helden und seinem Wunsch, seinen geliebten Regenwürmern Gesellschaft leisten zu können »auf dem schönsten Fleckchen auf Erden«, dem Dorffriedhof von Downe – ein Wunsch, der ihm wegen seines Ruhmes nicht erfüllt wurde.

Darwin's Garten folgt einigen Lebensstationen Darwins und schreibt seine Entdeckungen um ein Jahrhundert und länger fort. Es wird, wie ich hoffe, dazu beitragen, sein weniger bekanntes Werk ins dritte Jahrtausend zu befördern. Mehrere Menschen haben mich bei der Vorbereitung dieses Buches unterstützt. David Leibel, Michael Morgan und Anna Trench haben Teile davon mit hilfreichen Kommentaren begleitet, ihnen allen danke ich für ihre Hilfe.

Mit drei meiner früheren Bücher – über Korallenriffe, über die Natur des Mannes und über die Evolutionstheorie – erwies ich dem Begründer der heutigen Lebenswissenschaft meine Reverenz, indem ich darin versuchte, seine Ideen für die heutige Zeit aufzubereiten. Es gibt keine bessere Möglichkeit, den berühmtesten aller Biologen zu ehren in dieser Zeit, in der sich die Aufmerksamkeit wieder verstärkt auf seine Geschichte richtet, als seinen weniger gefeierten Werken jene Bedeutung zu geben, die sie verdienen. Für Charles Darwin waren die fünf Jahre auf der *Beagle* der Auftakt zu vier Jahrzehnten intensiver wissenschaftlicher Betätigung in seinem Garten und Studierzimmer. In diesem kleinen Reich unternahm er eine zweite große Reise: eine Reise nicht des Körpers, sondern des Geistes. Dieses Buch begleitet ihn auf dieser Reise vom Anfang bis zum Ende.

Kapitel Eins

Der Orang-Utan der Königin

Im Jahr 1842 besuchte Queen Victoria den Londoner Zoo. Sie war alles andere als begeistert: »Der Orang-Utan ist einfach zu schön... Er ist auf eine erschreckende, schmerzhafte und unerträgliche Weise menschlich.« Das Tier war ein Weibchen namens Jenny, und Charles Darwin hatte sich einige Jahre zuvor die Mutter des Tieres angeschaut. Auch ihm war die Ähnlichkeit zwischen den Affen auf beiden Seiten des Gitters aufgefallen. Darwin schrieb in sein Notizbuch: »Der Mensch hält sich in seiner Überheblichkeit für ein großartiges Werk. Mir jedoch erscheint es wahrhaftiger, ihn als einen Abkömmling der Tiere zu betrachten.« Siebzehn Jahre nach Victorias Besuch, im Jahr 1859, veröffentlichte Darwin jene Theorie, die den Nachweis erbrachte, dass die Königin und auch er selbst mit Jenny, den übrigen Insassen des Zoologischen Gartens und allen Erdenbewohnern verwandt waren.

Die *Entstehung der Arten* sorgte für einen Aufschrei bei den Untertanen der Kaiserin von Indien. Ihr Kanzler Benjamin Disraeli stellte die berühmte Frage: »Ist der Mensch ein Affe oder ein Engel?«, und er fuhr fort: »Werter Herr, ich halte es mit den Engeln. Mit Empörung und Abscheu weise ich diese neumodischen Lehren zurück.« Viele seiner Mitbürger sahen es genauso. Dennoch fand die Idee sofort Eingang in den öffentlichen Diskurs (und die Zeitschrift *Punch* widmete 1861 ihre Weihnachtsausgabe gorillaähnlichen Menschen und deren Widerparts.) Im Laufe der Zeit wurde, wenn auch mit gewissem Widerwillen, die Vorstellung akzeptiert, dass jeder Brite, ob hoch geboren oder niederer Herkunft, sich bezüglich seiner Abstammung nicht vom Rest der Welt unterscheidet. Ein Vierteljahrhundert später prägte W. S. Gilbert den unsterblichen Satz: »Darwins Mensch ist, auch wenn er sich gut benimmt, bestenfalls ein rasierter Affe«, und der Gedanke, dass der *Homo sapiens* ein unbehaarter Affe sei, fand allmählich Eingang in die Populärkultur. Auch die Queen lobte eine ihrer Töchter, die Kronprinzessin von Preußen, dafür, dass sie sich mit der *Entstehung der Arten* befasste: »Wie viele interessante, schwierige Bücher du liest. Das wird deinen geliebten Vater erfreuen.«

Wie bereits die Königin bemerkt hatte, ist die physische Ähnlichkeit des Menschen mit den Affen unverkennbar. Darwin lieferte dafür 1859 mit der *Entstehung der Arten* die Erklärung. Bei der Verbreitung der Idee, dass Tiere und Menschen gemeinsame Vorfahren hatten, musste man behutsam zu Werke gehen, und Darin wartete noch zwölf Jahre, bis er sich ausführlich zu diesem Thema äußerte. In der *Abstammung des Menschen,* dem zweitwichtigsten Werk seiner vielen Bücher, legt er dar, wie – und warum – der *Homo sapiens* seinen Ursprung mit den anderen Primaten teilt. In dem Buch wird unsere Spezies als Beispiel für die Evolution herangezogen.

Für den großen Biologen war der Mensch ein Tier, das denselben evolutionären Gesetzen unterworfen ist wie alle seine Verwandten und das – wie es im letzten Satz des Buches heißt – in seinem Körperbau immer noch den unauslöschlichen Stempel seines niedrigen Ursprungs trägt. In ethischer Hinsicht allerdings war der *Homo sapiens* weit mehr: »... von allen Unterschieden zwischen dem Menschen und den Tieren [ist] das moralische Gefühl oder das Gewissen der weitaus bedeutungsvollste ... Dieses Gefühl ... wird in jenem bedeutungsvollen, kurzen, aber gebieterischen Wörtchen ›du sollst!‹

zusammengefasst. Es ist das edelste aller Attribute des Menschen; es treibt ihn an, sein Leben ohne Zögern für sein Mitgeschöpf zu wagen.« Kein Affe versteht die Bedeutung von »du sollst«, eines Wortes, das beladen ist mit Vorstellungen, die allen anderen Arten fremd sind; doch trotz dieses grundlegenden und allein dem Menschen eigenen Attributs ist jeder Affe (wir selbst eingeschlossen) ebenso wie alle übrigen Lebewesen das Produkt eines für alle geltenden biologischen Mechanismus.

Die Logik der Evolution ist einfach. Bei allen Pflanzen und Tieren ereignen sich Variationen, die von einer Generation an die nächste weitergegeben werden. Es werden mehr Individuen geboren, als leben oder Nachkommen hervorbringen können. Daher entwickelt sich ein Kampf darum, am Leben zu bleiben und einen Geschlechtspartner zu finden. In diesem Kampf setzen sich jene durch, die über bestimmte Eigenschaften verfügen, gegenüber jenen, die weniger gut ausgestattet sind. Solche angeborenen Unterschiede in der Fähigkeit, Gene weiterzugeben – die natürliche Auslese, wie Darwin es nannte – hat zur Folge, dass die begünstigten Formen von Generation zu Generation an Zahl zunehmen. Im Laufe der Zeit verändert sich eine Linie allmählich so weit, dass sie mit den Abkömmlingen einer anderen Linie, die einst ihre Verwandten waren, keine Gene mehr austauschen kann. Eine neue Art ist entstanden.

Die natürliche Zuchtwahl ist eine Fabrik, die etwas fast Unmögliches herstellt. Sie erzeugt etwas, das wie nach einem Plan aussieht, aber keinen Planer benötigt. Die Evolution bringt komplizierte Organe wie das Auge, das Ohr oder den Ellbogen hervor, indem sie vorteilhafte Varianten zusammenführt, nachdem diese entstanden sind, und dadurch, fast als wäre es ihr nachträglich eingefallen, erzeugt sie neuartige Lebewesen.

Die Geschichte der Evolution, die in der *Entstehung der Arten* erzählt wird, kommt zum Vorschein in den Bemühungen von Bauern, die aus alten Rassen neue entwickeln, in den Veränderungen bei wildlebenden Tieren, die den Unbilden der Natur ausgesetzt sind und den Ansprüchen des anderen Geschlechts, in der Tendenz isolierter Standorte, einzigartige Formen hervorzubringen, und in den stummen Worten der Fossilien, die von einem Zustand des Planeten erzählen, als die Evolution noch nicht so weit fortgeschritten war. Die Seiten des Buches erzählen auch von Embryos, die als Schlüssel zur Vergangenheit dienen, und davon, wie Strukturen, die keinen Wert mehr besitzen, und andere, die übertrieben vollkommen erscheinen, gleichermaßen Zeugnis ablegen von der Kraft der natürlichen Auslese. Die geografische Verteilung des Lebens auf Inseln, Kontinenten und Bergen ist ebenfalls ein Beweis für den gemeinsamen Ursprung aller Lebewesen, von den Pilzen über die Mäuse bis zu den Menschen. Die Vielfalt des Lebens lässt sich als eine Abfolge von Gruppen darstellen die eingeordnet sind in andere Gruppen, zwischen denen zunehmend weniger Gemeinsamkeiten bestehen; ein Beleg dafür, dass sie sich vor immer längerer Zeit voneinander getrennt haben.

Die *Abstammung des Menschen* bedient sich eben dieser Argumentation, um die Geschichte einer bestimmten Art zu entwirren. Dieses Tier, so einzigartig es in bestimmter Hinsicht auch erscheinen mag, ist Bestandteil der lebendigen Welt, und der letzte Satz des Buches lautet in voller Länge: »Ich habe meine Beweise gegeben, so gut ich eben kann. Und wir müssen, wie mir scheint, jedenfalls zugeben, dass der Mensch mit allen seinen edlen Eigenschaften, mit seiner Sympathie für die Niedrigsten, mit seinem Wohlwollen nicht nur gegenüber anderen Menschen, sondern auch gegenüber dem niedrigsten Lebewesen, und seinem gottähnlichen Verstand, der ihn die Bewegungen und die Einrichtung des Sonnensystems erkennen ließ, dass der Mensch mit all diesen Fähigkeiten und Kräften in seinem Körperbau immer noch die unaustilgbaren Zeugnisse seines niedrigen Ursprungs erkennen lässt.«

Im Jahr 1871 – und selbst noch 1971 – waren die Beweise für diese abschließende und provokante Feststellung noch eher dürftig. Mittlerweile jedoch hat sich dies geändert. Der gesamte Evolutionsprozess kann in Bezug auf uns selbst und unsere Verwandten neu aufgerollt werden; im Hinblick auf die Primaten und die übrigen Affen, auf Schimpansen und Gorillas und auf Männer und Frauen. Dass wir heute Gene, Zellen, Gewebestrukturen und Organe in allen Einzelheiten untersuchen können, bedeutet, dass wir jetzt mehr wissen über die Vergangenheit des Menschen als über die Vergangenheit aller anderen Arten. Die Evolution lässt sich am besten durch unsere eigenen Augen verfolgen; nicht nur, weil wir alle daran interessiert sind zu erfahren, woher wir kommen, sondern weil Fortschritte der Wissenschaft auch bedeuten, dass der *Homo sapiens* zur Verkörperung aller evolutionären Ideen geworden ist. Darwins Theorie hat sich kaum verändert in den eineinhalb Jahrhunderten, seit sie formuliert wurde. Die Technologie zu ihrer Überprüfung dagegen schon.

Trotz ihrer technischen Vervollkommnung dürften die Instrumente, die heute zur Erforschung der Vergangenheit des Menschen eingesetzt werden, im Kern, wenn auch nicht in den Einzelheiten, auch schon den Biologen des 19. Jahrhunderts vertraut gewesen sein. Neben seinen vielen Talenten war Charles Darwin auch ein begabter Anatom. Er betrachtete Veränderungen in Körperstrukturen von Tauben, Schweinen und Menschen als Belege für die Evolution. Das erste Kapitel seiner *Abstammung des Menschen* ist eine etwas umständliche Darstellung der Unterschiede zwischen den Knochen und Körpern von Menschen und Affen. Das Sezieren, einst ein Hauptbetätigungsfeld der Biologie (und Biologen in einem gewissen Alter zucken beim Geruch von Formalin noch immer zusammen), erschien vor nicht allzu langer Zeit als überholt, wirkt heute aber wieder sehr modern. Die Molekularbiologie ist im Grunde nichts anderes als eine vergleichende Anatomie, die auf einem Berg von Geld sitzt. Mit ihren chemischen Skalpellen zerteilt sie Lebewesen in Abermillionen individuelle Buchstaben des DNS-Codes. Ihre Anwender haben zweifelsfrei nachgewiesen, dass die Sorge der Queen berechtigt war, das Orang-Utan-Weibchen Jenny könne ein Beleg sein für den gemeinsamen Ursprung von Menschen, Affen und vielen weiteren Lebewesen.

Das Human-Genom-Projekt, das sich die Entschlüsselung des menschlichen Erbguts zum Ziel setzte, führte ein Unternehmen zu Ende, das bereits im 16. Jahrhundert begann, als Vesalius das Herz aufschnitt und entdeckte, dass es vier Kammern besaß, anstatt nur drei, wie die Griechen vermutet hatten. Der Abschluss des Projekts wurde erstmals im Jahr 2000 verkündet, dann abermals 2003, 2006 und 2008 (doch einige Bereiche der Doppelhelix sind immer noch nicht sequenziert). Eine Wissenschaft, die in ihren Anfängen lediglich eine Beschreibung der Knochen und Muskeln war, begann erwachsen zu werden, als Darwin zeigte, dass gemeinsame Strukturen ein Beweis für eine gemeinsame Abstammung sind. Mittlerweile hat sie ihr Reifestadium erreicht. Die Anatomie der DNS ist der Schlüssel geworden zur Geschichte des Lebens.

In einer Glasvitrine im University College in London steht der präparierte Leichnam des englischen Philosophen Jeremy Bentham aus dem 18. Jahrhundert, der den Satz vom »größtmöglichen Glück für die größtmögliche Zahl« prägte. Mit dieser »Auto-Ikone«, wie er es nannte, wollte sich Bentham ein Denkmal errichten, das billiger sein sollte als die damals beliebten protzigen Grabmäler. Bentham war überzeugt, dass sich seine Idee durchsetzen würde. Zwei Jahrhunderte später war es soweit. James Watson – einem der beiden Biochemiker, die das Doppelhelix-Modell der DNS entwickelten –, wurde seine eigene »Auto-Ikone« ausgehändigt, eine CD mit seiner vollständigen DNS-Sequenz.

Das, was Watson ausmacht, seine »Essenz«, steckt in einem verdrillten Klümpchen hochkomplexer Chemie. Das Ei, aus dem er entstand, enthielt DNS-Stränge von zwei Metern Länge, und für jede der Milliarden Zellen, aus denen sein Körper besteht, unabhängig davon, ob er wächst, altert und stirbt, gibt es eine Kopie. Jede dieser Sequenzen besteht aus 3200 Millionen Zeichen der vier Basen des genetischen Codes. Vor zwanzig Jahren, als unter Watsons Leitung die Methode zum Ablesen der Zeichen entwickelt wurde, dauerte es noch Monate, um die Zahl der Zeichen in diesem Absatz zu entschlüsseln. Das Molekül wurde in Zufallsteile zerschnitten, die jeweils von einem Ende zum anderen abgelesen wurden, dann wurde das Genom zusammengesetzt, indem man nach Stellen suchte, wo sich die Fragmente überlappen. Diese Methoden sind mittlerweile überholt. Die heutigen Geräte erfassen Lichtblitze, die von den mit fluoreszierenden Farben markierten Molekülen ausgesendet werden, jede Base mit einer anderen Farbe, und diese Moleküle werden nacheinander durch winzige Poren gepresst. Es dauert nur noch ein paar Stunden, um einen Abschnitt abzulesen, der so lang ist wie das gesamte vorliegende Buch (das weniger als einen Teil der mehrere Tausend Bestandteile des gesamten Inhalts des menschlichen Genoms enthält). Bald werden einzelne DNS-Moleküle (anstatt multipler Kopien, wie heute noch erforderlich) sequenziert werden können, und manche Forscher hoffen bereits, eine Million DNS-Basenpaare in einer Sekunde ablesen zu können.

Die erste Sequenzierung eines menschlichen Genoms kostete mehr als eine Milliarde Dollar, und Watsons Version wurde für eine Million versteigert. Im Jahr 2008 wartete die Knome Corporation mit dem Angebot auf, für 350 000 Dollar die DNS eines Menschen abzulesen. Mittlerweile kann dieses Verfahren für einen Bruchteil dieser Summe durchgeführt werden. In den nächsten fünf Jahren dürfte der Preis auf einige Tausend Dollar pro Genom fallen, und es wird möglich werden, die Erbsubstanz jedes Lebewesens mit sehr geringen Kosten zu bestimmen. Das verwandtschaftliche

Netz, das sämtliche Lebensformen verbindet, wird dann in allen Einzelheiten erkennbar werden.

Das Rohmaterial der Evolution ist in seiner physischen Struktur als Doppelhelix schlicht und in gewisser Weise auch elegant, was allerdings nicht für ihre biologische Natur gilt. Sie zeigt, dass sich das Leben nicht nach einem Plan, sondern nach Zweckdienlichkeit entwickelte. Bei genauerer Betrachtung wirkt die DNS wie ein großes Durcheinander. Sie zeigt, dass die natürliche Auslese gezwungen ist, auf dem aufzubauen, was sie bereits hervorgebracht hat. Die Darwin-Maschine folgt keiner Strategie und kann nicht nach vorne blicken. Ihre Taktik beruht immer auf dem jeweiligen Moment, und die Genome sind, ebenso wie die Geschöpfe, die in ihnen kodiert sind, die Endprodukte eines kurzfristigen Arrangements. James Watsons Molekül ist gekennzeichnet durch Redundanz, Verfall und die Narben von Kämpfen, die schon lange vorüber sind. Die Gene – ebenso wie die Zellen, die inneren Organe und die Gehirne – funktionieren und erfüllen eine bestimmte Aufgabe, mehr aber auch nicht.

Die menschliche DNS enthält große Teile, die nutzlos erscheinen, sowie ausgedehnte Bereiche, die Spiegelbilder von anderen sind. Überall gibt es Wiederholungen: von bestimmten Genen in Familien, die ähnliche Aufgaben ausführen, und sogar von vervielfältigten Abschnitten, die aus scheinbar redundantem Material bestehen. Die Überreste von Viren nehmen fast die Hälfte ein, und unser Genom ist durchsetzt von den Überbleibseln alter Gene. Von fünfzig Teilen eines Genoms wurde nur eines nicht irgendwann (versehentlich) als biologischer Abfall verworfen.

Auch das Bild, das wir von den Genen haben, hat sich verzerrt und ist mehrdeutig geworden, je mehr wir von ihnen wissen. Es gibt weniger davon, als erwartet – nur etwas mehr als 20 000, nicht jene große Zahl, die man früher für erforderlich hielt. Einige überlappen sich oder ergeben unterschiedliche Aussagen, wenn man sie in gegensätzlichen Richtungen liest. Viele enthalten eingeschobene DNS-Sequenzen, die anscheinend funktionslos sind, wenngleich einige der als überflüssig erscheinenden Elemente eine sinnvolle Aufgabe erfüllen oder Krankheiten verursachen, wenn sie »aufwachen« und an eine andere Stelle rücken. Viele Fragen sind noch offen. Wie wichtig ist jener Teil – häufig ein kleiner Teil – eines Gens, in dem die Proteine kodiert sind, im Vergleich zu den Ein- und Aus-Schaltern, den Gashebeln und Bremsen und dem Rest der Kontrollmaschinerie? Das wissen wir noch nicht.

Auch die Größe des Genoms sagt nicht viel aus. Das Huhn besitzt weniger DNS als ein typischer Nobelpreisträger, allerdings ist die Hälfte seiner Gene mit unseren (weitgehend) identisch – ein Beweis dafür, wie konservativ die Evolution arbeitet, sofern man annimmt, dass wir vor dreihundert Millionen Jahren einen gemeinsamen Vorfahren hatten. Eine winzige Pflanze namens *Arabidopsis,* eine Verwandte des Rosenkohls, besitzt mehr Gene als alle anderen Lebewesen. Dies sagt jedoch eher etwas darüber aus, wie schwierig es ist, ein Gen zu identifizieren, als darüber, ob oder inwieweit der Rosenkohl empfindungsfähigen Wesen überlegen ist.

Acht Jahrzehnte vergingen zwischen der Sektion des Herzens durch Vesalius und der Entdeckung des Blutkreislaufs. Das Genom befindet sich heute ebenfalls in einer solchen Übergangsphase, die aber wahrscheinlich nicht so lange dauern wird. Die Grundlagen des Genoms (und sogar einige seiner Feinheiten) wurden mittlerweile analysiert, doch eigentlich erforschen die Genetiker noch immer eine Struktur, in deren Funktionsweise sie nicht viel Einblick haben. William Harvey (der Entdecker der Blutzirkulation) betrachtete das Herz als eine schlichte Pumpe und hatte keine Ahnung von dem komplizierten Kontrollmechanismus. Bei den Genen verhält es sich ganz ähnlich. Jedes Gen ist mit den anderen vernetzt und reagiert auf Botschaften von innerhalb und außerhalb der Zelle. Der Weg vom chemischen Befehl zum lebenden

Produkt ist nicht gerade, sondern verschlungen wie in einem Labyrinth, und die Proteine, die von dieser biologischen Fabrik ausgeschüttet werden, sind keine schlichten Blöcke, die sich zusammenfügen, sondern sie werden gefaltet, miteinander verklebt, zerschnitten oder zu neuen Verbindungen verschmolzen, was fast genauso stark von den lokalen Bedingungen abhängig ist wie von ihrer Struktur. Solch unterschiedliche Krankheiten wie Diabetes und Prostatakrebs können aus einer Schädigung desselben Gens entstehen, während sich andere wie Brustkrebs aus Fehlern in mehreren anderen Genen entwickeln. Der größte Teil der Doppelhelix ist die meiste Zeit abgeschaltet, die Gene von Afrikanern sind durchschnittlich aktiver als jene von Europäern, und das Leben erscheint noch komplizierter, als die Molekularbiologen befürchtet hatten.

Die Evolutionsforscher sind dagegen überhaupt nicht überrascht. Sie waren eher erstaunt über einige Entscheidungen, die von den Planern des Humangenomprojekts getroffen wurden. Wie Vesalius hatten auch Watson und seine Kollegen eine Platonsche Sicht vom Leben. Jedes Herz und jeder Mensch beruhten auf demselben Bauplan, und wenn man einen davon verstanden hatte, konnte man alle verstehen. Die ersten DNS-Sequenzierer gingen noch weit über Platon hinaus, denn sie nahmen nicht nur an, dass man das Essentielle des Menschen in einer einzelnen Person finden könne, sondern dass man diesen Durchschnittsmenschen, ganz im Sinne der politischen Korrektheit, am besten durch das Zusammenfügen von Doppelhelix-Stücken von zufällig ausgewählten Spendern aus allen Teilen der Welt erschaffen könne.

Das war ein großer Irrtum. Der Platonsche Ansatz lässt die entscheidende Tatsache außer Acht, dass die natürliche Auslese auf ererbten Unterschieden beruht und dass die Evolution eine vergleichende Wissenschaft ist. Um unsere Vergangenheit zu verstehen, benötigt die Biologie nicht ein einziges

Genom, sondern viele. Dokumentiert man die Variationen zwischen einzelnen Personen, einzelnen Orten und einzelnen Arten, wird erkennbar, wie, wann und wo sich die Evolution vollzogen hat. Die Verschiedenheit ist von solch zentraler Bedeutung für die Entwicklung der Lebewesen durch Modifikation, dass die ersten beiden Kapitel der *Entstehung der Arten* einer Darstellung der Variabilität im Körperbau und im Verhalten der Pflanzen und Tiere gewidmet sind. Heute erzählt die Genetik die Geschichte in der Sprache der DNS.

James Watsons »Auto-Ikone« enthüllte nur die eine Hälfte seiner Geheimnisse, denn sie enthielt nur eine der beiden Versionen der Doppelhelix, die in jeder Zelle vorhanden sind. Sein Konkurrent im Rennen um die Entschlüsselung des Genoms, der Biologe und Geschäftsmann Craig Venter, war weniger bescheiden. Er ließ seine beiden DNS-Kopien ablesen; jene, die ihm von seinem Vater mitgegeben worden war, und jene von seiner Mutter. Venter war froh, dass er ihren Inhalt entschlüsseln konnte: Sein Vater starb in jungen Jahren an einem Herzinfarkt, und er selbst hat eine Variante geerbt, die für diese Krankheit anfällig macht. Außerdem hat er Gene mitbekommen, die den Forscherdrang fördern sowie das Streben, etwas Neues zu schaffen, und die dafür sorgen, dass er eher abends statt frühmorgens aktiv ist und feuchtes statt trockenes Ohrenschmalz besitzt.

Unabhängig davon, was uns Venters individuelle chemische Struktur mitteilt über seine Persönlichkeit, seine Schlafenszeiten oder die Absonderungen seiner Gehörgänge, hat sie eine wichtige Botschaft für uns alle, denn sie liefert einen Hinweis auf das wahre Ausmaß der Variationen zwischen den Menschen. Seine beiden Eltern waren weiße Europäer (und repräsentieren damit nur einen kleinen Teil der Menschheit), doch ihre DNS unterscheidet sich in je einem von zweihundert Bausteinen auf dem Strang – wodurch sich Abermillionen von Unterschieden zwischen ihnen ergeben.

Global betrachtet, gibt es von Mensch zu Mensch Hunderte Millionen kleiner Veränderungen an verschiedenen Stellen des genetischen Alphabets, und mittlerweile ist auch das »1000-Genome-Projekt« angelaufen, das darauf zielt, die Zahl der variablen Stellen zu ermitteln. Anders als bei den Vorgängerprojekten geht es hier darum, seltene Varianten ausfindig zu machen, die von weniger als einem Prozent getragen werden und reichlich vorhanden sind – und dank der Fortschritte der Wissenschaft wird dieses Projekt nicht mehr als 50 Millionen Dollar kosten. Wir wissen bereits, dass jedes der 23 menschlichen Chromosome – in denen die Gene liegen – Millionen kleiner genetischer Variationen enthält. Die variablen Stellen sind so stark miteinander verschweißt, dass sie sich nur selten voneinander lösen, wenn die Doppelhelix neu angeordnet wird (was stets erfolgt) bei der Bildung von Samen- oder Eizellen. Solche Blöcke aus chemischen Zeichen können von einer Generation zur nächsten weitergegeben werden. Ebenso wie Familiennamen (die im größeren Rahmen dieselbe Funktion besitzen) sind sie ein ausgezeichneter Hinweis auf Verwandtschaft.

Neben diesen Veränderungen in einzelnen Buchstaben ist die Doppelhelix auch durch Duplikationen bestimmter Stücke und das Fehlen anderer gekennzeichnet. Auch die Abfolge der Bausteine kann verändert sein, und große Abschnitte können an eine andere Stelle rücken. Eine Untersuchung von dreihundert Genomen hat bereits tausend und mehr derartiger Unterschiede in der Zahl bestimmter DNS-Sequenzen zutage gefördert. Manche Gene sind in Familien angeordnet – Gruppen mit ähnlichen Strukturen, die von einem gemeinsamen Vorfahren stammen und eine Reihe verwandter Aufgaben übernommen haben. Die größten von ihnen – mit achthundert Mitgliedern – bilden den Geschmacks- und den Geruchssinn. Die Zahl ihrer Mitglieder ist individuell unterschiedlich, und manche begünstigte Menschen besitzen fünfzig Kopien eines Geruchsrezeptors mehr als andere.

Die meisten derartigen Veränderungen beziehen sich auf

weniger als zehn Bausteine, manche jedoch umfassen eine Million Basenpaare. Einige Menschen besitzen aufgrund dieser Gewinne oder Verluste Millionen DNS-Bausteine und Tausende Gene mehr als andere (und die potenzielle Variation der Genmenge macht mehr aus als die gesamte Länge des längsten menschlichen Chromosoms). Einige wiederholten Abschnitte weisen zudem eine identische Struktur beim Menschen und beim Quastenflosser auf, die sich vor 400 Millionen Jahren voneinander trennten.

Die DNS ist dem Anschein nach ein labiles und ungefestigtes Molekül. Manche Segmente verändern oder multiplizieren sich mit einer Rate von eins zu hundert in jeder Generation und nicht mit eins zu einer Million, wie man früher annahm. Das Alter verändert uns, und die Doppelhelix wird im Laufe der Jahre neu angeordnet, teilweise dupliziert und einzelne Teile gehen verloren (was zur Folge hat, dass die Kinder von älteren Elternpaaren mehr Mutationen erben als jene von jungen Eltern).

Die Variation unterhalb der Haut ist weitgehender, als Darwin vermutete. Die Biologen wissen seit Langem, dass sich mit Ausnahme von eineiigen Zwillingen alle Menschen auf der Welt von allen unterscheiden, die bisher gelebt haben oder noch leben werden. Diese Aussage ist noch zu vorsichtig formuliert. Jede Eizelle und jede Samenzelle, die jemals von einer der Milliarden Frauen oder einer der Milliarden Männer hervorgebracht wurde, die seit Anbeginn der Menschheit auf der Erde gewandelt sind, ist einzigartig; eine Tatsache, die bis zur Entstehung der Molekularbiologie niemand für möglich hielt. Durch diese Vielfalt werden Individuen, Familien und die Völker der Erde eingebunden in ein gemeinsames Abstammungsnetz. Es zeigt, wie der Mensch mit den Schimpansen, Gorillas, Orang-Utans, Makaken und allen anderen Tieren, Pflanzen und Bakterien verwandt ist. Die Evolutionsforschung hat – ebenso wie die Astronomie – die Vergangenheit mit den Augen der Gegenwart betrachtet, doch mit ihrer neuen Technologie kann sie – ähnlich wie die Sternengucker mit ihren riesigen Teleskopen – heute viel weiter und tiefer in das Universum des Lebens blicken, als sie es jemals vermochte.

Die Biologie ist anders als die Physik. Die Bilder, die sie erzeugt, sind häufig unscharf oder mehrdeutig. Viele Aussagen über die Abstammung von Arten beruhen auf unbewiesenen Annahmen über die Geschwindigkeit der Veränderungen in der Erbsubstanz, die Größe früherer Populationen und die Auswirkungen – oder häufig auch die vermeintlich fehlenden Auswirkungen – von Mutationen auf das Wohlergehen jener, die sie tragen. Die Information in den Genen ist nahezu unbeschränkt, doch gegenwärtig ist ihre Sprache bestenfalls mehrdeutig.

Zum Glück gibt es auf der Erde bessere Zeugen für die Vergangenheit. Sie sind stumm, weit verstreut und klein an Zahl, aber sie haben zumindest die Entwicklung in der Vergangenheit miterlebt. Darwin war sich bewusst, wie wichtig die Fossilien für seine Untersuchungen waren. In der *Entstehung der Arten* ist mehr als eine von sechs Seiten den Überresten in den Felsgesteinen gewidmet und den unmittelbaren Beweisen für Veränderungen, die sich daraus ableiten lassen. Im Jahr 1871 waren noch keine Knochen von Urmenschen bekannt (mit Ausnahme eines Schädels aus Gibraltar, der in Wirklichkeit aus dem Neandertal stammte, wie man heute weiß). Darwin beklagte die Lücken in den fossilen Chroniken, doch heute hat sich die Situation verbessert und die Erforschung der Überreste der Primaten ist viel weiter gediehen als noch vor einigen Jahrzehnten. Die Erkenntnisse, die sich daraus ergeben, decken sich weitgehend mit jenen über die Doppelhelix.

Im Miozän – vor ungefähr 23 bis 5 Millionen Jahren – war die Erde noch ein reiner Affenplanet. Überall lebten Primaten, in Afrika, Asien und Europa gab es mehr als hundert verschiedene Arten. Sie lebten in Wäldern, Ebenen und Sümpfen.

Einige erreichten kaum die Größe einer Katze, andere waren größer als ein Gorilla. Lange Zeit lag ihr Schwerpunkt in Europa, und viele unserer Vorfahren haben hier ihre letzte Ruhe gefunden. Dann zogen die Affen weiter. Sie fassten Fuß in Afrika. Ein zehn Millionen Jahre altes Skelett aus Kenia ist wahrscheinlich der gemeinsame Stammvater von Menschen, Schimpansen und Gorillas. Trifft dies zu, bestätigt es Darwins Vermutung, dass es wahrscheinlicher sei, »dass unsere ältesten Vorfahren auf dem afrikanischen Festland gelebt haben«, – obwohl er natürlich noch nicht wusste, dass sich die Kontinente voneinander gelöst hatten und auseinandergedriftet waren und dass Afrika zu Beginn der Evolution der Primaten noch gar nicht existiert hat.

Eines Tages traten fast alle Akteure, die in diesem urzeitlichen Drama mitspielten, von der Bühne ab. Die große Zeit der Affen war vorüber, und ihre lange Dämmerung – die nun rasch in die Nacht übergeht – hatte begonnen. Die Sonne ging unter über ihrer Familie, bevor die Menschen in Erscheinung traten, doch als sie schließlich auftauchten, war der Untergang der Affen besiegelt.

Lucy, die berühmte Vertreterin des *Australopithecus afarensis*, ein menschenähnliches Wesen mit leichtem Körperbau und nur ungefähr einen Meter groß, mit relativ langen Beinen und kleinen Zähnen, gehörte zu einer Gruppe, die vor drei bis fünf Millionen Jahre lebte. Ihre Verwandten hinterließen ihre Spuren unter anderem in tansanischer Vulkanasche, ein Beweis dafür, dass sie bereits zu einer Zeit aufrecht gingen, als ihre Gehirne erst ein Drittel so groß waren wie unsere heutigen. Die Männer waren anscheinend deutlich größer als die Frauen. Der *Homo habilis* – der »geschickte Mensch« – lebte in Süd- und Ostafrika zwischen einer und zweieinhalb Millionen Jahren vor unserer Zeit. Er hatte lange Arme, einen Augenbrauenwulst und ein größeres Gehirn als Lucy und war recht geschickt beim Herstellen von Werkzeugen. Ähnliche Hominiden gab es in Afrika und vielleicht auch in Georgien.

Der *Homo erectus,* der »aufrechte Mensch«, die nächste fossile Art, die als unmittelbarer (oder beinahe unmittelbarer) Vorfahr identifiziert wurde, erschien vor ungefähr 1,8 Millionen Jahren und teilte sich in seinen Herkunftsgebieten in Afrika und Asien in zwei Arten. Einige Vertreter hatten schon so große Gehirne wie wir und kamen weit in den Norden, bis nach Südfrankreich. Ein etwas jüngerer Europäer tauchte vor rund 1,2 Millionen Jahren auf und hinterließ ein paar Knochen in den Höhlen der Sierra da Atapuerca in Nordspanien. Dieser urtümliche Spanier wurde *Homo antecessor* getauft und war vermutlich der gemeinsame Vorfahr von uns und den Neandertalern. Eine spätere europäische Form, die vor einer halben Million Jahren entstand, der Heidelberg-Mensch, war wahrscheinlich mehr ein Vorläufer der Neandertaler als unserer Art. Auch er erschien zuerst in Afrika. Noch viele andere mutmaßliche Mitglieder unserer engeren Familie wurden mittlerweile als eigene Arten ermittelt, und der Stammbaum des Menschen gleicht allmählich mehr einem Busch denn einem Baum. Dies bedeutet, dass direkte Abstammungslinien jetzt noch schwerer zurückzuverfolgen sind als früher.

Einen großen Teil unserer Geschichte teilten unsere Vorfahren ihre Heimat mit verschiedenen verwandten Arten, die ihnen näher standen als die Schimpansen uns. Aber diese Zeiten sind vorbei, und von fast allen Mitgliedern der ursprünglichen Familie des Menschen gibt es heute keine Spuren mehr.

Die Neandertaler waren einmal unsere nächsten Verwandten. Sie lebten vor ungefähr 250000 bis 30000 Jahren in Europa und im Nahen Osten. Sie hatten größere Schädel – und vielleicht auch größere Gehirne – als die heutigen Menschen (obwohl sie im allgemeinen stämmiger waren als wir). Sie waren Fallensteller und vielleicht auch Kannibalen (wenngleich die zertrennten Knochen, die sie hinterließen, auch auf

Begräbnisrituale hinweisen könnten). Sie lebten in kleinen Gruppen in einem eiskalten Europa, und zwar wesentlich länger, als unsere Art existiert; dann verschwanden sie. Wie bei vielen Affen geschah dies sehr schnell. Vielleicht fielen sie einer Kälteperiode zum Opfer, denn einige Ausläufer konnten sich im warmen Spanien noch bis nach dem Erscheinen der modernen Menschen halten. Die Sieger hatten wärmere Kleidung, die es diesen tropischen Menschenaffen, die sie waren – und die auch wir im Grunde genommen sind –, ermöglichte, in einem Klima zu überleben, das einem Tier, das zwar an unwirtliche Wetterbedingungen gewöhnt, aber weniger gut gekleidet war, den Garaus bereitete. Vielleicht tötete der *Homo sapiens* auch die Neandertaler oder hungerte sie aus, aber das wissen wir nicht. Bei den heutigen Bewohnern Europas und des Nahen Ostens gibt es jedenfalls keine genetischen Spuren mehr, die von den Neandertalern stammen. Aus DNS-Untersuchungen geht hervor, dass der letzte gemeinsame Vorfahr, den wir mit ihnen teilten, vor 600 000 Jahren in Afrika lebte – lange bevor der *Homo sapiens* erschien.

Kurz nach dem Verschwinden ihrer Vettern begann sich diese Art über die Welt auszubreiten. Die modernen Menschen bevölkerten den gesamten bewohnbaren Erdball erst vor rund tausend Jahren, als schließlich auch Neuseeland und Hawaii von Menschen besiedelt wurden. Das Ausbreitungsmuster lässt sich in der DNS nachverfolgen. Die Doppelhelix enthüllt eine deutliche Spaltung zwischen Afrika und dem Rest der Erde; eine Hinterlassenschaft der kleinen Gruppe von Migranten, die als Erste aus unserem heimischen Kontinent in eine unbewohnte Welt zogen; daneben zeigt sich eine zweite und ältere Spaltung zwischen den Khoi San – den Buschmännern – und allen anderen. Andere große genetische Trends, wie jene in der Neuen Welt und im pazifischen Raum, zeugen von der letzten großen Wanderungsbewegung in leere, unbewohnte Gebiete.

Ursprünglich meinte man, Europa besitze eine kompliziertere Geschichte als der Rest der Welt und die Gene der heimischen Jäger hätten sich erst vor wenigen Tausend Jahren mit jenen der ersten sich ausbreitenden Bauern vermischt, und zwar im Gefolge einer Bevölkerungsexplosion im Nahen Osten. Einige Variationen belegen, dass es eine Migration vom Südosten in den Nordwesten gab; ein Muster, das auf eine langsame Vermischung der verschiedenen Gemeinschaften hinweist. Doch die Erkenntnisse der Archäologie legen nahe, dass der Ackerbau sehr schnell von den Einheimischen übernommen wurde, nachdem sie ihn kennengelernt hatten und es dazu keiner genetischen Vermischung bedurfte. In Bezug auf Großbritannien, den westlichen Rand der neuen Technologie, haben Radiokarbon-Analysen von verkohlten Getreidekörnern ergeben, dass der Ackerbau die Jagd im Laufe nur weniger Jahrhunderte nach 4000 v. Chr. ablöste, einem Zeitraum, der zu kurz ist für eine durchgehende Vermischung von Volksgruppen. Es gibt keinen Beweis dafür, dass Wellen von Bauern westwärts zogen (und sich unterwegs fleißig fortpflanzten), denn das alte Europa war für neue Ideen offener als für neue Gene. Die heute erkennbaren Trends sind vermutlich Überbleibsel der ersten großen Wanderung vor 30 000 Jahren vor der Entstehung des Ackerbaus, als Menschen aus dem Süden und dem Osten in einen leeren Kontinent vorstießen. Die mitochondrische DNS – die weiblichen Abstammungslinien –, die in den Überresten einer Gruppe von Jägern und Sammlern in Nordspanien entdeckt wurde, gleicht im Wesentlichen jener der modernen Spanier in diesem Gebiet, und es gibt auch keine Anzeichen einer Masseneinwanderung. Das Erbgut der modernen Europäer wurde zum großen Teil von der ersten Einwanderungswelle geprägt. Seitdem haben sie sich – und ihre Gene – weitgehend im heimischen Raum bewegt.

Als sich die Menschen über die Welt ausbreiteten, töteten sie viele ihrer Verwandten. Als Erste mussten die Neandertaler verschwinden, und die menschlichen Verhaltensweisen haben sich seitdem nicht verändert. Heute gibt es nur noch einen kleinen Rest unserer einst weit verzweigten Sippe. In ungefähr einem Jahrhundert werden wir die einzigen großen Primaten sein (und nahezu das einzige große Säugetier), das außerhalb von Zoos anzutreffen ist. Fast alle Affen werden verschwunden sein, einige, bevor die Wissenschaft sie eingehend hat erforschen können, und ein großer Teil unseres biologischen Erbes wird für immer verloren sein.

Die physische Ähnlichkeit zwischen den Primaten und den Menschen war nicht nur von Königin Victoria erkannt worden und wurde nach dem Erscheinen der *Entstehung der Arten* häufig von jenen bemüht, die den evolutionären Status ihrer Zeitgenossen beurteilen wollten. Charles Kingsley, der Autor von *The Water Babies,* berichtete seiner Frau in einem Brief über einen Besuch in Irland: »Mir gehen die menschlichen Schimpansen nicht mehr aus dem Kopf, die ich hier gesehen habe... Weiße Schimpansen zu sehen, bringt Unglück; wären sie schwarz, würde man sich darüber keine großen Gedanken machen.« Die Schimpansen sind tatsächlich unsere nächsten lebenden Verwandten. Auch Darwin bemerkte, dass sie, neben anderen Gemeinsamkeiten mit den Menschen, »eine starke Vorliebe für Tee, Kaffee und Spirituoseri [haben]. Wie ich selbst gesehen habe, rauchen sie auch mit Vergnügen Tabak.«

Doch trotz unserer gemeinsamen Laster sind Schimpansen in vieler Hinsicht anders als wir. Sie sind behaart, übellaunig und zeigen das Weiße in ihren Augen nicht. Die Tiere besitzen nur relativ kleine Gehirne, keine Ohrläppchen und können nicht aufrecht gehen, nicht schwimmen und sie schreien, wenn sie aufgeregt sind. Sie gebären ihre Kinder weniger schmerzhaft als wir, und die Kleinen werden ohne eine erkennbare Pubertätsphase erwachsen. Unsere Nieren können besser als ihre Salz im Körper zurückhalten, und wir besitzen mehr Blutzellen. Schimpansen müssen sich nicht mit den Beschwerden des Alters herumplagen, denn sie sterben gewöhnlich jung und auch in Zoos erkranken sie nicht an Alzheimer. Wenn sie an Krankheiten leiden, die durch Infektionen oder schlechte Ernährung hervorgerufen werden, zeigen sie andere Symptome als wir (was bedeutet, dass sie für die Forschung nicht so nützlich sind, wie man gehofft hat).

Auch das Geschlechtsleben der Schimpansen gestaltet sich etwas anders. Menschen fehlt der Penisknochen, den männliche Schimpansen besitzen (in Bezug auf die Penisgröße allerdings ist der Mensch weit überlegen). Frauen besitzen äußere Schamlippen, die den Schimpansen-Weibchen abgehen. Männliche Schimpansen haben größere Hoden als wir im Vergleich zur Körpergröße und verschließen die Vagina ihrer Sexualpartnerin nach dem Geschlechtsakt mit einem klebrigen Pfropfen. Promiskuität ist die Regel. Schimpansen legen bei der Kopulation großen Enthusiasmus an den Tag (und ihre engen Verwandten, die Zwergschimpansen, sind noch ungestümer). Die Weibchen zeigen es, wenn sie empfängnisbereit sind (anders als Frauen, die alle Anzeichen dieses entscheidenden Augenblicks zu verbergen versuchen), und die Männchen konkurrieren erbittert darum, sich mit ihnen zu paaren. Mittels eines Lasers kann man messen, wie schnell sich ihre Samenzellen bewegen und wie stark deren Geißeln ausschlagen. Bei Rhesus-Makaken, die sehr viele Sexualpartnerinnen haben, schwimmen sie schneller und schlagen heftiger aus als bei Gorillas (bei denen ein Männchen mehr oder weniger alle Weibchen für sich beansprucht). Die Samenzellen der Schimpansen sind fast so energiegeladen wie jene der Makaken, während unsere hinter beiden zurückbleiben (aber jene der Gorillas übertreffen).

Das Genom der Schimpansen wurde 2005 sequenziert. Seit sich die Linie der Schimpansen von der der Menschen abspaltete, haben sich nicht viele einzelne DNS-Bausteine verändert. Daher sind die Menschen und ihre engsten Verwandten zu 99 Prozent identisch. Auch auf der Ebene der Eiweiße sind wir sehr ähnlich, und nur eine von hundert Aminosäuren unterscheidet sich bei beiden Abstammungslinien.

Durch diese Zahlen werden die tatsächlichen Unterschiede zwischen den beiden Spezies verniedlicht. Veränderungen in der Zahl und der Position eingeschobener, wiederholter oder fehlender DNS-Abschnitte kennzeichnen beide Linien. Es gibt mehr als dreimal so viele Veränderungen dieser Art als bei einzelnen Basenpaaren, sodass sich die absoluten Abweichungen zwischen den beiden Arten auf rund vier Prozent belaufen. Bei den Primaten gibt es mehr Gewinne und Verluste von Genen als bei anderen Säugetieren, aber unsere Art liegt ganz vorne mit einer dreimal höheren Veränderungsrate im Vergleich zum Durchschnitt. Daher hat der *Homo sapiens* seit der Abspaltung von den Schimpansen ungefähr 700 Genkopien gewonnen, und der Schimpanse hat ungefähr genauso viele verloren. Ein Chromosom hat sich noch stärker verändert. Frauen besitzen zwei große X-Chromosomen, Männer ein X-Chromosom, das mit einem kleineren Y-Chromosom verbunden ist. Das X-Chromosom des Menschen und des Schimpansen haben sich bezüglich der einzelnen Zeichen im DNS-Alphabet um rund ein halbes Prozent auseinanderentwickelt, während das Y-Chromosom dreimal mehr Veränderungen erfahren hat – ein Beweis dafür, dass Frauen mit ihren zwei X-Chromosomen genetisch näher bei den Schimpansen stehen als Männer.

Viele Unterschiede zwischen den Schimpansen und uns sind dadurch entstanden, dass wir unsere Umwelt in einer Weise gestalten können, zu der andere Primaten nicht fähig sind. Die Menschheit ist heute schwächer als anfänglich. Wir wurden durch eine einzige oder einige wenige Mutationen zu »nackten Affen«, weil ein Abschnitt der DNS, der das Haar-Protein kodiert, nicht mehr funktioniert. Er wurde vor einer viertel Million Jahren irreversibel geschädigt. Samson verlor seine Kraft, als er in Fesseln lag, und das widerfuhr auch seinen Vorfahren, denn die DNS hinter bestimmten starken Muskeln ist beim Menschen inaktiv im Unterschied zu seinem nächsten lebenden Verwandten (weshalb es ein Fehler wäre, mit einem Schimpansen zu raufen). Auch ein *Picknick im Grünen* sollte man meiden, denn diese Tiere verfügen über Enzyme, die pflanzliche Gifte unschädlich machen, welche für uns tödlich sind. Darwin berichtete, dass »Wilde« viele Pflanzen aßen, die im Rohzustand gefährlich waren (rote Bohnen fallen noch immer unter diese Kategorie). Schimpansen brauchen keine Küchen, denn sie können mit einer Vielzahl giftiger Pflanzen umgehen (darunter auch bestimmten Kräutern, die zu medizinischen Zwecken verwendet werden). Bei ihnen sind viele Geschmacks- und Geruchsgene erhalten geblieben, die beim Menschen verloren gingen, vielleicht weil sie ihre Nahrung sorgfältiger auswählen müssen, bevor sie anfangen, sie zu kauen. Viele unserer Geschmacksgene existieren als klägliche Überreste einstmals nützlicher Strukturen weiter.

Schimpansen und Menschen unterscheiden sich nicht nur genetisch, sondern auch nach ihren Lebensräumen. Die Schimpansen sind auf der DNS-Ebene stark untergliedert. Es gibt drei unterschiedliche »Rassen«, in West-, Zentral- und Ostafrika. Die Diversität der zentralen Gruppe ist ungefähr dreimal so hoch wie die der westlichen. Das Muster der Veränderungen deutet darauf hin, dass sich die west- und die zentralafrikanischen Schimpansen vor ungefähr einer halben Million Jahre auseinanderzuentwickeln begannen, während die Gruppe im Osten erst vor rund 50 000 Jahren ihre Identität fand. Die Menschen sind im Vergleich zu ihnen eintönig, denn zwischen den Völkern der Welt gibt es weit weniger Variationen als zwischen den Schimpansenrassen.

Die Genforscher haben auch viele unserer übrigen Verwandten genauer unter die Lupe genommen. Die Makaken teilen neun Zehntel der DNS mit uns. Einige ihrer Gene liegen in einer Form vor, die bei Menschen zu schlimmen Folgen führt. Die Mutation, die für die seltene angeborene Krankheit

Phenylketonurie prädisponiert – die Unfähigkeit, bestimmte Nahrungsmittel zu verarbeiten –, ist bei den Makaken Standard. Hat möglicherweise eine Veränderung der Ernährung aus einem einst nützlichen Gen ein todbringendes werden lassen? Eine Gruppe von Genen, die bei Menschen Krebserkrankungen begünstigt, fördert bei den Makaken die Bildung von Samenzellen. Wie kann ein sexueller Helfer bei Affen dafür sorgen, dass unsere Zellen außer Kontrolle geraten?

Die Menschen und die Schimpansen und die Menschen und die Makaken haben sich stark verändert, seit sich ihre Wege trennten. Die fossilen Überreste und die Gene geben zusammen Auskunft darüber, wann und wie sich diese evolutionäre Spaltung und die vorhergehenden Spaltungen vollzogen. Die gewagte Vermutung, dass die DNS mit gleichbleibender Geschwindigkeit Irrtümer akkumuliert, und die Informationen, die sich aus Daten von verstreuten Fossilien unserer entfernten Verwandten gewinnen lassen, weisen darauf hin, dass die ersten echten Säugetiere vor ungefähr 125 Millionen Jahren auftauchten. Die Doppelhelix zeigt ferner, dass Schimpansen, Orang-Utans, Menschen und Affen zu einer Gruppe gehören, die auch Lemuren und Hasen umfasst, nicht aber Pferde, Hunde, Fledermäuse und viele andere behaarte Lebewesen. Die Verwandtschaft zwischen den Menschen, den Lemuren, den Hasen und den übrigen Arten wird durch ein bestimmtes Stück beweglicher DNS belegt, das im Genom umherwandert. Es wurde bei allen diesen Lebewesen an derselben Stelle eingeschoben, ein Beweis dafür, dass sie einen gemeinsamen Vorfahren besaßen, und zwar einen anderen als ihre mit einem Fell ausgestatteten Mitgeschöpfe.

Die Gene, die fossilen Überreste und die Geografie weisen darauf hin, dass die Primaten als Gruppe vor ungefähr 85 Millionen Jahren entstanden. Die Affen und die Menschenaffen trennten sich nicht lange danach – was bedeutet, dass sie ursprünglich von dem riesigen Urkontinent Gondwana stammen und nicht von dessen Fragmenten, die wir heute als Afrika, Madagaskar und Indien bezeichnen. Die Makaken schlugen vor ungefähr 25 Millionen Jahren ihren eigenen Weg ein. Die Trennung zwischen uns und unseren nächsten Verwandten erfolgte erst relativ spät. Die geringe genetische Divergenz zwischen Schimpansen und Menschen weist darauf hin, dass sich ungefähr vor fünf bis sieben Millionen Jahren ihre Wege trennten. Ihr gemeinsamer Stammvater trennte sich ungefähr eine Million Jahre davor von der Gorilla-Linie, und diese drei Arten trennten sich vom Zweig der Orang-Utans etwa sechs Millionen Jahren davor.

In der Evolution geht es um mehr als die willkürliche Akkumulation von Fehlern. Die Darwin-Maschine mag zwar langfristig nicht in eine bestimmte Richtung streben, aber sie umgeht Widerstände, wenn sie auftauchen. Triebfeder ist die natürliche Auslese: die ererbten Unterschiede in der Fähigkeit, Gene weiterzugeben. Ihr langer und beschwerlicher Weg führte zur Herausbildung der auffälligen physischen Unterschiedlichkeit zwischen Menschen und Schimpansen, Menschen und Makaken und Menschen und Hasen oder Fledermäusen. Sie alle entwickelten sich aus demselben Vorfahren, und jede dieser Spezies musste sich gegenüber anderen Herausforderungen behaupten und hat mit Hilfe der natürlichen Auslese ihre eigenen Lösungen gefunden.

Nicht alle von uns haben Nachkommen, aber wir alle haben Vorfahren. Um ihre Erbsubstanz in die heutige Zeit weiterzureichen, haben sie überlebt, einen Sexualpartner gefunden und sich fortgepflanzt. In der *Abstammung des Menschen* spekulierte Charles Darwin darüber, wie die Auslese uns geformt haben könnte, doch er konnte nur wenige direkte Belege anführen. Die Auswahl des Sexualpartners, mutmaßte er, sei dafür von besonders großer Bedeutung (er nahm auch ein Projekt in Angriff, das er aber bald wieder einstellte, in dem er herauszufinden versuchte, ob bei blonden Menschen die Wahrscheinlichkeit, dass sie heiraten, geringer ist als bei brünetten); doch seine Begründungen für diese Prozesse bei den Menschen sind wesentlich schwächer als jene in Bezug auf Tiere und Pflanzen, die er in der *Entstehung der Arten* darlegte.

Die Belege dafür, dass das Luststreben eine Triebkraft der menschlichen Evolution ist, sind bestenfalls bruchstückhaft, doch die natürliche Auslese hat zweifellos unsere Abstammungslinie verändert. Sie hinterlässt ihre Spuren auf vielfältige Weise im Genom, manchmal deutlich sichtbar, manchmal weniger offensichtlich. Bisweilen kann man die natürliche Auslese bei der Arbeit beobachten. In den meisten Fällen zeigt sich ihr Wirken aber nur in indirekter Form und es gibt keine Hinweise darauf, wie und warum sie tätig geworden ist. Langfristige Entwicklungen wie beispielsweise die Vergrößerung der Gehirnmasse des Menschen im Laufe von Jahrmillionen zeigen, was die natürliche Auslese im Zuge der Zeit bewirken kann. Auch das Muster der Verteilung der Gene auf der Erde ist ein deutlicher Hinweis auf ihre Kraft. Nichts ist eindrucksvoller als die geografische Veränderung der physischen Erscheinungsform des Menschen, die wesentlich ausgeprägter ist als bei allen anderen großen Säugetieren. Mittlerweile wissen wir etwas mehr darüber, wie sich die Unterschiede der Haar- und Hautfarben beim Menschen herausgebildet haben, nachdem wir Erkenntnisse darüber gewonnen haben, auf welche Weise die natürliche Auslese rasche Veränderungen herbeiführen kann und wie subtil und unerwartet sich diese Entwicklungen vollziehen können.

Der *Homo sapiens* hat sich erst vor Kurzem von Weiß zu Schwarz entwickelt und an manchen Orten wieder zurück zu Weiß. Schimpansen haben eine sehr blasse Haut (ihre Gesichter allerdings können bräunlich sein). Die Haut der Afrikaner ist dagegen schwarz; eine dunkle Hautfarbe ist daher etwas Neues in der menschlichen Stammesgeschichte. Adam und Eva werden in der religiösen Kunst stets mit heller Haut dargestellt. Angesichts des Aussehens der heutigen

Bewohner des Nahen Ostens war dies aber ziemlich unwahrscheinlich. Die ersten modernen Menschen, die vor hunderttausend Jahren oder mehr lebten, waren zweifellos schwarz.

In der DNS finden sich Hinweise darauf, dass sich diese Hautfarbe ungefähr vor einer Million Jahren entwickelte. Zu dieser Zeit begannen unsere Vorfahren aus den Wäldern in die von der Sonne beschienenen Savannen zu ziehen. Damals entwickelten sich auch lange Beine und Arme und eine ausgeprägte Nase (die den Schimpansen fehlt), vielleicht um mit dem Leben in der Sonne besser zurechtzukommen. Zudem verloren wir unsere Behaarung – wahrscheinlich, damit wir uns Kühlung verschaffen konnten –, und eine dunkle Haut wurde von nun an bevorzugt, weil sie gegen die schädlichen Wirkungen der ultravioletten Strahlung besser schützte. Die Hautfarbe ist abhängig von der Menge eines Pigments namens Melanin.

Die ersten Hinweise darauf, wie Eva ausgesehen haben könnte, stammten nicht von Menschen, sondern von Fischen. Der Zebra-Fisch wird häufig herangezogen zur Erforschung der embryonalen Entwicklung. Einer bestimmten Mutante fehlen die schwarzen Streifen, die dem Tier seinen Namen gegeben haben, und sie ist fast völlig transparent (was es den Biologen ermöglicht, die Entwicklung des Eis zu verfolgen). Das dafür verantwortliche Gen konnte identifiziert werden, und die Suche in unserem Erbgut nach einer nichtmutierten Version hat eine präzise Entsprechung zutage gefördert (dieses Gen ist so deckungsgleich, dass es dem Zebrafisch seine Streifen zurückgeben kann, wenn man es in einen Embryo injiziert). Die Struktur dieses Gens unterscheidet sich stark zwischen den verschiedenen Völkern. Bei 98 Prozent der Afrikaner sitzt ein bestimmter Baustein, eine Aminosäure, an einer bestimmten Stelle auf der Eiweißkette, während diese bei 99 Prozent der Europäer durch eine andere Version ersetzt ist. Die in Afrika anzutreffende Variante erzeugt wesentlich mehr Pigmente. Somit beruht die unterschiedliche Erscheinung der Bewohner der beiden Kontinente zum großen Teil auf der Veränderung eines einzigen DNS-Bausteins. In ganz Afrika gibt es keine Variationen dieses Gens bezüglich seiner funktionalen Bedeutung. Dies lässt vermuten, dass dunkle Haut begünstigt wurde, als sie entstand, und sich daher rasch verbreitete. Die Europäer sind dagegen etwas vielfältiger. Unterschiedliche Formen des betreffenden Proteins führten zur Entwicklung schwarzer, blonder und roter Haare und dunkler oder fast durchscheinender Haut. Fossile DNS zeigt, dass es auch bei den Neandertalern verschiedene Mutationen gab und auch sie daher wahrscheinlich weiß waren.

Komischerweise entwickelte sich die weiße Hautfarbe bei den Bewohnern Chinas und Japans auf sehr unterschiedliche Weise. Die Gene, die maßgeblich dafür sorgten, dass die Europäer heller wurden, spielten in Ostasien keine Rolle, denn dort trugen die Einheimischen jeweils die afrikanische Form. Die Bewohner des Fernen Ostens »erbleichten« auf andere Art, durch Veränderungen einer anderen Reihe von Genen. Ein bestimmter DNS-Abschnitt führt, wenn etwas schiefgeht, bei Europäern zu Albinismus (einem Verlust von Hautpigmenten), und eine Mutation eines anderen Teils dieses Gens trug maßgeblich dazu bei, dass sich der Melaningehalt der asiatischen Haut verringerte. Die helle Haut hat sich also dem Anschein nach auf vielfältige Weise entwickelt. Mehrere andere Bereiche der Melanin-Werkstatt unterscheiden sich in ihrer Struktur zwischen den Einwohnern Afrikas, Asiens und Europas. Die meisten haben kleine, aber wahrnehmbare Auswirkungen auf die Hautfarbe (weshalb Kinder aus einer Ehe zwischen einem Afrikaner und einem Europäer unterschiedliche Abstufungen zwischen dunkel und hell aufweisen, anstatt genauso auszusehen wie einer der beiden Elternteile).

Die ältesten modernen Europäer vor ungefähr vierzig- bis fünfzigtausend Jahren waren mit großer Sicherheit schwarz. Auch die französischen Höhlenmaler in Lascaux waren vermutlich dunkelhäutig, denn die großen Auerochsen erscheinen in ihren Bildern rötlich, die Jäger sind dagegen viel dunkler. Die ersten Engländer – jene Menschen, die vor rund 13 000 Jahren dem sich zurückziehenden Eis auf die Insel folgten – besaßen wahrscheinlich auch noch ihre afrikanische Hautfarbe, als sie ihren Fuß an die Küsten ihrer neuen Heimat setzten.

Warum ist es nützlich, in Benin schwarz zu sein, in Folkestone aber hellhäutig? Über Melanin wissen wir anscheinend nur Positives, denn helle Haut scheint auf den ersten Blick mehr zu schaden als zu nützen. Melanin schützt gegen Hautkrebs – und in Großbritannien erkranken jährlich 50 000 Menschen daran. Zweitausend davon sterben. Ein Sonnenbrand mag harmlos erscheinen, doch er erschwert das Schwitzen und begünstigt eine Überhitzung des Körpers, was jeweils mit Gefahren verbunden ist. Melanin bremst zudem die Zerstörung von Vitaminen im Blut, während der Körper den durchdringenden Strahlen der Sonne ausgesetzt ist. Hellhäutige Frauen, die sich in die Sonne legen, haben einen niedrigeren Spiegel an Folsäure, und ihre Neugeborenen haben dafür zu bezahlen, denn ein Mangel an diesem Vitamin verursacht angeborene Schäden. In Anbetracht der Nachteile von heller Haut muss uns irgendeine machtvolle Kraft verändert haben, als wir vom azurblauen Firmament der Tropen zum grauen Himmel Britanniens und Europas wanderten.

Ein weiteres Vitamin spielte dabei eine Rolle. Vitamin D hilft beim Knochenaufbau. Es reguliert den Kalzium- und Phosphorspiegel im Blut, indem es dem Darm hilft, diese Stoffe zu absorbieren, und von beiden Elementen ein bestimmtes Quantum sicherstellt, das sonst im Urin verloren gehen würde. Fetter Fisch, Eier und Pilze enthalten viel Vitamin D (das man heute in zahlreichen Ländern der Milch oder dem Mehl zusetzt, um die Gesundheit der Kinder zu fördern). Vitamin D kann außerdem aus Cholesterin und unter Einwirkung von ultravioletter Strahlung in der Haut produziert werden.

Um diese Aufgabe erfüllen zu können, muss das Licht in die Haut eindringen können, und Melanin hindert es daran. Afrikaner müssen täglich viele Stunden in der Sonne verbringen, um die für ihre Gesundheit erforderliche Menge an Vitamin D zu produzieren, bei Nordeuropäern dagegen genügt es schon, wenn sie im Hochsommer eine Viertelstunde lang ihre Arme, den Kopf und die Schultern der Sonne aussetzen.

Bei einem Mangel an Vitamin D können Kleinkinder an Rachitis erkranken, ein Leiden, das die Verkalkung der Knochen verzögert und zu Deformationen der Wirbelsäule und der Beine führen kann. Die Betroffenen werden zudem oft von Anfällen und Krämpfen geplagt – eine Nebenwirkung des Kalziummangels –, die Herzversagen zur Folge haben können. Neun von zehn Kleinkindern in den verräucherten und von Armut gezeichneten viktorianischen Städten zeigten Symptome dieser Krankheit, und Rachitis ist noch immer die häufigste nichtinfektiöse Kinderkrankheit auf der Welt.

Die meisten jungen Schwarzen in den USA haben gefährlich wenig Vitamin D in ihrem Blut, daher ist die Erkrankung unter schwarzen Amerikanern dreimal so häufig wie unter ihren weißen Mitbürgern. Meiner Generation blieb dank Lebertran dieses Schicksal erspart, aber die heutige Welt hat nicht so viel Glück. In Großbritannien ist die Rachitis zurückgekehrt. Ein Drittel der Kinder in Asien und der Afro-Karibik leidet unter Vitamin-D-Mangel (bei Ersteren hat auch maßgeblich dazu beigetragen, dass sie sich oft nicht in die Sonne legen dürfen). Bei diesen Kindern ist eine gravierende Unterversorgung neunmal häufiger als bei europäischen Kindern, und eines von hundert zeigt Krankheitssymptome. Um die Mädchen ist es besonders schlecht bestellt, was ihnen später noch weitere Probleme bereitet, denn ihr Becken verengt sich, Kinder zu entbinden wird dadurch schwieriger.

Ein Vitaminmangel wurde auch schon bei weißen Kindern festgestellt, die zwar in der Sonne spielen durften, aber vor den Gefahren der ultravioletten Strahlung durch Sonnencremes geschützt wurden.

Diese rätselhafte Substanz hilft auch dabei, Diabetes und Herzerkrankungen im Zaum zu halten, und schützt anscheinend vor bestimmten Krebsarten, da an weniger sonnenverwöhnten Orten eine höhere Rate von Lungen- und Darmkrebs festgestellt wurde. Jede Veränderung der Hautfarbe, die dazu betrug, mehr von dieser Substanz zu produzieren, dürfte daher sehr hilfreich gewesen sein auf dem Entwicklungsweg der Menschheit. Die natürliche Auslese wurde auf diese neuen Mutationen sofort aufmerksam, und in Regionen mit wenig Sonne setzte sich bald die helle Haut durch.

Die Auslese hat auch zu anderen größeren Veränderungen in der menschlichen DNS geführt. Viele davon entstanden durch neue Lebensgewohnheiten – durch die Wanderung in andere Klimazonen, Umstellungen der Ernährung und die Entstehung von Städten. Während neun Zehntel unserer Geschichte als Spezies haben die meisten Menschen im Laufe ihres ganzen Lebens weniger andere Menschen zu Gesicht bekommen als ein durchschnittlicher Angehöriger der westlichen Zivilisation heute auf seinem Weg zur Arbeit. Die Landwirtschaft führte zu einer Bevölkerungsexplosion, und der *Homo sapiens* ist heute um das Zehntausendfache häufiger als jedes andere Säugetier seiner Größe. In einer Welt voller Krankheitserreger und Parasiten sind Reichtum und Übermaß ein Luxus.

Epidemien haben unsere Spezies schon mehrmals deutlich dezimiert. Sie erfordern große Populationen, um sich zu entwickeln, und umherziehende Menschen, die die Erreger verbreiten. Die Justinianische Pest, die 541 in Konstantinopel ihren Ausgang nahm, raffte im östlichen Mittelmeerraum eine Viertelmillion Menschen dahin. Der Schwarze Tod verbreitete sich im 14. Jahrhundert von China aus entlang der Seidenstraße und kehrte immer wieder zurück. Zwei von drei Europäern fielen ihm zum Opfer. Infektionskrankheiten sind eine mächtige Triebkraft für die natürliche Auslese, und viele Gene reagieren darauf.

Eine bestimmte Krankheit zeigt eindrücklicher als alle anderen, wie die natürliche Auslese funktioniert. Ein Drittel der Weltbevölkerung ist von der Malaria bedroht, eine halbe Milliarde Menschen sind von ihr infiziert, und alle fünf Minuten stirbt ein Mensch an dieser Krankheit. Der Angriff begann erst vor zehntausend Jahren, als die Menschen in einer Wärmeperiode die Tropenwälder besiedelten und sie abholzten. Dies förderte die Zunahme der Moskitos und die Verbreitung des Erregers, der in den Moskitos lebt.

Bei Familien in Kenia, die von der Malaria bedroht sind, kann man durch schlechte Lebensbedingungen – sumpfige Umgebung, zu viel Regen, zu viele Kinder – einige der Variationen im Hinblick auf die individuelle Gefährdung erklären, doch zumindest bei einem Drittel der Betroffenen, bei denen die Gefahr besteht, dass sie an der Krankheit sterben, sind genetische Unterschiede ausschlaggebend. Einige Varianten haben starken Einfluss und werden schnell von der natürlichen Auslese aufgegriffen, während andere eher subtilerer Art sind und weniger gravierende Auswirkungen haben. Die wichtigsten Veränderungen betreffen den Blutfarbstoff Hämoglobin. Eine Viertelmilliarde Menschen trägt mindestens eine Kopie einer mutierten Version dieses Moleküls in sich. Am bekanntesten ist das Sichelzellenmerkmal, das durch den Austausch eines einzelnen DNS-Bausteins entsteht. Bei Menschen mit zwei Kopien dieses Gens bildet das Hämoglobin lange Kristalle in jenen Körperteilen, die nur schwach mit Sauerstoff versorgt werden. Die roten Blutkörperchen verformen sich sichelförmig, was zur Zähflüssigkeit des Blutes führt und Schmerzen, Herzerkrankungen und andere Beschwerden hervorrufen kann. Menschen mit nur einer

Kopie sind gesund und haben nur ein halb so hohes Risiko, bei einer Infektion Fieber zu bekommen, und ein zehnfach geringeres Risiko, ernsthaft zu erkranken. Ein Drittel aller Afrikaner ist Träger dieses Gens, das auch in Südeuropa, im Nahen Osten und in Indien verbreitet ist.

Viele andere genetische Veränderungen schützen gegen die Malaria. Der Parasit benutzt die Enzyme in unseren roten Blutkörperchen für seinen Stoffwechsel. Hunderte Millionen Menschen werden mit einer defekten Version eines dieser Enzyme geboren, sind dadurch aber geschützt. Eine Form des Parasiten kann nicht in Zellen eindringen, an deren Oberfläche eine bestimmte »Andock-Stelle« fehlt. Fast alle Einwohner Westafrikas besitzen diese Variante. In anderen Weltgegenden verhindert eine Veränderung der Form der roten Blutzellen eine Infektion. Auch der hohe Salz- und Eisengehalt im Blut der Afrikaner schützt dagegen. Dutzende von Abschnitten in der DNS spielen im Kampf gegen die Malaria eine Rolle, und viele davon sind bislang noch nicht entdeckt. Ob groß oder klein, jeder dieser Bereiche wird von der Selektion in Dienst genommen und Schritt für Schritt zu einer Antwort auf die Bedrohung zusammengebastelt.

Die natürliche Auslese befasst sich stets mit neu auftauchenden Feinden. Überall wo sie am Werk ist, hinterlässt sie Spuren, oft indirekter Art, dass sie eingegriffen hat. Manche Veränderungen in der DNS wirken sich auf die Strukturen von Proteinen aus, andere nicht. Das Zahlenverhältnis zwischen den beiden ist ein Indikator für den Erfolg der Selektion, denn wahrscheinlich wurden eher Veränderungen in nützlichen DNS-Abschnitten von ihr beeinflusst, als solche in funktionslosen Teilen. Aus diesem Verhältnis ergibt sich, dass das Erbgut unserer Spezies weniger Auslese erfahren hat als jenes der Schimpansen.

Einen weiteren Hinweis auf die Funktionsweise der Auslese liefern die Blöcke genetischer Varianten, die auf den

Chromosomen dicht nebeneinander angeordnet sind. Wenn ein begünstigtes Gen häufiger vorkommt, zieht es auf beiden Seiten Abschnitte der DNS mit sich. Je stärker und je jünger die Selektion, umso länger ist der mitgerissene DNS-Abschnitt. In Afrika sitzen die Gene für die schwarze Haut und die Sichelzell-Gene beide in der Mitte langer Abschnitte der Doppelhelix, die sich von Mensch zu Mensch nur gering unterscheiden. Dieses Muster weist darauf hin, dass in beiden Fällen die neue Mutation sofort von der natürlichen Auslese aufgegriffen und – zusammen mit ihren Nachbarn – schnell in der Gesamtbevölkerung verbreitet wurde.

Im Laufe der Zeit werden solche einheitlichen DNS-Blöcke aufgebrochen durch die willkürliche Neuanordnung von Genen, die bei der Bildung von Samen- und Eizellen stets erfolgt, aber dieser Prozess kann ziemlich lange dauern. Ein Abschnitt der DNS, der in den unterschiedlichen Genomen von Person zu Person kaum variiert, ist daher ein Beweis, dass hier die Selektion am Werk war. Die Genome des Menschen und des Schimpansen weisen jeweils Tausende solcher Bereiche auf. Jeder von ihnen ist ein Schatten einer Auslese in der Vergangenheit. Beim Schimpansen trägt eines von sechzig Genen dieses Darwinsche Zeichen, beim Menschen dagegen sind es nur halb so viele; dies ist ein Beleg dafür, dass wir imstande sind, mit neuen Herausforderungen auf andere Weise zurechtzukommen als sie. Die Fähigkeit des Menschen, seine Umwelt zu gestalten, um sie seinen Bedürfnissen anzupassen, hat die Hammerschläge der Natur abgeschwächt. Medikamente gegen die Malaria bewerkstelligen heute etwas, wozu es einst aufwändiger Mutationen bedurft hatte, und vor Jahrtausenden reagierte unsere Haut noch schnell auf Veränderungen des Klimas, heute aber schützen sich die meisten Menschen, ob schwarz oder weiß, auf ganz andere Weise vor der Sonne, nämlich durch Kleider.

Der Verlust unserer ursprünglichen Nacktheit war ein früher Hinweis darauf, dass wir über ein einzigartiges evolutionäres Talent verfügen – die Fähigkeit, auf Herausforderungen nicht mit dem Körper, sondern dem Geist zu reagieren. Dies half, uns über die Welt auszubreiten, denn mit der Kleidung nehmen wir die Tropen mit, wohin wir auch gehen.

Adam und Eva kannten keine Scham in ihrem warmen Paradies, aber nach dieser ersten aller Sünden legten sie sich Schurze zu, um ihre unteren Körperteile zu bedecken. Wann geschah dies? Die Läuse liefern einen Hinweis darauf, wann die Kleidung erfunden wurde. Schimpansen und Gorillas haben Läuse und verbringen viel Zeit mit der Körperpflege. Als die Menschen ihre Behaarung verloren im Zuge ihrer Wanderung in die sonnenbeschienenen Savannen, wurde es für die Läuse ungemütlich und sie zogen sich in jene Lebensräume zurück, die ihnen noch verblieben. Wir kennen drei Arten von Läusen, die Kopf- und die Kleiderlaus und die Schamlaus. Die Kleiderlaus heftet sich als Einzige an die Kleidung. Die Laus in der Schambehaarung ist am nächsten mit jener verwandt, die auf Gorillas lebt, und ist vielleicht von ihnen zu uns gekommen. Die DNS zeigt, dass sich die anderen beiden Arten aus einem Schimpansen-Parasiten entwickelt haben, der vor ungefähr sechs Millionen Jahren mit uns Bekanntschaft gemacht hat. Die Kleider- und die Kopflaus trennten sich vor mehr als 50 000 Jahren. Dies markiert jenen Augenblick, in dem wir erstmals Kleidung anlegten und einem unternehmungslustigen Parasiten einen neuen Lebensraum anboten. Die Menschen, das belegen ihre äußeren Parasiten, hüllten sich in Gewänder, als sie ihre ersten Schritte in den eisigen, kalten Norden unternahmen.

Mittlerweile haben wir gelernt, gegen solche äußeren Parasiten durch Insektizide vorzugehen, schlechtem Wetter durch Heizen seinen Schrecken zu nehmen und giftige Nahrungsmittel in der Küche unschädlich zuzubereiten. Jede Begabung ist ein Produkt des Schädelinhalts. Dieser ist – ähnlich wie Adams Untergewand – bei uns Menschen einzigartig. Darwin stellte fest: »Zweifellos ist der Unterschied zwischen der Seele des tiefststehenden und der des höchstentwickelten Tieres ganz ungeheuer groß.« Damit hatte er Recht. Um die menschliche Evolution zu verstehen, müssen wir wissen, wie und weshalb unser Gehirn, das menschlichste unserer Organe, sich so ganz anders entwickelt hat als die Gehirne der Primaten, und wie und weshalb unser Verhalten sich so sehr von ihrem unterscheidet.

Das Organ ist beim Menschen dreimal so groß, und die Großhirnrinde, wo bewusste Vorgänge und kognitive Prozesse verarbeitet werden, ist ungefähr fünfmal größer als beim Schimpansen. Der moderne Schädel ist um ein Mehrfaches größer als jener vor drei Millionen Jahren. Das Gehirn von Schimpansen ist bei ihrer Geburt schon fast so groß wie im ausgewachsenen Alter. Menschenbabys dagegen (die größere Gehirne haben als die Schimpansen) bauen graue Substanz auf bis zum Alter von zwei Jahren. Die im menschlichen Gehirn aktiven Gene haben sich vervielfacht im Vergleich zu jenen der Primaten. Eines dieser Gene, das zur Geburt von Kindern mit winzigen Köpfen führt, wenn es nicht funktioniert, hat sich vor allem beim Menschen sehr schnell verbreitet. Die Nerven in unserem Gehirn sind enger miteinander verwoben und die Verknüpfungsstellen sind komplexer als bei den Schimpansen. Außerdem herrscht im menschlichen Gehirn auf der molekularen Ebene stärkere Aktivität. Dennoch haben sich viele Gene, die in diesem Körperbereich besonders aktiv sind, nicht schneller verändert als jene in der Leber, den Muskeln oder den Hoden.

Das Gehirn ist sehr kostspielig, denn bezogen auf das Gewicht verbraucht es sechzehn Mal mehr Energie als die Muskeln. Im Ruhezustand beansprucht es ein Viertel der gesamten Energie des menschlichen Körpers, was bedeutet, dass wir doppelt so viel in geistige Kraft investieren wie die Schimpansen. Wie können wir uns ein so luxuriöses Organ leisten? Menschen essen nicht mehr als andere vergleichbar große Primaten, aber uns steht eine reichhaltigere Ernährung zur

Verfügung, mit mehr Fleisch und weniger Wurzeln und Blättern, als unseren Verwandten. Daher kommen wir mit einem kürzeren Darm aus bei der Verarbeitung der Nahrung. Menschen investieren auch weniger in Muskeln und mehr in Fett als andere Affen, und die Enzyme, die die Nahrung verbrennen, sind effizienter. All dies nahm wie die schwarze Haut vor zwei Millionen Jahren seinen Anfang, als die Menschen aus den Wäldern in die Savannen zogen, sich unterwegs zu größeren Gruppen zusammenschlossen und zu besseren Jägern mit fleischreicherer Kost wurden. Der Weg zum Gehirn des Menschen führte durch seine Gedärme.

Dennoch ist unser Denkorgan heute nicht größer als das der Neandertaler – und diese Lebewesen glichen in ihrem Verhalten viel mehr den Affen als wir. Etwas anderes als eine Extradosis grauer Substanz hat uns zu dem gemacht, was wir sind. Schon Darwin glaubte, »... dass von allen Unterschieden zwischen dem Menschen und den Tieren das moralische Gefühl oder das Gewissen der weitaus bedeutungsvollste sei.« Ein Blick auf unsere Verwandten zeigt, wie Recht er hatte.

Schimpansen sind grausamer, als die meisten Menschen glauben. Sie töten andere Affen und verhalten sich auch untereinander sehr unfreundlich. Ihr Sexualleben würde bei Queen Victoria blankes Entsetzen hervorrufen, und ihr ethisches Universum, sofern sie überhaupt eines besitzen, ist wesentlich düsterer als unseres. Sie leben in Gruppen, doch diese Gruppen sind ständig im Umbruch, da sich ihre Mitglieder immer wieder bekämpfen. Der Schrecken hält die Welt in Gang. Man führe einen Versuch durch, bei dem zwei Schimpansen an einem Strick ziehen müssen, um Zugang zu einem Futternapf zu bekommen. Das werden sie zwar tun, aber erst, wenn der eine aus der Reichweite des anderen verschwunden ist. Sonst greift das dominante Tier das unterlegene an, auch wenn dann keiner von beiden etwas zu fressen bekommt. Wut und Gier zerstören die Hoffnung auf Belohnung. Was den Menschen von ihnen unterscheidet, ist der

Verlust der Angst, was seltsam klingen mag in einer Welt, in der diese Empfindung allgegenwärtig zu sein scheint. Wenn der Schrecken verschwindet, kann sich ein Gemeinwesen entwickeln.

Unsere sozialen Fähigkeiten entwickeln sich schon sehr früh. Eine Gruppe von Zweijährigen, die ein Stück Nahrung finden sollten, nachdem sie beobachtet hatten, wie es weggebracht oder umgedreht oder mit einem Tutsignal in eine Schachtel gelegt worden war, erledigten diese Aufgabe recht gut – aber nicht besser als erwachsene Schimpansen, denn sowohl die Babys als auch die Schimpansen bewältigten zwei von drei Aufgaben. Als es darum ging, von anderen zu lernen, waren die Babys eindeutig überlegen. Sie wurden bei jedem Problem besser, wenn sie jemand anderen sahen, der es löste, oder wenn ein Erwachsener darauf hindeutete oder hinschaute, wo das Essen versteckt war oder durch entsprechende Laute zu erkennen gab, dass sie der Lösung näher kamen. Jede Reaktion setzt ein Gespür für die Gefühle eines anderen voraus. Wir besitzen viel mehr von dieser Fähigkeit als unsere Verwandten, und die Schimpansen ignorierten andere, die ihnen helfen wollten.

Schimpansen können lernen, aber nicht lehren: Wie alle Affen können sie nachahmen, aber nicht anderen etwas beibringen. Manchmal fischen erwachsene Tiere mit einem Stab nach Insekten oder zerschlagen Nüsse mit einem Stein, und die Jungen imitieren sie; aber die Erwachsenen versuchen nicht, den Kleinen zu zeigen, wie man das macht, verhalten sich nicht anders, wenn die Kinder um sie herum sind, und kümmern sich auch nicht darum, ob sie es gut nachmachen. Sogar Vögel mit ihren kleinen Gehirnen können dasselbe leisten wie Schimpansen. Ein Wellensittich kann aus einer Flasche mit Trinkbarem den Stöpsel herausziehen, wenn er jemand anderen dabei beobachtet hat, und Krähen sind noch schlauer.

Doch echte Erziehung erfordert mehr. Ein guter Lehrer

kann alles unterrichten, solange er seinen Schülern immer ein paar Schritte voraus ist. Lehrer haben auch stets einen Einblick in die geistige Verfassung ihrer Schüler und wissen, wer gut vorankommt und wer sich schwer tut und wie man die Schüler fördern und verhindern kann, dass sie sich langweilen.

Dass Schimpansen kein Interesse für die nachfolgende Generation zeigen, ist ein Hinweis darauf, dass sich unsere behaarten Verwandten geistig doch wesentlich stärker von uns unterscheiden, als wir vielleicht glauben. Ein kompetenter Lehrer muss verstehen, was seine Schüler denken – Schimpansen tun das nicht; sie besitzen keine »Theorie des Geistes«, wie die Psychologen die Fähigkeit bezeichnen, sich die Bewusstseinsvorgänge in anderen Personen vorzustellen. Bei uns ist diese mentale Alltagspsychologie sehr gut entwickelt, was Lehrern wie Schülern gleichermaßen zugutekommt. Auch wenn junge Menschen es bezweifeln mögen, aber ein Affe könnte niemals Lehrer werden.

Wie jemand denkt, kann man am besten verstehen, wenn man mit ihm redet. Der Schriftsteller Thomas Love Peacock erfand eine Figur namens Sir Oran Haut-Ton, ein aufgeklärter Affe, der Waldhorn spielen lernt, aber nicht reden kann (er wird ins Parlament gewählt, wo ihm sein Schweigen eine Aura der Weisheit verleiht). Der *Homo sapiens* ist ein beredter Affe. Selbst taube Kinder, die in einer Gruppe leben, sprechen mit ihren Händen. Das Reden ist das Gerüst, auf dem die Gesellschaft errichtet wird. Kein anderer Primat kann sprechen, und alle Versuche, es ihnen beizubringen, sind gescheitert (der Sprachtheoretiker Noam Chomsky bemerkte, »dass ein Affe beweist, dass er sprechen kann, ist ähnlich wahrscheinlich, wie dass es eine Insel mit flugunfähigen Vögeln gibt, die darauf warten, dass ihnen der Mensch das Fliegen beibringt«).

Über die Ursache der Sprachentstehung wird seit jeher spekuliert, doch sie wird nie endgültig geklärt werden können, da nur ein einziges Lebewesen sprechen kann. Darwin vermutete, dass es mit Imitation begonnen haben könnte, dass »ein ungewöhnlich schlaues affenähnliches Tier das Knurren eines beutesuchenden Jägers nachahmte, um seine Artgenossen auf die Gefahr aufmerksamen zu machen«. In der *Abstammung des Menschen* äußert er die Vermutung, dass es mit Liebesgesängen angefangen haben und die Sprache zum Teil eine Nebenerscheinung der geschlechtlichen Auslese sein könnte. Vielleicht entwickelte sie sich aber auch aus der schlichten Tatsache, dass wir soziale Wesen sind. Wenn sich die Menschenaffen gegenseitig das Fell pflegen, sorgt das ständige Kraulen dafür, dass sie ruhiger werden. Bei großen Gruppen nimmt dies beträchtliche Zeit in Anspruch, durch beruhigende Laute können jedoch viele Tiere gleichzeitig befriedet werden. Das wilde Tier in uns wurde ursprünglich vielleicht auf diese Weise umgarnt, vielleicht auch durch Singen (wodurch sich erklären mag, dass Stotterer einen Satz singen, aber nicht aussprechen können).

Wie immer sie entstanden ist, die Sprache hat uns zu dem gemacht, was wir sind. Die Sprachfähigkeit liegt in der linken Gehirnhälfte, und viele Primaten haben ein Gehirn mit einer ähnlichen Aufgabenverteilung wie wir. Bei den Schimpansen füllt die Zunge den Mundraum völlig aus, während sie bei uns im Vergleich dazu eher zierlich ist. Die Zunge des Menschen hat sich ein Stück weit in den Hals zurückgezogen. Die Sprache ist eine komplexe Abfolge von Lauten, die entstehen, wenn sich der Bereich oberhalb des Kehlkopfes verengt und ausdehnt. Die anatomischen Veränderungen haben ihre Spuren in der Form des Schädels hinterlassen. Die Neandertaler besaßen schimpansenähnliche Münder und konnten nur Grunzlaute von sich geben. Der erste sprechfähige Schädel entwickelte sich vor 50 000 Jahren – erst kurz vor jenen technologischen Umwälzungen, die zum Entstehen der modernen Welt führten.

Eines von zwanzig Kindern leidet unter irgendeiner Art von Sprachbehinderung. Ein bestimmter angeborener Defekt hat zur Folge, dass sich die Betroffenen nicht grammatikalisch korrekt artikulieren können. Junge Mäuse mit demselben Gendefekt piepsen weniger, wenn sie von ihrer Mutter getrennt werden, was einen Hinweis darauf liefert, dass dieses Gen bei der Kommunikation eine Rolle spielt. Menschen mit anderem Defekt desselben Gens haben ein Risiko, an Schizophrenie zu erkranken und, wie angeblich Johanna von Orleans, Stimmen zu hören, die es gar nicht gibt. Die normale Genvariante beim Menschen unterscheidet sich in zwei Aminosäuren von der Variante bei allen anderen Primaten. Es wäre töricht, von einem Sprach-Gen zu sprechen, doch wenn der Übergang vom Tier zum Menschen mit der Entstehung der Sprache verbunden war, waren dafür nur relativ wenige molekulare Veränderungen verantwortlich. Für zusätzliche Verwirrung sorgt die Entdeckung, dass auch die Neandertaler unsere Variante dieses Gens besaßen, das daher vermutlich auf unseren gemeinsamen, damals noch sprachlosen Stammvater zurückgeht.

Ganz gleich wie Sprache letztlich entstand: Worte sind das Rohmaterial für eine ganz neue Art von Genetik. Informationen werden jetzt durch Münder und Ohren weitergegeben, nicht mehr nur durch Samen- und Eizellen. Durch sie wurden wir von einem seltenen ostafrikanischen Menschenaffen zu dem am weitesten verbreiteten Säugetier. Gedanken, nicht Gene machen uns zu dem, was wir sind. Unsere DNS unterscheidet sich nicht stark von jener unserer Verwandten, doch was wir mit ihr machen – und was wir sagen –, hat unser Schicksal bestimmt.

Der »unauslöschliche Stempel«, von dem Darwin sprach, ist der Gestalt des Menschen fest aufgeprägt. Die moderne Biologie hat herausgefunden, dass die Schimpansen noch mehr Ähnlichkeit mit uns besitzen, als Darwin vermutete – aber nur in ganz wörtlichem Sinn. Die Stärken (und die Schwächen) seiner Vorstellung davon, was uns zu Menschen macht, treten heute weitaus klarer zutage. Darwins Theorie ist tatsächlich sehr aussagekräftig, doch ihre Anhänger müssen sich auch bewusst sein, wo sie an Grenzen stößt.

Im Jahr 1926 entsandte die sowjetische Regierung eine Expedition nach Afrika. Sie stand unter Leitung von Ilja Iwanowitsch Iwanow, der berühmt geworden war durch die Kreuzung von Pferden und Zebras mittels künstlicher Befruchtung. Das Politbüro hoffte, dies auch mit Menschenaffen und Menschen bewerkstelligen zu können und mit diesem Experiment »den religiösen Lehren einen entscheidenden Schlag zu versetzen und es zu nutzen in unserer Propaganda und unserem Kampf um die Befreiung des werktätigen Volkes von der Macht der Kirche«. Die American Association for the Advancement of Atheism begrüßte das Unternehmen. In Guinea besorgte sich Iwanow das Sperma eines anonymen Afrikaners und befruchtete damit drei Schimpansen-Weibchen – aber keines wurde schwanger. Dann wollte er Frauen mit Schimpansen-Sperma befruchten, wurde aber daran gehindert. Zurück in Russland, versuchte er das Experiment mit einem männlichen Orang-Utan und einer Frau zu wiederholen, die ihm geschrieben hatte: »Nachdem mein Leben völlig schiefgelaufen ist, erkenne ich keinen Sinn mehr darin, weiterzuleben ... Aber als ich sah, dass ich der Wissenschaft einen Dienst erweisen könnte, habe ich den Mut gefasst, mich an Sie zu wenden. Ich bitte Sie, weisen Sie mich nicht ab ... Bitte führen Sie mit mir das Experiment durch.« Doch der auserwählte Orang-Utan starb vor seinem glorreichen Moment, und Iwanow wurde eingesperrt und später nach Kasachstan verbannt, wo er schließlich, ebenfalls kinderlos, das Zeitliche segnete.

Einige Amerikaner, die Forschungen auf dem Gebiet der menschlichen Gentechnologie verhindern wollen, versuchten, die Idee einer Kreuzung aus Schimpanse und Mensch patentieren zu lassen in der Hoffnung, dadurch eine Welle der Entrüstung hervorzurufen. Der Antrag wurde abgewiesen mit der fragwürdigen Begründung, dass die US-amerikanische Verfassung das Eigentum an Menschen verbiete (ob die Kreuzung diesen Status besitzen würde, wurde allerdings nicht ausgeführt). Die künstliche Befruchtung eines Schimpansen-Eis mit dem Samen eines Menschen wäre heute technisch wahrscheinlich machbar (Behauptungen, dass die Züchtung eines solchen Mischwesens bereits gelungen sei, sind unzutreffend), doch dies gilt allgemein als inakzeptabel. Nicht die biologische Seite wäre hierbei das Problem, sondern die Frage, was es eigentlich bedeutet, ein Mensch zu sein. Ein Hybridwesen aus einem Schimpansen und einem *Homo sapiens* würde eine allzu einfache Gleichsetzung ermöglichen zwischen unserem affenähnlichen Körper und unserem unsterblichen Geist.

Darwin war sich der Grenzen seiner Theorie bewusst. Wie er in seinem berühmten letzten Satz in der *Abstammung des Menschen* erklärt, besitzen Männer und Frauen edle Eigenschaften, Sympathie für die Niedrigsten, Wohlwollen nicht nur gegenüber anderen Menschen, sondern auch gegenüber den niedrigsten Lebewesen und einen Verstand, der uns den Aufbau und die Bewegungen des Sonnensystems erkennen lässt. All dies ändert aber nichts an der Tatsache, dass wir in unserer Körperlichkeit, reduziert man sie auf die grundlegenden chemischen Bestandteile, den »unauslöschlichen Stempel niederer Herkunft« tragen.

Manche Menschen lehnen daher Darwins Lehre ab, macht sie doch dem Menschen vermeintlich seine besondere Stellung in der Natur streitig; diese Kritiker aber haben nicht begriffen, worum es in der Evolution geht. Indem die Biologie beweist, dass wir mit den Schimpansen verwandt sind, unterstreicht sie die Irrelevanz dieses Sachverhalts. Die Doppelhelix macht den Menschen nicht geringer oder bedeutender, sondern stellt ihn auf einen eigenen geistigen und moralischen Stand. Darwins Theorie macht uns nicht weniger menschlich, als wir vor ihr waren. Vielmehr hat sie uns durch die Erkenntnisse, die sie uns über die Stellung des Menschen in der Natur ermöglichte, geholfen, dies klarer denn je zu erkennen. Eineinhalb Jahrhunderte nach Queen Victorias Besuch bei dem Orang-Utan-Weibchen Jenny hielt ich einen Vortrag im Londoner Zoo, in dem ich auf diese Zusammenhänge hinwies – und die meisten Menschenaffen pflichteten mir bei.

Kapitel Zwei

Der grüne Tyrannosaurus

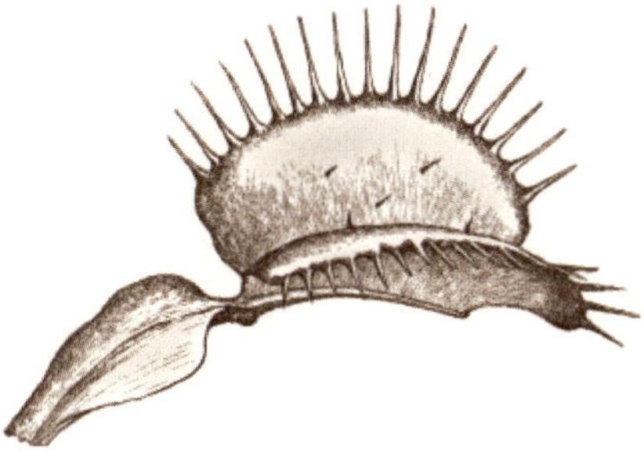

Im Süden Venezuelas liegt versteckt eine Landschaft, das Sandstein-Plateau des Berges Roraima, eines unzugänglichen Gipfels, der die meiste Zeit nebelverhüllt ist. Arthur Conan Doyle wählte diese Gegend (oder eine, der ihr stark ähnelt) 1912 als Schauplatz für seinen Roman *The Lost World*, eine Geschichte, die in einem Land darwinscher Imagination spielt, einem Ort mit Dinosauriern, Affenmenschen und primitiven Humanoiden, die von dem leicht aufbrausenden Professor Challenger erforscht werden. Es war eine unheimliche, Furcht einflößende Gegend, doch der bärtige Engländer erledigte die Echsen und rettete die Wilden, genau wie es die Leser im edwardianischen Zeitalter erwarteten.

Conan Doyle wurde im selben Jahr geboren, in dem Darwins *Origin of Species* erschien. Als er 53 Jahre alt war, hatte sich die Evolutionstheorie schon so weit durchgesetzt, dass ein Literat sie in den Mittelpunkt eines fiktionalen Werkes stellen konnte. Doyle konnte rund hunderttausend Exemplare seines Buches an ein bereits gut eingestimmtes Publikum verkaufen.

In Wirklichkeit waren die Dinosaurier natürlich schon vor Jahrmillionen aus Roraima verschwunden, und die einheimischen »Wilden« gelangten nie auf den Berg. Dennoch erscheint sein entrückter Gipfel tatsächlich wie eine verlorene Welt, nicht bevölkert von Riesenechsen oder Menschen fressenden Affen, sondern von unscheinbaren Pflanzen, die dieselben Ernährungsgewohnheiten besitzen. Diese grünen Fleischfresser holen sich ihr Futter nicht bei Menschen, sondern bei Insekten. Dadurch erhalten sie sich am Leben.

Dieses Merkmal ist weit verbreitet. Mittlerweile wurden auf der Welt rund 600 Insekten fangende Arten entdeckt, die unterschiedlichen Pflanzengattungen angehören. Ihre Lebensformen haben sich unabhängig voneinander entwickelt, und sie bedienen sich vielfältiger Techniken beim Einfangen und Verdauen von Beutetieren. Verschiedene Abstammungslinien, deren Entwicklung an unterschiedlichen Stellen des evolutionären Stammbaums begann, leben von denselben Insekten und verfolgen ähnliche Taktiken bei der Nahrungssuche. Charles Darwin zog diese konvergente Evolution, wie man diesen Prozess bezeichnet, in der *Entstehung der Arten* als Beleg für die natürliche Auslese heran. Dass bestimmte australische Beuteltiere den echten Säugetieren in anderen Teilen der Welt ähneln oder die Flügel von Vögeln jenen von Fledermäusen gleichen, betrachtete er als überzeugenden Beweis für das Wirken der natürlichen Selektion. Sie ermöglicht es unterschiedlichen Lebewesen, die denselben Herausforderungen gegenüberstehen, Strukturen und Verhaltensweisen zu entwickeln, die auf den ersten Blick ähnlich sind, aber unterschiedliche Wurzeln haben. Das Leben kann dasselbe Ziel auf unterschiedlichen Wegen erreichen: »Ich möchte glauben, dass fast in gleicher Weise, wie zwei Menschen zuweilen unabhängig voneinander auf genau die nämliche Entdeckung verfallen sind, so habe auch die natürliche Züchtung, zum Besten eines jeden Wesens wirkend und von allen Abänderungen Vorteil ziehend, zuweilen zwei Teile auf fast ganz gleiche Weise in zwei organischen Wesen modifiziert, welche ihrer Abstammung von einem nämlichen Stammvater nur wenig Gemeinsames in ihrer Organisation verdanken.«

Wir kennen mittlerweile viele Beispiele dafür – nicht nur fliegende Vögel und Fledermäuse, sondern auch flugfähige Dinosaurier, Fische, Schlangen und Eichhörnchen und den australischen Kurzkopfgleitbeutler. Die Genetik hat gezeigt, dass die Konvergenz viel weiter verbreitet ist, als man früher dachte – und dass auch wir selbst nicht davor gefeit sind, denn viele Lebewesen haben ihre Haare verloren, ihr Gehirn vergrößert oder sogar (wie die Meerkatzen in Afrika, die ihren Kindern beibringen, wie man giftige Insekten verzehrt) eine gewisse Fähigkeit zur Erziehung erworben.

Die Evolution als Reaktion auf gemeinsame Herausforderungen war so wirkungsvoll, dass bestimmte Lebewesen, die man früher als nahe miteinander verwandt betrachtete, weil sie sich so stark ähnelten, in Wirklichkeit überhaupt nichts miteinander zu tun haben: Die Geier der Alten und der Neuen Welt haben ungeachtet ihrer ähnlichen Erscheinung keinen gemeinsamen Stammvater, denn erstere sind Adler und letztere Störche. Ameisenbären und Erdferkel, Löwen und Tiger, Maulwürfe und Nacktmulle – hinter ihrem ähnlichen Aussehen verbirgt sich eine unterschiedliche Herkunft. Doch es geht noch weiter: Auf dem Roraima ist Melanismus unter nicht miteinander verwandten Organismen weit verbreitet: Auf den Felsen tummeln sich schwarze Eidechsen, schwarze Frösche und schwarze Schmetterlinge. Die Mutation, die für das schwarze Melanin-Pigment verantwortlich ist, ist weitgehend identisch bei Zebrafischen, Menschen, Mäusen, Bären, Gänsen und den Schmarotzerraubmöwen (und vielleicht sogar bei Eidechsen und Fröschen) und wurde im Zuge der natürlichen Auslese von allen diesen Arten übernommen. Innerhalb der Zelle führte der gleiche evolutionäre Druck dazu, dass sich Enzyme mit unterschiedlicher evolutionärer Geschichte auf nahezu identischen DNS-Sequenzen in den aktiven Teilen des Moleküls niedergelassen haben. Auch die komplizierte chemische Substanz, die von bestimmten Schmetterlingsarten als sexueller Lockstoff eingesetzt wird, erfüllt denselben Zweck bei Elefanten (was für einen Teil der Partnerschaft riskanter ist als für den anderen). Die Evolution in Richtung eines ähnlichen Bauplans ist bei Pflanzen weit verbreitet. Die amerikanischen Kakteenarten, die gewöhnlich stachelig, dickhäutig und kugelförmig sind, ähneln den Euphorbien in Südafrika, sind aber nur entfernt mit ihnen verwandt.

Kurz nach dem Erscheinen der *Entstehung der Arten* begann Charles Darwin mit Forschungen über das Leben der Pflanzen, bei denen, wie er herausfand, eine große Vielzahl nicht miteinander verwandter Arten ähnliche Eigenschaften herausgebildet haben. Sein Interesse dafür wurde 1860 geweckt, als er das Städtchen Hartfield in Sussex besuchte, das am Rande des Ashdown Forest liegt. Dort lebte seine Schwägerin Sarah Elizabeth Wedgwood. In Hartfield sah er große Mengen von Sonnentau – kleine, in Büscheln stehende Pflanzen mit einer klebrigen Oberfläche, auf der sich Insekten verfangen. Bei einigen zählte er bis zu dreizehn Insekten auf einem einzigen Blatt. Die Beutetiere bestanden größtenteils aus kleinen Fliegen, manche waren aber auch so groß wie Schmetterlinge (es hieß, die Pflanzen könnten sogar Libellen fangen). Da der Sonnentau so zahlreich war, folgerte Darwin, dass dieser Pflanze massenhaft Insekten zum Opfer fallen mussten. Jedes Blatt verfügte über eine Vielzahl von Drüsen, die auf feinen Härchen saßen. Sie sonderten auch an trockenen Tagen glitzernde schleimige Tröpfchen ab und hielten jedes kleine Lebewesen fest, das so unvorsichtig war, sich auf ein Blatt zu setzen. Die Pflanze verfügte nur über schwache Wurzeln, wie Darwin feststellte – ein Beweis dafür, dass sie sich den Großteil ihrer Nahrung durch das Einfangen von Beutetieren beschaffte. Er nahm einige Exemplare mit in sein Gewächshaus und begann ihr »Verhalten« zu erforschen. Dies war der Anfang eines Forschungsprojekts, das Darwin ein Jahrzehnt beschäftigen sollte und zu einer überzeugenden Bestätigung seiner Aussage in der *Entstehung der Arten* führte, dass die natürliche Auslese, auch wenn sie von verschiedenen Orten ihren Ausgang nahm, zum gleichen Ergebnis führen konnte.

Im Jahr 1875 veröffentlichte er mit *Insektenfressende Pflanzen* ein Buch zu diesem Thema. Darin geht es nicht nur um den Sonnentau, sondern um eine Vielzahl derartiger Pflanzen aus allen Teilen der Welt (einige auch aus der Region Roraima). Darwin entdeckte schnell einige Ähnlichkeiten, die sich unter den verschiedenen Arten unabhängig voneinander entwickelt hatten. Eine nähere Betrachtung zeigte, dass viele ihrer Anpassungsleistungen auch bei Tieren vorkamen, vor allem im Hinblick auf den Verdauungsvorgang. Darwins Frau Emma schrieb einmal in ihr Tagebuch, als sich ihr Ehemann mit einer Insekten fressenden Pflanze beschäftigte, sie nehme an, »er hofft, er kann am Ende beweisen, dass es sich um ein Tier handelt«.

Darwin war so verblüfft über die Parallelen, die sich zwischen den beiden Reichen ergaben, dass er an einen Freund schrieb: »Ich bin erschrocken und bestürzt über meine Resultate.« John Ruskin, ein Schriftsteller und Maler, bemerkte dazu: »... Mit diesen obszönen Vorgängen und wollüstigen Erscheinungen hat der anständige und wohlgemute Blumenforscher nicht das Geringste zu tun. Ich bin überaus erstaunt und betrübt darüber, wie viel Verwerfliches durch eine irregeleitete Neugier zu Tage gefördert werden kann.« Die Verwunderung der beiden war gerechtfertigt, und Darwins Neugier, ob irregeleitet oder nicht, fügte einen weiteren Stützpfeiler zu seinem evolutionstheoretischen Gebäude hinzu.

Roraima und die flachen Felseninseln, die den Berg umgeben, sind sehr alt. Der Sandstein-Gipfel – einst Teil einer ausgedehnten, unfruchtbaren Ebene, heute aber größtenteils erodiert – entstand vor fast zwei Milliarden Jahren. Im Kontext seiner unermesslichen Geschichte verschwanden die grauenerregenden Echsen vor noch nicht allzu langer Zeit, und die Menschen, die an seinem Fuße siedelten, erschienen evolutionsgeschichtlich gesehen erst gestern.

Die einzigartige Vegetation auf den regengesättigten Flanken des Berges existiert schon länger als alle anderen Lebewesen. Die Pflanzen haben das langsame Vergehen der Zeit begleitet und sich entsprechend verändert. Jede dritte Pflanze entwickelte sich erst auf den abgeschiedenen Felsen und ist auch nur dort anzutreffen. Ihre Heimstatt ist ein karger Ort. Unablässige Niederschläge schwemmen den Boden fort, spülen sämtliche Nährstoffe weg und reißen sie hinab in Wasserfällen, die zu den höchsten der Welt zählen. Gravierender noch ist, dass sie den Stickstoff auswaschen, der lebenswichtig ist für das Wachstum der Pflanzen. Auf den Gipfeln aus Sandstein, in den Wüsten, Dünen, sauren Sümpfen und Kiefernwäldern, im mediterranen Buschland und anderen Lebensräumen – überall herrscht ein Mangel an diesem Element, und ungeachtet der Unterschiedlichkeit ihrer Bewohner haben alle diese Räume Lebewesen hervorgebracht, deren Kampf ums Überleben sich auf vielfältige Weise auf die Beschaffung dieses Elements ausrichtet. Der Kampf um Stickstoff zeigt eindrucksvoller als alles andere, wie die natürliche Auslese dasselbe Ziel mit unterschiedlichen Mitteln erreicht bei Lebewesen, die völlig verschiedene Bereiche des biologischen Universums bevölkern. Pflanzen, Tiere, Bakterien und Pilze: Sie alle teilen das Verlangen nach einem schlichten Element und wurden durch das Ringen darum miteinander verbunden.

Die Luft besteht zu vier Fünftel aus Stickstoff, aber Pflanzen können dieses Gas nicht unmittelbar aus der Luft aufnehmen. Ihr Wachstum wird häufig durch einen Mangel an dieser Substanz behindert. Viele ziehen es aus dem Boden. Wie hungrige Tiere jagen sie ihm nach mit ihren Wurzeln, die sie immer weiter ausstrecken, wenn die Versorgung mit diesem lebenswichtigen Stoff knapper wird. Im Boden kommt das Element zum großen Teil in Verbindungen vor, die es nicht ohne weiteres abgeben.

Vielerorts gibt es jedoch nicht ausreichend Stickstoff, sodass Pflanzen ohne Hilfsmechanismen nicht überleben können. Sie müssen sich mit anderen Organismen zusammentun, die ihnen das lebenserhaltende Element zukommen lassen. Die Pflanzen in der Roraima-Region fressen Insekten und nehmen den Stickstoff auf, der in deren Fleisch eingelagert ist. Hierbei handelt es sich um ein einseitiges Geschäft, denn die Pflanzen töten die Tiere. Manchmal erscheint ein solches Bündnis aber positiv, denn es ist für beide Seiten vorteilhaft. Doch auch die scheinbar friedlichen Verbindungen auf dem Stickstoffmarkt beruhen auf Gier und Zweckmäßigkeit. Der Kampf um den lebenswichtigen chemischen Stoff ist erbittert und hat gleichartige, aber unabhängig voneinander entstandene Adaptionen hervorgebracht, die das ganze Leben umfassen.

Alle Tiere fallen am Ende den Pflanzen anheim, denn ihr Staub kehrt in die Erde zurück, aber in der »Verlorenen Welt« und anderen Landschaften schließt die Vegetation den Mittelsmann aus und vertilgt die einheimische Fauna unmittelbar. Die natürliche Auslese hat mit Blättern, Wurzeln und anderen Pflanzenteilen experimentiert, um eine botanische Entsprechung für Zähne, Speiseröhre, Magen und Darm hervorzubringen, und hat dadurch, dass ihr dies gelungen ist, die Abläufe in der botanischen Welt näher an die der Tiere herangerückt.

Charles Darwins Buch über Insekten fangende Pflanzen verkaufte sich weniger gut als Conan Doyles fiktionale Eidechsen, aber die Insektivoren von Sussex und Roraima legen Verhaltensweisen an den Tag, welche die Vorstellungen auch der phantasiebegabtesten Romanautoren übertrafen. *Insektenfressende Pflanzen* warf biologische Fragen auf, die weit über den Horizont der Karnivoren hinauswiesen. Zunächst bezweifelte Darwin, ob seine Arbeit überhaupt einen Wert habe, und er schrieb an einen Kollegen: »Ich muss Dich um Rat fragen, ob mein ›Geschwätz‹ es wert ist, anderen zur Kenntnis gebracht zu werden«, doch bald packte ihn Begeisterung. Sein Buch ist eine meisterliche Darstellung des Einfallsreichtums des Lebens.

Pflanzen, die Fleisch fressen, zogen schon lange vor Darwins Zeit die Neugier auf sich (und tun es noch heute, obwohl jene australische Art, die sich angeblich von Kaninchen ernährt, von der Wissenschaft erst noch bestätigt werden muss). Der Sonnentau im Ashbury Forest agiert wie ein natürliches Fliegenpapier, das seine Opfer mittels schleimiger Tröpfchen festhält. Die Blätter wickeln sich um sie, bevor sie in der heimtückischen Flüssigkeit ihr Ende finden. Dieses Sekret hat der Pflanze ihren Namen gegeben; Henry Lyte schrieb 1578 in seinem *Nievve Herbal:* »Dieses Gewächs ist höchst eigenartig und erstaunlich: Auch wenn die Sonne heiß herniederscheint, selbst über sehr lange Zeit, ist es stets feucht und von Tau benetzt.« In seinen *Insektenfressenden Pflanzen* beschrieb Darwin auch Experimente mit der Venusfliegenfalle, die einige ihrer Blätter in ein »scheußliches Gefängnis« verwandelt, und behandelte viele weitere Arten, die freundlicherweise aus anderen Ländern nach Down House geschickt wurden.

Die Eigenschaft, Insekten zu fressen hat sich bei ungefähr einem Dutzend unterschiedlicher Abstammungslinien herausgebildet, von denen Darwin die meisten zu Gesicht bekam. Sie repräsentieren nur einen kleinen Teil der rund eine Viertelmillion blühenden Pflanzenarten, unterscheiden sich aber in ihren Merkmalen und ihrer Entstehung. Einige der Fleischfresser sind so nahe miteinander verwandt wie etwa der Ameisenbär mit dem Schuppentier (beides langnasige, ameisenfressende Säugetiere, die in Amerika und der Alten Welt vorkommen, wobei ersteres den Gürteltieren nahe steht, letzteres den Hunden und Katzen), andere dagegen unterscheiden sich so stark wie ein Ameisenbär und eine fleischfressende Eidechse oder ein Vogel. Die natürliche Auslese hat sehr verschiedene Zweige des Baums des Lebens dazu gebracht, dieselben »Blüten zu treiben«.

Der Sonnentau gehört zu einer Gruppe von hundert oder mehr Arten, die in Australien am vielfältigsten sind. Er besitzt einen Verwandten namens Fettkraut, der auf dieselbe

Weise jagt. Das Modell, wie ein Fliegenpapier Insekten einzufangen, hat sich an zumindest fünf voneinander unabhängigen Stellen entwickelt und die »Regenbogenpflanzen« in Australien (die diesen Namen wegen der schillernden Farbe ihrer Blätter erhalten haben) und weitere Arten hervorgebracht. Manche Arten werden drei Meter hoch, andere bleiben winzig klein, und sie sind in allen Teilen der Welt anzutreffen, von Alaska bis Neuseeland (in Europa gibt es nur drei der mehrere Hundert bekannten Arten). Auch innerhalb der Gruppen treten Unterschiede auf, denn die DNS zeigt, dass Darwins Sonnentau und eine sehr ähnliche Art aus Portugal durch Sonderentwicklungen zu Fleischfressern geworden sind, da jede dieser Arten nähere Verwandte hat, die keine Insekten verzehren.

Ein weiterer Trick, den Darwin herausfand, besteht darin, über dem Opfer eine Tür zuklappen zu lassen. Am bekanntesten dafür ist die Venusfliegenfalle, die erstmals 1768 von Arthur Dobbs, dem Gouverneur von North Carolina, beschrieben wurde, der auch ein Exemplar nach Europa schickte (und später als Erster die Übertragung des Pollens durch Bienen aufzeichnete). Der Botaniker William Bartram bekam diese »drollige« Pflanze auf einer Reise durch North und South Carolina zu Gesicht: »Diese wundervolle Pflanze ist anscheinend von der Schöpfung, vom Erschaffer der Natur, mit Eigenschaften ausgestattet worden, die jeder anderen pflanzlichen Hervorbringung weit überlegen sind ... In dieser Pflanze sehen wir Bewegung und Willenskraft.« Über die »Reizbarkeit von Pflanzen« wurde viel diskutiert, wenn auch einige bestritten, dass sich eine Pflanze so weit herablassen würde, einem Tier aufzulauern. Carl von Linné, der berühmte Klassifizierer, hob hervor, dass die Fliegenfalle ihre Gefangenen stets wieder freilasse, während andere glaubten, dass die Insekten, die sich darin verfingen, Schutz vor Fröschen suchten. Die Pflanze fand sogar Eingang in die Rechtsphilosophie. Der italienische Anthropologe Cesare Lombroso (der Kriminalität als einen biologischen Atavismus auffasste und Merkmale »geborener Verbrecher« herauszuarbeiten versuchte) betrachtete Fliegenfallen als einen Hinweis auf das »Entstehen von Kriminalität«. Sie »belegen, dass Vorsatz, Hinterhalt, das Töten aus Gier und bis zu einem gewissen Grad auch das Treffen von Entscheidungen (dass bestimmte Insekten nicht getötet werden sollen, weil sie zu klein sind) gänzlich aus der Histologie und der Mikrostruktur des organischen Gewebes abgeleitet sind – und nicht aus einem unterstellten Willen.«

Die Fliegenfalle – von der nur eine Art bekannt ist – lebt in den stickstoffarmen Sümpfen von North und South Carolina, ihrem angestammten Gebiet. Sie erhielt den irreführenden lateinischen Namen *Dionaea muscipula* (was »Mäusefresser« bedeutet, nicht »Fliegenfresser«, wie man sie eigentlich nennen wollte), doch von den Siedlern wurde sie »Tipitiwitchet« genannt, damals ein Slang-Ausdruck für das weibliche Geschlechtsteil, weil man in der Pflanze eine gewisse Ähnlichkeit mit diesem Organ sah (um diesen vulgären Ausdruck zu vermeiden, verwendete Thomas Jefferson die Bezeichnung »Aphrodites Mausefalle«, als er ein Exemplar seiner Sammlung hinzufügte). Jede Pflanze besitzt bis zu einem Dutzend Fallen, bei denen es sich jeweils um ein modifiziertes Blatt handelt. Darwin betrachtete die Fliegenfallenpflanze als »eine der schönsten in der Welt«. Obwohl sich ihre Falle über dem Opfer mit feinen Borsten schließt, die sich ineinander verhaken wie die Zähne einer Rattenfalle und sie die Insekten nicht mittels einer klebrigen Substanz auf den Blättern festhält, erinnerte ihn ihre Empfindlichkeit an die völlig andere Fangstrategie des Sonnentaus.

Nur zwei Schnappfallen sind bekannt: die Venusfliegenfalle selbst und die sogenannte Wasserfalle (auch eine eigene Art, die jedoch weltweit verbreitet ist), die unter Wasser auf die gleiche Weise Opfer fängt. Andere fleischfressende Süßwasserpflanzen bedienen sich einer anderen Methode; sie verwenden eine Art Hummerkorb, eine Schlinge mit einer Klappe, die nur an einer Seite eine Öffnung besitzt. Eine andere Gattung, die sowohl an Land als auch in Süßwasser vorkommt, besitzt winzige Kapseln oder Bläschen, die Beutetiere bei Berührung mit unwiderstehlicher Kraft einsaugen. Von diesen Wasserschläuchen, wie sie heißen, gibt es Hunderte Arten, und bis auf die Antarktis kommen sie überall auf der Welt vor. Sie bauen innerhalb der Fangblase einen Unterdruck auf, der die Blasenwände zusammenzieht. Werden die Borsten an der Klappe der Fangblase berührt und die Klappe nach innen gedrückt, wird durch den Druckausgleich das vor der Saugfalle liegende Wasser in die Blase gespült und das Beutetier mitgerissen. Eine weitere Art, die auf feuchten Felsen in Südamerika und in Teilen Afrikas lebt, hat sich auf einzellige Organismen ausgerichtet, auf Protozoen, die durch winzige Schlitze in ihre spezialisierten unterirdischen Blätter hineinschwimmen. Auch Darwin vermutete, dass es sich dabei um einen Fleischfresser handelte, aber er konnte sich nicht vorstellen, wie seine Nahrung beschaffen war.

Die Insektentöter von Roraima bedienen sich eines anderen Tricks, sie bauen eine Fallgrube aus zusammengerollten Blättern, deren Ränder miteinander verklebt sind. Dieser Hinterhalt wird mit einer schleimigen Schicht bedeckt und mit Nektarköder garniert. Die sechzehn Arten, die an diesem Berg identifiziert wurden, sind mit dem Heidekraut und den ihm nahe stehenden Pflanzen verwandt. Manche sind einen Meter hoch, andere winzig klein. Auch andere Insektenfresser der Alten und der Neuen Welt locken ihre Opfer in ihre zusammengerollten Blätter (und einige sind groß genug, um auch Mäuse zu verschlingen), obwohl sie einem ganz anderen Bereich der Pflanzenwelt entstammen. Ihr Hauptverbreitungsgebiet ist Amerika, wo es mehr von diesen hinterhältigen Lebewesen gibt als andernorts. Die Kobraschlauchpflanze im Westen der USA besitzt einen Schlund, der angeblich dem einer Schlange ähnelt. Sie lebt von Ameisen. Andere haben einen glänzenden Deckel, der die Öffnung der Falle schützt und verhindert, dass sie sich mit Wasser füllt. Die Angehörigen einer anderen Gattung mit ähnlichem Aussehen, die Kannenpflanzen, die auf den Inseln im Indischen Ozean vorkommen, bauen Fallgruben, die von der Mittelrippe der Blätter ausgehen und von einer langen Ranke gehalten werden. Ihre lateinische Gattungsbezeichnung *Nepenthes* bezieht sich auf die stimmungsaufhellende Droge, die Helena in Troja verabreicht wurde. Auch Linné war von ihnen beeindruckt: »Welcher Botaniker würde nicht von Bewunderung ergriffen, wenn er am Ende einer langen Reise auf diese wundervolle Pflanze stößt? In seinem Erstaunen würden alle Beschwerden der Vergangenheit in Vergessenheit geraten, sobald er dieses bezaubernde Werk der Schöpfung betrachtet!« In Westaustralien gibt es eine weitere Art aus der Ordnung der Kannenpflanzenartigen. Ihre Fallgruben sehen aus wie alte Schuhe, aber sie ist mit keinem der übrigen Fallgrubenbauer verwandt.

Die DNS enthüllt einige unerwartete Gemeinsamkeiten zwischen den Fallen bildenden Pflanzen, denn die Arten in der Alten Welt sind näher mit dem Sonnentau und der Venusfliegenfalle verwandt als mit jenen in der Neuen Welt. Darüber hinaus stehen sie einer Familie nicht-karnivorer Lianen aus den tropischen Regenwäldern sehr nahe und haben Verwandte in einer größeren Klasse, die auch Rhabarber, Spinat und Rüben umfasst.

Auch die Angehörigen einer anderen Ordnung, die Bromeliales – Verwandte der Ananas, die zu einer ganz anderen Gruppe im Pflanzenreich gehören als die grünen Karnivoren –, bilden Behälter aus Blättern, die mit Wasser gefüllt werden. Sie leben in den tropischen Regenwäldern Amerikas. Ihre Zahl kann sich auf mehr als 100 000 Exemplare pro Hektar belaufen, wobei sie meist auf Bäumen wachsen. In ihren trichterförmig verwachsenen Blättern entstehen winzige Tümpel, in denen eine Vielzahl von Lebewesen eine Heimat findet. Auf den ersten Blick wirken die Bromeliales harmlos, denn sie besitzen keine Verdauungsenzyme wie die Kannenpflanzen und die Schlauchblütler. Kaulquappen, Insektenlarven, zentimeterlange Salamander und Krabben, die sonst nirgends vorkommen, leben in dieser Flüssigkeit. Doch die Bromeliengewächse haben auch eine dunklere Seite. In jedem Wasserinselchen finden Konflikte statt, und ihre Besitzer beziehen ihren Stickstoff aus den Leichen der Lebewesen, die dort getötet und von Bakterien zersetzt werden. Eine Art hat bereits den Schritt zu den echten Karnivoren vollzogen und produziert eigene Verdauungsenzyme.

Andere Fleischfresser, die man im 19. Jahrhundert noch nicht kannte, wirken sehr eigenartig. Bestimmte Bodenpilze fangen Nematoden, wurmartige Lebewesen, die größer sind als sie selbst, mit einem Lasso, das sich innerhalb einer Zehntelsekunde zusammenzieht, das Beutetier erdrosselt und dem Jäger eine reichhaltige Nahrungsquelle beschert. Andere bewerkstelligen dies mittels eines klebrigen Polsters, während der bekannte (und schmackhafte) Schopftintling kleine kugelige Strukturen mit dornigen Auswüchsen ausfährt, die sich in das Opfer bohren und dadurch den Pilzsporen Zugang verschaffen, die dann in ihm wachsen können. Heute sind rund 150 Pilzarten bekannt, die sich von Frischfleisch ernähren, aber noch wartet ein ganzes Universum von Tiere jagenden Pilzen auf seine Entdeckung.

Unabhängig von ihrer Position im Pflanzenreich haben die Herausforderungen durch eine karge Umwelt bei den Fleischfressern zur Herausbildung ähnlicher Mittel geführt. Wie die Kakteen gedeihen sie, wo andere Pflanzen eingehen, in ihrem Fall durch einen Mangel an Nahrung, nicht an Wasser. Der Preis des Erfolgs ist die Spezialisierung. Ihr Verhalten kommt sie möglicherweise teuer zu stehen und gefährdet ihre Lebensweise, denn sie müssen die Investitionen in Wurzeln und Blattwerk reduzieren, um ihre Fallen bauen zu können. Sie tun sich oft schwer, mit anderen Arten zusammenzuleben (was bedeutet, dass große Gebiete allein von

Insektenfressern überzogen sind), und sie sind gezwungen, sich Sonnenlicht zu verschaffen, weil ihre Blätter zu schwach sind, um im Schatten zu bestehen. Daher gedeihen sie am besten an Orten, wo Brände für Kahlschlag sorgen und alle Widerstände beseitigen.

Die Fähigkeit, Insekten zu fressen, geht manchmal verloren, wenn sich die Umstände verändern. Doch einige Pflanzen sind abhängig von dieser Ernährungsweise. Die Venusfliegenfalle ist an diese spezielle Lebensweise gebunden, denn sie bezieht drei Viertel ihres Stickstoffs aus Insekten. Bei der Kobraschlauchpflanze verhält es sich ganz ähnlich, und die Fallen dieser beiden Arten sind sehr kompliziert. Andere Arten sind anpassungsfähiger. Fast alle pflanzlichen Karnivoren besitzen Chlorophyll, jenen Stoff, der die Blätter ergrünen lässt, meist aber nur halb so viel wie gewöhnliche Pflanzen. Sie beziehen etwas Energie aus der Sonne, wenn auch mit verminderter Effizienz. Die Sonnentaugewächse und viele verwandte Arten haben verkürzte Wurzeln, da in den Sumpfgebieten, ihrem angestammten Lebensraum, nicht viel Nahrung im Boden zur Verfügung steht, aber sie können etwas davon aufnehmen. Experimente mit radioaktiv markiertem Stickstoff haben gezeigt, dass tropische Pflanzen bis zur Hälfte der Stickstoffmenge, die sie aufnehmen, aus dem Boden und nicht aus Fleisch beziehen.

Für die Insektenfresser spielen die Beutetiere im Sommer eine größere Rolle, wenn sie im Überfluss verfügbar sind und ein großer Teil der Nährstoffe, die sie abgeben, für das Austreiben von Blüten verwendet werden kann, das sehr aufwändig ist. Der Wasserschlauch bringt nur im Hochsommer Fallen hervor, wenn es reichlich Beutetiere gibt und die Fortpflanzungszeit angebrochen ist. Die Insektenfresser in Neuengland bilden mehr Fallen in jenen Sümpfen aus, in denen besonders großer Stickstoffmangel herrscht, konzentrieren sich aber stärker auf herkömmliche Blätter, wenn das Wasser mehr von diesem Element enthält. Insektenfangende Pflanzen bringen zwei Arten von Blättern hervor, die entweder modifiziert werden, um daraus Fallen zu bauen, oder flach sind, um die Strahlung der Sonne aufzunehmen. Vergrößert sich das Stickstoffangebot, produziert die Pflanze mehr von Letzteren, denn dann wird das Wachstum nicht mehr durch einen Mangel an dieser Substanz behindert. Auch andere Arten reagieren auf Veränderungen der Stickstoffmenge. Der Sonnentau produziert weniger Schleim als gewöhnlich, wenn ihm eine kleine Dosis Dünger verabreicht wird. All dies weist darauf hin, dass Karnivorie ein Luxus ist, der aufgegeben wird, wenn sich dazu eine »billige« Stickstoffquelle bietet. Das ist schon vielfach geschehen, denn das Erbgut zeigt, dass sich einige »vegetarische« Pflanzen aus fleischfressenden Vorfahren entwickelt haben. Einige Fallen bildende Pflanzen auf Borneo nehmen Nährstoffe aus toten Blättern oder aus Vogeldung auf, die anstelle von Insekten in ihre Gefäße fallen.

Die ersten botanischen Karnivoren entwickelten sich schon vor langer Zeit. In einer berühmten Fossilienfundstätte bei Yixian im Nordosten Chinas wurden 125 Millionen Jahre alte Dinosaurier mit Federn entdeckt – und daneben eine kleine Fallenpflanze, die den heutigen Schlauchpflanzen ähnelt; sie verfügte über Lockmittel, um Beutetiere anzuziehen und war mit Drüsen ausgestattet, um sie zu verdauen. Ein Familienstammbaum aller Pflanzen auf der Grundlage ihrer DNS zeigt, dass sich wahrscheinlich zuerst die Klebfallen entwickelten und erst später die Kannen und Schläuche und die Schnappfallen. Auch die Nematoden fressenden Pilze haben ein hundert Millionen Jahre altes Fossil hinterlassen, konserviert in einem Stück Bernstein aus einem französischen Steinbruch.

Unser Wissen über die Entwicklung dieser buntgemischten Gruppe wurde durch Charles Darwin verändert, der biologische Fragen stellte (und beantwortete), die weit über unseren begrenzten Horizont hinausweisen. Er begann mit einer systematischen Untersuchung der Art und Weise, wie die

Pflanzen ihre Beute einfingen, verdauten und deren Nährstoffe absorbierten. Die Ergebnisse waren seiner Ansicht nach »höchst bemerkenswert«.

Zunächst stellte er fest, dass der Sonnentau wesentlich besser gedeiht, wenn er sich von Insekten ernähren kann (obwohl er eine gewisse Zeit auch mit vegetarischer Ernährung überleben kann). Seine jägerischen Fähigkeiten sind eindrucksvoll. Selbst eine winzige Stechmücke mit ihren »außerordentlich zarten Füßchen« reicht aus, um eine Reaktion auszulösen. Bereits zehn Sekunden, nachdem ein Beutetier gelandet ist, bewegt sich eine bestimmte Drüse, und rasch pflanzt sich der Impuls über das ganze Blatt fort. Im Verlauf von einer Stunde nach dem Auftauchen des Opfers umschlingen es unzählige Fangarme. Hell oder dunkel macht keinen Unterschied, an warmen Tagen allerdings bewegen sich die Pflanzen schneller. Die Fangarme besitzen keinen Geruchssinn, denn der Effekt wird nur ausgelöst, wenn etwas die Blattoberfläche berührt, aber sie können schmecken, denn Fleischstücke halten sie länger fest als Glas- oder Korkteile oder Haare. Wasser, Tee und Sherry reizten sie nicht, ebenso wenig ein Stups mit einem Zweig, doch selbst das kleinste Partikel lebenden Materials führt zu einer Reaktion.

Stickstoff macht den Sonnentau munter. Urin erzielt diese Wirkung, nicht jedoch Tee. Ammoniumkarbonat – *sal volatile,* das wegen seines Ammoniakgeruchs im viktorianischen Zeitalter dazu verwendet wurde, ohnmächtig gewordene Damen wieder zu Bewusstsein zu bringen – enthält diesen lebenswichtigen Nährstoff und ruft fast unverzüglich eine Reaktion hervor, auch wenn es in verdünnter Form angewendet wird. Schon der zwanzigmillionste Teil eines Körnchens Stickstoffsalz in aufgelöster Form – weniger als ein tausendstel Milligramm – genügt, um das Interesse der Pflanze zu wecken.

Die Venusfliegenfalle bedient sich einer Reihe anderer Tricks. Ihre Gefängnistüren klappen eine Zehntelsekunde nach einer Berührung zu – eine der schnellsten bekannten Bewegungen im Pflanzenreich. Wenn sich ein Beutetier der Pflanze nähert und die haarfeinen Borsten streift, mit denen die Falle besetzt ist, wird ein elektrischer Impuls ausgelöst, der sich mit einer Geschwindigkeit von zehn Zentimetern in der Sekunde über das gesamte Blatt fortpflanzt. In den Wänden jedes modifizierten Blattes liegen mit Flüssigkeit gefüllte Zellen, die unter hohem Druck stehen und von der Fliegenfalle aufgepumpt werden; daher dauert es mehrere Stunden, bis die Falle wieder einsatzbereit ist, nachdem sie zugeschnappt ist. Die Wand der Falle wölbt sich nach außen, wenn sie offen ist, und nach innen bei geschlossenem Zustand, wobei ein fein austariertes Gleichgewicht zwischen den beiden Zuständen aufrechterhalten wird. Drückt man mit einem Finger darauf, schnappt sie in derselben Weise zu, wie eine Erbsenhülse aufbricht. Die elastische Energie, die in dem gewölbten Blatt einer offenen Falle gespeichert ist, entlädt sich in einer plötzlichen Bewegung, und sie klappt zusammen.

Der Auslöser der Fliegenfalle – der sich unabhängig von jenem des Sonnentaus entwickelte – gibt weitere Hinweise darauf, wie Informationen über die Außenwelt in Aktion umgesetzt werden. Darwin fand heraus, dass er auf eine plötzliche Berührung ebenso rasch reagiert wie die Drüse der schleimigen Pflanze, auf längeren Druck jedoch weniger anspricht. Zwei bis drei schnelle Berührungen innerhalb von 30 Sekunden sind erforderlich, um ihn zu aktivieren, eine einmalige Berührung genügt nicht, wodurch wahrscheinlich eine zufällige Auslösung durch vom Wind vorübergewehte Staubteilchen verhindert werden soll. Regen hat keine Auswirkungen.

Die karnivoren Pflanzen haben noch eine weitere einfallsreiche Fangmethode entwickelt. Viele übertölpeln die Insekten mit Signalen, die ihnen Nahrung oder Sex versprechen, ihnen in Wirklichkeit aber den Tod bringen. Einige

Insektenfresser besitzen einen mit Nektar beladenen »Löffel« in der Nähe der Öffnung der Falle, während andere Muster erzeugen, die auf Bienen oder andere Insekten unwiderstehlich wirken, wie etwa dunkle Punkte mit strahlenförmigen Streifen, die wie Blumen aussehen. Manche haben in der Falle nach hinten gebogene Härchen, die das Entkommen von Beutetieren verhindern. Die Kobraschlauchpflanze hält ihre Opfer auf geschickte Weise fest, denn ihre Wände sind mit hellen Flecken überzogen, die den Fliegen vorgaukeln, sie säßen hinter einem Fenster, bis sie dann ertrinken, anstatt nach oben in die Freiheit zu gelangen. Wenn sie in die Flüssigkeit gefallen sind, ist ihr Schicksal besiegelt, denn diese enthält eine klebrige Masse, aus der sie sich nicht mehr befreien können.

Die schleimige Substanz, die die innere Oberfläche vieler Fallen bedeckt und Insekten ins Verderben zieht, hat mittlerweile ihre Geheimnisse preisgegeben. Sie umfasst zwei Schichten, die locker miteinander verbunden sind. Die untere Schicht ist ein starrer Schaum, die obere besteht aus einem Blatt locker verklebter und brüchiger Platten. Diese zerbrechen und halten die Füße des Beutetieres fest, die dann auf die darunter liegende Schaumschicht rutschen. Andere Arten halten ihre Oberfläche feucht durch eine Reihe feiner Rillen, die Wasser oder Nektar auffangen und alle Insekten, die auf ihnen landen, in den Schlund schlittern lassen. Bestimmte Arten können daher nur bei Regen Insekten fangen. Bei anderer Witterung kann ein Insekt unbekümmert auf dem Blattrand sitzen, was das mögliche Beutetier jedoch in einer falschen Sicherheit wiegen kann, bis ihn schließlich eines Tages, wenn es erneut zur Nahrungssuche kommt, sein Schicksal ereilt.

Eine Fliege einzufangen, ist nur der erste Schritt. Danach muss das Tier verdaut und sein Stickstoff aufgenommen werden. Auch diesbezüglich bedienen sich die Insektenfresser unterschiedlicher Mittel, um dasselbe Ziel zu erreichen. Dabei nähern sie sich anscheinend sogar den Verhaltensweisen von Tieren an; ein Sonnentaublatt mit Tentakeln, die sich alle auf eine mögliche Nahrungsquelle ausrichten, führte Charles Darwin zu der Annahme, »dass wir ein niedrig organisiertes Tier betrachten, was sich Beute mit seinen Armen fängt«. Bald schloss sich das Blatt und bildete einen »zeitweiligen Magen«, der das Beutetier erstickte, indem jedes Härchen seine Verdauungströpfchen absonderte, den »Tau«, welcher der Pflanze ihren Namen gegeben hat. Durch eine »sonderbare Art von rollender Bewegung«, ähnlich wie bei den menschlichen Eingeweiden, wurde das Insekt weiter in die Mitte befördert, wo weitere Borsten es erwarteten. Als das Opfer tot war, wurde das Sekret, das zuerst nur klebrig gewesen war, zunehmend saurer. Die klebrige Flüssigkeit konnte somit lebendes Material jeder Art verdauen, wie Darwin feststellte.

Die rätselhafte Flüssigkeit wurde an der Basis der Borsten abgegeben. Die innere Struktur der Zellen veränderte sich, als sich diese auf die Produktion des Verdauungssaftes vorbereiteten; nach der Zufuhr von Fleisch reichert sich in den Zellen eine rote Substanz an. Der Sonnentau lieferte einen ersten Hinweis darauf, dass Zellen miteinander kommunizieren können, denn eine Farbveränderung konnte von einer Zelle zur anderen weitergegeben werden, als sich diese Botschaft über das Blatt fortpflanzte. Die Reize verbreiteten sich wie durch die Nerven von Tieren (wenngleich Nerven schneller agieren und dabei keine sichtbaren Veränderungen zeigen).

Welchen Weg nahm die Information auf dem Blatt? Es wird von mehreren Vertiefungen gequert, doch alle Tentakeln, unabhängig davon, ob sie in der Nähe oder entfernt von solchen Kanälen lagen, verhielten sich identisch. Darwin konnte daraus lediglich folgern, dass der Bewegungsimpuls durch die Weiterleitung irgendwelcher chemischen Stoffe ausgelöst wurde, die er jedoch nicht genauer benennen konnte.

Zur damaligen Zeit wusste man über die Übermittlung von

Signalen durch Nerven nur, dass dabei etwas im Spiel war, das Darwin als eine »unsichtbare molekuläre Veränderung« bezeichnete, »die von einem Ende des Nerven zum anderen übermittelt wird«, aber es gab noch keine genaueren Erkenntnisse darüber. Experimente mit Giften an Sonnentau-Pflanzen lieferten einen Hinweis auf einen Zusammenhang, der später zu einem zentralen Element der Zellbiologie wurde. Einige dieser Gifte, wie Arsen und Strychnin, waren für diese Pflanzen ebenso schädlich wie für Menschen, während dies bei anderen (auch beim Gift der Kobra) nicht der Fall war. Morphium und Alkohol, die unser Nervensystem stark beeinflussen, hatten beim Sonnentau keine Wirkung – Kalium- und Natriumsalz dagegen lösten gegenteilige Reaktionen aus, denn Ersteres veranlasste die Blätter, sich zu bewegen, während letzteres tödlich war. Diese Beobachtung bereitete den Weg für die spätere Entdeckung, dass ein Gleichgewicht zwischen den beiden Elementen auf jeder Seite der Zellmembran die Grundlage bildet für die elektrische Aktivität sowohl pflanzlicher als auch tierischer Zellen einschließlich der Nerven.

Die Fliegenfalle muss sich in gewisser Weise an die erste Berührung erinnern, bevor sie auf die zweite reagiert. Der Physiologe Burdon Sanderson vom University College in London machte Darwin darauf aufmerksam, dass bei dem Vorgang ein elektrischer Mechanismus eine Rolle spielen könnte. Er hatte Recht. Ein kompliziertes langkettiges Zuckermolekül veranlasst die Gefängniswände, sich zu schließen, wenn man es in winzigen Mengen auf das Blatt aufbringt. Es bildet sich schnell nach einer Berührung der Falle, zerfällt aber auch genauso schnell wieder. Nur wenn die zweite Berührung rechtzeitig erfolgt, entsteht es in ausreichend hoher Konzentration, um eine Reaktion auszulösen. Dieses Erinnerungsmolekül – um nichts anderes handelt es sich – aktiviert Kanäle in der Zellmembran, die Natrium- und Kaliumionen übertragen und dadurch ein elektrisches Signal erzeugen, das jenen Zellen grünes Licht gibt, die den Verschluss initiieren. Wie in Nerven und Muskeln sind dabei auch Kalziumionen im Spiel. Die Falle kann auch durch menschliche chemische Botenstoffe ausgelöst werden wie Adrenalin oder einige Neurotransmitter – ebenfalls Moleküle, die Aktivität auslösen, wenn sie einen bestimmten Schwellenwert überschreiten.

Wie üblich besorgt über den Zustand seines eigenen Verdauungssystems, wandte sich Darwin abermals an Professor Sanderson, um Genaueres über das Verdauungssekret des Sonnentaus in Erfahrung zu bringen. Dass es Eiweiß zersetzen kann, war schon länger bekannt. Das klebrige Sekret des Fettkrauts war früher zur Herstellung von »Langmilch« verwendet worden, einer Art Joghurt, bei dem man die Milch unter dem Einfluss pflanzlicher Verdauungsenzyme gerinnen ließ. Kräuterkundler beharren noch heute darauf, dass diese Substanz hilfreich ist gegen Tuberkulose, Asthma, Bauchschmerzen und raue Kuheuter (in den Niederlanden wurde sie häufig auch als Haarpomade verwendet).

Die beiden Wissenschaftler stellten fest, dass das Sekret eine Reihe organischer Säuren enthielt, die mit dem Weinessig verwandt waren, und außerdem ein Enzym. Nur wenn beides vorhanden war, wurde Insektenfleisch verdaut. Der »Magen« des Sonnentaus wies in seiner Funktionsweise Parallelen zum menschlichen Magen auf (der ebenfalls Säuren und Enzyme enthält). Dies war nach Darwins Meinung »eine neue und wunderbare Tatsache in der Physiologie«, die das Pflanzen- und das Tierreich näher aneinander rückte.

Die Verdauungsenzyme der Insektenfresser enthüllten noch weitere Geheimnisse. Die Fähigkeiten unseres Verdauungsapparats sind eher begrenzt im Vergleich zu ihren, denn sie verarbeiten Nahrung, die bei uns Verdauungsstörungen verursachen würde. Vincent Holts 1880 erschienenes Werk *Why not eat Insects?*, das in Vergessenheit geraten ist, enthält allerlei Rezepte für nahrhafte Gerichte wie *larves des guepes frites au rayon* (in ihren Nestern gebratene Wespenlarven). Manche Menschen verzehren Larven – im Fernen Osten sind Seidenraupen beliebt –, doch einige von Holts Vorschlägen, wie etwa *phalènes à l'hottentot* (Spanner in Butter) und *cerfs volants à la gru gru* (Hirschkäfer auf Toast) wären wirklich unverdaulich. Die Vietnamesen, die Wasserkäfer oder Skorpione essen, müssen zuvor die harten Außenschalen entfernen. Die Pflanzen können es sich leisten, weniger heikel zu sein, denn ihre Enzyme können fast alle Bestandteile eines Beutetieres zersetzen, auch die harte Außenhülle.

Wie unser Magen setzen die Insektenfresser einen Cocktail aus chemischen Stoffen ein, die jeweils einen bestimmten Nahrungsbestandteil verarbeiten. Der Sonnentau besitzt hoch effiziente Enzyme, um Nukleinsäure aufzuspalten, während Kannenpflanzen – die bis zu drei Liter Verdauungsflüssigkeit enthalten können –, über ein halbes Dutzend Möglichkeiten verfügen, um Proteine, Nukleinsäuren und andere Substanzen anzugreifen, und darüber hinaus ein spezielles Protein besitzen, welches das Skelett des Insekts zersetzt. Die Venusfliegenfalle verfügt über ähnliche Einrichtungen (wenn sich ein Blatt jedoch überfrisst, muss es sterben), wie auch fast alle übrigen botanischen Karnivoren.

Bei Pflanzen wie Menschen gleichermaßen folgt auf die Verdauung die Absorption der Nährstoffe. Die Insektenfresser haben ihre Fähigkeiten immer weiter verfeinert, eine Fleischbrühe aufzunehmen, mussten dafür jedoch einen Preis zahlen. Die Blätter gewöhnlicher Pflanzen sind in der Regel undurchlässig, weil sie Wasser speichern müssen. Der Sonnentau besitzt große Poren in einer im Allgemeinen wasserdichten Haut, die das Einfließen des Insektenbreis in die Verdauungszellen ermöglichen. Bei Kannenpflanzen ist die gesamte innere Oberfläche sehr dünn oder mit Löchern übersät, die Wasser durchlassen. Die Karnivoren stehen vor einem Dilemma, denn wenn sie die flüssigen Überreste ihrer Beute über die poröse Blattoberfläche einsaugen, laufen sie Gefahr, über dieselben Stellen Flüssigkeit zu verlieren. Daher kommen viele nur an feuchten Standorten vor.

Noch viele weitere Kompromisse sind notwendig. Zum einen leben Karnivoren in einem Konflikt zwischen Sex und Verhungern. Sie fressen Insekten, werden aber auch von ihnen bestäubt. Um das Risiko eines Irrtums zu verringern, öffnen sich die Blüten und die Fallen zu verschiedenen Zeiten oder an unterschiedlichen Stellen auf der Pflanze oder locken unterschiedliche Besucher an. Dennoch verzehren die Karnivoren häufig versehentlich ihre geflügelten Liebesboten (vielleicht auch, weil sie als Stickstofflieferant wertvoller sind denn als Sexualpartner).

Was Darwin bei den Insektenfressern am meisten erstaunte – und er experimentierte sowohl mit Arten, die im Wasser als auch solchen, die an Land lebten –, war die Tatsache, dass sie ihre Fang- und Verdauungsmechanismen aus einer Reihe unterschiedlicher Fähigkeiten entwickelt hatten, über die auch Pflanzen mit konventionellen Verhaltensweisen verfügen. Sie erschienen ihm als ein wunderschönes Beispiel dafür, wie sich die Evolution aus Vorhandenem etwas Neues »zusamenbasteln« kann. Die natürliche Auslese beschaffte sich ihr Material aus allem, was verfügbar war, und wartete nicht, bis etwas Neues entstanden war.

So vielfältig die Insektenfresser sind und so sehr sie sich durch ihre Fangtechniken, ihre Verdauungs- und Absorptionsverfahren unterscheiden, hat sich die Karnivorie dennoch durch das Zusammenfügen bereits vorhandener Strukturen entwickelt. Alle Arten, die von Darwin untersucht wurden, und auch all jene, die seither noch bekannt geworden sind, haben die Fähigkeiten, die sie von ihren Vorfahren übernommen haben, immer weiter modifiziert, bis sie ihre gegenwärtige Ausformung erreichten. Bei allen sondern die Wurzeln einen Schleim ab, und der Sonnentau ist mit Pflanzen verwandt wie den Tamarisken und dem Knöterich, die sehr viel davon erzeugen, um sich von Salz zu befreien oder Insekten abzuwehren. Die meisten Pflanzen werden von Insekten angegriffen, und einige haben Abwehrvorrichtungen entwickelt wie klebrige Härchen oder Stacheln, die bei Bedarf zu Verteidigungszwecken eingesetzt werden können. Die bekannte blaue Bleiwurz ist berühmt für ihre klebrigen Blüten, die ihre Feinde einfangen und die Pflanze vor Angriffen schützen. Viele Blumen halten einen Bestäuber fest, bevor sie ihn wieder freigeben, und viele Pflanzen können – was ein Hinweis darauf ist, wie die Fliegenfalle ihre bemerkenswerten Fähigkeiten erworben hat – ihre Blätter oder Samenhülsen bewegen, einige auch sehr schnell. Die Schlauch- und Kannenpflanzen mussten sich weniger anstrengen, um eine Falle zu entwickeln, denn die Blätter dieser Pflanzen verkleben sich aus verschiedenen Gründen, und eine Reihe von Mutationen führte dazu, dass einst eigenständige Blätter schließlich zusammenwuchsen.

Auch für die Verdauung finden sich Entsprechungen in den konventionelleren Abteilungen des Pflanzenreichs. Einige wilde Storchschnäbel sind mit einem klebrigen Stoff überzogen, der Proteine aufspalten und absorbieren kann, die auf ihren Blättern landen. Man könnte sie als »Vor-Karnivoren« bezeichnen, als Pflanzen, die dieser Verhaltensweise zuneigen, sie jedoch noch nicht voll ausgebildet haben. Auch andere Teile des Verdauungsapparats liegen bereits vor und warten darauf, von jemandem verwendet zu werden. Samen und viele Blätter geben Enzyme ab, die sie gegen Angriffe schützen. Jene der Insektenfresser ähneln anderen, die bei den meisten Arten nur in Zellen zu finden sind, was den Schluss nahe legt, dass der Sprung zum Fleischfresser keine neue chemische Substanz erforderte, sondern nur die Fähigkeit, eine vorhandene Substanz nach außen zu pumpen. Das Enzym des Sonnentaus, das Nukleinsäuren aufspaltet (die in den Zellen von Insekten reichlich vorhanden sind), gleicht jenem, das alle Pflanzen nach einer Verletzung abgeben. Auch dieses Enzym wurde gewissermaßen entführt. Die Enzyme, die zum Aufbrechen der harten Außenhülle eines Insekts eingesetzt werden, ähneln jenen, die von anderen Pflanzen produziert werden, wenn sie unter Stress stehen.

Im Verhältnis zwischen einem Karnivoren und seinem Opfer spiegelt sich ein klarer Interessengegensatz. Dennoch kann dieser Konflikt gelegentlich in eine gewisse Form von Kooperation umschlagen. Viele Insektenfresser sind auf Dritte angewiesen, die ihnen helfen. Eine nordamerikanische fleischfressende Pflanze, bekannt unter dem Namen Virgin Mary's Socks (nach ihrer dunkelroten Farbe und dem Schuhwerk des Papstes), besitzt keine eigenen Verdauungsenzyme, sondern muss auf Bakterien zurückgreifen, die diese Aufgabe übernehmen. Eine klebrige südafrikanische Pflanze, die auf den ersten Blick wie eine typische Insektenfresserin aussieht, besitzt Härchen, die Insekten einfangen, aber sie bezieht ihre Nährstoffe aus zweiter Hand. Ein Käfer lebt auf ihren Blättern und ernährt sich von den Kadavern, und aus seinen Exkrementen ernährt sich die Pflanze.

Der Existenzkampf zwischen Fliegenfänger und Fliege lässt sich leicht beobachten, es ist ein Mikrokosmos der Natur. Doch manche Insekten – wie beispielsweise der erwähnte südafrikanische Käfer – sind für die Pflanzen keine Beutetiere, sondern leben anscheinend in Harmonie mit ihnen. Bestimmte Ameisenarten verteidigen ihre Wirte gegen Angriffe – eine Fähigkeit, die schon im 4. Jahrhundert den Chinesen bekannt war, die Ameisenhaufen zwischen Zitronenbäume setzten. Wie die Insektenfresser belegen, hat der Austausch zwischen dem Tier- und dem Pflanzenreich einige sehr bemerkenswerte Organe hervorgebracht, die allesamt, wie die Schnappfalle oder das Fliegenpapier, aus bestimmten Teilen der pflanzlichen Anatomie entstanden. In einer berühmten Passage in der *Entstehung der Arten* schrieb Darwin: »Ließe sich beweisen, dass irgendein Teil der Organisation einer Spezies zum ausschließlichen Besten einer andern

Spezies gebildet worden sei, so wäre meine Theorie vernichtet, weil eine solche Bildung nicht durch natürliche Zuchtwahl hätte hervorgebracht werden können.« Die hilfreichen Ameisen mögen auf den ersten Blick als eine Gefahr für seine Theorien erscheinen, doch anstatt den Evolutionsgedanken zu widerlegen, stützen sie ihn. Sie liefern einen Hinweis darauf, wie die Karnivorie entstand, denn sie begleichen ihre Miete zum Großteil nicht durch Aggression, sondern durch Stickstoff. Mit ihnen stößt eine ganze neue Gruppe zu der großen botanischen Gemeinschaft, die sich um die Lösung des Nährstoffproblems bemüht.

Thomas Belt war Ingenieur und Naturforscher und leitete fünf Jahre lang eine Goldmine in Mittelamerika. Charles Darwin bezeichnete Belts 1874 erschienenes Buch *A Naturalist in Nicaragua* als »das beste aller naturgeschichtlichen Journale«. Darin wird beschrieben, wie bestimmte Bäume aus der Familie der Akazien eine Kooperation mit bestimmten Ameisen eingegangen sind, die sie vor dem Kahlfraß durch Insekten und Säugetiere schützen. Dabei ist der Nutzen für beide Seiten fein austariert, wie Belt feststellte.

Die Gesamtzahl der Ameisen im Dschungel am Amazonas ist um das Vierfache höher als jene aller Säugetiere, Vögel, Reptilien und Amphibien zusammen. Dort und anderswo machen sich bestimmte Pflanzen diese Tiere zunutze. Viele tropische Bäume haben hohle Dornen, in denen die beißenden Insekten leben, für die sie an den Blättern spezielle Körperchen bilden, die mit einem süßen und öligen Stoff gefüllt sind. Beide Parteien profitieren davon, denn jedes Lebewesen, das sich auf den Baum wagt, wird angegriffen. Wird die Ameisengarnison durch Insektizide ausgerottet, fallen zehnmal so häufig hungrige Insekten über den Baum her als zuvor. Die Helfer stutzen auch Zweige von Nachbarbäumen zurück, die ihrem Wirt Licht nehmen, säubern den Boden um den Stamm und vermindern dadurch die Nahrungskonkurrenz. Manche

Ameisen vergiften sogar benachbarte Pflanzen, indem sie Ameisensäure in deren Blätter spritzen, wodurch ihr Wirt mehr Platz bekommt und sich besser entwickeln kann. Die Einheimischen sprechen in diesem Zusammenhang von »Teufelsgarten«, da sie glauben, diese leergeräumten Flecken würden durch böse Geister geschaffen. Im Gegenzug ernähren sich die Insekten von Sekreten, welche die Akazienblätter absondern, und füttern ihre Jungen mit diesen »wunderbaren Nährkörpern«, wie Darwin es bezeichnete. Schutz erlangen sie auch dadurch, dass sie ihre Eier innerhalb der Hohldornen ablegen.

Mehr als hundert Gattungen tropischer Pflanzen und Bäume und vierzig Familien von Ameisen sind solche Beziehungen eingegangen. Dieses Verhältnis hat sich über viele Stationen weiterentwickelt und ermöglichte es der natürlichen Auslese – vergleichbar der Karnivorie –, unterschiedlichen Pflanzenteilen neuartige Verwendungsmöglichkeiten zuzuweisen. Die Schutzräume haben sich vielleicht aus Dornen entwickelt, aus hohlen Stämmen oder zusammengerollten Blättern oder aus speziellen Täschchen auf der Blattoberfläche. Abermals nutzt die Evolution Vorhandenes und baut es entsprechend ihren Bedürfnissen um.

Die Einzelheiten dieser Zusammenarbeit bestätigen Darwins Ansicht, dass die natürliche Auslese niemandem etwas schenkt. Auf den ersten Blick beruht das Bündnis zwischen Ameise und Baum darauf, dass beide ein gemeinsames Ziel verfolgen. Beide versuchen, so viel wie möglich aus dem Arrangement herauszuholen und so wenig wie möglich selbst einzubringen. Dadurch liefern sie einen Hinweis darauf, wie die Verbindung zwischen den botanischen Karnivoren und ihrer Beute möglicherweise entstanden ist.

Häufig wird die besondere Nahrung nur produziert, wenn genügend Ameisen vorhanden sind, damit es sich lohnt. Manche Bäume sind noch sparsamer. Die Flötenakazie in Kenia benutzt Ameisen, um hungrige Giraffen auf Abstand zu halten. Sie bietet der in ihr lebenden Armee nur Schutz, keine Nahrung. Die Ameisen betrügen genauso viel, denn manche leben von dem Honigtau, den Insekten produzieren, die sich vom Baumsaft ernähren (und erweisen dadurch dem Baum keinen Gefallen), während andere nur geringes Interesse zeigen, Pflanzenfresser anzugreifen. Eine andere Art ist noch egoistischer, denn sie kastriert ihren Wirt, indem sie dessen Blütenknospen abnagt. Dadurch wird sichergestellt, dass die Pflanze ihre Energie nicht für vordergründige Showeffekte vergeudet und neue, schmackhafte Triebe hervorbringt, die den Ameisen als kostenlose Nahrung dienen. Der Baum wehrt sich mithilfe einer chemischen Substanz, welche die Ameisen von den Blüten fernhält. Ein anderes Insekt vernichtet die Nährkörper seines Wirts, um andere, aggressivere Ameisen abzuschrecken, die möglicherweise den Baum schützen, aber seine Residenten vertreiben würden.

Die Ameisen beziehen von ihrem Wirt Zucker auf der Grundlage von Kohlenstoff, doch ihre Kadaver und jene ihrer Opfer liefern den Pflanzen wertvollen Stickstoff. Die Schutzräume haben dünne Wände, durch welche die Ausscheidungen der Ameisen, oder die Überreste ihrer Körper, von der Pflanze aufgenommen werden. Einige Akazien decken daher neun Zehntel ihres Stickstoffbedarfs über die Insekten, die sie besuchen. Es wäre nicht allzu schwierig, einen solchen Nistplatz in eine Falle umzuwandeln, die Stickstoff aufsaugt, aber nichts zurückgibt.

Die Akazien sind ebenso wie die Sonnentaugewächse Stickstoffjäger, die sich anderer Lebewesen bedienen müssen und mithilfe der Ameisen ihre Familie – die ohnehin schon sehr vielfältig ist – noch weiter vergrößern. Eine allgemeinere Betrachtung des Pflanzenreichs zeigt, dass die Taktiken der Akazien oder der Fliegenfallen sehr bescheiden sind im Vergleich zu dem Einfallsreichtum, den andere Spezies an den Tag legen. Viele gedeihen an Standorten, an denen andere verhungern würden, weil sie über eine weniger offensichtliche und viel diskretere Beziehung verfügen, und zwar nicht zu Insekten (die unter evolutionären Gesichtspunkten als Tiere nahe mit Pflanzen verwandt sind), sondern zu Bakterien oder Pilzen, die an ihren Wurzeln sitzen und Gas aus der Luft absorbieren und dafür im Gegenzug Nahrung und Schutz erlangen. Diese Verhaltensweise ist von zentraler Bedeutung für die Erhaltung des Lebens auf der Erde und verkörpert eine Reihe von evolutionären Konvergenzen zwischen winzigen Lebewesen, die viel weiter voneinander und von ihren Wirten entfernt sind als die Insekten.

Die Wurzeln vieler Pflanzen sondern chemische Stoffe ab, die Bakterien anziehen, die imstande sind, gebundenen Stickstoff in ein besser verwertbares Produkt umzuwandeln. Dann nehmen sie deren wertvolle Ausscheidungen auf. Erbsen, Bohnen und bestimmte Bäume sind eine enge Beziehung mit spezialisierten Bakterien eingegangen, die in der Lage sind, das Stickstoffgas aus der Luft mit Wasserstoff zu verbinden und daraus Ammoniak und andere Verbindungen herzustellen, die von der Pflanze aufgenommen werden können. Viele Insektenfresser und Ameisen-Ausbeuter, die über dem Boden sehr auffällige Adaptionen entwickelt haben, sind außerden auf einen viel weniger sichtbaren Pakt mit den winzigen Fremdlingen in ihrem Wurzelwerk angewiesen, um sich an nährstoffarmen Standorten zu behaupten.

Die Landwirte machen sich diese Verbindungen zunutze, wenn sie auf Getreidefeldern zur Abwechslung auch Hülsenfrüchte wie Klee oder Sojabohnen anbauen, die in enger Beziehung stehen zu Lebewesen, die Stickstoff binden. Insgesamt erzeugen diese Pflanzen die Hälfte der Stickstoffmenge, die von der Weltlandwirtschaft benötigt wird. Ohne sie müssten wir hungern. Ihre bakteriellen Verbündeten erzeugen ein besonderes Enzym, das die trägen Gasmoleküle zwingt, eine Verbindung mit den aktiven Wasserstoffionen einzugehen, die bei der Zersetzung von Nahrung entstehen. Diese Reaktion verbraucht eine große Menge Energie und erfordert sowohl von den Bakterien als auch von ihrem Wirt hohe Investitionen.

Bis zur Entwicklung der technischen Möglichkeiten der heutigen Biologie sahen das betreffende Bakterium und das Protein, das diese Aufgabe erfüllt, unter den Tausenden Arten von Stickstoff-Fixierern fast identisch aus. Aber das trifft nicht zu. Ähnlich wie bei den Insektenfressern und den Bäumen, die Ameisen Schutz bieten, haben viele nicht miteinander verwandte Pflanzen und sogar noch mehr Bakterien diese Eigenschaft entwickelt. Aus der DNS ergibt sich, dass die Bakterien, so unscheinbar sie wirken mögen, als Gruppe vielfältiger sind als das Pflanzen- und das Tierreich zusammengenommen, und das gilt auch für die Stickstoff-Fixierer. Diese Verhaltensweise haben sich auch Pilze angeeignet (die uns näher stehen als die Bakterien) und Angehörige eines eigenständigen Reiches von Einzellern, die sogenannten Archaea, die in heißen Quellen, Tiefseegräben und in der Erde leben. Auch das Meer ist voll mit Lebewesen, die Stickstoff binden, von denen der Großteil aber kaum bekannt ist.

Viele Bakterien, die dabei eine Rolle spielen, leben die meiste Zeit allein. Wenn sie mit einer passenden Wurzel in Kontakt kommen, bindet ein bestimmter Zucker an einen Rezeptor auf der Pflanze. Der Stickstoff-Binder dringt in die Pflanze ein, und die Pflanzenzellen teilen sich und bilden ein Knöllchen, das sich mit den Nachkommen des Eindringlings füllt – eine Milliarde oder mehr aus einer einzelnen Gründerzelle. Beide Parteien profitieren davon, denn die Pflanze stellt Energie für den aufwändigen chemischen Prozess bereit, der erforderlich ist, um der Luft Stickstoff zu entziehen, während die Bakterien das Element in einer Form produzieren, die von der anderen Seite aufgenommen und genutzt werden kann.

Diese Kooperation entwickelte sich, evolutionsgeschichtlich gesehen, vor noch nicht allzu langer Zeit, nämlich kurz nach dem Aussterben der Dinosaurier. Zu dieser Zeit kam es zu einer schlagartigen Zunahme des Kohlendioxidgehalts der Luft und einem starken Temperaturanstieg, was das Pflanzenwachstum begünstigte und zur Folge hatte, dass der plötzliche Mangel an Stickstoff den Aufbau einer solchen Beziehung sinnvoll und nützlich erscheinen ließ. Sie hat sich später immer wieder in weitläufig miteinander verwandten Pflanzenfamilien herausgebildet. Erlen (nicht aber ihre nahen Verwandten, die Buchen) besitzen Wurzelknöllchen, die Bakterien enthalten, die besser bekannt sind als die Produzenten des Antibiotikums Actinomycin. Mit ihrer Hilfe können die Bäume auf nährstoffarmen Böden wie Dünen oder Bergen wachsen. Auch das tropische Eisenholz hat eine solche Kooperation herausgebildet, ebenso einige Mitglieder der Familien der Rosen und der Kürbisse. Dem Lebermoos, einigen Farnen und dem Riesen-Rhabarber in Brasilien kommt ihre Fähigkeit zugute, durch die Indienstnahme von Einzellern das lebenswichtige Gas aufzunehmen.

Die Pflanzen, die auf diese Lösung verfallen sind, sind höchst vielfältig. Das Gleiche gilt für die Organismen, die die eigentliche Arbeit tun. Die Bakterien, die in den Wurzeln von Bohnen, Klee und deren Verwandten leben, wurden aufgrund ihrer wirtschaftlichen Bedeutung bereits eingehend untersucht. Hunderte unterschiedliche Arten einzelliger Helfer werden von diesen Pflanzen in Dienst genommen. Manche sind an einen einzigen Wirt gebunden – oder sogar an eine bestimmte Sorte von Bohnen oder Erbsen –, während andere promiskuitiv sind. Trotz vordergründiger Ähnlichkeit ist der zum Einsatz gelangende biochemische Mechanismus ebenso unterschiedlich wie die Moleküle, welche die Bereitschaft zum Aufbau einer Partnerschaft signalisieren, die Menge des bereitgestellten Stickstoffs und die Gegenleistungen des Wirts.

Ähnlich wie bei den Ameisen auf Akazien oder den Insekten, die eine Kannenpflanze umschwirren, hat das System ein sorgfältig austariertes Gleichgewicht zwischen Kooperation und Konflikt hervorgebracht. Einige Arten dringen durch Wunden in ihre Wirtspflanze ein, was darauf hinweist, dass sie einst Infektionsüberträger waren. Andere wachsen in einer Membran, die sie vor Angriffen des Wirts schützt, oder produzieren Gifte, die dessen Abwehrfähigkeit lähmen. Einige sind auch mit bekannten pflanzlichen Krankheitserregern verwandt. Die Pflanzen sind misstrauisch geblieben gegenüber ihren Partnern. Bisweilen kommt es zu Betrugsversuchen – wenn ein Eindringling, der nur wenig Stickstoff produziert, dennoch umsonst Nahrung und Schutz zu erhalten versucht. Sofort schneidet der Wirt die Nahrungszufuhr ab, dadurch verkümmert das Knöllchen und der Schwindler verhungert.

Auf dem Stickstoffmarkt der Natur werden jährlich Milliarden Tonnen dieses Elements umgeschlagen, das aus der Luft in den Boden wandert, vom Land ins Wasser und von den Pflanzen zu den Tieren und in einem endlosen Kreislauf wieder zurückströmt. Wie in allen Märkten werden auch hier die Gewinne und Verluste sorgfältig bilanziert, und jede Unehrlichkeit wird bestraft. Der Kampf um Stickstoff ist ebenso unbarmherzig wie jener um Wasser, Luft oder Sex, doch nur selten zeigt sich sein wahres Wesen in all seiner Rohheit. Pflanzen, die Tiere fressen, sind nur ein Beispiel dafür, welcher Wettbewerbsdruck in diesem Markt herrscht, wie Kooperation in Konflikt umschlagen kann, und wie die untauglichsten Werkzeuge in Dienst genommen werden, um sich einen größtmöglichen Teil vom beschränkten Angebot zu sichern.

Der weltumspannende Handel mit diesem Element wurde mittlerweile durch den Menschen revolutioniert. Landwirte bringen stickstoffhaltige Düngemittel auf dem Boden aus. Diese stammen von Unternehmen, die jedes Jahr Hunderte Millionen Tonnen dieses Stoffes aus Erdöl herstellen oder indem sie das Gas aus der Luft extrahieren. Die Reaktion wird mithilfe von Katalysatoren in Kesseln durchgeführt, in denen hohe Temperaturen und ein extremer Druck herrschen. Ohne diese Technologie, die vor einem Jahrhundert von Carl von Linde erfunden wurde, würde die Welt heute verhungern. Die Industrie geht auch verschwenderisch um mit der Energie, die zum großen Teil durch die Verbrennung der Überreste früheren Lebens gewonnen wird. Autos, Schornsteine und Flugzeuge schleudern Stickstoffverbindungen in die Luft. All dies bedeutet, dass heute auf der Welt viel mehr Stickstoff vorhanden ist als zu Zeiten Queen Victorias. Die zur Verfügung stehende Menge hat sich im vergangenen Jahrhundert verdoppelt.

Durch das Ausbringen von künstlichem Dünger auf die Äcker können zweifellos die Erträge gesteigert werden, aber das hat auch zur Folge, dass sich der Haushalt der Pflanzen, die mittels natürlicher Helfer diesen Stoff erzeugen, stark verändert. Zuerst verschiebt sich das Verhältnis von Gewinnen und Verlusten. Künstlich gedüngte Nahrungspflanzen benötigen weniger Hilfe durch ihre winzigen Helfer und scheiden diese daher aus. Dadurch sinkt die Menge des Elements, die von diesen nützlichen Lebewesen aus der Luft entnommen wird, sodass der Gesamtgewinn aus dem künstlichen Dünger weit geringer ausfällt, als es sonst der Fall wäre. Auf den nährstoffarmen Böden Afrikas stellt dieses opportunistische Verhalten der Pflanzen ein ernstes Problem dar.

Zudem wird überschüssiges Nitrat ausgewaschen und an Stellen gespült, wo es nicht erwünscht ist, und die Menge wird zusätzlich erhöht durch sauren Regen, der gesättigt ist mit Stickstoff aus fossilen Brennstoffen. Darauf reagieren die Insektenfresser, die Ameisen-Beherberger und die Bakterienwirte, denn nun steht ihnen eine billigere Quelle für das Element zur Verfügung als vorher. Die vom Regen gespeisten Sümpfe in Neuengland waren einst voll mit Insekten fangenden Pflanzen, die prächtig gediehen, indem sie ihren Beutetieren Stickstoff entnahmen. Ihre Konkurrenten konnten sich an diesen nährstoffarmen Standorten nicht behaupten. Die sauren Sumpfgebiete werden nun zunehmend mit Nährstoffen angereichert. In den am stärksten betroffenen – in der Nähe von Städten oder von künstlich gedüngten Feldern – geben die Insektenfresser ihre karnivoren Eigenschaften auf zugunsten konventioneller Verhaltensweisen. Andere Pflanzen siedeln sich an und verdrängen die Insektenfänger, und in Europa steht der Sonnentau vor demselben Problem: Die Karnivoren konvergieren im Tode ebenso wie im Leben. Dasselbe Schicksal blüht den Akazien, die in der Nähe künstlich gedüngter Felder wachsen.

Die Karnivorie, die einst durch Mangel entstanden ist, wird durch den Überfluss wahrscheinlich verschwinden; und zumindest die Insekten können dann erleichtert aufatmen. Für den Evolutionsforscher ist die Tatsache, dass Bakterien, Pilze, die Venusfliegenfalle und den Sonnentau in der modernen Welt das gleiche Schicksal ereilen wird, ein weiterer Beweis dafür, dass sich parallele Abstammungslinien durch natürliche Auslese und im Leben und im Tode annähern können, wenn ihre unterschiedlichen Fähigkeiten verschwinden.

Kapitel Drei
Angst und Freude

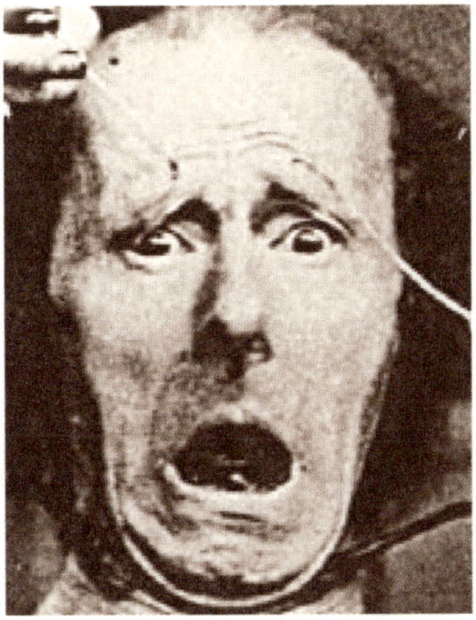

Viele amerikanische Politiker äußerten ihre mit einer gewissen Häme gemischte Befriedigung darüber, dass Zacarias Moussaoui, der Franzose, der am Anschlag auf das World Trade Center in New York führend beteiligt war, im Verlaufe seiner lebenslangen Isolationshaft in einem berüchtigten Hochsicherheitsgefängnis in Colorado ziemlich sicher verrückt werden würde. Als die Vorsitzende Richterin das Urteil verkündete, sagte sie: »Sie werden nie mehr die Gelegenheit bekommen, mit einem anderen Menschen zu sprechen ... und Sie werden mit einem Winseln sterben.«

Die Genugtuung dieser renommierten Juristin über das voraussichtliche Schicksal des Verurteilten war allerdings insoweit verfehlt, als viele der Zehntausenden von Häftlingen, die in amerikanischen Gefängnissen in ständiger Isolation dahinvegetieren müssen, ihr Leben nicht mit einem Wimmern, sondern mit einem lauten Schrei beenden. Tatsächlich werden Menschen unter solchen Umständen und an solchen Orten verrückt. Allerdings wären viele Angehörige der religiösen Rechten, die deren zunehmenden geistigen Verfall feiern, entsetzt, wenn man ihnen erzählte, dass Moussaoui seinen Verstand aus Gründen verlieren wird, die sich am besten mit den Überlegungen Darwins erklären lassen. Der Gorilla Guy, in den 1950er Jahren ein Star des Londoner Zoos, wurde vor allem wegen seiner vorgeblich ernsten, fast feierlichen Erscheinung bewundert. Tatsächlich war er zutiefst depressiv, da er jahrelang in einem viel zu kleinen Käfig ganz allein sein Leben fristen musste (und dabei nicht einmal, wie seine menschlichen Leidensgenossen, Selbstmord begehen konnte). *Homo sapiens* ist ein geselliger Primat und stammt wie die Gorillas und Schimpansen von einem Vorfahren mit eben diesen Eigenschaften ab. Wären unsere Ahnen Einzelgänger wie der Orang-Utan gewesen, der ja einen Großteil des Jahres alleine verbringt, wäre die schlimmste Strafe für uns nicht die Einzelhaft, sondern eine endlose Dinnerparty. Der ständige Austausch von subtilen emotionalen Signalen, der solche Veranstaltungen auszeichnet, würde alle Anwesenden schließlich regelrecht verrückt machen.

Man erwartet oft von den Naturwissenschaften die Erklärung, was denn den Menschen vom Schimpansen oder Orang-Utan unterscheidet. Doch solche Fragen haben mehr mit dem Geist als mit dem Körper oder Gehirn zu tun. Die meisten kompetenten Biologen sind deshalb der Ansicht, dass dieses Thema außerhalb ihres Fachgebiets liegt. Trotzdem kann die Biologie durch den Vergleich der Anatomie und des Verhaltens des Menschen mit denen seiner nächsten Verwandten etwas darüber aussagen, wie die Menschen zu dem wurden, was sie heute sind. Dabei zeigt sich deutlich, dass es sich bei uns um Lebewesen handelt, die sich nach Gesellschaft sehnen. Um dieses Verlangen zu befriedigen, verbringen wir einen Großteil unserer Zeit mit einer stillen und manchmal sogar völlig unbewussten Konversation mit unseresgleichen.

Rousseau hatte allerdings völlig andere Vorstellungen über die Ursprünge und Grundlagen der menschlichen Natur. Er war der Meinung, dass der Mensch von seinem reinen, »animalischen« Zustand abgewichen sei, weswegen er auch die moderne Gesellschaft als eine Korruption dessen ansah, wie die Welt tatsächlich aussehen sollte. »Der wilde Mensch, der von der Natur mit einem bloßen Instinkt ausgestattet wurde…, wird anfänglich nichts als tierische Funktionen haben ... Seine Begierden gehen nicht über seine physischen Bedürfnisse hinaus. Die einzigen Güter, die er in der Welt kennt, sind Nahrung, ein Weibchen und Ruhe.« Das wahre Leben verlief also in fast vollkommener Einsamkeit, am besten auf einer einsamen Insel, wo sich die Interaktion mit anderen Menschen auf ein absolutes Minimum beschränkte. Die aus der Romantik geborenen Ideen des französischen Philosophen waren allerdings vollkommen falsch. Die Mitglieder aller – menschlicher und anderer – Gemeinschaften müssen miteinander Umgang pflegen, um den Frieden zu bewahren, Sexualpartner zu finden und aus der gegenseitigen Kooperation Nutzen ziehen zu können. Sie verwenden dazu so offensichtliche wie subtile Signale, um die Gemütsverfassung ihrer Mitmenschen zu überprüfen oder die eigene anzuzeigen. (Selbst der einzelgängerische Orang-Utan brüllt von Zeit zu Zeit, um seine Nachbarn zu beeindrucken.) Die gesamte Zivilisation beruht auf unserer Fähigkeit, auf die Gefühle der anderen zu reagieren und im Gegenzug die eigenen Stimmungen auszudrücken.

Im Jahre 1879 stellte Darwins Cousin Francis Galton beim Besuch eines Pferderennens fest, dass er »die durchschnittliche Gesichtsfarbe der britischen Oberklassen« feststellen konnte, als er die Menge durch sein Opernglas beobachtete. Dann begann das Rennen und in einem Brief an die Zeitschrift *Nature* unter dem Titel »Die durchschnittliche Aufregungsröte« berichtete er später, dass die Gesichter plötzlich »einen stark rosafarbenen Ton annahmen, als ob der Schein der untergehenden Sonne auf sie fallen würde«. Eine von allen geteilte Gesichtsfarbe war der Ausdruck einer gemeinsamen Leidenschaft, die Galton feststellen konnte, obgleich er aus der Entfernung eine Person nicht von der anderen zu unterscheiden vermochte. In gleicher Weise kann jemand, der sich dem Bild einer Gruppe von Menschen gegenübersieht, deren Gesichtsausdruck Gefühle in einer Spanne von Glück zu absolutem Unglück widerspiegelt, deren allgemeinen Gefühlszustand viel schneller einschätzen, als wenn er jedes einzelne Gesicht eingehend mustern würde. Offensichtlich verfügt unser Gehirn über einen Filter, der nicht nur feststellt, aus wie vielen Personen eine Gruppe besteht, sondern auch, was diese in etwa fühlen. Diese Fähigkeit hat allerdings auch ihre Schattenseiten. Eine ganze Gesellschaft kann von einer Massenhysterie erfasst werden, wenn von allen geteilte Gefühle sich gegenseitig verstärken. Charles Mackay stellte in seinem 1841 erschienenen Buch *Extraordinary Popular Delusions and the Madness of Crowds* (dt.: *Zeichen und Wunder. Aus den Annalen des Wahns)* bei einer Schilderung der sogenannten Südseeblase (South Sea Bubble), des betrügerischen Börsenschwindels von 1720, und weiterer Massenhysterien fest, dass die Menschen »in Herden verrückt werden, während sie ihre Sinne nur ganz langsam und einer nach dem anderen wieder zurückerlangen«.

In seinem Buch *Der Ausdruck der Gemütsbewegungen bei dem Menschen und den Tieren* (1872) untersucht Charles Darwin die Rolle von Signalen in Herden, Rudeln, Schwärmen, Dörfern und Städten, in denen soziale Lebewesen zusammenkommen. Das Buch war ein erster Versuch, unsere eigenen Gefühlsregungen in wissenschaftliche Begriffe zu fassen. Darwin interessierte dabei, wie sich mentale Vorgänge und Seelenzustände in Gesicht und Körper offenbaren. Ihm wurde bewusst, wie sehr der Ausdruck innerer Gefühle von Männern und Frauen denen der Tiere ähnelt. Das Buch erörtert ausführlich Instinkte, Lernverhalten und Reflexe solch unterschiedlicher Lebewesen wie Motten und Menschenaffen. Sein Autor wusste, dass Elefanten weinen und Flusspferde vor Angst schwitzen – und als er hörte, wie eine Todesqualen ausstehende Kuh mit den Kiefern mahlte, erinnerte ihn das an das Zähneknirschen der Sünder in der Hölle. Er erkannte, dass sich Einsamkeit, Angst und Wut sowie deren äußere Anzeichen, ähnlich wie die Glieder und

Augen, allmählich entwickelt hatten. Tritt man einen Hund, kauert er sich zusammen und zieht die Mundwinkel nach unten. Foltert man einen Al-Qaida-Verdächtigen, tut er dasselbe. *Der Ausdruck der Gemütsbewegungen* liefert überzeugende Argumente dafür, dass Menschen, Primaten, Hunde und andere Lebewesen dieselbe mentale Abstammung aufweisen.

Tatsächlich vergleicht man unsere eigenen Gefühle bereits seit langem mit denen anderer Lebewesen. Der im 17. Jahrhundert lebende französische Maler Charles Le Brun (der in diesem Buch als Pionier der Erforschung menschlicher Emotionen erwähnt wird) riet all denjenigen, die die Gemütseigenschaften der von ihnen porträtierten Menschen darstellen wollten, zuerst einmal genau die Tiere zu beobachten. Er war sich sicher, dass einige Stunden in der Gegenwart von Schweinen und ihrer Lüsternheit, Verfressenheit und Faulheit helfen würden, das Innenleben eines Lüstlings abzubilden. Charles Darwins Freund George Romanes ging noch einen Schritt weiter. Er stellte eine fünfzig Stufen umfassende Skala der Entwicklung von Gefühlsregungen auf. Würmer und Insekten standen auf Stufe 18, da sie Überraschung und Angst empfänden, während Hunde und Menschenaffen gemeinsam auf den Rang 28 gesetzt wurden, da beide »über allgemeine Moralvorstellungen verfügen, die mit der Fähigkeit einhergehen, Scham, Reue, Hinterlist und Albernheit auszudrücken«. Die Ränge 29 bis 50 waren allerdings Männern und Frauen von mehr oder weniger großer Tugend reserviert.

In der Psychologie spielen solche Vorstellungen immer noch eine große Rolle. Das Hauptthema des *Ausdrucks der Gefühlsbewegungen* war, wie bei Darwin üblich, eine Welt, in der alle Attribute des Lebens von der Anatomie bis zur Angst auf eine gemeinsame Abstammung zurückgeführt werden können. Die modernen Naturwissenschaften entwickeln mithilfe dieser Logik einen Sinnzusammenhang der Empfindungen. Wer seine Gefühle übermittelt, erwartet eine Antwort von denen, die seine Botschaften empfangen. Dieser wechselseitige Austausch macht es nötig, die Stimmungen der anderen zu erkennen, nachzuempfinden und auf sie zu antworten. Die Menschen atmen voller Mitgefühl hörbar ein, wenn sie eine traurige Geschichte hören, schauen dorthin, wohin sich die Augen eines anderen richten, und vermeiden Nahrungsmittel, die bereits jemand anderer abgelehnt hat. Solche Widerspiegelungen des Seelenzustands eines anderen Individuums sind Teil dessen, was uns zum Menschen macht.

Als praktischer Mensch interessierte sich Charles Darwin nur wenig für philosophische Fragen. Trotzdem begriff er bald, dass die Biologie des Geistes viel schwerer zu erklären war als die des Körpers. Er rang mit diesem Problem auf fast dieselbe Weise wie moderne Psychologen versuchen, einige ihrer manchmal noch recht unklaren Ideen in den Griff zu bekommen. Lässt sich unser Denken als »direkte Folge der Verfassung des Nervensystems« erklären, das »von Anfang an unabhängig vom Willen« ist, und wenn das so ist, was bedeutet dies? Shakespeare lässt in *Heinrich VIII.* Norfolk den Kardinal Wolsey folgendermaßen beschreiben: »Seltsamer Aufruhr/ Ist ihm im Hirn: er beißt die Lippe, starrt;/ Hält plötzlich an den Schritt, blickt auf die Erde...« (Akt III, Szene 2). Darwin zitiert diese Stelle und erklärt das Verhalten des Kardinals als einen »ohne Leitung zuströmenden Überschuss an Nervenkraft« – aber ist dieser Ausdruck vielleicht nicht nur der Versuch, sich nicht mit tiefer liegenden und weniger leicht zugänglichen Fragen auseinandersetzen zu müssen? Die Aufgabe dieses großen Mannes wurde noch durch seinen Streit mit dem Evolutionsgegner Charles Bell erschwert, dem Autor des damaligen Standardwerks über die Anatomie des Gesichts. Bell war (fälschlicherweise) davon überzeugt, dass Menschen über Muskeln verfügten, die Gott entworfen habe, um damit Moral, Spiritualität oder Scham auszudrücken, eine Idee, die jemandem keine große Hilfe sein konnte, der das Lächeln oder Erröten tatsächlich verstehen wollte. Es handelte sich dabei um ein frühes Beispiel jener Art von vorgefassten »Wahrheiten«, die noch heute vielen Versuchen, den menschlichen Geist zu verstehen, im Wege stehen.

Nach einem längeren Stolpern durch den Freudianischen Nebel ist das Studium des menschlichen Seelenlebens endlich wieder zu einer Wissenschaft geworden (obgleich einzelne Behauptungen, man habe die neuronalen Grundlagen der Gesellschaft gefunden, noch keineswegs wissenschaftlichen Kriterien standhalten können). Jetzt befassen sich Physiker und Chemiker mit Fragen, die einst nur von Geisteswissenschaftlern gestellt wurden. In psychiatrischen und neurologischen Instituten bemüht man sich, mithilfe von Katzen, Mäusen und Hunden menschlichen Verhaltensweisen auf den Grund zu gehen. Selbst Bakterien verhalten sich »vernünftig«, wenn sie sich in der Nähe einer Nahrungsquelle niederlassen oder sich mit ihren Artgenossen zusammenschließen, um einen klebrigen Film auf Wunden und Zähnen zu bilden. Einige Gene der Taufliege führen zu einem homosexuellen Verhalten und andere zu Gedächtnisverlust (was eines Tages bei der Untersuchung solcher Krankheiten wie Alzheimer helfen könnte). Experimente an den Gehirnen von Mäusen und Affen, die man früher mit dem Skalpell anstellte, werden heute unter Verwendung von Maschinen von phantastischer Komplexität durchgeführt, die man auch zur Untersuchung von Menschen nutzt, deren Hirn durch einen Schlaganfall oder Unfall geschädigt wurde, während Drogen die Geisteswelt des Normalen, des Waghalsigen und des Verrückten zu verstehen helfen. Einige der im *Ausdruck der Gefühlsbewegungen* aufgeworfenen Fragen wirken auf uns ausgesprochen modern und viele von ihnen sind immer noch unbeantwortet.

Trotzdem sind die *Gefühlsbewegungen* auf gewisse Weise ein unbefriedigenderes Buch als die Arbeiten über Pflanzen, Seepocken oder Regenwürmer, was auch die für den Autor eher ungewöhnlichen Entschuldigungen beweisen: »Der hier vorliegende Gegenstand ist sehr dunkel ... und es ist immer sehr ratsam, unsere Unwissenheit deutlich zu erkennen.« (Hier war der Verfasser weit ehrlicher als manche seiner Nachfolger.) Darwin fand dann auch bald heraus, dass selbst Dinge, die zuerst ganz einfach zu sein schienen, wie etwa die objektive Beschreibung des Gesichtsausdrucks eines Menschen oder Hundes, tatsächlich ausgesprochen schwierig waren. Weit schwieriger war es allerdings, die ihnen zugrunde liegenden Gefühle auszumachen. Dieses Problem beschäftigt trotz aller Wunder der Elektronik die Neurowissenschaftler noch heute. Charles Darwin war äußerst misstrauisch gegenüber den angeblichen Erkenntnissen der Phrenologie, die solche Eigenschaften wie Hartnäckigkeit, Stolz oder Arglist bestimmten, klar abgegrenzten Hirnbereichen zuordnete und diese oft mit der äußeren Form des Schädels gleichsetzte. (Einer seiner Bewunderer hatte sogar behauptet, dass am Kopf des großen Naturforschers ein »Schädelhöcker der Pietät« zu bemerken sei, der »für zehn Priester ausreichen würde«.) Trotzdem beschäftigte Darwin doch immer wieder die Frage, wo die Empfindungen ihren Sitz haben könnten.

Als Erstes beobachtete er bei seinem Studium der Seelenwelt die Tiere und Kinder seines eigenen Haushalts. Gutherzig wie er war, achtete er darauf, diese dabei nicht zu sehr aufzuregen (obgleich sein Buch Bilder verängstigter Babys enthält, für die er sich heute den Vorwurf der Grausamkeit einhandeln würde). Ihm fiel auf, dass seine Söhne nie einen Schmollmund zogen, obwohl Francis seine Lippen beim Flötespielen auf ähnliche Weise spitzte. Charles hatte auch keine Hemmungen, selbst einmal die Tierrolle zu übernehmen. Francis erinnerte sich später, dass der Körper seines Vaters sehr behaart gewesen sei und dass der große Mann wie ein Bär laut zu brummen begann, wenn seine Kinder die Hand in sein Hemd steckten.

Selbst im Spiel war der Naturforscher der *Beagle* immer

aufmerksam und ernst und stieß bald auf einige allgemeine tierische und menschliche Verhaltensregeln. Äußerungen des Unglücks oder Kummers, des Willkommens oder der Zurückweisung und anderer entgegengesetzter Gefühle traten oft spiegelbildlich auf. Er nennt dies das »Prinzip des Gegensatzes«. So war das Stirnrunzeln der Gegensatz des Lächelns und der überraschte Gesichtsausdruck die Umkehrung eines Grußes. Einige Gebärden stammten eindeutig von Bewegungen ab, die einst eine ganz eigene Funktion hatten. So war das Betteln mit offenen Händen mit der Haltung verwandt, die man einnimmt, wenn man Nahrungsmittel trägt. In gleicher Weise schließt ein Mensch, der einen »Vorschlag verwirft«, die Augen und schaut weg, als ob er vor einem ungenießbaren Mahl stünde. Tiere schienen dabei denselben Regeln zu folgen, und der Familienpatriarch von Down House bemerkte folglich fast die gleiche »niedergeschlagene Miene« bei seinen Haustieren wie bei seinem kleinen Sohn.

Aus solchen einfachen Beobachtungen ging die Wissenschaft der vergleichenden Psychologie hervor. Sie begann mit der Beobachtung von Hunden.

Haustiere genießen einen Sonderstatus, weil sie (zumindest für ihre Besitzer) fast menschlich zu sein scheinen. Darwin war hier keine Ausnahme. Bereits als Student hielt er sich einen Hund mit Namen Sappho. Er sah kein Problem darin, die Gefühle der Hunde mit denselben Begriffen wie die der Menschen zu beschreiben. Wenn sein Haushund in einer »demütigen und zuneigungsvollen Stimmung« war, benahm er sich völlig anders als ein Hund in »feindlicher Seelenstimmung« mit seinem gesträubtem Haar und »merkwürdig steifen Gang«. Hier war das »Prinzip des Gegensatzes« am Werk, da »eine entgegengesetzte Muskelreihe in Tätigkeit tritt«, um eine »direkt entgegengesetzte Empfindung oder Erregung« auszudrücken. Die »klägliche, hoffnungslose Niedergeschlagenheit«, die sein Lieblingshund empfand, wenn er merkte, dass der gemeinsame Spaziergang nicht fortgesetzt wurde, sondern in Darwins Gewächshaus endete, zeigte sich in einem ganz bestimmten »Gewächshaus-Gesicht«. »Dieses bestand darin, dass er den Kopf stark neigte, während sich der ganze Körper ein wenig senkte und regungslos blieb; Ohren und Schwanz ließ er ganz plötzlich hängen, ohne dass er mit dem Schwanze wedelte.« Dies war ein vollkommener Gegensatz zu seinem »früheren vergnügten, doch würdigen Benehmen«, das sich durch einen »hoch erhobenen Kopf, mäßig aufgerichtete Ohren und einen gehobenen, aber nicht steifen Schwanz« auszeichnete.

Neben solchen ganz individuellen Stimmungswechseln bemerkte der stolze Hundebesitzer auch große Persönlichkeitsunterschiede zwischen den einzelnen Rassen. Unterschiedliche Abstammungen hatten anscheinend nicht nur unterschiedliche Körperformen zur Folge, sondern konnten auch den Geist der Tiere verändern. Einige Rassen wie die Terrier grinsten, wenn sie sich freuten, während andere dies nicht taten. Spitze und ihre Verwandten wie Huskies und Elchhunde bellten, während Windhunde dies kaum einmal taten. Die Welt der Hunde zeichnete sich also durch eine große Bandbreite an Eigenschaften und Talenten aus.

Einige hüten Schafe und Rinder (der Portugiesische Wasserhund treibt sogar Fischschwärme ins Netz der Fischer), während andere Wachdienste erledigen, jagen, behinderte Menschen führen oder die Allgemeinheit nerven. Nimmt man alle Rassen zusammen, zeigen sie eine größere Verhaltensvielfalt, als man sie bei allen wilden Hundeartigen – Wölfe, Füchse, Kojoten und Schakale – auf der ganzen Welt zusammen findet. Viele dieser Unterschiede sind angeboren. So berichtet Darwin in der *Entstehung der Arten* von einer Schäferhundfamilie, die nach der Einkreuzung eines Windhunds plötzlich begann, Hasen zu jagen. Der Autor war über die unterschiedlichen Verhaltensweisen der Hunde so beeindruckt, dass er annahm, dass einige Haushundrassen von ganz unterschiedlichen wilden Vorfahren abstammten (womit er sich allerdings täuschte, da alle den Wolf zum Vorfahren haben).

In der ganzen Welt gibt es 400 Millionen Hunde, und die Bemühungen ihrer Halter und die Wunder der Wissenschaft haben diese Tiere in ein riesiges verhaltensbiologisches Experiment verwandelt. Selbst in der kurzen Zeit, seitdem die modernen Rassen in der viktorianischen Ära entstanden, haben die Hunde große Änderungen ihres Temperaments und Wesens erfahren, die dann auch weitervererbt wurden.

Bereits vor langer Zeit begann der Mensch, diese Tiere zur Jagd zu verwenden. Er lernte bald, diejenigen als Eltern der nächsten Generation auszuwählen, die in besonderer Weise die dazu nötigen Eigenschaften besaßen: das Wild aufspüren, hetzen, still sitzen, wenn die Beute gesichtet wird, notfalls beißen oder den Jäger zum erlegten Wild führen. Bedeutende Reste dieses Jagdtriebs finden sich heute noch im Verhalten der Bluthunde, Pointer, Setter, Retriever und Bullterrier. Hütehunde wie die Border-Collies treiben ein Schaf, ohne es zu beißen, während Rassen, die man zur Kontrolle größerer Tiere einsetzte, wie etwa die Corgis, die einst zum Rinderhüten verwendet wurden, auch einmal nach ihren Schützlingen schnappen. Noch weit darüber hinaus gehen die Pitbulls, die sich schon vor Jahrhunderten bei von ihren Besitzern organisierten Kämpfen in die Nase eines Bullen verbissen und in ihrer Aggressivität schon einmal ihre Eigentümer ins Jenseits befördern können. Wachhunde wie der Pyrenäenhund, deren Aufgabe es ist, Raubtiere abzuwehren, haben das Jagdverhalten völlig aufgegeben. Sie spielen wie riesige Welpen und zeigen nur wenig Interesse für ihre Herden, aber ihr Verhalten ist seltsam genug, um die Wölfe von diesen fernzuhalten. Diese Unterschiede entwickeln sich aus ererbten Verhaltensvariationen innerhalb der gemeinsamen Vorfahren jeder Rasse, aus neuen genetischen Fehlern im Verlauf der Generationenfolge und aus der Akkumulation von bewussten Entscheidungen ihrer menschlichen Züchter.

Ein Weg, um die Persönlichkeit eines Hundes festzustellen, ist, ihn mit einem völlig Fremden zusammenzubringen. Spielt das Tier mit diesem Besucher, zieht es sich zurück, schnüffelt es an ihm oder jagt es ihn aus dem Zimmer? Versetzt ein plötzliches lautes Geräusch das Tier in Wut, erschrickt es oder bleibt es ruhig? Andere Tests überprüfen seine Fähigkeit, ganz ruhig sitzen zu bleiben, eine Zeitlang mit Einsamkeit fertig zu werden, ohne zu winseln oder in Panik zu geraten, aus einem Irrgarten herauszufinden oder verstecktes Futter aufzuspüren.

Cockerspaniels sind ruhig und gehorchen, während Basenjis nervös und fast nicht zu trainieren sind. Kreuzungen zwischen den beiden Rassen legen nahe, dass diese Unterschiede angeboren sind, da diese Nachkommen eine ganze Reihe von Talenten besitzen, die zwischen den Eigenschaften der beiden Eltern liegen. Eine Untersuchung von zehntausend Deutschen Schäferhunden und Rottweilern in Schweden zeigte bei beiden Rassen ein allen gemeinsames Erbe von Erregbarkeit, Schwanzwedeln und dem Hang zum Bellen, während die Aggression anscheinend separaten Kontrollen unterliegt. In einem Echo auf das von Darwin in den *Gefühlsbewegungen* aufgezeigte Prinzip, dass gegensätzliche Emotionen spiegelbildlich ausgedrückt werden, dreht es sich bei den Variationen all dieser Eigenschaften schließlich nur darum, wie schüchtern und zurückhaltend oder wie kühn und angriffslustig eine bestimmte Rasse ist.

Je raffinierter der Geschmack der Hundeliebhaber wurde, desto spezialisierter wurden die einzelnen Züchtungen. Einige begannen dann sogar Verhaltensweisen zu entwickeln, die ihren Haltern Sorgen bereiteten. Gleich-zu-gleich-Verpaarungen legten seltene und bis dato verborgene Gene frei, von denen viele unerwünschte Auswirkungen auf die Persönlichkeit der Tiere hatten. Es zeigten sich hier gewisse Parallelen zum Seelenleben des Menschen. So kommen einem schwere Zwangsstörungen beim Menschen in den Sinn, wenn man

Bullterriern zusieht, die ihren eigenen Schwanz stundenlang jagen, bis sie vor Erschöpfung zusammenbrechen, oder wenn Springer-Spaniels ihre Herrchen anfallen, wenn sie ein plötzlicher, völlig unkontrollierbarer Wutanfall überkommt. Einige Familien von Basset-Hunden leiden unter einer Wahnvorstellung, die an paranoide Schizophrenie erinnert, die sie beim geringsten Geräusch zusammenkauern lässt. Dagegen fallen einige Dobermänner nach einer unerwarteten Futteraufnahme in einen tiefen Schlaf. Sie haben Narkolepsie, eine lästige und manchmal gefährliche Krankheit, die man auch beim Menschen findet. Tatsächlich reagieren diese Hunde positiv auf Medikamente, die man zur Behandlung menschlicher Patienten verwendet.

Die Doppelhelix enthüllt, warum einige Rassen solch unterschiedliche Persönlichkeitsmerkmale aufweisen. Die erste komplette Gensequenz stammte von einem Boxer. Das Tier hatte mit insgesamt etwa 20 000 Genen einige tausend Gene weniger als wir Menschen (und sogar weniger als eine Maus). Es besteht nun die begründete Hoffnung, durch einen Vergleich der DNS bei den Hunden Entsprechungen unserer eigenen Krankheiten zu finden. Tatsächlich haben sich hier bereits einige Übereinstimmungen ergeben. So geht das Schlafproblem der Dobermänner auf ein fehlerhaftes Rezeptorprotein auf der Oberfläche von Gehirnzellen zurück, wobei auch die menschliche Entsprechung auf einen Fehler im selben Gen zurückzuführen ist. Zweifellos wird unser bester Kamerad uns auch künftig dabei helfen, noch viele weitere Gendefekte aufzuspüren, die hinter unseren eigenen Geisteskrankheiten stecken, wie es bereits bei den Ursachen für gewisse Formen erblicher Blindheit der Fall war. Charles Darwin wäre bestimmt stolz.

Hunde sind insofern ungewöhnliche Tiere, als ihre Verhaltensweisen durch den Eingriff des Menschen so weit aufgesplittert wurden, dass ihr »Innenleben« für Wildtiere inzwischen völlig untypisch geworden ist. Darwin dehnte deshalb bald seine Suche nach den Wurzeln der menschlichen Gefühle auf andere Tiere aus. Dabei verbrachte er viele Stunden im Londoner Zoo in der Gesellschaft unserer nächsten Verwandten. Besonderen Spaß machte ihm dort die Beobachtung der unterschiedlichen Ausdrucksweisen von Freude und Vergnügen: »Wenn junge Orangs gekitzelt werden, so grinsen sie ebenfalls und geben einen kichernden Laut von sich … Sobald ihr Gelächter aufhört, kann man einen Ausdruck über ihr Gesicht gleiten sehen, den man ein Lächeln nennen könnte. (…) Ein andermal kitzelte ich die Nase eines Schimpansen mit einem Strohhalm, und als derselbe dabei sein Gesicht verzog, erschienen zwischen den Augenbrauen schwache vertikale Furchen. Beim Orang habe ich niemals ein Stirnrunzeln bemerkt.« Er war von den Versuchen eines Affen fasziniert, seinem eigenen Spiegelbild den Hof zu machen, so wie er sich über die junge Orang-Utan-Dame Jenny amüsierte. Als er diese neckte, indem er ihr einen Apfel durch ihr Gitter zeigte, »warf sie sich auf den Rücken, strampelte und schrie wie ein unartiges Kind.«

Primaten zeigen wie die Menschen ihre Gefühle in ihren Gesichtern. Selbst jemand, der noch nie einen Makaken gesehen hat, kann sofort erkennen, wenn man ihm ein entsprechendes Photo zeigt, ob dieser traurig, glücklich oder wütend ist. Die Gesichtsausdrücke von Schimpansen wurden inzwischen genau beschrieben. Dazu gehören das Lächeln mit geschlossenem Mund, seine Entsprechung, bei dem die Zähne gezeigt werden (das von einem mit dem Menschen gemeinsamen Vorfahren abstammt, der bereits diese Art des Lächelns kannte), ein schalkhaftes Lächeln – das »Schalksgesicht« – und das »Spielgesicht«, das einem menschlichen Lachen ähnelt. Daneben gibt es auch noch subtilere Gefühlsausdrücke wie etwa ein von einem Wimmern begleiteter Schmollmund mit gespitzten Lippen. Bonobos zeigen eine äußerstes Vergnügen anzeigende Verhaltensweise, die in Gesichtsausdruck und Lautäußerung auf fast unheimliche Weise dem menschlichen schallenden Gelächter ähnelt. (Ein niederländischer Forscher hat bei ihnen sogar ein »Orgasmusgesicht« festgestellt, dessen Vorkommen beim Menschen allerdings noch bewiesen werden müsste.) Gorillas zeigen dagegen weit weniger Gefühlsregungen, da sie zwar grinsen und Schalksgesichter ziehen, aber sonst ihre Gefühle bei sich behalten, außer wenn sie in Wut geraten.

Affen und Menschenaffen können die Stimmungen ihrer Artgenossen fast so gut deuten wie wir. Elektronisch gesteuerte künstliche Schimpansenattrappen sind inzwischen so weit fortgeschritten, dass sie Ausdrucksweisen wie etwa das Schmollmund-Winseln simulieren können. Wenn echte Tiere dann ihren künstlichen Gefährten begegnen, interpretieren sie deren unterschiedliche Gesichtsausdrücke sofort (»Schreigesichter« werden dabei am schnellsten erkannt). Tatsächlich können sie sogar die Gefühle der anderen nachvollziehen, was ein Experiment deutlich macht: Ein Tier verzieht angstvoll das Gesicht, weil es ein Geräusch vernimmt, das es mit einem Elektroschock zu assoziieren gelernt hat. Beobachtet dies nun ein Artgenosse, wird er beim Ertönen des entsprechenden Summtons ebenfalls zusammenzucken, obwohl er selbst diesen Schock niemals selbst erlebt hat.

Menschen sind noch besser darin, die Stimmung anderer an deren Gesichtern zu erkennen. Wir haben die Gesichtsmerkmale so verinnerlicht, dass wir sie oft auch dort zu sehen meinen, wo es sie gar nicht gibt. (Dies erklärt das traurige »affenähnliche« Gesicht, das viele auf den NASA-Bildern eines Marsberges zu erkennen glaubten.) Zwei völlig zerknüllte Zeitungen sehen für uns fast gleich aus, obwohl sich ihre tatsächliche Gestalt ziemlich unterscheidet, während zwei Gesichter sehr unterschiedlich wirken, obwohl ihre Formen fast identisch sind. Ein ganz einfacher Strichcode – Haare, Stirn, Augenbrauen, Nase, Lippen und Kinn – enthält dabei bereits die Mehrzahl der relevanten Daten. Die meisten

Menschen können Tausende von Einzelpersonen voneinander unterscheiden und Dutzende von Gefühlslagen erkennen. Bereits für Säuglinge sind Gesichter äußerst wichtig. Darwin stellte fest, dass seine Kinder in ganz jungem Alter viel Zeit damit verbrachten, ihre Mutter genau anzuschauen. Wir wissen heute, dass ein Baby auf ein menschliches Gesicht, selbst auf dessen Photografie, bereits einige Minuten nach der Geburt reagiert.

Menschen und Menschenaffen sprechen mit ihren Gesichtern und benutzen dabei fast dieselbe Sprache. Wütende Menschen und wütende Gorillas blecken die Zähne, und ein ängstlicher Schimpanse sieht fast so aus wie ein ängstlicher Mensch. Allerdings sind einige Ausdrucksweisen der Menschen und der Menschenaffen ambivalent. Beide zeigen die Zähne, wenn sie sich freuen, aber auch wenn sie in Panik geraten. Im *Ausdruck der Gefühlsbewegungen* gibt es die Abbildung eines Sulawesi-Makaken, der vor Vergnügen grinst, weil man ihn streichelt. Andere Makaken tun dies dagegen, wenn sie sich einer Bedrohung gegenübersehen. Nicht alle unsere Grimassen werden allerdings von unseren Verwandten geteilt. So zeigen Menschenaffen niemals ihre Abscheu. Obwohl ihre Nasen weit empfindlicher sind als die unsrigen, rümpfen sie diese nicht einmal beim widerwärtigsten Geruch. Einen weit offenen Mund empfinden viele Primaten als Bedrohung, während die Menschen ihn nur als Zeichen einer gewissen Überraschung auslegen. Während Elefanten weinen, tun dies unsere nächsten Verwandten nicht.

Affen und Menschenaffen drücken ihre Stimmungen nicht nur durch ihren Gesichtsausdruck, sondern auch durch ihre Körperhaltung und Gesten aus. (Gorillas trommeln sich wirklich auf die Brust, wenn sie wütend sind.) Menschen, Orang-Utans, Schimpansen und Gorillas teilen die »südländische« Angewohnheit, mit den Händen herumzufuchteln. Bonobos wedeln mit dem Handgelenk, wenn sie gereizt sind, deuten auf sich, wenn sie eine Umarmung brauchen, und strecken die Handfläche aus, wenn es Futter gibt. Als weiteres Zeichen unseres gemeinsamen Erbes ziehen sie es vor, ihre Gesten mit der rechten Hand zu machen.

Unsere Gesichter sind allerdings noch aussagekräftiger als die aller anderen Primaten. Viele Seiten des *Ausdrucks der Gemütsbewegungen* widmen sich der Frage, wie diese Gesichter den inneren Zustand ihrer Besitzer widerspiegeln. Manche Stellen lesen sich heute allerdings etwas seltsam: »... Die Verletzung der Etikettenvorschriften, d.h. eine Unhöflichkeit aus gaucherie, eine Unschicklichkeit oder eine unpassende Bemerkung wird das tiefste Erröten hervorrufen, dessen ein Mensch fähig ist. Selbst die Erinnerung an so etwas wird noch nach vielen Jahren ein Prickeln auf dem ganzen Körper verursachen. Auch die Macht des Mitgefühls ist so stark, dass, wie eine Dame mir versichert hat, eine empfindliche Persönlichkeit zuweilen bei der flagranten Verletzung der Etikette durch einen völlig Fremden erröten wird, wenn die Sache sie auch durchaus nichts angeht.« Im Interesse der Wissenschaft musste diese Sittsamkeit allerdings schon einmal gegenüber der Wahrheitssuche zurücktreten: »Moreau gibt einen detaillierten Bericht vom Erröten einer Negersklavin aus Madagaskar, als sie von ihrem brutalen Herrn gezwungen wurde, ihren nackten Busen zu zeigen.« Die sexuelle Natur dieser Gefühlsäußerung wird ebenfalls erkannt: »Ohne Zweifel trägt ein leichtes Erröten zur Schönheit eines Mädchengesichts bei; und die Cirkassierinnen, die zu erröten vermögen, erzielen im Serail des Sultans ausnahmslos einen höheren Preis als weniger empfindliche Frauen.« Mark Twain, selbst ein überzeugter Anhänger der Evolutionslehre, meinte einmal sehr treffend: »Der Mensch ist das Lebewesen, das errötet. Er ist der Einzige, der dies tut – oder Grund dazu hat.«

Darwin wollte unbedingt herausfinden, ob solche Signale wie das Erröten in allen menschlichen Kulturen gleich waren oder ob sie sich wie die Hautfarbe von Ort zu Ort unterschieden. Er lehnte die damals allgemein anerkannte Meinung ab, dass die unterschiedlichen Rassen von höheren oder niedrigeren Primatenarten abstammten und ihr Seelenleben und ihre Gefühlsäußerungen dies widerspiegelten. Aus diesem Grund begann er zahlreiche Anekdoten zu sammeln, die für die universelle Natur der Gesichtsausdrücke sprachen. Menschen schrieben ihm, dass ihre Hunde die Stirn runzelten, wenn sie sich konzentrierten, oder dass sie selbst beim Zähneziehen Haltung bewahrten und großen Mut zeigten. Zu seinen Gewährsleuten gehörten William Ewart Gladstone, der sich über das griechische Gesicht bei Homer ausließ, aber auch »Captain Speedy, der lange bei den Abyssiniern gelebt hat; Mr. Bridges, ein bei den Feuerländern lebender Katechet, und Mr. Archibald O. Lang aus Coranderik, Victoria, ein Lehrer in einer Schule, in der alte und junge Eingeborene aus allen Teilen der Kolonie zusammengefasst werden«. Ein Brief erzählt von einem Bengalenjungen, den man einer »Missetat« beschuldigte und der seinem Unwillen darüber »durch ein vollkommen hündisches Fletschen« Ausdruck verlieh. Der Empfänger dieser Schreiben überschüttete seinerseits diese Diener Ihrer Majestät, der Königin, mit einer ganzen Reihe von Fragen, die manchmal Antworten nach sich zogen, die einem heute unfreiwillig komisch erscheinen: »Mr. B. F. Hartshorne ... bestätigt ausdrücklich, dass die Weddas in Ceylon niemals lachen. Jedes erdenkliche Mittel, sie zum Lachen zu bringen, war vergeblich. Gefragt, ob sie jemals lachten, antworteten sie: ›Nein, worüber sollte man denn lachen?‹«

Trotz der Weddas war sich Darwin sicher, dass solche Zeichen mehr oder weniger universell waren und auf der ganzen Welt verstanden wurden: »Wir können hieraus auch die Tatsache verstehen, dass die jungen und alten Individuen weit voneinander verschiedener Rassen, sowohl beim Menschen als bei den Tieren, denselben Seelenzustand durch dieselben

Bewegungen ausdrücken.« Es ist kaum glaublich, dass diese Beobachtung bald darauf vergessen wurde und die Anthropologen viele Jahre lang annahmen, der Ausdruck von Gefühlen werde von der Kultur bestimmt und sei nicht in der DNS kodiert (obwohl niemand einen Ort fand, an dem die Leute lachten, wenn sie Schmerzen litten, oder einen beim Gruß anschrien). Gesichtsausdrücke der Wut, Verachtung, Angst, Freude, Trauer und des Abscheus sind universell (zwar gibt es in Neuguinea einen Stamm, der Ausdrücke der Angst nicht von denen der Überraschung unterscheiden kann, aber in dieser Gesellschaft ist jeder Eindringling eine Bedrohung). Da es Menschen aus unterschiedlichen Kulturen schwerer fällt, bei ihrem fremden Gegenüber den Ausdruck von Schuld oder Scham zu erkennen, als ein Lächeln oder den Ausdruck von Entsetzen, könnten feinere Stimmungsäußerungen allerdings auch teilweise erlernt sein. Selbst ein Lächeln kann ziemlich ambivalent sein, da das strahlende Lächeln, das normale und das anzügliche Grinsen, das Feixen, Kichern und das gekünstelte Lächeln jeweils eine unterschiedliche Botschaft übermitteln. Darüber hinaus wirken Menschen, die zu viel lächeln, oft eher nervös als zufrieden. Auch Darwin war sich solcher Mehrdeutigkeiten bewusst. Der Gesichtsausdruck eines Mannes, der den Tränen nahe war, wurde auf einem Photo von unterschiedlichen Betrachtern als »schlauer Blick« oder als Ausweis einer »vergnügten Geisteshaltung« ausgelegt. Einer meinte sogar, die Person »betrachtet einen entfernten Gegenstand«.

Nachdem Charles Darwin festgestellt hatte, dass die meisten dieser Zeichen der gesamten Menschheit gemeinsam waren, machte er sich daran, sie näher zu beschreiben. Er wusste, dass in den Naturwissenschaften das genaue Messen der erste Schritt sein sollte (eine Lektion, die in der Psychologie immer noch gerne missachtet wird), und er bemühte sich nach Kräften, eine unparteiische Beschreibung der menschlichen Gesichtsausdrücke zu liefern. (»Die Zusammenziehung dieses Muskels zieht die Mundwinkel nebst dem äußeren Teile der Oberlippe und sogar in geringem Maße die Nasenflügel nach abwärts und nach außen. Ist der Mund geschlossen und dieser Muskel in Tätigkeit, so bildet die Kommissur oder Verbindungslinie der beiden Lippen eine gekrümmte Linie mit der Krümmung nach unten, und die Lippen werden meistens vorgestreckt, besonders die Unterlippe.«)

In unserer heutigen Welt des Betrugs, des Terrorismus und der Personalausweise sind solche Versuche, Gesichtern Tatsachen zu entlocken, zu einer regelrechten Industrie geworden. Hierbei werden oft bemerkenswerte Behauptungen über die Fähigkeit, Menschen zu identifizieren und ihren Seelenzustand festzustellen, aufgestellt. Einige von dieser Aufgabe Begeisterte meinen, dreißig Ausdrucksweisen von Wut und acht von Trauer feststellen zu können, wobei die Kopfhaltung der beobachteten Person angeblich noch weitere Kriterien zu liefern vermag. George Bush zeichnet sich durch einen mehr oder weniger leeren Gesichtsausdruck aus, welche Botschaft er auch immer übermitteln möchte. Dagegen hat sein Heimatschutzministerium Millionen für Maschinen ausgegeben, die angeblich am Blick eines Terroristen erkennen können, ob er gerade einen Anschlag plant. Zwar bezweifelt niemand, dass sich die Miene eines verärgerten Schotten stark von einem sonnigen Gemüt unterscheidet, aber diese Behauptungen erscheinen doch zu weit hergeholt.

Das Gesicht sagt eine Menge über unsere Gefühle aus, aber wie bei den Menschenaffen fügt auch unser Körper weitere Informationen über unseren Gemütszustand hinzu: Ein Mann mit erhobenen Fäusten heißt den Besucher wohl kaum willkommen. Psychologen neigen aus praktischen Gründen dazu, bei ihren Untersuchungen nur die Aufnahmen von Gesichtern zu benutzen. Dies kann ein Fehler sein. Das einem modernen Katalog von Gesichtsposen entnommene Bild eines Mannes mit einem angeekelten Gesichtsausdruck wird genauso gedeutet werden, wenn man es auf einen Körper projiziert, der ein Paar schmutzige Unterhosen in der Hand hält. Man wird es allerdings für einen Ausdruck von Wut halten, wenn man es mit einem die Fäuste schwingenden Torso unterlegt, oder als Triumphgefühl auslegen, wenn der dazugehörende Körper der eines austrainierten Bodybuilders ist. Dasselbe Foto wird anders interpretiert werden, wenn man den Mann vor einem Friedhof abbildet, als wenn sein Bild vor einem neutralen Hintergrund zu sehen ist. Zu einfache Grundannahmen können die Resultate auch noch der kompliziertesten Maschinen verfälschen.

Das Gesicht ist tatsächlich ein Spiegel der Seele. Bereits ein kurzer Blick offenbart uns die Gegenwart einer anderen Person, stellt fest, wer es sein könnte, und gibt es uns starke Anhaltspunkte dafür, was er als Nächstes tun wird. Die meisten Bewohner der westlichen Welt interpretieren ein fremdes Gesicht durch eine schnelle Überprüfung eines Dreiecks, das aus den beiden Augen und dem Mund gebildet wird, die alle eine Menge über Identität und Seelenzustand aussagen können. Dagegen konzentrieren sich die Chinesen gewöhnlich auf die Nase des Gegenübers, die sie genau ins Auge fassen, während sie den allgemeinen Ausdruck des gesamten Gesichts im Hintergrund zur Kenntnis nehmen. Gehirnscans zeigen, dass, wenn eine andere Person in unser Blickfeld tritt, das Gehirn zuerst seine oder ihre Gegenwart bemerkt, dann feststellt, um wen es sich dabei handeln könnte, und zuletzt deren Gemütszustand überprüft: Dies ist ein Gesicht, es gehört Fred, Fred ist wütend. Unser Hirn verarbeitet ein Porträt doppelt so schnell wie eine Abbildung anderer Gegenstände. Bei den Scans leuchtet eine ganz bestimmte Hirnregion eine Zehntelsekunde nach der Wahrnehmung des fremden Gesichts auf, erkennt dieses nach einer weiteren Fünfzehntelsekunde, um etwas später festzustellen, welche Laune das neue Gegenüber haben könnte.

Einige Gesichtsausdrücke sind leichter zu identifizieren

als andere. So ist zum Beispiel das Lächeln tief im Schädel kodiert und jeder verfügt über die angeborene Fähigkeit, es auszuführen und zu erkennen. Bereits Darwin stellte fest, dass blind geborene Babys ohne Schwierigkeiten lächeln konnten. (Zu ergänzen wäre noch, dass blinde Sportler in einer auch den Schimpansen eigenen Geste des Triumphs die Arme in die Luft werfen, wenn sie gewinnen.) Tatsächlich fällt es Kindern leichter, Ausdrücke guter Laune als solche der Angst oder Abscheu zu erkennen. Frauen lächeln Fremde öfter an als Männer, während Männer größere Schwierigkeiten haben, aus einer leichten Bewegung der Lippen die Stimmung des anderen abzuleiten. Ein schiefes Lächeln nach rechts wird von den meisten Menschen als freudiger angesehen als ein solches nach links. Wenn man Schafen die Wahl lässt, ihr Futter von einem düster blickenden oder einem schmunzelnden Schäfer anzunehmen, werden sie sich für den fröhlicheren Mann entscheiden. Dabei lächeln oder jubeln wir nicht deshalb, um uns selbst zu versichern, dass wir glücklich oder stolz sind, sondern um den anderen zu zeigen, wie wir uns fühlen. Dabei ist der Kontext entscheidend: Wenn der FC Chelsea ein Tor schießt, werden dessen Fans nicht nur beseligt lächeln, sondern in ein Triumphgeheul ausbrechen, und ein Goldmedaillengewinner wird auf dem Siegerpodest ein breiteres Lächeln aufsetzen als derjenige, der nur Bronze gewonnen hat.

Die Signale von Freude oder Schrecken scheinen eigentlich recht einfach zu sein, trotzdem gibt es echte Unterschiede in der Fähigkeit, sie zu entschlüsseln. Ich verfüge über ein Talent, das diese Tatsache zu illustrieren vermag: Ich kann abwechselnd mit den Augenbrauen wackeln. Es begann in der Schule, als man mir vorwarf, ich würde so finster dreinblicken. Aus einer Mischung aus Frechheit und Trotz versuchte ich dann, nur eine Braue hochzuziehen. Allmählich lernte ich, dies in schnellem Wechsel zu tun. Ich nutze diese Fähigkeit gelegentlich immer noch, um kleine Kinder zum

Lachen zu bringen. Tatsächlich lächeln sie fast immer zurück. Unglücklicherweise fängt eines stattdessen auch schon einmal zu weinen an. Das Signal ist zwar eindeutig, aber die Reaktion steht nicht unbedingt fest.

Es gibt Menschen, die können andere Personen nicht an ihren Gesichtern erkennen, sondern nutzen deren Stimme oder Kleidung als Anhaltspunkt. In einem Fall betrat ein Prozessbeteiligter einen Gerichtssaal und besprach seine Angelegenheit ausführlich mit einem Anwalt. Leider war es nicht sein eigener, sondern der seines Gegners. Der Kontext stimmte: ein Anwalt mit einem Talar in einem Gerichtssaal. Nur das Gesicht passte nicht. Natürlich verlor er den Prozess. Gesichtsblindheit kann durch einen Schlaganfall verursacht werden, aber eine bestimmte Form kann sich auch vererben, wofür vielleicht nur ein einziges Gen verantwortlich ist.

Andere Unglückliche verlieren die Fähigkeit, ihre Gefühle mit dem Gesicht auszudrücken. Aus irgendeinem Grund – Verletzung, Infektion, Krebs oder eine Gehirnblutung – funktioniert der Gesichtsnerv nicht mehr. Den Betroffenen fällt es dann äußerst schwer, freudig, überrascht oder ängstlich zu schauen. Auch für ihre Frauen, Ehemänner und Freunde stellt dies ein großes Problem dar. Die Sache mag im ersten Augenblick trivial erscheinen, kann aber zu großem Leid führen – manche begehen deshalb sogar Selbstmord –, vor allem, wenn der Versuch zu lächeln nur zu einer Grimasse oder einem hässlichen Grinsen führt, weil sich die Augenbrauen, die gewöhnlich in Glücksmomenten hochgezogen werden, weigern, den Anweisungen des Gehirns zu folgen. Einige lassen sich sogar die Brauen chirurgisch dauerhaft nach oben ziehen (wonach sie dann ständig überrascht wirken) oder sie kämmen sich die Haare ins Gesicht, um dadurch die immer düster wirkende Stirn zu verbergen. Die Bereitschaft, zu solchen Mitteln zu greifen, zeigt, wie wichtig solche Stimmungssignale als Eintrittskarte in die Gesellschaft sind.

Der *Ausdruck der Gemütsbewegungen* stellte den ersten wissenschaftlichen Versuch dar, den Zustand der Seele durch deren äußere Signale festzustellen. Heutzutage untersuchen die Wissenschaftler eher die Aktivität der Gehirnzellen als die der Gesichtsmuskeln, wenn sie unsere inneren Gefühle verstehen wollen. Der Gebrauch der Elektrizität – und der ausgefeilten elektronischen Geräte, die von ihr abhängen – in der Psychologie ist dabei zu einer Wissenschaft für sich geworden, deren Grundlagen Charles Darwin in seinem Buch gelegt hat.

Zwar haben bereits die alten Griechen elektrische Fische zur Behandlung von Kopfschmerzen genutzt, trotzdem war das »galvanische Fluidum« lange Zeit nur ein Mittel der Unterhaltung: Eine Mönchsgemeinschaft wurde einmal durch einen eineinhalb Kilometer langen Eisendraht verbunden. Als der Strom floss, sprangen sie alle zur großen Freude des Königs von Frankreich gleichzeitig in die Höhe. (Später probierte man dann aus, ob man Kastraten als Isolatoren benutzen könnte – man konnte nicht ...) Der *Ausdruck der Gemütsbewegungen* enthält mehrere Aufnahmen von Gesichtern, die durch Elektroschocks stimuliert wurden, Ausdrücke anzunehmen, die dem natürlichen Aussehen eines Ängstlichen, Wütenden usw. gleichen. Die Photos stammen von dem französischen Arzt Guillaume Benjamin Amand Duchenne de Boulogne, an den man sich heute noch am ehesten durch eine nach ihm benannte Muskelschwundkrankheit erinnert. Zu seiner Zeit war Duchenne allerdings vor allem für seine Untersuchungen dessen, was er die »Leidenschaften« nannte, bekannt, bei denen er mit Elektroden verschiedene Teile eines Gesichts berührte, um die jeweiligen Muskeln zu stimulieren. Er bemerkte als Erster, dass ein echtes Lächeln mit einem Heben der Augenbrauen einhergeht, und seine Maschine konnte ohne Schwierigkeiten jene »Muskeln der Seele« dazu bringen, ein »glückliches Strahlen« zu simulieren. Er schaffte es sogar, auf dem Gesicht eines enthaupteten Verbrechers durch eine elektrische Stimulation der Wange den Anschein von »Vergnügen« hervorzurufen. Duchenne wählte als Hauptuntersuchungsobjekt einen älteren Mann mit schwachem Intellekt aus, da er beweisen wollte, »dass jedes menschliche Gesicht, selbst bei einer fehlerhaften Form und einem Mangel an plastischer Schönheit, durch die genaue Wiedergabe von Gefühlen geistig schön werden kann«. Seine Bilder wurden einer größeren Öffentlichkeit zum ersten Mal bekannt, als sie im *Ausdruck der Gemütsbewegungen* veröffentlicht wurden. Sie spielten eine wichtige Rolle bei Darwins Versuchen, Gesichtsausdrücke von Vergnügen und Schmerz objektiv zu beschreiben.

Die Apparaturen haben sich seit damals bedeutend weiterentwickelt. Während Duchenne noch eine Batterie, einen Metallstab und eine Plattenkamera benutzte, greifen die heutigen Wissenschaftler auf der Suche nach dem Ursprung der Gemütsbewegungen auf Elektroenzephalogramme, die Positronen-Emissions-Tomografie (PET) oder auf die funktionelle Magnetresonanz-Tomografie (fMRT) zurück. Mit winzigen Elektroden werden einzelne Nervenzellen aktiviert, während das EEG und der mit ihm verwandte Magnetenzephalograf (MEG) die elektrische Aktivität innerhalb des Schädels aufzeichnen. Die PET-Scanner nutzen radioaktiven Zucker, der von den aktiven Teilen des Gehirns aufgenommen wird, und spüren dessen Zerfallsprodukt auf. Die fMRT-Maschine registriert dagegen winzige Änderungen des Blutflusses durch die grauen Zellen. Dabei macht sie sich den Wechsel der magnetischen Eigenschaften des Blutfarbstoffs Hämoglobin zunutze, wenn dieser Sauerstoff aufnimmt oder abgibt.

So wunderbar diese Techniken erscheinen mögen, so stoßen sie doch auch auf viele der Probleme, die bereits Charles Darwin umtrieben. Er fand heraus, dass es sehr schwierig war, zu entscheiden, wo der Kiefer endete und die Wange begann, oder wie genau die Gesichtsmuskeln angeordnet waren. Die heutigen Auseinandersetzungen über die Abgrenzungen zwischen den von den elektronischen Scans definierten Hirnarealen – mögen die Bilder auch noch so genau eingefärbt und etikettiert sein – spiegeln Darwins Unsicherheit über die Anatomie des menschlichen Gesichtes wider. Einige behaupten, dass einzelne Emotionen einem ganz bestimmten Teil des Denkorgans zugewiesen werden könnten. Andere betrachten das Gehirn – so wie wir das Gesicht beschrieben haben – als eine »vernetzte Struktur«, bei der die meisten Teile zu den meisten Funktionen beitragen. Jeder Versuch, im Gehirn für Angst, Freude oder Verzweiflung verantwortliche Zentren zu lokalisieren, ist gegen dessen Natur.

Ein weiteres Problem, das sich das 19. und das 21. Jahrhundert teilen, geht auf das Bedürfnis zurück, breit angelegte Gefühle in enge Begriffe zu fassen. Darwin sprach gerne von der »demütigen und zuneigungsvollen Stimmung« des Hundes. Aber ließen sich dieser Demut und Zuneigung ganz bestimmte Ausdrucksweisen zuordnen? Die Grenzen zwischen objektiven Tatsachen und reiner Interpretation sind fließend, und auch der *Ausdruck der Gemütsbewegungen* war gegen diese Versuchung nicht gänzlich gefeit. Seine photografischen Platten sind keine Originale, sondern Stiche, von denen einige sogar retuschiert wurden. Einer geisteskranken Frau mit vor Angst gesträubtem Haar fügte der Graveur eine gerunzelte Stirn hinzu, und einen schreienden Säugling ließ er noch bemitleidenswerter aussehen, indem er dessen Porträt kopierte und die Zeichnung dann erneut photografierte. (Von diesem Bild wurden tatsächlich Hunderttausende von Kopien an eine leichtgläubige Öffentlichkeit verkauft.) Die zahlreichen Abbildungen von Gehirnzentren für Angst, Leidenschaft und Lust, die die moderne wissenschaftliche Literatur zieren und manchmal auch in der Presse auftauchen, sind ebenfalls auf gewisse Weise Fälschungen. Digitale Informationen werden auf komplizierte (und manchmal recht subjektive) Weise zu einem Bild zusammengefügt, das oft mehr als die Summe seiner Teile ist.

Eine letzte Schwierigkeit für die Viktorianer wie deren Nachkommen bestand darin, Personen zu finden, die bereit waren, ihre Gefühle vor der ganzen Welt auszubreiten. Duchenne richtete tatsächlich ein kleines Theater ein, in dem das Publikum sich an Schauspielern erfreuen konnte, die man »galvanisch« dazu brachte, einen Ausdruck des Kummers oder der Freude zu zeigen. Viele Abbildungen des *Ausdrucks der Gemütsbewegungen* gehen auf Mitglieder dieser Profession zurück. Unter ihnen gibt es einen bärtigen Thespisjünger, dessen Bemühungen, Gefühle darzustellen, äußerst unglaubwürdig wirken. Auch heute noch spielen Schauspieler in den Neurowissenschaften eine wichtige Rolle. Man fotografiert sie, während sie eine Gemütsbewegung simulieren. Danach zeigt man ihre Bilder Versuchspersonen, deren Gehirn man dabei scannt, um herauszufinden, welche Gehirnareale dadurch angeregt werden. Viele dieser Bilder sehen genauso gestellt aus wie die von Darwins Schauspielerfreund. Tatsächlich hängt der Erfolg dieser speziellen Künstler sogar davon ab, dass sie ihre Bemühungen auf oft sogar bizarre Weise übertreiben. Zeigt man Menschen nämlich die Bilder ängstlicher oder unglücklicher Personen aus dem wirklichen Leben, ist ihre Nervenreaktion darauf weit geringer als auf diejenigen, die eine solche Stimmung als »bloße Spieler« (Shakespeare) im Labor simulieren. Den meisten von uns fällt es schwerer, in stummen Filmausschnitten (vom Lachen abgesehen) die Stimmungen von solch großartigen Schauspielern wie Dustin Hoffman oder Meryl Streep zu erkennen als die simulierte Freude oder Trauer von Schmierenkomödianten. Trotzdem werden dessen »Darbietungen« als Ausgangsmaterial für Experimente genutzt, die einen ungeheuren technischen Aufwand erfordern und hohe Kosten verursachen.

Verschiedentlich wird behauptet, dass ganz bestimmte Teile des Gehirns auf den Anblick eines glücklichen oder traurigen Gesichts reagieren und dass sie das Nervensystem dann darauf vorbereiten, zurückzulächeln oder Mitleid auszudrücken. Entsprechende Versuche ließen sich aber nur schwer wiederholen. So wie leichte Komödien die Gemüter der Zuschauer weniger erhitzen als eine griechische Tragödie, beschäftigen sich viele Wissenschaftler, die das große Theater der Emotionen, das Gesicht, untersuchen, weniger mit den milden Zeichen der Zufriedenheit oder Traurigkeit als mit den Ausdrücken von Furcht und Schrecken, die bei denen, die sie betrachten, eindeutige Reaktionen hervorrufen.

Ein stierer Blick ist ein Zeichen des Schreckens, was Shakespeare sehr wohl wusste. Und so sagt der rasende Othello zu seiner angeblich untreuen (und deshalb ängstlichen) Frau Desdemona, kurz bevor er sie umbringt: »Lass' dir ins Auge sehn.« Wir haben ein größeres Augenweiß als alle anderen Primaten und achten auch mehr darauf als diese. So ist der Mund für einen Schimpansen ein weit wichtigeres Emotionssignal als die Augen. Wir verarbeiten den Augenausdruck unseres Gegenübers schneller als alle anderen Gesichtsmerkmale. Dieser Vorgang beschleunigt sich noch bei ängstlichen, weit geöffneten Augen. Im Übrigen sind Frauen hierin sogar noch begabter als Männer. So konnte eine Frau nicht erkennen, dass die auf einem Photo dargestellte Person Angst hatte, solange sie nicht deren Augen betrachtete. Als man sie aufforderte, dies zu tun, wurde ihr der Seelenzustand der Versuchsperson sofort klar.

Die Hauptaktivität des Gehirns in Reaktion auf ein ängstliches Gesicht findet in der Amygdala statt, zwei mandelförmige Nervengruppen – im Deutschen werden sie deshalb auch als Mandelkernkomplex bezeichnet – im mittleren Teil der Temporallappen, der seitlichen Bereiche des Gehirns, die in den Teil dieses Organs eingebettet sind, der manchmal als der entwicklungsgeschichtlich älteste angesehen wird. Beide sind mit anderen Gehirnzentren verbunden, so etwa mit dem Hypothalamus, der hormonellen Brücke zwischen dem Nervensystem und dem Blutkreislauf, mit den Nerven, die zu den Schmerzrezeptoren und den Augen führen und – bei Primaten mehr als bei anderen Säugetieren – mit den Nerven zum und vom Gesicht.

Tiere, bei denen diese Mandelkerne beschädigt wurden, bestehen nur schwer den klassischen Test, bei dem ein Elektroschock mit einem Glockenton assoziiert werden muss. Experimente mit Affen, denen man diese Gehirnteile herausgeschnitten hatte, zeigten, dass diese unglücklichen Geschöpfe anschließend die Fähigkeit einbüßten, bekannte Gegenstände zu erkennen. Gleichzeitig verloren sie jede Scheu vor den Menschen und die Mütter zeigten keinerlei Zuneigung gegenüber ihrem Kind mehr. Menschliche Patienten mit beschädigter Amygdala haben ähnliche Probleme mit emotional besetzten Tätigkeiten. Sie spielt darüber hinaus eine wichtige Rolle für das Gedächtnis. Die Menschen erinnern sich mit der Hilfe ihrer Amygdala daran, wo sie am 11. September 2001 waren. Leute, bei denen dieses Organ geschädigt ist, erinnern sich an den Anschlag auf das World Trade Center nicht intensiver als daran, was es zum Frühstück gab.

Die Amygdala ist am aktivsten, wenn der entsprechende Mensch direkt in das ängstliche Gesicht eines anderen blickt. Dies bestätigt Darwins Vorstellung, dass ein angstbesetzter Gesichtsausdruck ein unmittelbares Gefahrensignal sei. Einige Menschen mit schweren Gehirnschädigungen können die Signale ihrer Augen nicht mehr verarbeiten und sind damit eigentlich blind. Zeigt man ihnen allerdings eine ängstliche Person, leuchtet bei Scans ihre Amygdala auf. Wir brauchen länger, die rassischen Ursprünge eines wütenden als eines glücklichen Gesichtes festzustellen, was beweist, dass die Angst Vorrang vor der Vertrautheit hat. (Interessanterweise führen in den Vereinigten Staaten Bilder von Schwarzen bei

Weißen zu einer höheren Gehirnaktivität als solche von Leuten ihrer eigenen Hautfarbe.)

Die Bedeutung der Amygdala ist also erwiesen, aber wie gewöhnlich, wenn es um das Innere unseres Schädels geht, ist das wirkliche Leben niemals einfach. Tatsächlich sind auch andere Gehirnteile an der Reaktion auf einen entsetzten Gesichtsausdruck beteiligt. Die Amygdala leuchtet eher als Reaktion auf ein ganzes Gesicht als nur auf die Augen des anderen auf, und sie tut das bis zu einem gewissen Grad auch, ob das Gegenüber alarmiert wirkt oder nicht. Ihre hauptsächliche Rolle könnte also eher die Registrierung neuer Ereignisse, welcher Art auch immer, und weniger die Einleitung einer spezifischen Reaktion auf einen ganz bestimmten Gefühlsausdruck sein.

Die Verarbeitung negativer Gefühle wird im Mandelkern von einem Neurotransmitter namens Serotonin gesteuert (der auch für die Temperaturkontrolle, den Schlaf, den Hunger, die Lust, die Reaktion auf eine Verletzung, die Leberreparatur und etliches andere wichtig ist). Die Wirksamkeit vieler Antidepressiva beruht auf der Änderung der Art und Weise, wie Serotonin abgebaut oder in die Körperzellen gebracht wird. Variationen in der Fähigkeit, auf diese Substanz zu reagieren oder sie herzustellen, könnten hinter den individuell unterschiedlichen Angstreaktionen stecken. Einige Menschen geraten bereits bei den einfachsten gesellschaftlichen Problemen in Panik. So erzählt Darwin von einer »kleinen Mittagsgesellschaft zu Ehren eines äußerst schüchternen Mannes«, bei der der Geehrte, »als er aufstand, um sich zu bedanken, die Rede, die er offenbar auswendig gelernt hatte, ganz im Stillen wiederholte, ohne ein einziges Wort vorzubringen; dabei gebärdete er sich aber, als wenn er mit großer Eindringlichkeit spräche. Seine Freunde, die merkten, wie die Sache stand, applaudierten laut die eingebildeten Ergießungen der Beredsamkeit, sobald seine Gebärden eine Pause anzeigten, und der Mann entdeckte niemals, dass er die ganze Zeit über vollkommen still geblieben war.« Einen solchen Unglücklichen könnte man heute damit trösten, dass er wahrscheinlich eine überdurchschnittlich aktive Amygdala hat und seine Hypernervosität mit Medikamenten behandelt werden kann, die seine Körperchemie verändern.

Die angeborene mangelnde Fähigkeit, Serotonin zu synthetisieren, macht manche Menschen traurig, ängstlich oder sogar selbstmordgefährdet. Leute mit schweren Depressionen haben oft große Schwierigkeiten, die Gefühle anderer zu erkennen. Medikamente, die den Serotoninhaushalt regeln, können diese Krankheit lindern. In manchen Fällen verbessert sich das Vermögen des Patienten, die Emotionen seiner Mitmenschen aus deren Gesichtern zu erschließen, bereits einige Stunden nach der Einnahme der ersten Tablette. Dieses einfache Talent ist dann der Schlüssel zu einem Wiedereintritt in die Gesellschaft.

Nirgends ist die Wichtigkeit von Körpersignalen besser zu sehen als bei Kindern. Am Anfang sind sie noch ganz selbstbezogen und ihre Wahrnehmungsfähigkeiten sind begrenzt. Aber bereits nach kurzer Zeit beginnen sie, die Stimmungen der Menschen in ihrem Umfeld zu verstehen und auf sie zu reagieren. Darwin verfasste die *Biographische Skizze eines Kindes,* ein Aufsatz über Kindesentwicklung, der auf der Beobachtung seines Sohns William beruhte: »Im Alter von 110 Tagen empfand er ein außerordentliches Vergnügen, wenn man ihm ein Kinderkittelchen über die Augen legte und dieses dann plötzlich wegzog; ebenso reagierte er, wenn ich plötzlich mein eigenes Gesicht enthüllte und mich dem seinen annäherte. Er gab dann einen kleinen Laut von sich, der der Beginn eines Lachens war.« William »offenbarte erst im Alter von etwas über einem Jahr spontan seine Zuneigung durch eine offenkundige Handlung, als er nämlich seine Kinderschwester, die kurzzeitig abwesend gewesen war, mehrere Male küsste«. Jetzt konnte er auch Gesichter unterscheiden (wobei ihm manche mehr gefielen als andere) und Bewegungen nachahmen. Mit 18 Monaten können die meisten Kinder in einem Spiel fingierte falsche Ausdrucksweisen von Wut oder Empörung von echten unterscheiden. Im Alter von fünf Jahren, dem angelsächsischen Schuleintrittsalter, übermitteln und empfangen sie Informationen gut genug, um in Gruppen leben, lernen und schließlich aktiv an der Gesellschaft teilnehmen zu können. Das Selbstgefühl und das Gefühl für andere sind eng miteinander verwandt, denn je eher ein Kind ein Bild seiner selbst erkennt, desto besser wird es mit seinen Mitmenschen interagieren, wenn es größer wird.

William und seine Brüder und Schwestern hatten das Glück, in einer liebevollen Familie aufgezogen zu werden. Viele Kinder sind nicht in dieser glücklichen Lage. Ein Kleinkind, das in Isolation oder durch grausame Eltern großgezogen wird, kann sich später vielleicht nie seiner Umgebung anpassen und wird sich für den Rest seines Lebens einsam und isoliert fühlen. Der Zusammenhang zwischen Kindesmissbrauch und Erwachsenendepression steht heute fest. Das Risiko, später im Leben emotionale Probleme zu bekommen, ist bei Kindern, die wegen ungeeigneter Eltern in Pflege gegeben werden, weit höher als der Durchschnitt. Ursache dafür ist das Fehlen von Zeichen der Zuneigung, die normalerweise Kinder an ihre Mütter und Väter sowie an die Gesellschaft als Ganzes binden.

Einige Unglückliche leiden aus den genau entgegengesetzten Gründen unter Einsamkeit und Verzweiflung. Dazu verdammt sie allerdings nicht die Vernachlässigung durch diejenigen, die ihnen die wichtigsten Gefühlsbotschaften vermitteln sollen, sondern ihre eigene Unfähigkeit, diese zu empfangen und zu interpretieren. Solche Kinder werden oft als autistisch diagnostiziert. Die am schlimmsten Betroffenen leben ihr Leben oft in Isolation und Freudlosigkeit. Tatsächlich kann ihre Existenz kaum als »menschlich« gelten, da sie jene Signale, die notwendig wären, um einen Platz unter ihren Altersgenossen zu finden, weder selbst abgeben noch bei anderen verstehen können. Ihr trauriges Schicksal macht deutlich, wie wichtig die Fähigkeit, Gefühle auszudrücken und zu verstehen, für unsere Eingliederung in die Gesellschaft ist.

Autistischen Kindern begegnet man heute mit Sympathie und Anteilnahme. Früher wurden sie dagegen fast für Tiere gehalten. Denjenigen, die sich dafür interessierten, was die eigentliche Natur des Menschen ausmachen könnte, waren sie nützliches Rohmaterial für ihre Spekulationen. Rousseau fragte sich, ob ein »wild, ungezähmt und frei« aufwachsender junger Mensch nicht frei von all der Korruption wäre, die diejenigen auszeichnete, die eine normale Erziehung genossen hatten. Er dachte sogar an das »unmögliche Experiment«, einen neugeborenen Säugling ganz in Isolation aufzuziehen. Allerdings schrieb er auch im Vorwort zu seiner *Abhandlung über den Ursprung und die Grundlagen der Ungleichheit unter den Menschen,* »dass wir uns in gewissem Sinne durch das viele Studieren des Menschen außerstande gesetzt haben, ihn zu erkennen«. In jedem Falle wäre niemand so grausam, ein solches Experiment durchzuführen, obgleich ein solches Kind seiner Meinung nach zeigen könnte, wie sich die wahren Signale innerer Gefühle in einem Wesen entwickeln würden, dass diese nie von anderen gelernt hat.

Tatsächlich war das 18. Jahrhundert fasziniert von »wilden Kindern«, die – metaphorisch oder nach damaliger Meinung tatsächlich – in der Nachfolge von Romulus und Remus von Wölfen aufgezogen wurden. Der Naturforscher Carl von Linné klassifizierte sie als *Homo ferus,* »wilder Mensch«, deren Natur offenbaren würde, was den »denkenden Menschen«, den *Homo sapiens,* so außergewöhnlich mache. Die meisten der angeblichen Beispiele waren Betrügereien, aber einige waren es offensichtlich nicht.

Im Jahr 1797 wurde in den Wäldern des Aveyron im südlichen Zentralfrankreich ein kleiner Junge allein und fast nackt aufgefunden. Er wurde eingefangen, lief davon, wurde wieder aufgegriffen und entkam erneut. Nach einiger Zeit verließ er aus eigenem Antrieb die Wälder. Er war etwa zwölf Jahre alt und konnte nicht sprechen. Sein Benehmen war vollkommen wild. Eine hässliche Narbe an seiner Kehle deutete darauf hin, dass seine Eltern vergeblich versucht hatten, ihr lästiges Kind zu töten. Die Junge schien fast sein ganzes bisheriges Leben keinerlei Kontakt zu anderen Menschen gehabt zu haben. Er zeigte keine offensichtlichen Zeichen von Freude, Angst oder Dankbarkeit, als er schließlich auf Mitglieder seiner eigenen Art traf. Hier bot sich vielleicht die Gelegenheit, den Ursprung der Gefühle zu erforschen.

Der junge Chefarzt einer Taubstummenanstalt, Jean Marc Gaspard Itard, hörte von dieser Geschichte und sah die Möglichkeit, Rousseaus Vorstellungen in der Realität zu überprüfen. Er nahm den einsamen Jungen mit nach Paris und machte sich daran, ihn auf das geistige Niveau seiner Mitmenschen zu heben.

Itard hatte zuerst die Banklaufbahn eingeschlagen, dann aber in der Zeit der Französischen Revolution Medizin studiert. (Später sollte er zu einem Wegbereiter der Hals-Nasen-Ohren-Heilkunde werden.) Im starken Gegensatz zu Rousseau war er davon überzeugt, dass das Wesen der menschlichen Natur in der Fähigkeit lag, die Gefühle der anderen zu erspüren und mithilfe dieses Talents eine Gesellschaft aufzubauen, in der die Leidenschaften zum Nutzen aller in Schach gehalten werden konnten. In seiner Abhandlung *De l'éducation d'un homme sauvage* (*Gutachten über die ersten Entwicklungen des Viktor von Aveyron)* legte er seine Theorie dar, dass »der Mensch nur im Busen der Gesellschaft die herausragende Stellung finden kann, die die Natur ihm zugedacht hat, ... dass die moralische Überlegenheit, die angeblich die Natur des Menschen sein soll, nur das Resultat der Zivilisation ist.«

Der Arzt nahm den kleinen Victor – den er nach einem der wenigen Laute genannt hatte, die der Junge erkennen konnte, nämlich dem »o« (wie in dem französischen Wort eau für Wasser) – in seinen Haushalt auf und machte es sich zur Aufgabe, ihm beizubringen, seine eigenen Gefühle auszudrücken und auf die der anderen zu reagieren. Er wurde bald enttäuscht. Der Junge war »unempfindlich gegenüber jeder Art von moralischer Neigung, sein Wahrnehmungsvermögen wurde nur durch den Reiz der Fressgier geweckt. Sein einziges Vergnügen war eine angenehme Empfindung seiner Geschmacksorgane, sein Geist war nur fähig, unzusammenhängende Ideen hervorzubringen, die mit seinen physischen Bedürfnissen zusammenhingen. Kurz: seine gesamte Existenz war ein rein tierhaftes Leben.«

Itard bemühte sich fünf Jahre lang, Victor mit Freundlichkeit und Grausamkeit (Letztere nutzte die Höhenangst seines Schützlings aus) von einem Monster in einen echten Franzosen zu verwandeln, hatte dabei aber wenig Erfolg. Das Verhalten des Jungen blieb seltsam. So war er besessen von dem Geräusch, das das Knacken von Walnüssen erzeugte, wohingegen er hinter seinem Rücken abgegebene Pistolenschüsse völlig ignorierte. Besonders gerne ließ er das Wasser in einer Tasse hin- und herschwappen. Er lernte niemals sprechen und zeigte keinerlei Dankbarkeit für die Nahrung und Unterkunft, die er von Itard erhielt. Nur ein einziges Mal reagierte er auf die Gefühle anderer, als Itards Haushälterin nach dem Tod ihres Mannes in Tränen ausbrach und Victor sie anscheinend trösten wollte. Abgesehen von diesem Fall hielt er von allen Mitmenschen strikt Abstand.

Sein Beschützer war der Meinung, dass die Unfähigkeit des jungen Mannes, sich dem Innenleben seiner Umgebung anzupassen und seinen eigenen Gefühlen Ausdruck zu verleihen, darauf zurückzuführen sei, dass er zu spät gerettet wurde, um die dazu nötigen Fertigkeiten zu entwickeln. Diese Ansicht war allerdings wohl zu optimistisch. Den Jungen würde man heute als schwer autistisch diagnostizieren, also als unfähig, die Zeichen – Lächeln, Stirnrunzeln oder gesprochene Signale – von sich zu geben oder auf sie zu reagieren, die Menschen an ihre Eltern, Freunde und die Gemeinschaft, in der sie leben, binden. Die schwerwiegenden Auswirkungen dieser Krankheit zeigen, dass uns erst der Ausdruck unserer eigenen Gefühle und die Reaktion auf die der anderen zu dem machen, was wir sind.

Der Begriff »Autismus« wurde in den 1940er Jahren erfunden, um einen Zustand zu beschreiben, in dem Kindern die Fähigkeit fehlt, mit anderen zu interagieren, zu lächeln oder sonstige Gefühle mit Ausnahme von Wut und Unbehagen auszudrücken. Sie sprechen nur mit großen Schwierigkeiten oder gar nicht und sind voller Obsessionen bezüglich ganz bestimmter Nahrungsmittel, Orte oder Kleidungsstücke. Etwa ein Drittel von ihnen leidet an Epilepsie. Drei von vier der am schwersten Betroffenen haben ihr ganzes Leben lang Mühe, sich in die menschliche Gesellschaft einzufügen. Victor litt wohl an einer ernsten Form dieser krankhaften psychischen Behinderung. Autismus taucht in verschiedenen Formen auf. Sie reichen von den schweren Störungen, unter denen der Wolfsjunge von Aveyron litt, über das Asperger-Syndrom, bei dem die Sprachprobleme geringer sind, bis zu allgemeinen Schwierigkeiten, ein normales Verhaltensmodell zu entwickeln. Oft wird das Problem erst dann erkannt, wenn sich Eltern über die Depression oder die Wutausbrüche ihres Kindes Sorgen zu machen beginnen. Einige Autisten, die man früher mit dem unfreundlichen Ausdruck »Idiots savants« belegte, verfügen über bemerkenswerte Talente. Sie können zum Beispiel hervorragend zeichnen oder die schwierigsten mathematischen Aufgaben lösen. Aber auch diese Begabungen können nicht die dahinterliegenden schweren Probleme verbergen. Zuerst hielt man diese Krankheit für recht selten und dachte, dass nur ein Kind unter zweitausend davon betroffen sei. Heute stellt man diese Diagnose weit öfter. In Großbritannien ist wohl jedes hundertste Kind davon betroffen.

Autisten können weder die Signale ihrer Mitmenschen verstehen, noch ihre eigenen auf geeignete Weise zum Ausdruck bringen. Alle Kinder haben in den ersten Jahren diese Schwierigkeiten. Darwin schreibt in seiner *Biographischen Skizze eines Kindes:* »Niemand kann sich längere Zeit in der Gegenwart sehr kleiner Kinder aufhalten, ohne über die unerschrockene Art zu erstaunen, mit der sie ein neues Gesicht anfixieren, ohne auch nur mit den Augen zu blinzeln. Ein älterer Mensch kann auf diese Weise nur ein Tier oder einen unbelebten Gegenstand betrachten. Meiner Ansicht nach rührt dies daher, dass kleine Kinder nicht im Mindesten über sich selbst nachdenken und deshalb auch in keiner Weise schüchtern sind, obgleich sie manchmal vor Fremden Angst haben.« Die meisten Kleinkinder lassen diese Phase der Selbstbezogenheit rasch hinter sich, aber ein Autist wird sein ganzes Leben in dieser Entwicklungsstufe gefangen bleiben. Viele von ihnen schauen anderen Menschen nicht in die Augen, diese Spiegel der Seele. In gleicher Weise bleiben sie völlig unbeeindruckt, wenn jemand anderer sie lange und intensiv mustert.

Im *Ausdruck der Gemütsbewegungen* führte Darwin noch das Erröten als wichtigstes Beispiel eines sozialen Hinweisreizes an. Im heutigen Leben spielen Verlegenheit und Scham allerdings eine weit geringere Rolle. Ein offenes Gähnen, das in einem Salon des 19. Jahrhunderts noch absolut verpönt gewesen wäre, ist heute gar nicht mehr selten. Dabei wissen wir nicht einmal, warum wir den Mund öffnen, wenn wir müde oder gelangweilt sind (obgleich Darwin in seinem Buch berichtet, dass diese Verhaltensweise bei Pavianen als Drohung gilt). Wenn man gähnt, gähnen alle anderen plötzlich auch (selbst wenn man darüber liest, kann das einen Gähnreiz auslösen, was jetzt wahrscheinlich die Hälfte der Leser dieses Buches bezeugen können). Diese Angewohnheit beginnt etwa im Alter von sechs Jahren. Dies gilt allerdings nicht für autistische Kinder, bei denen ein Gähnen weit weniger gleichartige Reaktionen auslöst als bei der allgemeinen Bevölkerung. Diese mangelnde Empathie ist eine Ursache vieler ihrer Probleme.

Psychologen sprechen von der »Theorie des Geistes«, der Fähigkeit, die Gemütsverfassung anderer an deren Lächeln, Stirnerunzeln, Gesten und Sprachäußerungen zu erkennen. Autistischen Menschen fehlt dagegen jeder Einblick in die innere Welt ihrer Mitmenschen. Gleichzeitig können sie ihr eigenes Inneres nicht auf eine Weise ausdrücken, die für ihre Umgebung einen Sinn ergäbe. Sie sind blind für die Botschaften, die auf den Gesichtern der anderen geschrieben stehen, und es fällt ihnen schwer, Ausdrucksweisen der Angst, Wut, Trauer oder Freude voneinander zu unterscheiden. Wie die Schimpansen (aber im Gegensatz zu den Hunden) können einige autistische Kinder nicht verstehen, was es heißt, wenn ihre Eltern oder ein Arzt auf einen Gegenstand deuten: Selbst diese einfache soziale Fähigkeit ist ihnen verwehrt.

Autisten gelingt es auch weniger gut, Menschen voneinander zu unterscheiden oder ein Photo ihrer selbst zu erkennen. Eine ganz bestimmte Gruppe von Gehirnzellen wird tätig, wenn Affen oder Menschen die Bewegungen anderer sehen oder nachahmen oder einen Ausdruck von Schmerz, Angst oder Abscheu beobachten. Sie sind auch an der sich fortpflanzenden Reaktion auf ein Lächeln oder Gähnen beteiligt. Diese sogenannten Spiegelneurone werden niemals bei Kindern aktiv, die unter schwerem Autismus leiden. Vielleicht sind sie Teil eines Systems, das uns in die Seelen unserer Mitmenschen zu schauen verhilft. Wenn sie nicht funktionieren, verdammen sie autistische Menschen zu einer Welt, deren andere Bewohner für sie auf mysteriöse und unvorhersagbare Weise handeln.

Niemand kennt die Ursachen des Autismus und es gibt bisher kein Heilmittel dagegen, obgleich einige seiner Symptome wie etwa Schlaflosigkeit oder Depression behandelt werden können. Die Krankheit befällt vier Mal häufiger Jungen als

Mädchen, hat aber offensichtlich nichts mit der jeweiligen Rasse, sozialen Klasse oder der elterlichen Erziehung zu tun. Vielen Ursachen gab man bisher die Schuld an dieser Verhaltensstörung: eine Infektion, Immunprobleme, Impfstoffe, Schwermetalle, die Einnahme bestimmter Medikamente während der Schwangerschaft, Kaiserschnitte und – in ganz freudianischer Weise – defekte Familienstrukturen (der Kinderpsychologe Bruno Bettelheim sprach sogar von »Kühlschrankmüttern«). Keine dieser Schuldzuweisungen konnte bisher bestätigt werden. Einige meinen, dass das Gehirn eines autistischen Kindes zu bald zu schnell wachse und sich dann dieses Wachstum plötzlich verlangsame. Bei einigen Patienten ist die Amygdala, dieser Angstdetektor, übermäßig aktiv. Allerdings sind offensichtlich auch viele andere Teile des Gehirns daran beteiligt. Daneben spielen wohl auch Serotonin-Probleme eine Rolle – die gängige Erklärung für alle möglichen Gefühlsstörungen –, da einige autistische Kinder diesen Stoff weit weniger gut als normale Heranwachsende synthetisieren. Einige Medikamente, die man auch sonst gegen Depressionen verwendet, sind bei Autisten ebenfalls wirksam, ein weiterer Hinweis auf einen Zusammenhang zwischen sozialer Isolation und der Welt der Gefühle.

In bestimmten Fällen sind auch Gene an der Entstehung der Krankheit beteiligt (obgleich nicht mehr als etwa zehn Prozent auf einen eindeutigen genetischen Grund zurückgeführt werden können). Leidet ein eineiiger Zwilling an Autismus, liegt das Erkrankungsrisiko seines Geschwisters bei 70 Prozent, während diese Risikoziffer bei zweieiigen Zwillingen weit geringer ist. Die Inzidenz, also die statistische Maßzahl der Neuerkrankungen, ist bei den Brüdern und Schwestern von Autismuskranken zwanzigmal höher als der Durchschnitt, wobei einige von ihnen taktlos, kontaktarm oder schweigsam sein können, ohne als krank diagnostiziert zu werden.

Ein solches Verhalten ist manchmal Teil eines größeren

medizinischen Problems. Der häufigste Grund für geistige Behinderungen bei Jungen ist das sogenannte Fragile-X-Syndrom. Ursache ist ein kurzer DNS-Abschnitt auf dem X-Chromosom, der in einer enorm hohen Kopienzahl vorliegt. Einige davon Betroffene zeigen Symptome, wie man sie auch bei Autismuskranken findet. (Einige Personen, die als Autisten diagnostiziert wurden, weisen wohl tatsächlich diese Chromosomenabnormalität auf.) Andere Fehlstellen, Verdopplungen oder Umkehrungen der Chromosomensegmente sind ebenfalls für bestimmte Fälle von Autismus verantwortlich. Sie treten öfters bei Kindern auf, deren Eltern bereits davon betroffen waren. Einige der schwereren Fälle haben Probleme mit einem Gen, das an der Impulsübertragung zwischen den Nerven beteiligt ist. Andere weisen Defekte an anderen Stellen ihrer DNS auf. Tatsächlich stehen Dutzende von Genen mit einer Vielzahl von Aufgaben in Verdacht. Trotz all dieser Hinweise bleibt die Biologie des Autismus weiterhin im Dunkeln. Tatsächlich gibt es wohl mehrere Erklärungen für einen Zustand, der eigentlich nicht nur eine einzige, sondern mehrere Krankheiten umfasst.

Autistische Kinder lassen sich auch als emotionales Experiment betrachten. Ihre Selbstisolierung ist mental und nicht physisch bedingt. Diese Abschließung von ihren Mitmenschen geht auf ihre Unfähigkeit zurück, sich an dem Informationsfluss zu beteiligen, der alle anderen miteinander verbindet. Eine Welt voller Autisten würde nicht funktionieren, da die Gesellschaft von einem stillen Dialog abhängt, bei dem die Absichten aller ihrer Mitglieder mehr oder weniger offen ausgedrückt werden. Jede Zivilisation beruht auf der Fähigkeit, die Gesellschaft der anderen zu ertragen.

Diejenigen, die ihre Regeln brechen, müssen bestraft werden. Teil dieser Bestrafung ist dabei immer die Manipulation der seelischen Verfassung des Kriminellen. Gefängnisse sind ihrer Natur nach Orte, an denen die sozialen Interaktionen gewaltsam beschränkt werden. Dabei ist die Einzelhaft eine weit schwerere Bestrafung als eine einfache Inhaftierung, da es sich dabei um eine Art aufgezwungenen Autismus handelt: Man verweigert dabei jemandem, der ja einmal die volle Bandbreite der menschlichen Emotionen erlebt hat, alles, was uns zum Menschen macht. Diese Bestrafung ist tatsächlich äußerst bitter und wird deshalb von sogenannten punitiven, also auf harte Strafen Wert legenden Gesellschaften vom mittelalterlichen England bis zu den modernen Vereinigten Staaten sehr geschätzt. Charles Dickens schrieb einmal nach dem Besuch einer solchen Strafanstalt in Philadelphia: »Ich halte diese langsamen und alltäglichen manipulierenden Eingriffe in die Geheimnisse des Gehirns für unendlich schlimmer als jede Folterung des Körpers.« In dem berüchtigten »Supermax«-Hochsicherheitsgefängnis in Marion, Illinois, (das man gebaut hatte, um die gefährlichsten Gewaltverbrecher zusammen mit politischen Gefangenen wie den Black Panthers und Mitgliedern der militanten Indianerbewegung aufzunehmen) durfte zwanzig Jahre lang fast keiner der Insassen jemals seine Zelle verlassen. Auch kurze Hofgänge waren nicht erlaubt. Es wurde zwar im Jahr 2007 geschlossen, aber seine mehr als vierzig Nachfolgeanstalten sind ebenso brutal. So bekommen deren Insassen oft nur ein fast nach nichts schmeckendes Gericht namens »Nutraloaf«, eine Art Auflauf, als Essen vorgesetzt, um ihren Kontakt zur Welt der Sinne noch weiter zu reduzieren. Viele Insassen werden – wie Autisten – chronisch ängstlich, aufgeregt und wütend, verlieren nicht selten schließlich den Verstand und bringen sich um, wenn sich die Gelegenheit dazu bietet.

Wenn Zacarias Moussaoui, der wegen seiner Verwicklung in die Anschläge auf das World Trade Center zu lebenslanger Einzelhaft verurteilt wurde, in seiner schallisolierten Zelle in Colorado lesen dürfte, könnte er von Dickens und Darwin lernen, warum er einen solchen Hass auf diejenigen verspürt, die nicht seine Ansichten teilen. Da ihm aber keine Bücher zur Verfügung stehen, könnte er sich seine langen, einsamen

Stunden damit vertreiben, sich den Gesichtsausdruck eines Verurteilten auf dem Elektrischen Stuhl vorzustellen, während diesem der Strom durch den Kopf schießt. Angeblich soll die Miene dieses Unglücklichen – um es mit Worten unseres großen Naturforschers zu sagen – einen unsäglichen, unkontrollierbaren Schrecken ausdrücken.

Kapitel Vier
Der Triumph des Geistesadels

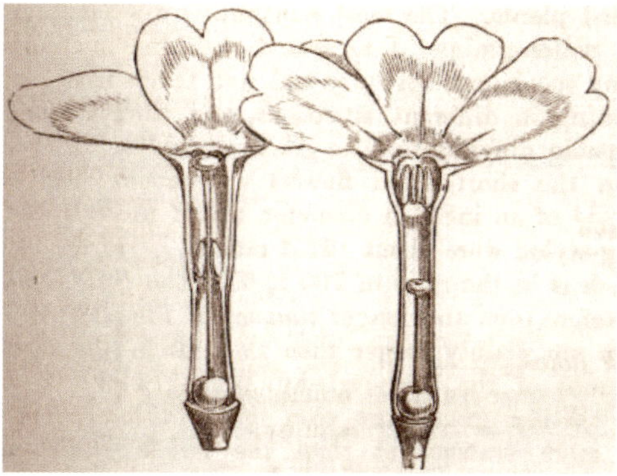

Charles Darwin machte sich Sorgen um die geplante Heirat. Vielleicht war die ganze Sache ein Fehler, würde er doch auf Kosten der Wissenschaft viel Zeit für das Familienleben aufwenden müssen. Seine Tagebucheinträge belegen, wie er sich herumquälte mit den Vorzügen und Nachteilen der Ehe und seiner Entscheidung: »Heiraten, heiraten, heiraten!« Am Ende tat er es doch.

Die Braut war seine Cousine Emma Wedgwood. Mit der Wahl einer Verwandten blieb Darwin der Clantradition treu. Wie viele angesehene Familien im viktorianischen Zeitalter teilten die Darwins schon seit Langem das Bett bevorzugt mit ihresgleichen. Charles' Großvater Josiah Wedgwood gründete mit seiner Cousine dritten Grades Sarah Wedgwood einen Hausstand. Ihre Tochter Susanna nahm Robert Darwin, Charles' Vater, zum Mann. Charles' Onkel, also Emmas Vater, hatte neun Kinder, von denen vier einen Cousin oder eine Cousine heirateten. Die Ehe des großen Evolutionsforschers war am Ende glücklich. Zehn Kinder gingen daraus hervor, und als seine Frau Anfang vierzig war, schrieb er einmal, Emma habe ihn in letzter Zeit sehr vernachlässigt, habe sie doch schon über ein Jahr kein Kind mehr bekommen. Trotzdem erging es der Darwin-Wegdwood-Dynastie in den Blütejahren Victorias schlechter als anderen Familien, denn von 62 Onkel, Cousins, Cousinen und Tanten (einschließlich Emma und Charles), die von Josiah abstammten, hatten 38 keine Nachkommen, die das Erwachsenenalter erreicht hätten.

Sechs Jahre nach der letzen Niederkunft seiner Frau begann Darwin, über die Gefahren der Inzucht nachzudenken. Seine Bedenken gingen auf Francis Galton zurück, einen weiteren Cousin, Begründer der Eugenik, der bereits auf die potenziellen Gefahren einer innerfamiliären Vermählung hingewiesen hatte.

Charles Darwin sorgte sich um seine Kinder. Sein zehntes und letztes Kind, Charles der Jüngere, starb noch als Kleinkind. Er sei, so schrieb er, beim Sprechen und Laufen weit zurück, jedoch intelligent und aufmerksam. Henrietta litt wie ihr Vater unter einer Verdauungskrankheit und hütete jahrelang das Bett. Sein Sohn Leonard, fürchtete Darwin, sei langsam und zurückgeblieben, was Leonard später nicht davon abhielt, ebenfalls seine Cousine zu heiraten und Präsident der »Eugenics Society« zu werden. Horace hatte mehrmals täglich fast krampfartige Anfälle, zitterte, schnappte nach Luft und weinte viel. Die zweite Tochter Elizabeth zittere und schneide merkwürdige Gesichter, und George habe einen unregelmäßigen Puls. Doch am schlimmsten war, dass die geliebte Annie im Alter von zehn Jahren verstarb, was ihre Eltern in die Verzweiflung trieb. »Wenn es heißt«, so Darwin, »ein Mann trage die Saat einer Erbkrankheit in sich, so ist an dieser Aussage viel Wahres.«

Einmal schrieb der große Naturforscher sogar an einen Freund, die Darwins seien eine elende Familie, die man ausrotten solle. Waren seine Krankheit und die seiner Söhne und Töchter womöglich eine Folge seiner und seiner Vorfahren Wahl eines nahen Verwandten zum Lebenspartner? War die Inzucht eine universelle Gefahr?

Zum ersten Mal äußerte er diese Befürchtung im Nachwort zu dem Buch *Die verschiedenen Einrichtungen, durch welche Orchideen von Insekten befruchtet werden.*

Am Ende dieses gewaltigen Werks, das sich überwiegend

botanischen Detailfragen widmet, heißt es: »Es ist kaum eine Übertreibung, wenn wir sagen, dass die Natur hier uns mitteilt, und zwar in der emphatischsten Weise, dass sie beständige Selbstbefruchtung perhorresziert.« Dieser wichtige Schluss rechtfertige den Detailreichtum des Buches und lasse vermuten, dass auch die Verwandtenehe negative Auswirkungen habe.

Der Gedanke, dass Kinder von miteinander verwandten Eltern Beeinträchtigungen erleiden könnten, lag damals bereits in der Luft. Die erste Studie zu den Risiken der Inzucht erschien 1851. Sir William Wilde (Vater von Oscar Wilde) stellte in dieser Arbeit, die ihrer Zeit um Jahre voraus war, unter den Nachkommen von Cousins und Cousinen vermehrt Taubheit fest. Sir Arthur Mitchell, stellvertretender Regierungsbeauftragter für Geistesstörungen in Schottland, hatte bereits vor ihm behauptet, dass in den Fischerdörfern Nordostschottlands, in denen die Inzuchtrate besonders hoch war, die durchschnittliche Hutgröße sechs und sieben Achtel betrage, einen Viertelzoll weniger also als bei den weltoffeneren bäuerlichen Nachbarn – was die abträgliche Wirkung der Verwandtenehe auf die geistigen Kräfte beweise.

Die Geschichte der Inzucht ist im Wesentlichen eine der vornehmen Oberschicht. Die Pharaonen huldigten ihr über viele Generationen, weil sie die göttliche Blutlinie erhalten wollten. Echnaton, der um 1300 v. Chr. lebte, heiratete zunächst seine Cousine Nofretete und anschließend mutmaßlich die eigene Mutter. Die Sache ist etwas verwirrend, weil sich die Beteiligten nur schwer auseinanderhalten lassen (und eine von Echnatons Frauen vermutlich ein Mann war), doch inzestuöse Beziehungen waren im Alten Ägypten zweifellos an der Tagesordnung. Sogar Kleopatra stammte womöglich aus einer Linie, die über zehn Generationen Bruder-Schwester-Verbindungen pflegte. Das dritte Buch Mose verurteilt diese Praxis; dort werden die Kinder Israels gewarnt: »Ihr sollt nicht tun nach den Werken des Landes Ägypten«.

Die Ansicht, Kinder aus Vetternehen seien zwangsläufig schwach, befördert bis heute Ressentiments gegen das sexuelle Glück in der Familie. Erst im Jahr 2008 stellte ein britischer Minister mit Blick auf die pakistanische Bevölkerung von Bradford die unbegründete Behauptung auf, ein Kind, das mit einem Cousin gezeugt werde, habe mit großer Wahrscheinlich einen Gendefekt. Viele seiner Mitbürger teilen die vage Galtonsche Vorstellung, Inzucht sei schädlich, obwohl diese Furcht mehr auf Hörensagen denn auf wissenschaftlichen Erkenntnissen beruht.

Jeder Staat interessiert sich für das Verhalten seiner Bürger im Schlafzimmer. England stützte seine Ehevorschriften jahrelang auf die der Anglikanischen Kirche, die sie wiederum von den Israeliten herleitete. Im Jahr 1907, nach vielen Hundert Stunden Parlamentsdebatte, wurden die gesetzlichen Bestimmungen endlich bereinigt. Die neue Gesetzgebung schaffte einige absurde Verbote ab (etwa das biologisch unsinnige Gesetz, nach dem ein Witwer nicht die Schwester seiner verstorbenen Frau heiraten durfte), bekräftigte aber das Verbot des Beischlafs zwischen nahen Verwandten, seien es Vater und Tochter oder Bruder und Schwester.

Politiker stützen ihr Handeln oft auf Vorurteile. Nicht so Darwin. Wenn er mit einer wissenschaftlichen Fragestellung konfrontiert war – zur Fortpflanzung oder einem anderen Thema –, stellte er keine Spekulationen an, sondern ging der Sache auf den Grund. Um mehr über die Inzucht herauszufinden, befasste er sich erneut mit Pflanzen. In seiner Abhandlung *Die Wirkungen der Kreuz- und Selbstbefruchtung im Pflanzenreich* berichtet er von Versuchen mit einer Vielzahl von Zwitterpflanzen, die sich selbst befruchten müssen. Sein Urteil fällt eindeutig aus: »Die erste und bedeutungsvollste Frage, welche aus den in diesem Bande gegebenen Beobachtungen gezogen werden kann, ist die, dass Befruchtung durch Kreuzung meist wohltätig und Selbstbefruchtung schädlich ist.« Darwin hielt es für »ebenso unverkennbar deutlich, dass zahllose Blüten für eine Befruchtung durch Kreuzung angepasst sind, wie dass die Zähne und Krallen eines fleischfressenden Tieres zum Ergreifen von Beute eingerichtet sind«. Der Genaustausch zwischen nicht verwandten Lebewesen sei die Regel, die Selbstbefruchtung die kostspielige Ausnahme. Was auf die Pflanzen zutraf, so meinte er, müsse auch für Tiere gelten, Männer und Frauen eingeschlossen.

Wie man seit Langem weiß, sind die Blütenpflanzen bei der geschlechtlichen Fortpflanzung einfallsreicher als wir Menschen. In *The Loves of the Plants*, einer 200 Seiten langen arkadischen Dichtung, handelt Charles' Großvater Erasmus in langen Passagen die Balance zwischen männlichen und weiblichen Interessen ab. Erasmus' Enkel stellte in schlichter Prosa tiefere Fragen. Viele Pflanzen, so stellte er fest, leben in einem Fortpflanzungsuniversum, das die arkadischen Schäfer wohl schockiert hätte, denn sie nutzen Auswahlmethoden, die weit über die vertraute Neigung zum anderen Geschlecht hinausgehen. Die meisten Pflanzen sind Zwitter, bei denen weibliche und männliche Geschlechtsteile in einer Blüte vereint sind. Die Spannweite reicht von obligatorischen Selbstbefruchtern bis hin zu solchen Pflanzen, die ausschließlich Pollen eines anderen Individuums annehmen. Viele Arten in dieser zweiten Gruppe sorgen dafür, dass sie keine Gene von allzu eng verwandten Individuen erhalten, indem sie ihre möglichen Partner schärferen Auswahlregeln unterwerfen.

Darwins Buch über die Selbstbefruchtung war der erste Schritt in der wissenschaftlichen Erforschung der geschlechtlichen Fortpflanzung. Fünfzehn Jahre zuvor hatte der Autor erklärt: »Den Urgrund der Sexualität haben wir nicht ansatzweise erforscht.« Es sei schleierhaft, warum neue Lebewesen durch die Vereinigung zweier Geschlechter gezeugt werden sollten statt durch eine Parthenogenese. Daran hat sich wenig geändert. Bis heute sind wir uns nicht sicher, warum sich die geschlechtliche Fortpflanzung trotz ihrer offensichtlichen Nachteile hinsichtlich Aufwand, Stress und Weiterem – oder, um mit Dr. Johnson zu sprechen, angesichts des verwerflichen Aufwands, der lächerlichen Pose und des flüchtigen Vergnügens – so hartnäckig hält. Wozu aber eine Paarung oder Kreuzung, wenn die Jungfernzeugung doch das Überleben der eigenen Gene sichert? Die Parthenogenese, die Jungfernzeugung also, garantiert, dass alle beteiligten Gene auf die nächste Generation übergehen. Das ist auf den ersten Blick eine einleuchtende Lösung, die aber selten vorkommt, nämlich bei wenigen Echsen- und Fischarten und bei nur einer von tausend Pflanzenarten. Ein Zwitter kann mittels Selbstbefruchtung sicherstellen, dass die DNS nicht von der eines nicht verwandten Einzelwesens verwässert wird, und bei Arten mit weiblichen und männlichen Vertretern sorgt der Inzest – die Fortpflanzung mit einem nah verwandten Individuum – fast ebenso effektiv dafür, die Gene in der Familie zu halten; aber auch Inzest ist weithin verpönt.

Die Pflanzen geben hier einen ersten Hinweis. Viele haben, wie der Mensch, getrenntgeschlechtliche Individuen. Manche vermehren sich ungeschlechtlich über Wurzeln oder abgetrennte Pflanzenteile. Die Mehrzahl der blühenden Arten ist jedoch den kleineren Schritt in Richtung Ungeschlechtlichkeit gegangen: Sie sind Zwitter, tragen also männliche und weibliche Funktionen in einem Individuum.

Obwohl sie den Fortpflanzungsakt mit sich selbst vollziehen können, tauschen einige Zwitterpflanzen Gene mit fremden Artgenossen aus. Andere geben sich mit der Selbstbestäubung zufrieden und lassen die Gene einer anderen Blüte derselben Pflanze zu, oder sie haben Blüten mit männlichen und weiblichen Organen, die sich selbst bestäuben können. Dieses Schema ist der erste wahre Schritt weg von der geschlechtlichen Fortpflanzung.

Auch einige Tierarten haben die geschlechtliche Fortpflanzung völlig abgelegt. Die Gottesanbeterin und einige Echsen beispielsweise sind parthenogen, wenige andere Tiere wie Schnecken und Würmer Zwitter. Wieder andere betreiben äußerst bizarre Formen der Paarung. Die Gewohnheiten der Milben würden jeden Pornografen sprachlos machen. Ein Heuschreckenparasit etwa bringt zwei Arten Männchen zur Welt. Die erste Art klettert in die Mutter zurück und befruchtet sie. Daraufhin bringt diese eine zweite Brut hervor, zu der wieder auch einige Männchen gehören. Diese Männchen paaren sich dann mit ihren Schwestern. Bei einer anderen Milbe vereint sich die Mutter mit dem Enkel, dem Nachkommen ihrer Tochter, die ihrerseits ein Sprössling der Mutter und eines ihrer Söhne ist. Wieder andere Milben beschränken sich auf die Paarung von Bruder und Schwester, allerdings geschieht diese vor der Geburt.

Darwin war bewusst, dass Pflanzen in Sachen Reproduktion besser für Versuche geeignet sind als Tiere. Die Selbstbefruchtung bei Zwitterpflanzen ist ein biologischer Luxus, der weit über den Geschlechtsverkehr zwischen Cousin und Cousine oder Bruder und Schwester hinausgeht. Darwin wollte herausfinden, wie oft sie stattfindet und wie sie sich auf die Konstitution seiner Versuchsobjekte auswirkt. Mit etwas Glück, so hoffte er, würde er etwas über die Bedeutung der geschlechtlichen Fortpflanzung im Allgemeinen erfahren.

Schon wenige Monate, nachdem er mit der Arbeit begonnen und in seinem Gewächshaus die ersten Pflanzen gezielt bestäubt hatte, stellte Darwin zum Teil massive Auswirkungen der Inzucht fest. Mithilfe einer Art botanischem Kondom – einem feinen Stoff, der die Insekten fernhielt – und eines kleinen Pinsels konnte er wie eine Biene männliche Zellen in die weiblichen Blütenteile bringen und so gezielt dafür sorgen, dass die Pflanze ihre eigenen Gene oder aber die eines anderen Individuums erhielt.

Zunächst fiel ihm auf, dass bei bestimmten Arten Selbstbefruchtung stattfand, bei anderen dagegen auch unter Druck nicht. Bei denen, die sich selbst befruchteten, stellte er beunruhigt fest, dass spätere Generationen offenbar dadurch geschädigt wurden. Seine ersten Versuche machte er mit Echtem Leinkraut, einer verbreiteten Staude mit gelben Blüten. In freier Natur findet in der Regel eine Auskreuzung statt. Im Treibhaus konnte Darwin seine Versuchsobjekte zur Selbstung zwingen und beobachtete bald drastische und für ihn völlig unerwartete Auswirkungen auf die nächste Generation. Die Nachkommen einer solchen Pflanze waren kleiner und schwächer als die der Pflanzen, die sich ungehindert mit anderen kreuzen konnten. Darwin führte die Schwäche der inzüchtigen Nachkommen zunächst darauf zurück, dass sie krank oder nicht in die richtige Erde gepflanzt worden waren. Dem war aber nicht so, denn die Pflanzen blieben schwach, egal, wie gut er sie behandelte. Er experimentierte mit einer ganzen Reihe verschiedener Arten, Nelken, Tabak, Erbsen, Gauklerblumen, Winden, Fingerhut und vielen weiteren Wild- und Gartenblumen. Unterstützt von Francis Galton und dessen Statistikkenntnissen kam er zu dem Ergebnis, dass diejenigen, die aus gekreuzten Samen gezogen wurden, ausnahmslos größer, gesünder und ertragreicher sind als solche, die sich selbst befruchten. Einige Versuche liefen über viele Pflanzengenerationen, und die Auswirkungen der innerfamiliären Befruchtung verstärkten sich mit der Zeit. Inzüchtige Nachkommen litten stärker darunter, wenn die Bedingungen hart waren, wenn sie zu eng standen, wenn sie mit ihren gekreuzten Verwandten konkurrieren mussten oder wenn sie vom Treibhaus nach draußen ins raue Wetter verpflanzt wurden. Der negative Einfluss der Selbstung war sowohl bei Pflanzen zu beobachten, die sie in freier Natur betreiben, als auch bei solchen, bei denen sie so gut wie nie vorkommt.

Obwohl die Ergebnisse stimmig waren, kam es bei mehreren Tausend getesteten Individuen ein- oder zweimal vor, dass die Nachkommen einer Pflanze mit Selbstbefruchtung gesund und kräftig waren. Manchmal wuchsen sie gar besser als ihre Rivalen. Einer bestimmten selbst befruchteten Prunkwinde (eine Art, die normalerweise durch Inzucht geschädigt wurde) gab er den Namen »Hero«, weil ihre Nachkommen bei dieser Art der Reproduktion gut gediehen. Warum das so war, begriff er nicht.

Dennoch war die Fortpflanzung mit einem nahen Verwandten für die meisten Wildpflanzen offenbar unmöglich, ein kostspieliges Versehen oder bestenfalls ein Notnagel. Darwin erfüllte mit großer Sorge, was das möglicherweise für den Menschen bedeutete. Allerdings war seine Sicht der Dinge, wie wir heute wissen, allzu einseitig. Fast alle Zwitterpflanzen haben zumindest die Möglichkeit, sich selbst zu befruchten, und viele tun das auch völlig selbstverständlich. (Darwin bestritt auch die Bedeutung der Selbstbefruchtung bei Tieren, womit er ebenfalls im Irrtum war: Ich habe zwittrige Schnecken untersucht, die mit der geschlechtlichen Fortpflanzung im eigenen Körper sehr gut zurechtkommen.) Nur etwa eine von fünf Zwitterpflanzen zieht generell die Selbstung vor. Andere Zwitter, die sich normalerweise kreuzen, befruchten sich selbst, wenn ihnen nichts anderes übrig bleibt; nur wenige verzichten ganz auf die Selbstung. Die in den rund hundert Jahren nach Darwins Buch zur Selbstbefruchtung entstandene Vorstellung, solche Lebewesen ließen sich nach ihren Fortpflanzungsgewohnheiten zwei Typen zuteilen, ist falsch. Unter den Zwitterpflanzen gibt es solche, die sich ausschließlich selbst bestäuben, und solche, die sich konsequent mit anderen kreuzen. Die meisten jedoch passen sich an wechselnde Bedingungen an. Manche Pflanzen wechseln je nach Ort oder Jahreszeit zwischen Fremd- und Selbstbestäubung. Bei anderen ist die Selbstbefruchtung eine Nebenwirkung des Sex, eine Art Pflanzenonanie, dann nämlich, wenn eine Biene, die von einer Blüte zur anderen fliegt, die eine Blüte eines Individuums mit dem Pollen einer anderen Blüte des selben Individuums befruchtet.

Die abnehmende biologische Fitness der selbst befruchteten Individuen und das gelegentliche Vorkommen gesunder Linien erklären sich aus den im 19. Jahrhundert noch unbekannten einfachen Erbregeln sowie daraus, dass bei den meisten Pflanzen und Tieren viele verborgene Gendefekte vorliegen. Wenn ein Zwitter, zum Beispiel eine Erbse, zwei verschiedene Versionen eines bestimmten Gens in sich trägt, also etwa die DNS-Anweisung für runde und für runzlige Samen, bringt nach einer Selbstbefruchtung die nächste Generation zur Hälfte rund-runzlige, zu einem Viertel runde und zu einem Viertel runzlige Erbsen hervor. Werden sie wiederum mit sich selbst befruchtet, haben die runden und die runzligen Erbsen Nachkommen, die aussehen wie sie selbst, wohingegen die Nachzucht derjenigen, die beide Erbinformationen in sich tragen, im gleichen Verhältnis steht wie in der vorangegangenen Generation – ein Viertel rund, ein Viertel runzlig, der Rest ein Abbild jeder Variante. Führt man die Selbstung weiter, sinkt nach und nach der Anteil der Pflanzen in der Population, die beide Versionen des Formgens in sich tragen. Über mehrere Generationen gelangt man schließlich zu »reinen Linien« mit lauter identischen Individuen, die rund oder runzlig sind. Dasselbe gilt für jede andere Variante in jeder Linie. Mit der Zeit birgt jede eine andere Genkombination für Samenform, Farbe, Wuchshöhe und so weiter.

Es ist gar nicht so einfach, eine reine Linie zu züchten. Sofern nämlich die Ausgangspopulation verborgene Varianten enthält, die als Einzelkopie harmlos, doppelt aber schädlich sind – und das ist oft der Fall –, so müssen es die Nachkommen ausbaden, wenn diese Varianten in Doppelkopie vorliegen. Je mehr der Defekt im Verborgenen liegt, desto geringer sind die Erfolgsaussichten der Zucht. Die Konsequenzen können spektakulär sein. In der Weihrauchkiefer, die im Süden der USA heimisch ist, überlebt nur eine von fünfzig Eizellen, die vom Pollen derselben Pflanze befruchtet wurden; damit ist die Entstehung einer Inzuchtlinie nahezu ausgeschlossen.

Linien genetisch identischer Pflanzen aber bestimmen die moderne Landwirtschaft. Für den Anbau von Getreide oder die Pflanzung im Staudengarten wurden schon Tausende solcher Linien gezüchtet. Die Vermehrung von Weizen, Reis, Gerste, Tomaten und anderen Nutzpflanzen untersteht der Kontrolle des Landwirts. Fast alle Sorten haben eine Unmenge anderer Inzuchtprodukte überlebt, die im Lauf des Zuchtprogramms den in ihren Vorfahren verborgen vorliegenden Gendefekten zum Opfer fielen. Die Überlebenden hatten in der Fortpflanzungslotterie das große Los gezogen.

Darwins Gespräche mit Züchtern ergaben, dass sich in den ersten Inzuchtgenerationen die negativen Auswirkungen kumulierten. Das liegt, wie wir heute wissen, daran, dass mit der Zeit immer mehr schädliche Gene in Doppelkopie auftreten. Hin und wieder hat eine Inzuchtlinie, wie die berühmte Winde »Hero«, Erfolg, weil sie durch Zufall Gene erbt, die ihre Überlebenschancen erhöhen, statt sie zu beschneiden. Ihre Nachkommen entwickeln sich gut und können mit der Zeit millionenfach von Gärtnern oder Landwirten gepflanzt werden.

Auf diese Beobachtung verlassen sich, bewusst oder unbewusst, die Bauern, und sie gilt auch für Wildpflanzen. Bei manchen Arten entwickeln sich gut angepasste Inzuchtlinien, die besser mit den Widrigkeiten der Natur zurechtkommen. Dann besiedeln Millionen identischer Individuen die Landschaft. Ob die Selbstung Vorteile bringt, hängt oft davon ab, wie vorhersagbar die Lebensbedingungen sind. Häufiger kommt sie dort vor, wo der Überlebenskampf mehr oder weniger unverändert jedes Jahr wiederkehrend Nährstoffmangel und schlechtes Wetter mit sich bringt. Vielleicht entsteht zufällig ein Gensatz, der mit Nährstoffknappheit oder Kälte gut zurechtkommt. In diesem Fall zahlt es sich aus, bei dieser gut angepassten Genkombination zu bleiben, statt sie durch einen Abstecher in die Fremdbestäubung mit anderen Genen zu vermischen. In den kalten und kargen Gebieten nördlicher Wälder, aber auch, wenn die Lebensspanne kurz oder eine Art nur schwach vertreten ist, kommt die Selbstung häufiger vor. Bei Zwittern ist die Selbstbefruchtung auch dann sinnvoll, wenn die Bestäuber wegen schlechten Wetters nicht fliegen oder wenn der Sommer so schlecht ist, dass es schwierig wird, eine anständige Blüte hervorzubringen. In diesem Fall hat die Pflanze die Wahl zwischen einer kränklichen Nachkommenschaft und gar keiner.

Die Regeln für Pflanzen gelten auch für Tiere. Wenn man in Anlehnung an Darwins Versuche in Down House bei wilden Mäusen im Labor Geschwister paart und die Nachkommen in die Freiheit entlässt, so überlebt fast keines der Tiere. Inzüchtige Tiere sterben zwar selten an offenkundig genetisch bedingten Krankheiten, doch ihre Herkunft kann sie erheblich schwächen. Auf einer kleinen Insel vor der kanadischen Westküste beringt man seit Jahren Singammern und erforscht genau ihre Abstammung. Die Vögel, deren Eltern nah verwandt sind, tragen ein größeres Risiko, bei schlechtem Wetter umzukommen als andere. Die Insel Soay im St.-Kilda-Archipel ist berühmt für ihre Schafe, die seit der Wikingerzeit dort leben. Die Tiere haben Würmer, und die Schafe mit dem stärksten Wurmbefall leiden am meisten unter dem harten schottischen Winter. Die Lämmer nah miteinander verwandter Eltern haben mehr Parasiten und tragen ein größeres Risiko als andere, in den Stürmen zu Tode zu kommen. Allerdings überleben inzüchtige Schafe, die mit Medikamentengaben von den Würmern befreit werden, die Unwetter ebenso gut wie ihre aus Auszucht hervorgegangenen Artgenossen, was beweist, dass die Würmer schuld sind. Auch die Finken auf den Galapagosinseln leiden unter der Inzucht, ebenso Spitzmäuse, Rotwild, Robben, Kröten, Fledermäuse und viele andere Tierarten.

Vom Aussterben bedrohte Arten sind besonders gefährdet, weil es so wenige Artgenossen gibt, mit denen sie sich paaren können. Da kann Familienplanung durchaus helfen. Der Florida-Puma stand kurz vorm Aussterben, weil in der verbliebenen winzigen Population die Inzucht und ein daraus resultierender Gendefekt bewirkten, dass die Tiere einen geknickten Schwanz und Hodenhochstand hatten. Im Jahr 1995 wurden acht Weibchen des verwandten Texas-Pumas ausgesetzt. Heute haben die Florida-Pumas dank der texanischen Gene ihre Schwanz- und Hodenprobleme überwunden und zu genetischer Gesundheit zurückgefunden. In den Zoos ist die Lage kaum einfacher. Von der Arabischen Oryxantilope gab es in den sechziger Jahren in freier Wildbahn gerade einmal hundert Exemplare, die innerhalb kurzer Zeit fast alle von Jägern erlegt wurden. Zwei Männchen und zwei Weibchen wurden gerettet, dazu kamen gut zehn Tiere, die bereits in Gefangenschaft lebten. Die zweitausend Individuen, die heute weltweit in Gefangenschaft oder nominal in freier Wildbahn leben, stammen von diesen wenigen Exemplaren ab. Die meisten der inzüchtigen Antilopen bringen noch immer weniger Jungtiere zur Welt als andere Arten.

Wenn die Fortpflanzung innerhalb der Familie Pflanzen und Tieren so schadet, was kann sie dann beim Menschen anrichten? Es herrscht eine breite Übereinkunft, dass Inzucht gefährlich ist, und viele Kulturen schränken sie daher auch ein. Überall in den USA unterliegt die Vetternehe, also die Verbindung zwischen Cousin und Cousine, Beschränkungen. In acht Bundesstaaten ist sie strafbar und in weiteren 21 zumindest rechtswidrig (allerdings werden die Regelungen oft unterlaufen). In Maryland wurde der Versuch, solche Verbindungen zu verbieten, noch im Millenniumsjahr vereitelt. Wisconsin beschränkt sie in einem Zugeständnis an die Eugenik auf Paare, in denen ein Partner unfruchtbar oder die Frau über 55 Jahre alt ist. Aufgrund ihrer Traditionen kommt man bestimmten Bevölkerungsgruppen bisweilen zähneknirschend entgegen. So sind in Rhode Island Ehen zwischen Onkel und Nichte nur bei Juden zugelassen, und den Indianern Colorados ist es gestattet, ihre Schwiegertochter zu heiraten, was anderswo, obwohl gemeinsame Gene hier nicht tangiert sind, gesetzlich verboten ist. Auch in Europa herrscht keine Einigkeit. Während auf Zypern die Kirche Ehen zwischen Cousin und Cousine zweiten Grades untersagt, wird der Inzest im belgischen Gesetzbuch mit keinem Wort erwähnt. Der britische Gesetzgeber verbietet den Inzest und sogar die seltene Verbindung zwischen Großvater und Enkelin. Ganz anders ist es in Schweden, wo Halbgeschwistern – Menschen also, die einen gemeinsamen Elternteil haben – auf Wunsch das Eheglück erlaubt wird. Man erwägt dort sogar, den Ehestand zwischen Geschwistern zuzulassen.

Selbstredend verbieten sich geplante Kreuzungen zwischen Menschen, doch Charles Darwin stieß auf eine andere Methode, wie er die Gefahren der Inzucht untersuchen konnte. Zunächst versuchte er, Fragen über die Vetternehe in die Volkszählung für das Jahr 1871 aufzunehmen. Er wies darauf hin, dass die Vetternehe aufgrund ihrer mutmaßlich negativen Wirkung auf Ablehnung stoße, diese Wirkung jedoch nicht bewiesen sei. »Daher ist es selbstverständlich wünschenswert, dass sie widerlegt oder aber bewiesen wird, damit im letzteren Fall von Vetternehen abgeraten werden kann.« Sein Antrag wurde im Unterhaus ausgiebig diskutiert, jedoch »als widerwärtigste Grausamkeit« verworfen, weil auf diese Art Kinder »von der Wissenschaft seziert« würden. Aus Sicht des Parlaments grenzte das Thema ohnehin an Vaterlandsverrat, hatte doch auch die Queen ihren Cousin geehelicht. Eine Frage zu »Geisteskranken, Schwachsinnigen und Idioten« wurde zugelassen, in der nächsten Volkszählung zehn Jahre später aber wieder gestrichen, weil kaum jemand bereit war, sie zu beantworten.

Darwin ärgerte sich darüber, dass er das Parlament nicht hatte überzeugen können, eine wissenschaftliche Frage aufzunehmen, und beschwerte sich über »unwissende Glieder unserer gesetzgebenden Körperschaften«. Sein Sohn George kritisierte gar noch schärfer das Unterhaus und dessen Begründung, dass »die nutzlose Neugier von Philosophen nicht befriedigt werden soll.«

George Darwin führte das Werk seines Vaters fort. Aus Zeitschriftenbeiträgen für *Burke's Landed Gentry* und *The Pall Mall Gazette* sowie einem Rundbrief an Irrenanstalten geht hervor, dass er die Häufigkeit von Vetternehen in verschiedenen Bevölkerungsgruppen untersuchte. Solche Verbindungen kamen, so stellte sich heraus, im Adel doppelt so oft vor wie in der Arbeiterschaft. Seine Anfrage an die Leiter der Irrenanstalten, wie viele ihrer Schützlinge aus einer Verwandtenehe stammten, habe, so ihre Antwort, aufgrund des Geisteszustandes ihrer Schützlinge wenig Aussicht auf Erfolg. Dennoch stellte George Darwin in den Familien der Patienten, verglichen mit dem Rest der Bevölkerung, keine vermehrte Inzucht fest (auch wenn der stellvertretende Regierungsbeauftragte für Geistesstörungen in Schottland ihm versicherte, die meisten Patienten in seinem Lande seien Kinder von Verwandten).

Nach dem bescheidenen Erfolg mit den Geisteskranken untersuchte der junge Mann die Studenten in Oxford und Cambridge. Er pickte sich die Bootsmannschaften heraus, »eine erlesene Gruppe athletischer Männer«, und fragte sie danach, ob sie Kinder von Cousin und Cousine seien. Nach der Korrektur einer falschen Angabe der Mannschaft aus dem Corpus Christi College in Cambridge stellte er fest, dass es unter den Top-Ruderern tatsächlich etwas weniger Inzuchtnachkommen gab als im Rest der Bevölkerung. Dasselbe galt für die Sportler in den führenden Privatschulen der Ober- und Mittelschicht. In beiden Fällen blieb die Zahl der untersuchten Fälle klein, und die Beweise waren alles in allem nicht schlüssig.

Dann hatte George eine Idee, wie er an umfangreiche Informationen zum Sexualleben der britischen Bevölkerung gelangen konnte. Anhand der – ererbten – Nachnamen schätzte er, wie häufig die Verwandtenehe vorkommt. Zwei Menschen desselben Namens, insbesondere eines so seltenen wie Darwin oder Wedgwood, stammten, so meinte er, wohl überdurchschnittlich häufig von einem gemeinsamen Vorfahren ab. Und tatsächlich hatte Sir William Wilde bereits ermittelt, dass die Eltern tauber Kinder vor der Heirat bereits mit großer Wahrscheinlichkeit den gleichen Nachnamen hatten.

George Darwin verfolgte diese Idee kaum weiter, doch mittlerweile hat man Nachnamen millionenweise analysiert. Sie vermitteln völlig neue Einsichten in Heiratsgewohnheiten. Fast überall vererben sich Nachnamen wie das Y-Chromosom in der männlichen Linie. Diese Parallele ist zwar vorhanden, aus mehreren Gründen aber nicht überall. Verbreitete Namen (etwa Jones, »Sohn des John«) entstanden an mehreren Orten. Erschwert wird die Sache auch durch Kinder, die von neuen Familien adoptiert werden oder wegen einer Erbschaft ihren Namen ändern. Wieder andere nehmen einen neuen Namen an, weil sie ihren alten nicht mögen, und ein weiteres Problem sind unehelich geborene Kinder. Diese Schwachstellen schränken die Parallelität von gemeinsamem Namen und gemeinsamen Genen ein.

Wählt man jedoch willkürlich jeweils zwei britische Männer gleichen Nachnamens aus, so ergibt sich bei hundert solcher Paare die Tendenz, dass sie gleiche Genvarianten des Y-Chromosoms tragen. Die Wahrscheinlichkeit, dass zwei Männer mit einem seltenen Namen das gleiche Y-Chromosom haben, ist höher als bei zwei Männern mit einem häufigen Namen. Aus den Nachnamen lässt sich demnach durchaus auf die Gengeschichte schließen – mittlerweile interessiert sich auch die Polizei dafür, denn sie will über die DNS Nachnamen ermitteln und auf diese Art Verbrecher überführen.

Sein Misserfolg mit der Volkszählung und die zweifelhaften Ergebnisse, die sein Sohn bei der Untersuchung der Geisteskranken und Eton-Schüler erzielt hatte, legten es für Charles Darwin nahe, dass die Folgen der Inzucht beim Menschen doch nicht so entsetzlich waren wie zunächst befürchtet. Aufrichtig wie immer räumte er in seinem Buch *Die Wirkungen der Kreuz- und Selbstbefruchtung im Pflanzenreich* ein, »in Bezug auf den Menschen hat mein Sohn George sich bemüht, durch eine statistische Untersuchung zu finden, ob die Heiraten rechter Vettern durchaus schädlich sind, obschon dieses ein Grad von Verwandtschaft ist, bei welchen bei unseren domestizierten Tieren nichts eingewendet werden würde; und wie nach denen des Dr. Mitchell ist er zu dem Schluss gelangt, dass die Beweise für einen in dieser Weise verursachten Nachteil widersprechend sind, dass sie im Ganzen aber darauf hinweise, dass Letzterer sehr gering ist«. In der zweiten Ausgabe seines Orchideen-Buches tilgte er seine Aussage über die abträglichen Folgen der Inzucht.

Die gesundheitlichen Folgen der Vetternehe sind zu geringfügig, als dass Darwin sie hätte aufspüren können. Doch die Vielzahl von Informationen aus offiziellen Quellen, die heute zu Menschen gleichen Nachnamens und zu gemeinsamen Genen zur Verfügung steht, weist klar nach, dass der Einfluss der Inzucht unübersehbar ist.

Wie schon die Pharaonen in Ägypten haben auch europäische Aristokraten lange Zeit innerhalb der Familie geheiratet. Da die Verwandtenehe heute eher unüblich ist und zwischen der Geburt der Eltern und der ihrer Kinder zwanzig bis dreißig Jahre liegen, könnte jeder Leser bis zu Charles Darwins Geburt vor sieben Generationen im Jahr 1809 128 verschiedene Vorfahren haben – 2^7. Bei den meisten Menschen ist diese Zahl zu hoch angesetzt, denn sicher wurden auch Ehen geschlossen, bei denen die Ehepartner keine Ahnung hatten, dass sie entfernt miteinander verwandt waren. Doch der soziale Druck, innerhalb der Familie zu heiraten, kann diese Zahl erheblich verringern. Alfonso, Infant von Spanien, der in den sechziger Jahren starb, hatte über sieben Generationen nur zwölf statt über hundert Vorfahren. Bei König Alfonso XII., einem Zeitgenossen Darwins, waren es sechzehn, und viele andere in dieser edlen Blutlinie hatten fünfzehn bis zwanzig Ururgroßeltern, erheblich weniger also, als in einer sexuell freizügigen Gesellschaft zu erwarten wäre.

Bis heute frönen die Spanier der Vetternehe in einem Maß, das weit über dem europäischen Durchschnitt liegt. (In Spanien liegen auch die Dörfer mit der stärksten Inzuchtrate Europas, angeführt vom Königreich Asturien im Norden des Landes.)

Auch in anderen Ländern ist die Inzucht sehr verbreitet. In vielen indischen Gemeinden hält man an Verbindungen innerhalb der Familie fest. Die drawidischen Hindus Südindiens pflegen seit zweitausend Jahren die Beziehung zwischen Cousin und Cousine sowie Onkel und Nichte. Jede zehnte Ehe wird zwischen einem Mann und der Tochter seines Bruders geschlossen. In weiten Teilen Afrikas und des Nahen Ostens findet jede fünfte Heirat – mancherorts sogar noch mehr – zwischen nahen Verwandten statt. Das ist in der islamischen Welt nicht anders. Der Prophet missbilligte dies zwar, verheiratete jedoch seine Tochter Fatima mit ihrem Cousin Ali, was in den Augen der Gläubigen die Verwandtenehe rechtfertigt. Diese Tradition ist, anders, als vielfach angenommen, keine Kernthese dieser Religion, ging jedoch in die islamische Kultur ein. In Bombay wird eine von fünfzehn Hindu-Ehen zwischen nahen Verwandten geschlossen, während die Zahl bei den Muslimen dreimal so hoch ist. Bei den Kaschgai, einem mongolischen Nomadenstamm im Iran, finden drei von vier Hochzeiten zwischen Cousin und Cousine statt.

Im Westen ergibt sich ein anderes Bild. Die meisten von uns sehen ihre Verwandten nur selten, geschweige denn gehen mit ihnen ins Bett. Weniger als eine von hundert Hochzeiten findet zwischen Cousin und Cousine statt. England zählt schon lange zu den Ländern Europas mit der geringsten Inzuchtrate. George Darwin war zunächst von einem starken Zusammenhalt in Landarbeiterfamilien ausgegangen, stellte dann aber überrascht fest, dass es in den ländlichen Gebieten nur wenige solcher Verwandtenehen gab. In England hat es nie eine Bauernschicht gegeben, deren Angehörige über Jahrhunderte ihr eigenes Stückchen Land bewohnten und sich wegen fehlender Alternativen in das Mädchen von nebenan verliebten. Im heutigen Großbritannien sind Eheleute durchschnittlich Verwandte sechsten Grades. Sie haben höchstens einen gemeinsamen Urururururgroßvater, der noch vor Darwins Geburt lebte. Die meisten Menschen haben keine Ahnung, dass sie überhaupt miteinander verwandt sind. Nur auf den Inseln (den echten oder übertragenen) neigen wir Briten zur Inzucht. Viele Angehörige des fahrenden Volks in Nordirland und ein Fünftel der Bewohner einiger Hebrideninseln tun sich mit einem Cousin ersten oder zweiten Grades zusammen. Heute ist der Glaube eine effektivere sexuelle Barriere als die Entfernung. In der pakistanischen Bevölkerung von Bradford ist die Inzucht so verbreitet wie fast nirgendwo sonst auf der Welt. Die in Großbritannien geborenen Kinder heiraten häufiger einen Cousin oder eine Cousine (der oder die oft noch in Pakistan ist) als ihre Eltern.

Der soziale Druck kann die Inzucht erheblich eindämmen. Vielerorts vereitelt die Aussicht, für Sex mit einem Cousin oder eine Cousine ins Gefängnis zu kommen, so manche Liaison. Zur Zeit der Jäger und Sammler zogen Männer und Frauen gleichermaßen übers Land. Mit der Landwirtschaft veränderte sich das. Die Geografie der Geschlechter (ablesbar am Y-Chromosom und den mitochondrialen Genen) belegt, dass die Männer eher zu Hause blieben, während ihre Partnerinnen von auswärts kamen. Der Sohn erbt das Vermögen und will daher nicht umziehen oder sich das Land mit einer Nachbarfamilie teilen. Lieber nimmt er sich eine Frau von weiter weg, die, ein zufälliger Nebeneffekt, wahrscheinlich auch nicht die gleichen Gene hat.

Die Inzucht kann, wie Darwin anhand seiner Treibhauspflanzen feststellte, zu einem echten Problem werden. Alle menschlichen Populationen haben Gendefekte, die erst manifest werden, wenn sie in Doppelkopie ererbt werden. Die Kinder von Cousin und Cousine müssen womöglich den

Preis dafür bezahlen. Walter Bagehot schrieb, wenn 1802 jeder Erbmonarch geisteskrank gewesen sei – zumindest teilweise eine Folge der Inzucht –, so sei das zwar nicht völlig zutreffend, komme aber der Wahrheit ziemlich nahe. Jede Leserin und jeder Leser dieses Buches trägt mindestens ein Gen in einfacher Ausführung in sich, das in doppelter Ausführung todbringend wäre. Die meisten angeborenen Defekte verbergen sich unter der jeweils normalen Version des ererbten Gens. So kommt zum Beispiel eines von 2500 britischen Kindern mit zwei Kopien des beschädigten Gens zur Welt, das Mukoviszidose auslöst, doch jeder 25. Brite trägt eine Einzelkopie in sich. Wenn sich zwei Verwandte fortpflanzen und ihr gemeinsamer Vorfahr eine an dieser Stelle beschädigte DNS trug, so steigt die Wahrscheinlichkeit, dass sie durch ihre gemeinsame Abstammung den Defekt erben. Ihre Kinder haben dann ein höheres Risiko, zwei defekte Versionen des Gens zu erhalten.

Die negativen Folgen der Fortpflanzung innerhalb eines geschlossenen Pools sind schon lange bekannt. Omar Ibn al-Chattab, der zweite Kalif und direkter Nachfolger Mohammeds, riet den Mitgliedern einer Sippe, außerhalb des Stammes zu heiraten, weil er fand, der Sex innerhalb der Familie habe sie schwach und kränklich gemacht. Konkret wurden die Folgen der Inzucht im Jahr 1908 bekannt: Damals entdeckte Sir Archibald Garrod, dass die Erbkrankheit Alkaptonurie entsteht, wenn zwei Kopien des fehlerhaften DNS-Abschnitts auftreten und den Defekt eines Enzyms auslösen, das bestimmte Nahrungsmittelbestandteile aufspaltet. Die Symptome sind unter anderem dunkler Ohrenschmalz, übelriechender Urin und im Erwachsenenalter unter anderem Herz- und Knochenprobleme. Die Krankheit ist mit einem Fall auf 20000 Geburten eher selten, doch Garrod stellte fest, dass mehr als die Hälfte der Patienten Eltern hatten, die Cousin und Cousine waren. Dasselbe gilt für vergleichbare Krankheiten. In Frankreich erkrankt in einer von fünfhundert Ehen zwischen Vettern ersten Grades ein Kind an Mukoviszidose. Das Risiko ist damit siebenfach erhöht.

Durch einen unglücklichen Zufall treten in bestimmten Gebieten, in denen viele Verwandtenehen geschlossen werden – Nordafrika, der Nahe Osten, der indische Subkontinent –, auch schwerpunktmäßig ererbte Blutkrankheiten auf, die gleichzeitig gegen Malaria schützen. Die Sichelzellenanämie trägt in einigen afrikanischen Gebieten fast die Hälfte der Bevölkerung in einfacher Ausführung in sich – und andere Defekte sind anderswo fast ebenso verbreitet. Sie alle sind erst gefährlich, wenn sie doppelt auftreten.

In Saudi-Arabien, wo in einigen Dörfern acht von zehn Menschen Cousin oder Cousine heiraten, kommen solche Krankheiten recht häufig vor. Ein Fünftel aller stationären Aufnahmen von Kindern erfolgt aufgrund von Erbkrankheiten. Da sich viele Familien der Gefahren nicht bewusst sind, hält sich die Verwandtenehe aber hartnäckig. Die Ärzte raten Risikoschwangeren, die Schwangerschaft überwachen zu lassen, damit die Schädigung von Föten schon vor der Geburt diagnostiziert werden kann. Die Regierung schreibt außerdem vor, dass Brautleute daraufhin getestet werden, ob beide das Gen für eine Bluterkrankung in sich tragen. Obwohl man keinen offenen Druck auf die Menschen ausübt, ist die Zahl der Verwandtenehen bereits um ein Fünftel zurückgegangen.

Auch dort, wo Erbkrankheiten selten sind, sterben die Kinder von Cousin und Cousine häufiger als andere. Vetternehen, die in Utah bei den Mormonen – für sich genommen keine Bevölkerungsgruppe mit einer ungewöhnlich starken Inzuchttradition – Mitte des 19. bis Mitte des 20. Jahrhunderts geschlossen wurden, ließen die gesundheitlichen Probleme beträchtlich ansteigen. Die Folgen wurden mit zunehmendem Alter der Kinder dramatischer, was daran liegen mag, dass der Tod im Erwachsenenalter eine stärkere genetische Komponente in sich birgt als die zufälligen Infektionskrankheiten oder der Hunger, an dem die Babys in den Pionierfamilien starben. Auch Herzkrankheiten kommen bei Kindern aus solchen Verbindungen häufiger vor. Aus einer aktuellen Studie, die eine halbe Million Schwangerschaften in den USA erfasst, geht hervor, dass die Sterberate bei Kindern aus Vetternehen etwa fünf Prozent über dem Durchschnitt liegt. Kindern aus Ehen zwischen Onkel und Nichte, die unter anderem in Indien sehr verbreitet sind, ergeht es noch schlechter, und der Nachwuchs aus Inzestverbindungen zwischen Geschwistern oder Eltern und Kindern, so selten sie vorkommen, leidet am schlimmsten. In Deutschland hatten Bruder und Schwester, die nach der Geburt adoptiert wurden und sich bis ins Erwachsenenalter nicht begegnet waren, vier gemeinsame Kinder, von denen zwei schwer geschädigt waren. Auch eine Studie über dreißig kanadische Kinder aus solchen Verbindungen zeigt auf, dass fast die Hälfte unter einer Anomalie leidet.

Eine unauffällige, dafür aber ausgeprägte Folge der Inzucht hat sich in Island gezeigt. Von 150 000 Ehepaaren, die zwischen 1800 und 1965 zur Welt kamen, bekamen die Ehepartner, die eng miteinander verwandt waren, nicht etwa weniger, sondern mehr Kinder als der Durchschnitt der Bevölkerung. Doch der Anteil ihrer Kinder von Cousins ersten und zweiten Grades, die sich wiederum fortpflanzten (also die Zahl der Enkel der miteinander verwandten Ehepaare), lag erheblich unter dem Durchschnitt. Das lag zum Teil daran, dass schon in der ersten Generation viele Kinder jung starben. Charles Darwin und seine Cousine Emma könnten als Beweis dafür herhalten, denn sieben ihrer zehn Sprösslinge starben früh oder blieben später kinderlos. Die Fortpflanzung innerhalb der Familie ist somit für deren Zukunft womöglich schädlicher als angenommen.

Anhaltende Inzucht bewirkt eine Abnahme der Variabilität innerhalb einer Familienlinie. Dies erstreckt sich bald über das gesamte Genom. Die DNS-Abweichungen fallen bei

Menschen, die aus einem kleineren Pool von Vorfahren hervorgehen, geringer aus und lassen daher Rückschlüsse auf das Ausmaß der Inzucht zu. Diabetes, Herzkrankheiten und viele andere Leiden treten bei Menschen aus einer Familie mit einer langen Inzuchttradition häufiger und schwerer auf. In Bradford sind einige Mitglieder der pakistanischen Bevölkerungsgruppe in weiten Teilen ihres Genoms identisch. Das bringt für sie große gesundheitliche Beeinträchtigungen mit sich, und sogar die allgemeine Infektionsanfälligkeit steigt an. Zu Darwins Zeiten starben Kinder überwiegend an ansteckenden Krankheiten. Seine geliebte Tochter Annie fiel der Tuberkulose zum Opfer (die Diagnose lautete allerdings etwas dunkel »biliöses Fieber mit Typhuscharakter«), doch schuld an ihrem elenden Schicksal, so fürchtete Darwin, könnte zumindest teilweise die Familiengeschichte ihrer Eltern gewesen sein.

Die Fortpflanzung im Schlafzimmer ist natürlich eine kompliziertere Angelegenheit als im Treibhaus, und der Gesundheitszustand eines Menschen lässt sich nicht immer schlüssig mit dem Verwandtschaftsgrad seiner Eltern in Beziehung setzen. Mancherorts soll über die Verwandtenehe der Besitz in der Familie gehalten werden. In diesen Fällen ist demnach Geld vorhanden. In Teilen Indiens und Pakistans sind Vetternehen in wohlhabenden Kreisen verbreiteter als in ärmeren Familien, die keinen finanziellen Anreiz haben, einen Hausstand mit einem Blutsverwandten zu gründen. Da das Geld aber schwerer wiegt als die Gene, sind Kinder aus diesen Verwandtenehen nicht häufiger, sondern seltener krank. Wie bei den Schafen von Soay spielt auch hier die Umwelt eine wichtige Rolle. Im armen und geplagten Japan der vierziger Jahre wirkte sich die Verwandtenehe noch stark auf den Gesundheitszustand der Kleinkinder aus, doch 20 Jahre später war dieser Effekt fast verschwunden.

Sowohl Pflanzen als auch Menschen brauchen – eine Ausnahme bildet die Selbstbestäubung – für die geschlechtliche

Fortpflanzung einen Partner. Fast immer wird aus einem größeren Pool ausgewählt. Die Partnerwahl bringt demnach schwierige Entscheidungen mit sich. Einige sind offensichtlich: Weiße heiraten meist Weiße, und dasselbe gilt für Schwarze, Reiche und Große. Es heißt, dass Männer gern Frauen heiraten, die ihrer Mutter ähnlich sind. Viele Religionen erschweren die Wahl eines Partners, der nicht demselben Glaubens- oder Sprachkreis angehört, und auch der Geburtsort, der Bildungsstand und andere Faktoren beeinflussen die Wahl. Das bedeutet für jeden Mann und jede Frau, dass die Zahl möglicher Partner kleiner ist, als es den Anschein hat. Diese Beobachtung ist nichts Neues, doch die Biologie schränkt auf offensichtliche und weniger offensichtliche Art diese Partnerauswahl beim Menschen weiter ein.

Die grundlegende Frage zum Sex lautet: Wozu die Mühe? Die geschlechtliche Fortpflanzung ist genau genommen ein Mechanismus zur Verringerung der Zahl potenzieller Partner. Sie stellt die einfache Regel auf, dass nur einige Individuen – diejenigen des anderen Geschlechts nämlich – als Partner infrage kommen. Selbstbefruchtende Pflanzen können sich diesem Gebot bis zu einem gewissen Grad entziehen, wohingegen geschlechtliche Wesen (uns eingeschlossen) in ihrer Wahl dadurch erheblich eingeschränkt werden. Ja, die Auswahl wird sogar noch weiter eingeengt, denn die Evolution erlässt Gesetze, nach denen sich nicht jedes männliche Wesen mit jeder beliebigen Partnerin paaren kann und die sicherstellen, dass ein Individuum des einen Geschlechts lediglich von einem Bruchteil des anderen akzeptiert wird. Antrieb für diese Gesetze ist die Eindämmung der Inzucht.

Solche Fragen erörtert Darwin in seinem Buch *Die verschiedenen Blütenformen an Pflanzen der nämlichen Art*, das ein Jahr nach seiner Abhandlung über die Selbstbefruchtung bei Orchideen erschien. Es beginnt mit den Kindern im Dorf Downe, die Ketten aus Schlüsselblumen basteln. Sie verwendeten, so erklärt Darwin, nur einen Teil der Blüten, die »langgriffligen« nämlich, in denen die Narbe aus der Blüte hervorstehe, weil sie diese Blüten besser ineinander stecken könnten. Andere Blüten seien »kurzgrifflig«, das heißt, es seien lediglich die Staubbeutel in Form einer kleinen Wölbung zu sehen. Für den Schmuck der Kinder seien sie ohne Wert. Bei der Primel, einer engen Verwandten des Himmelschlüssels, verhalte sich das ähnlich.

Die Unterscheidung zwischen kurzgriffligen und langgriffligen Exemplaren ist ein zusätzlicher Mechanismus für die Partnerwahl. Die langgriffligen weiblichen Blüten, so stellte Darwin fest, nähmen den Pollen aus kurzgriffligen Blüten leichter an als den der eigenen Variante. Diese Regel gilt auch in umgekehrter Richtung. Die männlichen und weiblichen Blütenteile brauchen einander, aber damit gibt sich die Schlüsselblume nicht zufrieden. Die Form der Blüte ist ererbt. Das heißt, dass die Pflanze genetisch entscheidet, ob sie den Pollen vorlässt oder nicht. Nur ungleiche Partner können sich fortpflanzen, sodass der zweite Filter die Wahrscheinlichkeit der Fortpflanzung zweier genetisch sehr ähnlicher Pflanzen weiter reduziert. Es handelt sich demnach um eine Abwehrmaßnahme gegen Inzucht. Mittels langgriffliger und kurzgriffliger Blüten reduziert die Natur mit einem Trick den Anteil der Individuen, mit denen ein Genaustausch stattfinden kann. Sie hat praktisch immer mehr Geschlechter entwickelt.

Darwins Treibhausversuche mit Schlüsselblumen haben sich zu einer Wissenschaft weiterentwickelt, die aufzeigt, wie bei Schlüsselblumen und Menschen der Partner auf überraschende Art und Weise ausgewählt wird. Diese Auswahl mindert die Wahrscheinlichkeit einer erfolgreichen Fortpflanzung zwischen Individuen, die gemeinsame Vorfahren haben. Etwa dreißig Pflanzenfamilien haben ein ähnliches System entwickelt wie die Schlüsselblume und die Primel. Darwin fand heraus, welche Pflanzen statt in zwei sogar in drei verschiedenen Formen auftreten und jeweils nur den Pollen der beiden anderen Varianten akzeptieren.

Heute kennen wir viele weitere Beispiele für solche äußerlichen Fortpflanzungsbarrieren. Manche Arten bringen Blüten hervor, die spiegelbildlich zueinander sind und sich nur von rechts nach links und von links nach rechts kreuzen können. Beim tropischen Ingwer sind manche Individuen morgens männlich und nachmittags weiblich, während andere die umgekehrte Reihenfolge einhalten. Sie können daher nur mit Individuen Gene austauschen, deren biologische Uhr anders tickt als die ihre. Auch hier geht es darum, die Fortpflanzung allzu ähnlicher, also verwandter Artgenossen zu vermeiden.

Bei seinen Versuchen zur Selbstbefruchtung entwickelte Charles Darwin keine fundierte Vorstellung, warum seine Versuchsobjekte nun bestimmten Pollen akzeptierten und anderen zurückwiesen, wenn er auf die weiblichen Blütenteile appliziert wurde. Mit eher poetischen denn wissenschaftlich überzeugenden Worten führte er »die äußerste Empfindlichkeit und die zarten Affinitäten des Reproduktivsystems« ins Feld. In Wahrheit nehmen etwa die Schlüsselblume und der Ingwer einen Verwandtschaftstest vor, ehe sie einen Partner akzeptieren. Die weiblichen Blütenteile prüfen die männlichen Zellen, indem sie deren Gene mit den eigenen vergleichen. Ist die Ähnlichkeit zu groß, weisen sie die Pollenkörner zurück.

Dieser Mechanismus ist in vielen Zwitterpflanzen am Werke, die an der Auskreuzung festhalten. Wie Sperma enthält auch Pollen die Gene nur in einfacher Ausfertigung, doch anders als die Bestandteile der Samenflüssigkeit muss sich die männliche Geschlechtszelle einer Blüte erst durch einen Sperrgürtel weiblichen Gewebes hindurchkämpfen, bis sie zum Ei gelangt. Dazu wächst ihr ein langer Pollenschlauch, mit dem sie in die entsprechenden Blütenteile vordringt. Die weibliche Schutzschicht trägt den normalen doppelten DNS-Satz. Die Wahl fällt ihr nicht schwer: Sie vergleicht den Pollen mit dem eigenen Gewebe, und wenn sie zu viele Gene gemeinsam haben, lässt sie ihn nicht durch. Bei Arten, die sich lieber selbst befruchten, wird die Regel gelockert oder umgedreht.

Dieses System garantiert den Arten, die sich auskreuzen, dass nicht miteinander verwandte Partner die größten Kreuzungschancen haben. Trägt der Pollen eine neue Version der Identitätssignale in sich, ist ihm der Erfolg schon fast sicher. Mit der Neuheit seiner Reize erobert er die Damenwelt, die sie nicht hat, im Sturm. Über die folgenden Generationen breitet sich das neue Gen aus. Dabei büßt es allerdings seinen Zauber ein, da immer mehr weibliche Blütenteile es erben und folglich Pollen mit der entsprechenden Einzelkopie ablehnen. Veränderungen der männlichen Identität ergeben sich auf ähnliche Weise, und mit der Zeit entsteht ein System, in dem fast jedes Individuum über eine jeweils einzigartige genetische Visitenkarte verfügt. Diese wiederum erlaubt es den weiblichen Blütenteilen, den Verwandtschaftsgrad des männlichen Pollens zu bestimmen und den auszuwählen, der sich am stärksten von ihnen unterscheidet. Es gibt auch Arten, die diese Entscheidung aufschieben: Dort darf der Pollen das Ei zunächst befruchten, das sich, wenn eine zu enge Verwandtschaft vorliegt, aber nicht entwickelt.

Tiere, auch wir Menschen, verfügen über ähnliche Mechanismen, wobei der Fortpflanzung unterschiedliche Formen des genetischen Identitätstests vorgeschaltet sein können. Einige sind offensichtlich, andere nur schwer zu erkennen.

Menschen, die miteinander vertraut sind, stoßen sich sexuell ab. Jüdische Kinder, die nicht miteinander verwandt, jedoch gemeinsam im Kibbuz aufwachsen sind, oder auch Asiaten, die schon als Kleinkinder verlobt und dann gemeinsam erzogen werden, meiden im Erwachsenenalter nach ihrer Heirat oft den sexuellen Kontakt, bekommen – im Falle der Kinderehen – wohl weniger Nachwuchs und lassen sich häufiger scheiden als der Durchschnitt der Bevölkerung.

Auch Brüder und Schwestern fühlen sich eher nicht zueinander hingezogen. Die älteren lehnen allerdings die jüngeren stärker ab als umgekehrt. Der Verwandtschaftsgrad ist zwar der gleiche, doch das ältere Kind hat erlebt, wie die Mutter das jüngere als Baby versorgt hat, und kann sich daher ziemlich sicher sein, dass sie es auch zur Welt gebracht hat. Ein jüngeres Kind dagegen weiß nur, dass eine ältere Person mit ihm unter einem Dach wohnt, was auch andere Gründe haben könnte. Der Gedanken an Sex mit jemandem, der vielleicht ja doch kein Verwandter ist, ist ihm daher nicht so zuwider. Ein jüngeres Geschwisterkind braucht bis zu fünfzehn Jahre gemeinsamen Zusammenlebens, bis es die gleiche erotische Ablehnung aufgebaut hat, die beim älteren in wenigen Wochen entsteht, während derer es die mütterliche Fürsorge für das jüngere beobachtet.

Sicher leitet der soziale Druck unsere Heiratsgewohnheiten, doch auch Gene spielen eine Rolle. Manche Verhaltensmuster sind offensichtlich – die Menschen neigen eben doch dazu, einen Partner gleicher Hautfarbe zu heiraten –, andere dagegen hintergründiger.

Als Junge hielt ich Mäuse in meinem Zimmer, ein Steckenpferd, das ich rasch aufgab, weil es fürchterlich zu stinken begann. Damals empfand ich es einfach nur als Geruchsbelästigung, doch in Wahrheit war der Uringeruch der Mäuse das Tor zu einer völlig neuen Welt der sexuellen Kommunikation, die über die Nase geht. Man würde es kaum vermuten, aber Mäuse besitzen mehr Gene als wir Menschen. Fast alle zusätzlichen Gene haben mit dem Geruchssinn zu tun. Während sie dem Menschen überwiegend verloren gegangen sind, funktionieren die Erbträger, die die Geruchsrezeptoren kodieren, bei den Mäusen bestens. Mäuse verfügen für jeweils überlappende Reizbereiche über Hunderte solcher Rezeptoren, die zusammengenommen eine große Bandbreite an Gerüchen unterscheiden können. Die Tiere wählen sowohl ihre Nahrung als auch ihre Partner mit der Nase aus.

Wenn es die Wahl hat, paart sich ein aus Inzucht stammendes Labormausweibchen lieber mit einem Männchen aus einer anderen Linie. Der neue Liebhaber ist bei ihr dermaßen begehrt, dass sie, wenn sie bereits trächtig ist, eine Fehlgeburt hat, um wieder paarungsbereit zu sein. Das geschieht auch, wenn man ihr eine vom Urin des Männchens vollgesogene Streu in den Käfig gibt. Die Weibchen prüfen sowohl den Gesundheitszustand als auch den Verwandtschaftsgrad des Männchens. Mit ihrem feinen Näschen wittern sie, wenn ein Männchen Parasiten hat, und gehen ihm aus dem Weg. Wie bei den verwurmten Schafen der Insel Soay sind die gesundesten Männchen mit dem eindrucksvollsten (und kostspieligsten) Zeugnis ihrer hervorragenden Verfassung womöglich weniger inzüchtig.

Mäuse leben in einem aggressiven sexuellen Universum. Jedes Männchen herrscht über ein kleines Revier, in dem es die Weibchen für sich hat. Dennoch machen seine Partnerinnen gelegentlich Ausflüge in das Revier des Nachbarn. Das Männchen markiert seine Reviergrenzen mit Urin, auf dem die Weibchen auch ihre Auswahl gründen. Je mehr Urin da ist und desto fremder er riecht, umso besser. Die Männchen verstricken sich daher zwangsläufig in regelrechte Urinschlachten, in denen jedes versucht, die Hinterlassenschaften seiner Rivalen zu übertünchen. Die Weibchen wiederum suchen sich das Männchen mit dem produktivsten und aromatischsten Urin aus. Dieses Identitätssignal ist so stark, dass sogar die schwache menschliche Nase einige Mäuse-Inzuchtlinien am Geruch unterscheiden kann.

Der Geruch entsteht aus einer Reihe von Proteinen, die von verwandten Genen in vier verschiedenen Genfamilien mit jeweils über tausend Mitgliedern kodiert werden. Ein spezielles Organ unten an der Nase, das über eigene Nerven verfügt, sondert zwei weitere Proteine ab. Diese Proteine haben nicht nur einen starken Eigengeruch, sondern binden auch andere männliche Pheromone, die sich zu einem lockenden Cocktail vermischen. Die beteiligten Gene sind überaus variabel. Deshalb können die Weibchen – ähnlich wie die weiblichen Blütenteile – Männchen mit demselben Geruch und derselben Familiengeschichte meiden. Auch von Verehrern, deren geruchsrelevante Proteine eine geringe Variabilität aufweisen, halten sie sich fern. Das dürfte daran liegen, dass solche Männchen aufgrund ihrer reduzierten und inzüchtigen Gene als Erzeuger nicht so geeignet sind.

Auch Primaten senden Geruchssignale aus, was erklärt, warum die Aftershave-Branche so gute Geschäfte macht. Seidenaffen und Tamarine, zwei Neuweltaffenarten, markieren ihr Revier mit einer aus mehreren Dutzend Bestandteilen bestehenden chemischen Botschaft, So signalisieren sie ihre Paarungsbereitschaft und gehen mit dem Partner eine Bindung ein. Wenn das Weibchen am fruchtbarsten ist, lassen diese weiblichen Stoffe im Gehirn des Männchens sozusagen sämtliche Alarmlämpchen aufleuchten. Am stärksten fällt die Reaktion in den Teilen des Seidenaffenhirns aus, die beim Menschen mit Gefühlen assoziiert werden.

Auch wir Menschen verbreiten Gerüche, wie jeder Langstreckenläufer weiß. Bluthunde können uns am Geruch erkennen (und sind verwirrt, wenn sie auf eineiige Zwillinge stoßen). Auch Ratten können den Verwandtschaftsgrad von Menschen erschnuppern. Die Tiere schnüffeln bei einem Geruch, den sie nicht kennen, länger als bei einem, dem sie bereits begegnet sind. Gibt man einer Ratte ein schweißnasses T-Shirt, so merkt sie sofort, ob sie den Geruch schon kennt. Wenn man sie nun mit dem Geruch vom Bruder eines ihm bekannten Individuums konfrontiert, schnüffelt sie weniger intensiv, als wenn sie eine Geruchsprobe vom Cousin bekommt. Zumindest für Ratten besitzen wir demnach eine Geruchsidentität.

Doch können Männer und Frauen wie Ratten, Mäuse oder Seidenaffen das jeweils andere Geschlecht am Geruch identifizieren? Erwiesen ist das bislang nicht. Da viele Gene für die

Geruchsrezeption beim Menschen bereits verkümmert sind, bleibt uns weniger als die Hälfte der in Mäusen aktiven Gene. Zudem fehlt uns das spezielle Organ, das in anderen Säugetieren so geruchsempfindlich ist. (Einige der zuständigen Gene sind allerdings noch immer aktiv und reagieren auf die Gerüche der Mäuse.) Generationen von Studenten haben nun schon an T-Shirts von Frauen geschnuppert, die sich in verschiedenen Phasen des Menstruationszyklus befanden, doch die Ergebnisse sind widersprüchlich. Zwar sind in der Fähigkeit, bestimmte Stoffe wahrzunehmen, zweifelsohne genetische Unterschiede festzustellen, doch lassen sich klare Ergebnisse zur Rolle des Geruchs für die Partnerwahl beim Menschen nur schwer formulieren.

Trotzdem deutet manches darauf hin, dass Männer und Frauen eine romantische Botschaft durch die Nase aufnehmen. Viele Parfüms enthalten synthetische Moschusdüfte der Art, wie sie von Affen oder Mäusen für die Partnerwahl genutzt werden. Einer dieser Düfte, ein Verwandter des Testosterons, wird seit Langem als chemischer Bote angepriesen. Landwirte erwerben ihn als »Ebergeruch«, mit dem sich die Paarungsbereitschaft der Sauen testen lässt. Auch manche Menschen nehmen ihn wahr, andere hingegen nicht. Sind Letztere dem Duft allerdings mehrere Wochen lang ausgesetzt, nehmen sie ihn dann doch wahr, und auch die Zahl der relevanten Rezeptoren in der Nase nimmt stark zu – und zwar bei Frauen stärker als bei Männern.

Mäuse, Menschen und Blumen haben eine vergleichbare Abneigung gegen die Fortpflanzung mit einem Verwandten entwickelt. Aber wie haben sich die Signale für die sexuelle Identität entwickelt? Faszinierende Parallelen eröffnen sich zwischen den Mechanismen der Partnerwahl und denen der Infektionsabwehr. Möglicherweise steckt sogar die uralte Verbindung zwischen Sexualität und Krankheit hinter einigen unserer Ehepräferenzen.

Alle Säugetiere, ob sie nun duften oder nicht, tragen auf der Oberfläche jeder Zelle einen ererbten Personalausweis. Wenn der Körper eine transplantierte Niere abstößt, so liegt das daran, dass sein Immunsystem die Gene des Spenders mit den eigenen vergleicht und das Gewebe als fremd erkennt. Je weiter die Verwandtschaftsbeziehung zur Quelle des Spenderorgans ist, desto weniger Gene stimmen überein und desto geringer ist die Erfolgschance – weshalb ein Transplantat unter Geschwistern besser angenommen wird als unter völlig Fremden. Die Identifizierung gründet auf mehreren Genen, die auf der DNS eng beieinanderliegen, und zwar auf einem Abschnitt, der die zahlreichen Funktionen des Immunsystems kodiert, unserer Hauptabwehr gegen Infektionskrankheiten – und übrigens auch gegen die neuen Gefahren vonseiten der Gewebetransplantation. Da sie in vielen verschiedenen Formen auftreten, sind unzählige Kombinationen möglich.

Krankheit ist eine überaus wirksame Kraft der natürlichen Auslese. Individuen mit besonders vielfältigen Genen für das Immunsystem oder mit vielen seltenen Varianten werden meist auch besser mit Infektionen fertig. Mäuse und sogar Fische paaren sich bevorzugt mit Artgenossen, die ihnen in der Immunidentität am wenigsten ähnlich sind. Das deutet darauf hin, dass die Beziehung zwischen Partnerwahl und Krankheitsresistenz tatsächlich uralt ist. Im Kampf gegen Infektionen zahlt sich eine solche Variabilität aus, denn die nächste Generation erhält dank der geschlechtlichen Fortpflanzung eine neue Kombination aus Abwehrgenen und kann die Parasiten in ihrer Fähigkeit, sich durch schnelle Evolution den Schutzmechanismen des Körpers zu entziehen, eventuell behindern.

Darwin wies nach, dass Schlüsselblumen und andere Pflanzen die Entscheidung darüber, welchen Pollen sie zulassen, mit großer Umsicht treffen. Mittels verschiedener Methoden stellen sie sicher, dass keine männlichen Zellen in die weiblichen Blütenteile gelangen, die diesen allzu ähnlich sind. Aus demselben Grund sondern Mäuse erotische Düfte ab, und auch der Mensch kann lernen, nahe Verwandte zu meiden. Die Prüfung des anderen Geschlechts ist auch dann noch nicht zu Ende, wenn die männlichen Zellen schon da sind: Bei den Pflanzen wird ausgewählt, welche Pollenschläuche wachsen dürfen, und bei den Insekten sammeln die Weibchen das Sperma mehrerer Männchen und entscheiden erst dann, welches zur Befruchtung kommt. Und auch nach der Befruchtung treiben Pflanzen und Mäuse ohne viel Federlesens einen Großteil ihrer Embryos ab, zumal dann, wenn sie von einem Männchen befruchtet wurden, mit denen eine zu enge Verwandtschaftsbeziehung besteht.

Das weibliche Fortpflanzungssystem gleicht für das Sperma der Höhle des Löwen. Bei den promisken Säugetieren ist die Vagina länger als bei Arten, die sich an wenige Partner halten. Das erschwert es den männlichen Zellen, ihr Ziel zu erreichen. Auch das saure Milieu im Vaginaltrakt mag das Sperma gar nicht. Beim Menschen gelangen von den Millionen Spermien des Mannes nur wenige Hundert in die Nähe des Eis, etwa zwanzig haben auch nur die Chance, es zu befruchten, und lediglich eins schafft es schließlich.

Der Duft des Erfolgs hält sich auch nach dem Geschlechtsakt. Mithilfe eines Gens in der Gengruppe, die die Geruchswahrnehmung steuert, empfangen menschliche Spermien chemische Signale vom Ei und bewegen sich darauf zu. Die Geruchsrezeptoren in der Nase und die Zellmembran des Spermiums, die ein Geruchsmolekül beziehungsweise ein Signal vom Ei aufnehmen, erledigen die gleiche Aufgabe und sehen einander verblüffend ähnlich – und, quasi als Rückverweis auf die gemeinsame Herkunft, sind einige der Gene, mit deren Hilfe die Mäuse in der Luft Verwandtschaftssignale erschnuppern, auch im Sperma aktiv. An dieser Stelle tut sich eine überraschende Verbindung zwischen den zwei Universen der Fortpflanzung auf, denn der Spermienrezeptor reagiert auch auf den Duft von Maiglöckchen, und das Spermium schwimmt, wenn es die Wahl hat, zu ihm hin. Ob menschliche Eier gezielt Spermien anlocken oder zulassen, die genetisch anders sind als sie selbst, ist aber noch nicht geklärt.

Darwins Arbeit zur Fortpflanzung der Pflanzen hat sich in Bereiche weiterentwickelt, die seine viktorianischen Zeitgenossen wohl schockiert hätten. Sein Interesse an den Reproduktionsgewohnheiten der Pflanzen erwuchs aus seinen Befürchtungen zu den negativen Auswirkungen der Inzucht beim Menschen, insbesondere in seiner eigenen Familie. Diese gibt es, wenn auch weniger schwerwiegend, als er vermutete, und sowohl Pflanzen als auch Menschen haben Mechanismen dagegen entwickelt. Die natürliche Auslese hat für dieselbe Problematik im Pflanzen- und Tierreich ähnliche Lösungen gefunden, was Darwin wohl nicht sonderlich überrascht hätte (auch wenn er sicher nicht erwartet hätte, dass menschliches Sperma von Blütenduft angelockt wird).

Darwins Sorge um die möglichen negativen Auswirkungen der Inzucht auf seine Kinder war indes unberechtigt: Von seinen Söhnen wurde William Bankier und Leonard Major. George wurde Astronomieprofessor und Francis Botanikdozent in Cambridge, wo Horace eine Fabrik für wissenschaftliche Instrumente gründete und zeitweise als Bürgermeister fungierte. Die Kinder des Naturforschers heirateten in vornehme Familien ein, darunter die Keynes und die Huxleys, und brachten – ungeachtet der Sorge ihres Vaters, sie könnten eine schwächliche Disposition geerbt haben – mehrere Dutzend Nachkommen hervor, die sich in der Naturwissenschaft, der Medizin und den freien Berufen hervorgetan haben. Sie sind der lebende Beweis dafür, dass der Geistesadel, anders als seine botanischen und blaublütigen Gegenstücke, nicht zwangsläufig für die biologische Herkunft der Familie büßen muss.

Kapitel Fünf
Der domestizierte Affe

Dann sollen sie doch Kuchen essen!«, sagte die französische Königin, und so geschah es. Zwei Jahrhunderte nach dem Ableben Marie Antoinettes sind die Armen dick und die Reichen dünn. Global betrachtet läuft erstmals in der Geschichte der Tod durch Überfluss dem Tod durch Hunger den Rang ab. 800 Millionen hungrigen Menschen stehen eine Milliarde übergewichtige gegenüber. Diese Problematik ist eine Folge der vom Menschen manipulierten Evolution.

Sein Konzept von der natürlichen Auslese, das er im ersten Kapitel der *Entstehung der Arten* darlegte, leitete Darwin aus der Beobachtung ab, dass die Bauern die besten Tiere und Pflanzen für die Zucht auswählten und so neue Lebensformen schufen. Unter der bewussten oder unbewussten Auslese durch die Züchter entstehen im Lauf der Zeit neue, modifizierte Lebewesen, sei es beim Mais oder beim Mastschwein. Träten sie statt im Stall oder auf dem Getreideboden in freier Natur auf, so würden die Naturforscher viele von ihnen als eigene Arten beschreiben.

In seinem zehn Jahre danach erschienenen Buch *Das Variieren der Tiere und Pflanzen im Zustande der Domestikation* untersuchte er domestizierte Arten gezielt als Schlüssel für wild lebende Tiere und Pflanzen. Er ruft die Frühgeschichte des Menschen in Erinnerung, als der eine oder andere schlaue Mensch unter unseren primitiven Vorfahren auf eine ungewöhnlich gute Varietät einer heimischen Wildpflanze aufmerksam wurde und sie verpflanzte oder den Samen aussäte. Diese Vorgehensweise – die Auswahl bevorzugter Elternpflanzen als Grundlage für die nächste Generation – bildete im Kleinen ab, wie das Leben seit Anbeginn geformt wurde. Die Vielfalt der Züchtungen in der Landwirtschaft, so Darwin, sei ein »Experiment gigantischen Ausmaßes« gewesen, das seine Theorie einer Prüfung unterzogen und zur Gänze bestätigt habe.

Heute wird die Auslese überwiegend von Wissenschaftlern betrieben. An den zahlreichen neuen Pflanzensorten und Tierrassen, die aus ihrer Arbeit hervorgegangen sind, lässt sich die ungewöhnliche Geschichte der Nahrungsmittel erschließen, die uns auf den Teller kommen. Die moderne Biologie hat die Landwirtschaft komplett umgekrempelt. Dank der geplanten Zucht, der zielgerichteten Evolution also, ist es erheblich leichter geworden, die Menschen zu ernähren. Die Briten geben ein Sechstel ihres Einkommens für Frühstück, Mittagessen und Abendbrot aus, ein Anteil, der in den letzten fünf Jahrzehnten um die Hälfte und über die vergangenen fünf Jahrhunderte betrachtet noch deutlich stärker gesunken ist. Für die meisten Menschen ist der Nahrungsmangel einem Überangebot gewichen.

Diese Segnungen sind indes zweifelhafter Natur. Der Preis für Zucker, Stärke und Fett, die energiereich, aber qualitativ minderwertig sind, ist rapide gesunken. Eine Mangelernährung, getarnt als Opulenz, hat sich über den Erdball ausgebreitet. Die landwirtschaftlich bedingte Evolution, die vor 10 000 Jahren die menschliche Gesellschaft zu verändern begann, ist heute wieder aktiv. Die Bauern veränderten durch die gezielte Auslese einst Weizen, Mais, Rinder, Schweine und Hühner, doch der Einfluss, den ihre Erzeugnisse auf die Biologie des Menschen hatten, ist nicht minder groß. Die Ernährung begann schon mit der Domestizierung wilder Tier- und Pflanzenarten vor 10 000 Jahren, als sich die Menschen an die neuen Nahrungsmittel gewöhnen mussten, als Auslesefaktor zu wirken. Und auch die veränderten Ernährungsgewohnheiten von heute werden sich auf die Gene unserer Nachkommen auswirken.

Eine neue globale Macht und ein neuer Akteur der natürlichen Auslese ist am Werk. Seit den 1980er Jahren geht das Imperium der Fettleibigkeit unablässig in die Breite, und nichts deutet darauf hin, dass sich diese Entwicklung umkehrt. Noch zwanzig Jahre vor diesem fragwürdigen Jahrzehnt waren trotz rückläufiger Realpreise auf dem Lebensmittelsektor kaum Anzeichen für die folgende Fettwoge zu erkennen. Doch neue Techniken ermöglichten damals schon die Industrialisierung der Ernährung, die finale Stufe in der wissenschaftlichen Nutzbarmachung der Darwinmaschine. Und heute fegt ein Fett-Tsunami über die Welt hinweg und fordert seine Opfer.

Viel braucht es nicht, die Taillenweite einer ganzen Nation zu verändern. Der Anstieg der Fettleibigkeit in Amerika im Lauf der letzten dreißig Jahre lässt sich auf eine Erhöhung der Kalorienmenge zurückführen, die lediglich einer Flasche Limo am Tag entspricht. Bei der gegenwärtigen Zuwachsrate werden 2025 zwei Drittel der Amerikaner und die Hälfte der Briten Übergewicht haben, und Großbritannien wird das »dickste« Land Europas sein. Unter den Industrieländern werden nur China und seine Nachbarn von der Geißel verschont bleiben.

Ursache für die Plage des 21. Jahrhunderts ist der Triumphzug der wissenschaftlichen Landwirtschaft. Viele der besonders stark Betroffenen haben Gene, die ihnen den Umgang mit der neuen Ernährung erschweren. Eine Reihe dieser fettleibigen Menschen wird jung sterben oder keinen Partner finden. So wird die Fettleibigkeit – wie einst die Landwirtschaft – schon bald einen evolutionären Wandel herbeiführen.

Die Menschen, die die ersten Felder anlegten, lebten an den Flüssen, die sich durch die grüne Levante schlängelten. Jahrtausendelang jagten sie und sammelten Samen und Früchte, wie der Mensch es seit Anbeginn seiner Geschichte getan hatte. Kurz nach dem Höhepunkt der letzten Eiszeit wurde das Wetter im Nahen Osten feuchter und wärmer, und die Gräser wuchsen besonders gut. Vor 13 000 Jahren folgte dann ein schwerer Rückschlag, das Klima wurde mehrere Jahrhunderte lang kalt und trocken. Dieser Kälteeinbruch veranlasste die Menschen dazu, das Getreide anzubauen, statt die Körner nur zu sammeln. Bald stieg das Thermometer wieder, das Getreide gedieh, und die Landwirtschaft hinterließ erste Spuren.

Eine ähnliche Lebensweise, diesmal gestützt auf Mais und Reis statt auf Weizen und Kichererbsen, entwickelte sich schon bald in Südamerika, China und später sogar in Papua-Neuguinea, wo vor 6500 Jahren der Bananen- und Zuckerrohranbau entstand. Sie breitete sich rasch aus. In Großbritannien kam die Landwirtschaft vor etwa 4000 Jahren an. Der Wechsel zum neuen Wirtschaftssystem vollzog sich schnell: Innerhalb nur weniger Jahrhunderte wurde die Jagd auf Wild durch die Landwirtschaft ersetzt. Trotzdem verzehrten die Menschen noch immer viel Fisch und Meeresfrüchte, führten also den Teil der Jagd fort, der sich bis heute gehalten hat. Mit der Einführung neuer Getreidearten hielten die Bauern dann auch Tiere, die sie damit fütterten. Bald konnten von einer Fläche, die vorher einen Menschen ernährt hatte, hundert Menschen leben.

Das neue Wirtschaftssystem schränkte das Nahrungsspektrum enorm ein. Seit seinem Erscheinen auf der Erde hatte *Homo sapiens* rund achttausend verschiedene Nahrungsmittel zu sich genommen. Als man in Syrien die Lagerstätten von Jägern ausgrub, die vor der Einführung der Landwirtschaft gelebt hatten, fand man allein bei dieser einen Gruppe 150 verschiedene essbare Früchte, Getreidearten und Blättersorten. Die Aborigines in Queensland taten sich noch im 19. Jahrhundert an 240 verschiedenen Pflanzen gütlich. Mit Ausbreitung der neuen Lebensweise wurde der Speiseplan schlichter. Innerhalb weniger Jahre gab es im Nahen Osten nur noch wenige Getreidearten: Emmer und Einkorn (zwei Vorläufer des Weizens), Gerste, Erbsen, Linsen, Wicklinsen und Kichererbsen. Schon bald verzehrten alle Bewohner der Erde zusammengenommen nur noch halb so viele verschiedene Pflanzen wie ein einziger Sammler und Jäger vor ihnen. Vielerorts entwickelten sich nur zwei Feldfrüchte – meist waren Reis, Mais oder Weizen dabei – zu Hauptnahrungsmitteln. Diesen Status behielten sie 10 000 Jahre bei.

Nun haben sich die Umstände erneut geändert. Einige glückliche Bürgerinnen und Bürger haben einen riesigen Schritt in die Vergangenheit vollzogen, denn die Mittelschicht ist zu der Ernährung der Jäger und Sammler zurückgekehrt. Die Kunden streifen durch die teuren Supermärkte und picken sich aus einem erlesenen, aus aller Welt importierten Nahrungsspektrum, das von Avocados bis hin zu Zucchini reicht, das Beste heraus. Diese Revolution der Reichen setzte schon kurz nach Kolumbus ein, als exotische Delikatessen wie Kartoffeln, Erdnüsse und Tomaten aus der Neuen Welt herbeigeschafft wurden. Andere Köstlichkeiten nahmen den umgekehrten Weg, allerdings mit einiger Verspätung; Brokkoli beispielsweise war bis in die 1920er Jahre in den USA kaum bekannt. Auf beiden Seiten des Atlantiks drehen heute diejenigen, die es sich leisten können, 10 000 Jahre Ernährungsgeschichte zurück.

Die Avocadoliebhaber sind aber noch immer in der Minderheit. Viele ihrer amerikanischen und europäischen Mitbürger verzehren Gerichte, die an Einseitigkeit denen der ersten Bauern in nichts nachstehen, ohne dass die Konsumenten allerdings das Privileg hätten, die Rohmaterialien selbst angebaut zu haben. Genau wie zu Beginn der Landwirtschaft nehmen die Menschen eine schmalere Bandbreite an Nahrungsmitteln zu sich als ihre Eltern und Großeltern. Cheeseburger, Pommes und süße Getränke, reich an billiger Energie, sind bei den Armen sehr beliebt. Die Briten beziehen heute doppelt so viele Kalorien aus Fett wie ihre Eltern. Die durchschnittliche Natriumaufnahme hat sich, verglichen mit früher, verzehnfacht, die Kalziumaufnahme dagegen halbiert.

Mit der Einschränkung ihres Nahrungsspektrums verschlechterte sich, wie bei den modernen Armen, auch der Gesundheitszustand der ersten Bauern. Die Symptome waren andere, die Ursachen jedoch – ein reichhaltiger, aber einseitiger Speiseplan – dieselben. An den Knochen lassen sich Mangelerkrankungen ablesen, und mit Ausbreitung der neuen Lebensweise sank die Durchschnittsgröße der Erwachsenen um 15 Zentimeter, ein Rückgang, der erst mehrere Tausend Jahre später wieder aufgeholt wurde. In Nordamerika, wo der Mais als Grundlage fast aller Mahlzeiten gottgleich verehrt wurde, stellte der Eisenmangel die Menschen vor ein weiteres Problem, denn Mais hat nicht nur selbst zu wenig Eisen, sondern er verhindert auch die Eisenaufnahme aus dem Fleisch. Viele Menschen litten daher unter Blutarmut. Müde, schwach und abgeschlagen fristeten sie ihr erbärmliches Dasein als Ackerbauern.

Mattigkeit, Willensschwäche, Niedergeschlagenheit und andere Mangelerscheinungen und -krankheiten sind heute wieder da, diesmal allerdings versteckt im Überfluss. In Großbritannien finden 30 000 Menschen aufgrund ihrer übergroßen Taille einen frühen Tod. In den USA, wo im Jahr 2005 die Fettleibigkeit das Rauchen als wichtigste vermeidbare Todesursache überholt hat, sind es zehnmal so viele. Nicht zufällig haben sich die Ausgaben für Nahrungsmittel im Verhältnis zum Volkseinkommen fast halbiert, die für das Gesundheitswesen indes verdreifacht. In Mittel- und Osteuropa gehen anteilig sogar noch mehr gesunde Lebensjahre verloren als in Großbritannien. Die derzeitige Generation Erwachsener, diejenigen also, die vor dem Zeitalter des essbaren Schunds aufwuchsen, dürfte die langlebigste der Menschheitsgeschichte sein. Das Problem ihrer Kinder ist das Fett. Die Medizin weiß schon lange um die Gefahren dieser Plage. Hippokrates zufolge ist Fettleibigkeit keine Krankheit, sondern bringt Krankheiten mit sich. Viele Tausend Menschen sterben vorzeitig an Herzerkrankungen, Schlaganfall, Krebs und Diabetes, den vier apokalyptischen Reitern der Fettleibigkeit. Viele weitere leiden unter Gicht, Arthritis, Blasenproblemen, herabgesetzter Fruchtbarkeit und anderen Beschwerden, die Dicke eher treffen als Schlanke. Die gefährlichste Folge der Gefräßigkeit ist, dass viele Menschen statt einer Birnen- eine Apfelform annehmen, denn die zusätzlichen Zentimeter an der Taille sind riskanter als der Zuwachs um die Hüfte. Auch bei den Frauen, die früher bei einer Gewichtszunahme stärker an der Hüfte ansetzten als am Bauch, ist die Apfelform bald verbreiteter als die Birnenform. Bei der Apfelfraktion lagert sich das Fett rund um die Leber ab, wo es offenbar leichter Fett, Hormone und Entzündungsstoffe in den Blutkreislauf abgibt.

Wie schon zu Beginn der Landwirtschaft in der Neuen Welt fallen die Indianer den veränderten Ernährungsgewohnheiten besonders stark zum Opfer. Vor hundert Jahren pflegten viele von ihnen noch ihre traditionelle Küche. Die Pima von Arizona – die sich selbst auch das »Maisvolk« nannten – verzehrten ihre herzhaften Maistortillas oder ihren Maisbrei und waren schlank. Heute ernähren sie sich von Burgern, Brathuhn und Limonade. In gewisser Hinsicht hat sich die Nahrungsmittelaufnahme gar nicht so sehr verändert, denn die Pima essen heute noch ebenso viel Mais wie ihre Großeltern. Der Unterschied besteht darin, dass der Mais vorher durch eine Kuh, ein Hühnchen oder die Limonadenfabrik gegangen ist.

Der billige Mais machte Fast Food erst möglich. In den USA wird eine von fünf Mahlzeiten im Auto eingenommen, und die Maismenge, die benötigt wird, um vier Autoinsassen mit je einem Cheeseburger zu versorgen, würde nicht einmal in den Benzintank passen. Ein Chicken McNugget hat 38 Inhaltsstoffe, von denen sich 13 aus Mais herleiten. Der Ausgangsstoff für das Sprudelgetränk, mit dem er heruntergespült wird, ist Maissirup, und das Rohmaterial für den Milchshake zum Nachtisch kommt von einer Kuh, die nicht etwa auf der Weide Gras, sondern im Stall Mais gefressen hat. Der »natürliche Erdbeergeschmack« ist nur insofern natürlich, als er nicht aus künstlich hergestellten Stoffen synthetisiert, sondern aus Mais hergestellt wurde. Ein Viertel der Lebensmittel in einem amerikanischen Supermarkt enthält Mais, und in den Regalreihen mit den billigen Fertigprodukten – jedes Jahr werden deren Tausende neu eingeführt – spiegelt sich die zweite Agrarrevolution, die sich in der Lebenszeit der meisten Leserinnen und Leser dieses Buchs vollzogen hat.

Getreide und hier vor allem der Mais wandelt Sonne besonders effektiv in Nahrung um. Darüber hinaus lässt es sich leicht lagern und transportieren. Kühe grasen von ihrer Evolution her eigentlich auf der Wiese, doch heute erscheint es wirtschaftlich sinnvoller, sie in riesigen Ställen mit Getreide zu mästen. Mehr als die Hälfte des weltweit angebauten Mais und Soja wird an Tiere verfüttert. Die globale Fleischproduktion hat sich seit den 1960er Jahren vervierfacht, die Fleischmenge pro Kopf der Bevölkerung verdoppelt.

Die industrialisierte Landwirtschaft hat in wenigen Jahrzehnten erreicht, wofür die Bauern ohne wissenschaftliche Hilfe Jahrhunderte brauchten. Allerdings gingen die Bauern nicht viel anders vor als die modernen Wissenschaftler. Zwar konnten sie wahrscheinlich ihr eigenes Tun oft nicht erklären, doch sie teilten die mittelalterliche Vorstellung, dass Merkmale in der Familie liegen. In Thomas Blundevilles *The Fower Chiefest Offices Belonging to Horsemanshippe* (1566) heißt es, jedem Tier sei es »meistenteils natürlich gegeben, Seinesgleichen zu zeugen«. Die künstliche Auslese, also die gezielte Zucht der besten Anlagen, kam bald in Gang. Allerdings schworen die Züchter von Rennpferden und Hunden auf die merkwürdige These, dass sich Merkmale nur über die männliche Linie vererben. Erst als die englischen Züchter im 18. Jahrhundert erkannten, dass sie Tiere gleicher »Schönheit« paaren mussten, war die Agrarwissenschaft geboren. Robert Bakewell, ein führender Züchter seiner Zeit, gab seine Motive offen zu, als er seine breitbrüstigen New-Leicester-Schafe als »Maschinen« bezeichnete, die Wiesenkräuter zu Geld machten. Seine Zuchtböcke verlieh er für tausend Pfund pro Saison, damals eine gigantische Summe.

Heute ist die Tierzucht ein riesiger Markt. Gefragte Zuchtbullen und Hengste bringen Tausende Nachkommen hervor, die dank neuartiger statistischer Methoden auf Hunderten von Höfen verglichen werden können, um festzustellen, welcher sich am besten entwickelt. Häufig weiß man gar nicht, welche Gene eigentlich den Ausschlag geben. Der Milchertrag bei Kühen etwa hat sich seit den 1940er Jahren verdoppelt, doch welche DNS-Abschnitte dafür verantwortlich sind, war bis zum Ende des Jahrhunderts unbekannt. Die Molekularbiologie schafft mittlerweile Abhilfe: Sie hat die DNS-Sequenz der meisten Haustiere entschlüsselt und auch verborgene Abweichungen kartiert, sodass sich die produktivsten Varianten aufspüren lassen. Der jährliche Zuwachs in der Fleisch- und Milchproduktion infolge der Gentechnik liegt in den Industrieländern bei etwa 1,5 Prozent. Das entspricht allein in Europa weit über 1,2 Milliarden Euro. Künstliche Hilfsmittel wie eine Phantomkuh, in die der Bulle ejakuliert, damit sein Samen über den gesamten Globus verteilt werden kann, aber auch geklonte Schafe oder gentechnisch verändertes Getreide versprechen Großartiges. Dennoch wird damit angesichts einer erwarteten Verdoppelung des Fleischkonsums in den nächsten zehn Jahren die steigende Nachfrage gerade gedeckt werden können. Die Pflanzentechnologie hat sogar noch größere Erfolge zu verzeichnen. Es sind bereits viele Gene entschlüsselt, die für einen hohen Ertrag oder eine Krankheitsresistenz verantwortlich sind, wobei manche auch von den wilden Verwandten unserer Zuchtsorten übernommen wurden. Die Landwirtschaft arbeitet heute mit Weitblick, eine Vorgehensweise, die der Evolution gänzlich fremd ist, die aber zumindest unbewusst schon von den ersten Bauern gepflegt wurde.

Was aber musste eine Pflanze oder ein Tier mitbringen, damit es domestiziert werden konnte? Die Grundvoraussetzung war die Fähigkeit, mit dem Menschen auszukommen. Nur dann konnte der Mensch – häufig ohne längeres Nachdenken – seine bevorzugten Individuen als Eltern für die nächste Generation auswählen. Eine Optimierung war bei Pflanzen und Tieren unvermeidlich.

Darwin wusste nur wenig über die Herkunft von Obst, Getreide und Gemüse. Die Botaniker, so schreibt er in *Das Variieren der Tiere und Pflanzen im Zustande der Domestikation,* hätten die Kulturpflanzen vernachlässigt, und häufig sei die Wildform gänzlich unbekannt. Manch ein Botaniker glaube, viele der seit alters kultivierten Pflanzen seien so grundlegend verändert worden, dass die Urform nicht mehr zu erkennen sei. Mittlerweile wurden diese Urformen gefunden, verborgen in der DNS ihrer Nachkommen.

Die Nutzpflanzen haben vieles gemein. Tomaten, Gerste, Kichererbsen, Pflaumen und andere mehr sind weniger mannigfaltig als ihre wilden Vorfahren. Sie werden größer, verzweigen sich nicht so stark und tragen weniger, dafür aber größere Früchte oder Körner, die nicht so bitter schmecken. Sie blühen zu verschiedenen Zeiten im Jahr, und ihre Samen keimen gleich nach der Saat, anders als die vieler Wildpflanzen, die eine längere Ruhezeit brauchen.

Die Geschichte all dieser Veränderungen ist in der DNS

verborgen. Am Beispiel von Mais, dem Rohmaterial für das Junkfood, lässt sich aufzeigen, wie die Biologie die Vergangenheit entschlüsseln kann. Der Mais stammt von einer Wildpflanze ab, die vor nicht allzu langer Zeit zu einem Massenprodukt weiterentwickelt wurde. Der heutige Mais unterscheidet sich so stark von seinem Vorläufer, dass seine Herkunft lange unbekannt war.

Die Geschichte des Mais ist in der Neuen Welt angesiedelt, und sie begann vor rund 8000 Jahren in Südmexiko. Damals bauten die ersten Ackerbauern ein Wildgras namens Teosinte an (»Korn der Götter«). Noch heute wächst die Pflanze in weiten Teilen Südamerikas. Allerdings sind mehrere ihrer mehr als zehn Arten vom Aussterben bedroht. Die Teosintepflanze hat getrennte männliche und weibliche Blütenstände, wobei die männliche Blütenrispe den Pollen trägt und die weiblichen Blütenteile in mehreren kleinen Ähren sitzen.

Da die Wildversion auf den ersten Blick völlig anders aussieht als der Maiskolben mit seinen Körnern, hielt man sie früher für eine Reisverwandte. Der Fruchtstand ist kaum länger als fünf Zentimeter lang, wohingegen das kultivierte Gegenstück gut dreißig Zentimeter messen kann. Etwa sechs reife Teosintekörner bilden, jedes in einen harten Mantel gehüllt, einen »Kolben«. Der Mantel schützt sie vor den Verdauungssäften der Tiere, die den Kolben fressen. Der Samen fällt, wenn er reif ist, ab, durchläuft mit etwas Glück einen Verdauungstrakt, fällt auf fruchtbaren Boden, keimt und bildet die nächste Generation.

Ein Maiskolben hat dagegen 500 oder mehr Körner. Die Samen sind erheblich länger, haben verschiedene Farben und enthalten viel mehr Stärke. Sie fallen nicht von allein ab, und ihnen fehlt die schützende Umhüllung. Werden sie gegessen, so werden sie daher verdaut statt ausgeschieden. Wenn der reife Kolben nicht geerntet wird und zu Boden fällt, so überlebt von den vielen Samen kaum einer den Kampf um Licht und Nahrung. Der Mais ist demnach in der Fortpflanzung völlig auf den Menschen angewiesen. Die Pflanze hat sich so stark verändert, dass sie ihrem Vorfahren nicht mehr im Geringsten ähnlich sieht.

Trotzdem sind Mais und Teosinte so nah verwandt, dass sich einige wilde Stämme mit ihren domestizierten Nachfahren hybridisieren, was den Bauern missfällt, weil es ihren Ertrag mindert. Wissenschaftler dagegen nutzen diesen Umstand, um wertvolle Gene zu retten, ehe die Urformen aussterben. Der Mais-DNS am ähnlichsten ist das Erbgut der Teosintepflanzen, die in den Bergen oberhalb des Flusses Balsas in Südwestmexiko wachsen. Die ältesten bekannten Kolben, 6300 Jahre alt, wurden 400 Kilometer weiter in einer Höhle im Oaxacatal gefunden. Damals begannen die Südamerikaner, sich von ihrem domestizierten Gras zu ernähren. Sie lernten bald, ihm mittels einer Kalkzugabe die lebensnotwendigen Vitamine zu entlocken. Dieses Wissen wurde erst Mitte des 20. Jahrhunderts wiederentdeckt, als die Mangelerkrankung Pellagra auf die Ernährung mit unbehandeltem Mais zurückgeführt wurde.

Der moderne Mais unterscheidet sich in mindestens tausend Genen vom Teosinte. Aus 4500 Jahre alter fossiler DNS geht hervor, dass die Bauern schon damals Gene auswählten, um die Qualität und Größe der Maiskörner zu verbessern. Den Wandel zur Nutzpflanze führten im Wesentlichen nur vier Gene oder Gengruppen herbei, weitere spielen nur eine geringfügige Rolle. Auf dem Weg vom Gras zum Nahrungsmittel erfolgten Mutationen, in deren Verlauf aus den schlanken Seitenzweigen des Grases kräftige Kolben wurden und die harte Samenhülle verloren ging. Wieder andere sorgten dafür, dass die reifen Körner am Kolben bleiben, statt bei Berührung abzufallen. Dass sich die DNS vor und nach diesen Stellen kaum unterscheidet, deutet darauf hin, dass die Züchter das Erbmaterial im großen Stil in die Population einbrachten, sobald ihnen das neue Merkmal auffiel.

Die Weiterentwicklung des Mais ist heute eine eigene

Industrie. Die US-Produktion liegt bei 300 Millionen Tonnen, und weltweit ist der Mais die am häufigsten angebaute Kulturpflanze. Durch Mutation, Selektion und Hybridisierung sind Hunderte verschiedener Stämme entstanden. Einige werden bis zu sieben Meter hoch, andere bleiben klein, manche haben große grobe Körner und werden als Viehfutter verwendet, anderen haben winzige Kolben, nicht größer als die des Teosinte und damit passend für Mixed Pickles. Zuckermais ist sehr zuckerhaltig, in speziellen Popcornsorten reißt die aufquellende Stärke das Korn beim Erhitzen auf. Die Pflanze gedeiht mittlerweile vom hohen Norden bis in die Tropen und ist heute erheblich ergiebiger als noch vor 50 Jahren. Die Maisforschung hat die globale Wirtschaft mindestens so verändert wie die Kernkraft.

Das Maisgenom hat eine bizarre und merkwürdige Struktur. Es enthält fast so viel DNS wie unseres und immerhin doppelt so viele Gene. Zum Großteil besteht sie aus mobilen DNS-Elementen, die schon vor langer Zeit hinzukamen. Einige dieser molekularen Parasiten können sich nicht mehr kopieren und verharren träge an ihrem Platz, während andere immer mal wieder aufwachen und einen Ortswechsel vornehmen. Dabei können sie Mutationen auslösen oder ein aktives Gen mitnehmen und seine Wirkungsweise verändern. Viele Mutationen bei der Optimierung der Maispflanze entstanden im Lauf dieses ständigen Prozesses. Die Mais-DNS verändert sich schnell. Obwohl einige Inzuchtlinien von einem gemeinsamen Vorfahren abstammten, der erst vor wenigen Jahrzehnten lebte, unterschieden sie sich genetisch ebenso stark voneinander wie Menschen und Schimpansen. Die mobilen Elemente sind dermaßen aktiv, dass bei zwei Inzuchtlinien durchschnittlich ein Fünftel der Gene an unterschiedlichen Stellen des Chromosoms sitzt. So schlicht der Mais als Nahrungsmittel auch sein mag, biologisch betrachtet ist er ein kompliziertes Gebilde.

Andere Getreidearten haben eine weniger wechselvolle Geschichte. Bei den Äpfeln ist sie sogar ganz einfach. Vor fünfzig Jahren war Alma-Ata in Kasachstan »eine Stadt im Obstgarten oder ein Obstgarten in der Stadt«. Der Name bedeutet »Großvater der Äpfel«, auch wenn die Stadt heute eher für ihre Porsche- und Mercedes-Händler bekannt ist. In und um Alma-Ata wurde jedoch intensiv domestiziert. Anhand der Gene in den Chloroplasten, also den grünen Organellen der Blattzellen, lässt sich nachvollziehen, dass die Äpfel, die wir heute essen, fast alle von nur zwei kasachischen Urbäumen abstammen. Diese Mütter aller Äpfel wuchsen nicht weit von Alma-Ata. Noch heute findet man im nahe gelegenen Tienschan-Gebirge Wildapfelbäume, die zum Teil so groß sind wie Eichen. Einst befand sich hier, in der Heimat des Schneeleoparden, ein weitläufiger Obstwald mit Walnussbäumen, Weinreben, Aprikosen- und Apfelbäumen. Die heutigen Apfelsorten, sei es der langweilige Golden Delicious oder der seltene Zuccalmaglio, sind aus Mutationen und gezielter Züchtung der Linien hervorgegangen, die auf diese beiden Urahnen zurückgehen. Erhalten werden sie über Pfropfreiser und Stecklinge.

Anders als die kleinen und bitteren Früchte der meisten Wildapfelbäume sind die Äpfel im Tienschan groß und süß. Die Süße entwickelte sich, als die Bäume ihren Reproduktionspartner wechselten. Die Samen der meisten Wildäpfel werden von Vögeln verbreitet, die die Früchte anpicken, doch im Tienschan, dem »Himmelsgebirge«, übernehmen Bären diese Aufgabe. Beide Tierarten fressen die Samen und verbreiten sie über den Kot. Ein Vogel gibt sich mit einer kleinen Ausbeute zufrieden, doch für ein stattliches Säugetier wie den Bär braucht es schon einen besonderen Anreiz. So entwickelten sich die süßen Äpfel. Vor acht Jahrtausenden kamen die Menschen und ihre Pferde in den Obstwald und fanden die Bärendelikatesse ebenfalls lecker. Fortan reisten die kasachischen Apfelsamen mit den Pferden und Menschen über die Seidenstraßen am Rand des Gebirges. Ihre Nachkommen füllen heute die Obsttheken der Supermärkte in aller Welt. Auch der Pfirsich hat seinen Ursprung in einer wilden Berglandschaft in China und gelangte erst in griechischer Zeit nach Europa. Seither hat er sich, wie anderes Steinobst auch, zu einer Vielzahl verschiedener Formen weiterentwickelt.

Die Kartoffel ist in einer kleineren Region entstanden, nämlich in einem Gebiet in Peru nördlich des Titicacasees. In den fünftausend Jahren, in denen sie nunmehr kultiviert wird, hat sich eine große Formenvielfalt entwickelt. Die Ernährungs- und Landwirtschaftsorganisation der Vereinten Nationen hat ihrer Bedeutung mittlerweile Rechnung getragen, indem sie das Jahr 2008 zum Internationalen Jahr der Kartoffel erhob. Auch Linsen, Erbsen und Kichererbsen stammen von nur einem wilden Vorfahren ab. Die verschiedenen Stämme beim Reis dagegen entwickelten sich getrennt voneinander aus zwei oder drei unterschiedlichen Grasarten, die in China kultiviert wurden. Beim Weizen verlief die Entwicklung wieder anders, denn das moderne Getreide geht aus der Hybridisierung mehrerer Wildgräser hervor, die es noch heute gibt. Aus ihnen entwickelte sich eine Pflanze mit erheblich mehr Chromosomen.

Nicht lange, nachdem erstmals Weizen, Kichererbsen und andere Kulturpflanzen auf den Teller kamen, lud der Mensch auch Wildtiere zu sich ein. Nur wenige nahmen das Angebot an, die meisten von ihnen schon vor Christi Geburt. Rasch veränderte sich die Gesellschaft. Kühe, Schweine, Pferde und Schafe waren der Augapfel eines jeden Bauern, der viel Mühe auf ihre Pflege verwandte. Kaum hatten die Tiere die Wildnis hinter sich gelassen, begannen sie sich zu verändern, und zwar alle auf mehr oder weniger die gleiche Art.

Nutztiere, egal welche, entwickelten sich wie ihre botanischen Gegenstücke nach einigen allgemeingültigen Regeln. Sie sind kleiner, ihr Körperbau ist leichter, das Gesicht kürzer, das Gebiss kleiner als bei ihren wilden Verwandten. Häufig variieren Farbe und Form stärker, und bei vielen entwickelt sich ein geschecktes Fell. Ihr Fleisch ist fetter, sie haben einen längeren Darm, paaren sich das ganze Jahr über und bilden mehr Milch. Meist unterscheiden sich Männchen und Weibchen weniger stark als in freier Wildbahn. Bei vielen ihrer Vorfahren – Wildrindern, Wildpferden und Wildschweinen – wirkt die natürliche Auslese stark über den Fortpflanzungserfolg. Ganze Tage werden auf Revierkämpfe verwandt, und entsprechend entwickelten sich bei den männlichen Tieren Hörner und Hauer. Wird aber die Fortpflanzung vom Menschen kontrolliert, kann die überschüssige Energie in die Produktion von Milch, Fleisch oder Wolle fließen. Deshalb reagieren domestizierte Bullen oder Böcke auch nicht so aggressiv auf Rivalen wie ihre ungezähmten Verwandten. Aufgrund ihres sorglosen Lebens tritt die Promiskuität an die Stelle der treuen Bande, die einige ihrer Vorfahren knüpften. Das kommt den Bauern entgegen, wenn sie bestimmte Tiere für die Zucht auswählen.

Eine Art legte die Lebensgewohnheiten ihrer Vorfahren besonders schnell ab. Sie begab sich als Erste in Knechtschaft und manipuliert seither mit ihrer Persönlichkeit den Menschen. An ihrem Beispiel ist am besten abzulesen, was Domestikation eigentlich für die Tiere bedeutet.

Darwin war ein großer Hundeliebhaber. Er widmet das erste Kapitel seines Buches *Das Variieren der Tiere und Pflanzen im Zustande der Domestikation* der Geschichte dieser Tiere. Schon zu seiner Zeit war die Vielfalt der Hunderassen so groß – und seither ist sie ja noch gewachsen –, dass er sich nicht sicher war, ob die Hunde von einem einzigen Vorfahren, dem Wolf, abstammen oder aber von mehreren, wobei Fuchs und Schakal weitere Kandidaten waren. Die damals verbreitete Ansicht, dass jede Rasse von einem anderen, mittlerweile ausgestorbenen wilden Urahn abstammt, verwarf Darwin.

Der Hund, so Darwin, ist geistig und körperlich das vielfältigste Säugetier. Manche Rassen sind uralt. Bei einem Besuch im Britischen Museum erkannte Darwin auf assyrischen Monumenten des 6. Jahrhunderts v. Chr. einen Mastiff. Andere Rassen wiederum waren jünger und unterschieden sich stärker von ihren wilden Urahnen. Einige Merkmale wie etwa die Kopfform und das fliehende Kinn bei der Bulldogge und beim Mops könnten als plötzlich auftretende »Monstrositäten« entstanden sein (wir würden sie als Mutationen bezeichnen), doch in der Mehrzahl erwüchsen sie aus einer allmählichen Kumulierung bevorzugter Formen. Der Hund sei ein wunderbares Beispiel dafür, wie sich die Natur nach dem Wunsch des Menschen formen lasse.

Die DNS beweist, dass alle Hunde Nachfahren des Wolfes sind, der sich, wenn er Gelegenheit hat, noch immer mit ihnen kreuzt. In *Das Variieren der Tiere und Pflanzen im Zustande der Domestikation* führt Darwin als Beispiel die Fochaber in Schottland an, die eine Vielzahl wolfsähnlicher Fellfarben aufweisen; diese seien auf einen einzigen Wolfshybriden zurückzuführen, der in den Bezirk gebracht wurde. Die frühesten Hundeknochen, die gemeinsam mit Menschenknochen gefunden wurden, stammen aus einer Ausgrabung in Deutschland und sind 15 000 Jahre alt. Die Tiere trieben sich aber wahrscheinlich schon lange Zeit davor in der Nähe der Lagerfeuer herum. Das bedeutet, dass sie sich vor allen anderen Tieren zu den Menschen gesellten. Gleich von Anfang an veränderten sie sich: Als Ausdruck dessen, dass sie nicht mehr übers Land zogen, wurden die Beine kürzer als die ihrer Vorfahren.

Seither hat sich beim Hund eine große Formenvielfalt entwickelt. Vierhundert Hunderassen sind anerkannt, für 150 gibt es einen offiziellen Zuchtverband. Die Regeln geben oft vor, dass beide Elterntiere zu einem genau definierten Typ gehören müssen und unsichere Blutlinien zu verwerfen sind, sodass die Zuchtverbände die Fortpflanzung der Haustiere penibel überwachen. Solche Exklusivität kann schnelle Veränderungen mit sich bringen.

Manche Rassen (unter anderem Mastiff, Spitz und Saluki) gibt es seit Jahrhunderten. Der Pharaonenhund dagegen, der mit seinen spitzen Ohren und dem kurzen Fell den abgebildeten Hunden in den altägyptischen Königsgräbern ähnelt, ist eine Fälschung, die moderne Kopie einer ausgestorbenen Rasse. Die meisten Rassen sind weniger als vierhundert Jahre alt. Die große Vielfalt dokumentiert, was die Zuchtauswahl durch den Menschen aus einem einstmals wilden Tier machen kann.

Im Jahr 1815 gab es in Großbritannien lediglich rund fünfzehn anerkannte Hunderassen. Die erste offizielle Hundeschau fand im Jahr 1859 statt, im selben Jahr erschien Darwins *Entstehung der Arten*. Die Zahl der Rassen war damals bereits auf fünfzig angewachsen. Viele der heute beliebtesten Rassen – Terrier, Spaniel, Retriever und andere mehr – sind nicht viel älter als ein Jahrhundert. Ihre Identität haben sie demnach in nur etwa fünfzig Hundegenerationen ausgebildet. An den Genen lässt sich ablesen, dass fast alle Rassen auf weniger Rüden als Weibchen zurückgehen, dass also gemäß der alten Überzeugung, nach der ein Merkmal nur über den Vater vererbt wird, ein männliches Stammtier mit einer Vielzahl von Hündinnen gepaart wurde. Noch heute zeugen manche Rüden mehr als hundert Würfe – eine unerhörte Abkehr vom monogamen Sexualverhalten des Wolfes. Die Züchter halten an der abwegigen Vorstellung fest, dass die Macht des Spermas größer sei als die es Eis, und durch die Auswahl der besten Tiere als Stammväter schmälern sie damit den Umfang der verfügbaren Population.

Manchmal geht aus nur einer Mutation eine neue Variante hervor. Der größte Hund, nämlich der Irische Wolfshund, misst bis zum Widerrist fast einen Meter und bringt gut fünfzig Kilogramm auf die Waage. In einem solchen Wolfshund fänden rund fünfzig Chihuahuas Platz. Erstaunlicherweise resultiert die Größe aus nur einem Gen, das bei dem großen Tier die eine, beim kleinen die andere Form annimmt. Auch der Windhund verdankt seine Identität einer Genveränderung. Hin und wieder kommt in einem Wurf ein schwer mit Muskeln bepacktes Individuum vor, das zwei Kopien des Gens für ein Muskelprotein in sich trägt und stark missgebildet ist. In den meisten Fällen sterben solche Welpen bei der Geburt. Viele andere Vertreter dieser Rasse aber tragen das Gen nur in Einzelkopie in sich. Das betreffende Gen wurde mittlerweile auch in Mastrindern und sogar in einem jungen Deutschen nachgewiesen, dessen Mutter Sprintmeisterin war. Die vielleicht schaurigste Hunderasse ist der Mexikanische Nackthund oder Xoloizcuintle, der ursprünglich als Fleischlieferant gezüchtet und von den Azteken auch als Bettwärmer eingesetzt wurde. Wie sein Name andeutet, ist er völlig nackt. Auch dafür ist ein einziges Gen verantwortlich, das beim Menschen zum Verlust der Haare und Schweißdrüsen führt. Immerhin belegen alte Skulpturen, dass es diesen Gendefekt schon vor dreitausend Jahren gab. Darwin selbst kannte eine Familie, in der die menschliche Variante der Krankheit kursierte, und kam fast dem Vererbungsmuster auf die Spur, denn er erklärte, dass die Anlage von den Töchtern weitergegeben werde, jedoch in den Söhnen zum Tragen komme. Das entspricht dem, was infolge der Lage im X-Chromosom zu erwarten wäre, und dort wurde es auch als erstes menschliches Gen lokalisiert.

Andere Hunderassen verdanken ihr Merkmal einem einfachen ererbten Defekt. Der Dackel beispielsweise weist eine Mutation auf, die auch bei uns Menschen Kleinwüchsigkeit auslöst. Bei den meisten erwähnten Formen allerdings sind mehrere Gene an der Abweichung beteiligt, die der Rasse nach und nach zu ihrer individuellen Identität verhilft. Die Vielfalt beim Hund kommt ganz anders zustande als beim Menschen. Unabhängig von ihrer Herkunft zeichnen sich Menschen stärker durch Ähnlichkeiten aus als durch Unterschiede. Der größte Teil der Variabilität beim Hund geht jedoch auf die Unterschiede innerhalb der Zuchtlinie zurück. An der Doppelhelix kann man ablesen, dass die Zuchtverbände den DNS-Austausch richtiggehend blockiert haben. Daraus wiederum hat sich in bestimmten Linien eine intensive Inzucht ergeben. Die 300 000 Golden Retriever in Großbritannien gehen in den vergangenen drei Jahrzehnten auf nur 7000 Rüden zurück. Andere Rassen haben aus diesem Grund seit den 1970er Jahren in etwa einem Dutzend Generationen neun Zehntel ihrer ursprünglichen Variabilität eingebüßt. Die Hunde mussten einen hohen Preis dafür bezahlen. Die verbissene Zielstrebigkeit, mit der die Züchter jede Linie an einen willkürlich gesetzten Standard anpassen, führte etwa dazu, dass beim King-Charles-Spaniel das Hirn mittlerweile zu groß für den Schädel ist, und beim Mops stehen die Augen so weit aus den Höhlen heraus, dass sich die Tiere jedes Mal, wenn sie gegen ein Hindernis laufen, am Augapfel stoßen. Beim Mops wurde intensiv Inzucht betrieben: Die 10 000 Tiere in Großbritannien haben nur fünfzig gemeinsame Vorfahren.

Ungeachtet der genetischen Schäden haben die Hunde es aber auch verstanden, vom Menschen zu profitieren. Für Nahrung und Unterkunft zahlen sie nicht mit ihrem Leben oder den Erzeugnissen ihres Körpers. Kein anderes Tier ist dermaßen eng mit seinem Herrn verbunden, und kein anderes domestiziertes Tier hat sich in dermaßen viele Rassen aufgespalten. Die meisten Bauernhoftiere gesellten sich erheblich später zum Menschen als der Hund, einige von ihnen mehrmals und an verschiedenen Orten.

In der *Domestikation* schreibt Darwin, dass das Rind auf zwei Kontinenten domestiziert wurde: in Afrika und im Nahen Osten. Rinder waren dem Menschen aber schon lange vorher lieb und teuer. An den Höhlenwänden von Lascaux sind mehr als hundert Auerochsen zu bewundern, riesige Urahnen des Rinds. Das eindrucksvolle Tier streifte bis etwa

1620 durch Europa, Nordamerika und Teile Asiens. Die Sumerer verehrten eine Kuhgöttin, »Hebamme des Landes und Mutter der Götter«. Später gab es die semitische Gottheit Ischtar, deren Partner, ein Stier, so viel Samen produzierte, dass er den Tigris damit füllen konnte. Auch in Ägypten war man von Rindern fasziniert. Der Pharao wurde als Mächtiger Stier tituliert und mit Schwanz und Ochsenbeinen dargestellt. Die Israeliten verehrten eine Weile das Goldene Kalb und bekamen dafür den göttlichen Zorn zu spüren. Auch der Kult um den Minotaurus, der Stierkampf und der Western belegen die emotionale Kraft des Tiers, und manche Golfer sollen bis heute einen gedörrten Bullenpenis als Putter verwenden, weil er angeblich Glück bringt.

Die ältesten Knochenfunde domestizierter Rinder im Nahen Osten sind 9000, in Europa etwa 7500 Jahre alt. Kühe paarten sich noch mehrere Tausend Jahre lang mit wilden Auerochsen. An alter DNS lässt sich ablesen, dass sich die weiblichen (mitrochondrialen) Linien heutiger europäischer Rinder deutlich von denen ihrer Auerochsahnen unterschieden, wohingegen das Y-Chromosom, das Auskunft über die männliche Herkunft gibt, dem des mittlerweile ausgestorbenen Urahns ähnelt. Die wilden Bullen müssen demnach den domestizierten Kühen mit oder ohne Einverständnis des Menschen heftig den Hof gemacht haben.

Gekochter Schinken blickt auf eine völlig andere Geschichte zurück. Die Schweine gelangten zu verschiedenen Gelegenheiten und an mehreren Orten Europas und des Nahen Ostens, später auch in Asien, auf den Hof des Menschen. Aus fossiler DNS geht hervor, dass Schweine aus dem Nahen Osten nach Europa kamen und später durch eine zweite Domestizierung des Wildschweins abgelöst wurden. Auch Pferde haben mehrere Herkunftsorte, wobei ein Zentrum nicht weit von der Apfelheimat in Kasachstan liegt. Spuren von Stutenmilch (bis heute in der Region sehr beliebt) auf fünfeinhalbtausend Jahre alter Keramik deuten darauf hin, dass die Tiere damals bereits domestiziert waren. Die Pferdezüchter trieben die Konzentration auf das männliche Geschlecht ins Extrem. Die 300 000 Rennpferde, die es heute gibt, tragen zu 95 Prozent dasselbe Y-Chromosom in sich, stammen also von einem einzigen Hengst ab. Er hieß Darley Arabian und gelangte 1704 mit dem britischen Konsul Thomas Darley aus Syrien nach England; fast alle restlichen Chromosomen lieferten die beiden anderen Urväter Byerley Turk und Godolphin Barb. In Europa gab es keine heimischen Schafe oder Ziegen. Alle domestizierten Formen haben daher ihre Wurzeln im Nahen Osten.

Das Huhn, dessen Fleisch heute massenhaft zu Junkfood verarbeitet wird, stammt von mindestens zwei asiatischen Wildhuhnarten ab und ist heute mit einer Population von fast 30 Milliarden Tieren der verbreitetste Vogel der Welt. Von seiner Heimat Thailand aus breitete er sich nach Europa und in den Pazifik aus, von wo aus er noch vor Kolumbus Südamerika erreichte. Obwohl sie nun schon so viele Jahre auf dem Hof verbringen, haben sich die Hühner eine große Vielfalt bewahrt, vielleicht, weil sie sich wie die Rinder weiter mit ihren wilden Verwandten gekreuzt haben. Ihre Fortpflanzungsgewohnheiten haben sich stärker verändert als bei jedem anderen Tier, denn manch ein Huhn legt zehnmal so viele Eier wie seine wilden Verwandten, wobei jedes Ei doppelt so schwer ist.

Mit Verlassen der Wildnis veränderte sich bei allen domestizierten Tieren nicht nur der Körper, sondern auch der Charakter. Zootiere fügen sich dem Menschen zwar, sind aber nicht zahm oder ihm auch nur freundlich gesinnt, wie viele Tierpfleger aus schmerzlicher Erfahrung wissen. Nur Tiere, die bereit sind, sich dem Menschen zu beugen, können domestiziert werden. Ob sich ein Tier vollständig unterordne, so Darwin, hänge davon ab, ob es ein Sozialverhalten habe und den Menschen als Herdenchef anerkenne. In Indien leben 150 000 Asiatische Wasserbüffel harmonisch mit ihren Besitzern zusammen. Sein naher Verwandter, der Afrikanische Wasserbüffel, pflegt dagegen innerhalb der Herde eine strenge Hierarchie, die dem Menschen jeglichen Zugang verwehrt. Deshalb wurde auch nie ein Tier gezähmt. Der Afrikanische Wasserbüffel ist nach wie vor eines der gefährlichsten Säugetiere überhaupt. Elefanten, die bestenfalls semi-domestiziert sind, töten mehrere Menschen im Jahr, und auch viele Rinderrassen gehen gern auf ihre Herren los. Schafe weisen ebenfalls Anzeichen für die Nervosität ihrer Vorfahren auf, denn sie geraten bei Unruhe leicht in Panik. Ein aggressives Tier ist Menschen und Artgenossen keine Hilfe, und auf dem Hof ist anständiges Verhalten ein Muss. Da der Mensch die gehorsamsten Tiere für die Zucht auswählte, sind Nutztiere auch weniger wachsam, weniger aktiv und weniger aggressiv als ihre Vorfahren.

Die Gutmütigkeit ist im Schädel kodiert. Das Gehirn domestizierter Tiere ist ohne Ausnahme kleiner als das der Vorfahren – beim Schwein um ein Drittel, beim Pferd um ein Sechstel. Es war ein hartes Stück Arbeit, die Wildtiere zahm zu bekommen, doch als der Verhaltensrubikon erst überschritten war, mussten die domestizierten Tiere nicht mehr die Natur austricksen, sondern konnten die volle Verantwortung uns Menschen überlassen. Viele verbringen ihr Leben heute in einer Art sorgloser verlängerter Jugend, in der ihnen der Mensch die Prüfungen des Lebens abnimmt. Der Preis für die Tolerierung des Menschen war ein reduzierter Verstand.

Am häuslichen Herd wird besonders deutlich, wie wichtig das Verhalten ist. Der Wolf ist zurückhaltend, argwöhnisch und meidet nach Möglichkeit den Menschen. Hunde leben in einer völlig anderen Geisteswelt als ihre Vorfahren. Haben sie die Wahl zwischen einem Hund und einem Menschen, läuft der Wolfswelpe zum Hund hin, der Hundewelpe aber zum Menschen. Wölfe jagen im Rudel, doch verwilderte Hunde tun sich zu ungeordneten Gruppen zusammen, die ständig in Streit geraten und sich bald auflösen. Die Psyche des Hundes hat sich in vielerlei Hinsicht verändert. Menschen folgen dem Blick eines anderen Menschen: Wenn jemand auf etwas zeigt, wandern alle Blicke dorthin. Ein Hund kann das auch. Zeigt ihm sein Herrchen mit einem Blick oder mit dem Finger, wo ein Knochen vergraben ist, rennt er zur richtigen Stelle hin. Wölfe sind mit dieser Übung überfordert. Hunde dagegen stellen sich dermaßen auf ihre Bezugsperson ein, dass sie sogar mit ihr gähnen.

Ein Mensch schließt seinen Hund ins Herz, und der erwidert dieses Gefühl. Lässt man ihn mit einem Fremden allein, spielt er weniger als mit seinem Herrchen. Die Bindung zwischen dem Menschen und seinem Haushund kann Jahre der Trennung überdauern. Charles Darwin erwähnt, dass sein eigener Hund ihn sofort begrüßte, als er nach seiner langen Reise mit der *Beagle* nach Hause zurückkehrte. Hundebesitzer reden sich oft ein, dass ihr Tier alles versteht, was sie sagen. Das stimmt zwar nicht, doch Hunde haben sich durchaus Zugang zur Psyche des Menschen verschafft. Die Domestizierung war vollendet, sobald sie die anderen Familienmitglieder dulden konnten.

Zu diesem Zweck hat sich das Hundegehirn stark verändert. Das betrifft vor allem die Hirnregionen, die mit Aggression verknüpft sind, sowie den Hypothalamus, der die Verbindung zwischen Nerven- und Hormonsystem herstellt. Deshalb pflanzt sich des Menschen bester Freund anders als der Wolf auch das ganze Jahr über fort. Im Hypothalamus ist zudem der Neurotransmitter Serotonin aktiv, dessen Mangel beim Menschen aggressives und impulsives Verhalten, Depression und Angst auslöst. Serotoninmangel erklärt auch die Wutanfälle, die manchmal beim Springer-Spaniel vorkommen. Andere Rassen, die zur Aggression neigen, haben ebenfalls wenig Serotonin. Ein hoher Serotoninspiegel könnte demnach für eine ausgeglichene Persönlichkeit sorgen. Medikamente, die den Serotoninspiegel beim Menschen anheben, unter anderem Prozac, mindern die Aggression auch bei Hunden und lassen vermuten, dass der Hund seinen Platz am warmen Herdfeuer tatsächlich dem Serotonin zu verdanken hat.

Ein interessanter Versuch in Russland ist der Chemie der inneren Ruhe auf der Spur. In den 1950er Jahren wollte Dimitri Beljaew der Vererbung sozialer Kompetenzen auf den Grund gehen, ein brisantes Thema, da Stalin gegen die Genetik zu Felde zog. Er arbeitete zunächst mit Silberfüchsen, einer Farbvariante des Rotfuchses, die im 19. Jahrhundert auf der Prince-Edward-Insel in Kanada in Gefangenschaft gezüchtet worden war. Sein elegantes Fell galt im eisigen Russland als wertvolles Gut, doch die Käfigfüchse waren fast nicht in Zaum zu halten, weil sie so aggressiv und ängstlich waren. Nach wenigen Jahren zog sich Beljaew mit seinen Versuchen nach Sibirien zurück, wo sie noch heute fortgeführt werden.

Zunächst waren Beljaews Tiere misstrauisch und aufgeregt, wenn ein Tierpfleger um sie war, wenn auch nicht so schlimm wie die ersten Tiere, die in Kanada gefangen worden waren. In jeder Generation wählte nun Beljaew die Tiere als Eltern aus, die den Anblick des Menschen ertrugen, ohne in helle Aufregung zu geraten. Die Kriterien waren streng, denn nur jedes dreißigste Männchen und jedes zehnte Weibchen durfte sich fortpflanzen. Schon innerhalb weniger Generationen beobachtete er eine enorme Veränderung. Die Tiere wurden ruhiger und freundlicher. Sie wedelten mit dem Schwanz und lernten zu bellen. Bald suchten sie die menschliche Gesellschaft, und eine Zeit lang wurden sie zur Finanzierung der Forschungen sogar als Haustiere verkauft. Auch äußerlich veränderten sie sich, bekamen geschecktes und gelocktes Fell, Hängeohren und blaue Augen. Anders als Füchse, genau jedoch wie Hunde pflanzen sie sich das ganze Jahr über fort und bestehen auch den Test mit dem versteckten Futter, an dem wilde Füchse scheitern. Nach dreißig Generationen sind fast alle Tiere zahm.

Die neuen friedlichen Tiere waren Welpen, die nicht erwachsen wurden. Die Auslese nach mangelnder Angst zog über die Generationen einen Anstieg des Neurotransmitters Serotonin nach sich. Unter den wenigen anderen Genen, die sich veränderten, waren auch solche, die die Synthese des roten Blutfarbstoffs Hämoglobin steuerten. Sie waren in den gezähmten Tieren weniger aktiv. Das ist auf den ersten Blick merkwürdig, doch diese Proteine binden auch bestimmte Stoffe, die an der Reaktion des Serotonins auf Stress beteiligt sind.

Die wahre Revolution im Leben des Silberfuchses fand jedoch lange vor Beginn des sibirischen Experiments statt. Seine in Kanada eingefangenen Vorfahren kamen überhaupt nicht mit dem Menschen zurecht. Auf der Prince-Edward-Insel, wo im 19. Jahrhundert die Silbervariante entdeckt wurde, dauerte es Jahre, bis sich überhaupt der erste Fuchs in Gefangenschaft fortpflanzte, geschweige denn einen Tierpfleger um sich duldete. Als aber die Reproduktionssperre erst überwunden war, konnte die künstliche Auslese beginnen, und die emotionale Entwicklung folgte auf dem Fuß. Wie Hunde unterscheiden sich auch Zuchtfüchse, egal, ob sie nun dem freundlichen oder dem aggressiven Typ angehören, von ihren wilden Vorfahren in der Aktivität einer ganzen Reihe von Hirngenen, die zum Teil auf den Hormonspiegel wirken. Doch hinsichtlich der Aktivität bestimmter Hirngene lässt sich zwischen den nunmehr friedlichen Tieren Beljaews und ihren unruhigen Verwandten im Käfig kein Unterschied feststellen. Eine freundliche Gesinnung, so scheint es, setzt weniger mentale Veränderungen voraus als die schlichte und doch so schwierige Fähigkeit, die menschliche Gesellschaft zu dulden. Die wenigsten Bauernhoftiere zeigen sich ihrem Besitzer gegenüber sonderlich freundlich, doch es reicht auch völlig aus, wenn sie ihn akzeptieren. Dass sie diese Hürde nahmen, rettete sie vor der Wildnis. Der Anschein von Vertrautheit bei gezähmten Füchsen und Haushunden ergab sich aus späteren Genveränderungen.

Schon die ersten Bauern veränderten ihre Schützlinge vom Aussehen und vom Charakter her, und ihre modernen Nachfolger tun nichts anderes, wenngleich sie gezielter vorgehen. Doch die neue Lebensweise veränderte auch Aussehen und Charakter der Urbauern. Die neuen Haustiere und Nutzpflanzen wirkten wiederum als Auslesefaktor auf diejenigen, die sie domestiziert hatten. Die vergangenen 10000 Jahre haben den Menschen enorm verändert. Seit Beginn der Landwirtschaft hat *Homo sapiens* eine rasante Entwicklung durchlaufen.

Das menschliche Gegenstück zur Silberfuchs-Mutation ist das blonde Haar. Weltweit hat nur jeder fünfzigste Mensch blondes Haar, und ehe Kolumbus Bewegung in die Sache brachte, lebten fast alle Blonden in einem Umkreis von 1500 Kilometern um Kopenhagen. In Schottland, Wales und Irland kam auch ihr naher Verwandter häufig vor, der Rotschopf, der eine fast durchscheinende Haut hat. Die drei oder vier verantwortlichen Gene haben sich erst in jüngster Zeit ausgebreitet. Schuld daran ist das Getreide.

Nordwesteuropa ist – oder war, ehe moderne Sorten entwickelt wurden – die einzige Region der Erde nördlich des Breitengrades von Birmingham, in der Getreide angebaut werden kann. Weizen, Gerste, Roggen und die anderen Getreidearten sind eigentlich auf warmes Klima angewiesen. Im Nahen Osten, wo diese Nutzpflanzen herkommen, scheint die Sonne auf die Felder und die Menschen, die sie kultivieren. Unsere Landschaft dagegen ist mehrere Monate im Jahr öde, und die Bauern bearbeiten ihre Felder nicht selten im Dämmerlicht. Doch der Golfstrom schafft Energie aus den Tropen heran und erwärmt den Boden noch am Ende des Winters, wenn sich die Sonne in Europa rarmacht. Daher kann das Getreide gedeihen. Seit vor 5000 Jahren das Getreide in Nordeuropa Einzug hielt, hängt die Agrarwirtschaft somit von Neptuns Hilfe ab.

Ich habe zehn Jahre lang in Edinburgh gelebt und die

Sonne nur wenige Tage gesehen. Meine derzeitige Heimat London hat einen ganzen Monat mehr Sonnenschein im Jahr. Von allen Europäern haben die Schotten den schlechtesten Gesundheitszustand. In Glasgow, der Stadt mit der stärksten Bewölkung, kommen chronische Krankheiten häufiger vor als in jeder anderen britischen Stadt. Das Klima ist daran vielleicht ebenso schuld wie der berüchtigte Hang zu Alkohol, Tabak und frittierten Marsriegeln. Vitamin-D-Mangel tritt doppelt so häufig auf wie in England. Ein Gen, das die Hautpigmentierung herabsetzt und somit die Fähigkeit der Haut verbessert, Sonnenlicht aufzunehmen und den wichtigen Stoff herzustellen, wird daher bevorzugt. In Schottland gibt es deshalb viele Blonde, und das Gen für rotes Haar, das mit fast durchscheinender Haut einhergeht, hat eine Häufigkeit von nahezu 1:3.

Eine Ernährung, die auf Getreide basiert – und sei es industriell zu einer klebrigen Süßigkeit verarbeitet –, ist gut und schön, sofern sie durch andere Nahrungsmittel ergänzt wird. Wird jedoch ausschließlich Getreide verzehrt, wie es bei unseren bäuerlichen Vorfahren häufig geschah, ist das riskant. Getreide hat nur wenig Vitamine und besonders wenig Vitamin D, das gegen Rachitis wirkt. Nach dem Auszug aus Afrika hatte die Evolution hin zu heller Haut einst bewirkt, dass die Sammler und Jäger des Nordens mittels Sonnenlicht Vitamin D bilden konnten. Als nun die Landwirtschaft in die englischen Midlands vorrückte, standen die Menschen vor einem neuen Problem, denn nördlich dieses irdischen Paradieses ist die Wintersonne dermaßen schwach, dass ein durchschnittlicher Grieche, Spanier oder Italiener mit seiner dunklen Haut nicht genügend Vitamin D bilden kann. Wenn ein Kind, das in diesem unwirtlichen Klima geboren wird und sich einseitig ernährt, nun eine neue Mutation für helles Haar und ebensolche Haut erbt, hat es einen deutlichen Vorteil, weil die Sonne tiefer in die Haut eindringen kann. Das Kind kann mehrere Monate im Jahr größere Mengen des lebenswichtigen Stoffes bilden und ist vor der Rachitis sicher. Das Zeitalter der Blonden begann mit der ersten Ernte. Schon bald dehnte sich das Gebiet der Flachshaarigen über das der nördlichen Getreidebauern aus, mit Schwerpunkt in Skandinavien und Norddeutschland, wo mehr als die Hälfte der Bevölkerung blond ist und wo Müsli bis heute einen wichtigen Bestandteil der Ernährung bildet.

Die natürliche Auslese durch die Pflanzen wirkte auch noch auf andere Weise auf die Bauern. Wer Brot isst, verdaut einen großen Teil seines Frühstücks schon, bevor er es herunterschluckt, denn Enzyme im Speichel brechen die Stärke in Zucker auf, die absorbiert werden können. Dort, wo eine stärkereiche Ernährung überwiegt, also auch in Nordeuropa, haben die Menschen bis zu fünfzehn Kopien eines Gens für das wichtige Enzym, verglichen mit nur vier oder fünf bei Völkern, die wilde Früchte, Fleisch oder Fisch essen. Die frühen Bauern entwickelten aber noch eine weitere Methode, wie sie dem Getreide etwas Gutes abgewinnen und nebenher dem trüben Winter ein Schnippchen schlagen konnten: Sie erfanden das Bier. Das war schlecht fürs Hirn, aber gut für die Verdauung, denn Bakterien mögen keinen Alkohol, und der Gerstensaft war zudem sauberer als das verschmutzte Wasser in den Dörfern. Seit den Anfängen des Bierbrauens hat die natürliche Auslese gute Arbeit geleistet, denn fast alle Angelsachsen können heute ihr Ale herunterspülen. Nicht so die meisten Asiaten, denn ihnen fehlt, anders als den trunksüchtigen Westlern, die neue Version des Enzyms, das die Giftbrühe für sie zerlegt.

Auch die Tiere nahmen Einfluss auf das Schicksal ihrer Halter. Die meisten Menschen auf der Erde und fast alle Säugetiere können, sobald sie keine Muttermilch mehr zu sich nehmen, keine Milch verdauen, weil ihnen das dazu nötige Enzym fehlt. Dieses Enzym bricht im Dünndarm einen unverdaulichen Milchzucker, die Laktose, in zwei einfachere Zucker auf, die absorbiert werden können. In vielen Tieren und den meisten Menschen wird das Gen schon bald nach der Geburt abgestellt. Trinken sie im Erwachsenenalter Milch, leiden sie unter Blähungen oder Durchfall. Milchprodukte wie Butter, Joghurt und Käse haben diese Wirkung zum Glück nicht.

Die meisten Nordeuropäer indes können ihr Leben lang Milch zu sich nehmen. Auch hier hat die natürliche Auslese gewirkt: Eine Mutation, die bald nach der Zähmung des Rindes auftrat, bewirkte, dass das Enzym, das die Laktose aufbricht, im Körper bleibt. Diejenigen, die es haben, können daher auch als Erwachsene Milch verdauen. Neunzehn von zwanzig Schweden, jedoch nur einer von zehn Sizilianern hat diese Fähigkeit. Die Verteilungskarte entspricht der genetischen Vielfalt der regionalen Rinderrassen, die ihrerseits ahnen lässt, wie lange die Tiere bereits domestiziert sind. Die Laktoseverträglichkeit ist insbesondere in der Heimat der Blondschöpfe weit verbreitet, vielleicht, weil das Kalzium auch für einen gesunden Knochenaufbau sorgt. Achttausend Jahre alte Fettreste aus Käse oder Joghurt, die auf Tonscherben in Anatolien gefunden wurden, belegen, dass die Kühe dort gemolken wurden – die Griechen nutzten später ja nur das Fleisch. Die Menschen tranken aber wahrscheinlich keine Rohmilch, denn noch die DNS in den Knochen von Europäern, die rund dreitausend Jahre später lebten, weist keinerlei Anzeichen für die Variante der Laktoseverträglichkeit auf. Jedenfalls brachte die Domestizierung des Rinds die Genveränderung beim Menschen hervor und nicht umgekehrt.

Die natürliche Auslese hinterlässt vielerlei Spuren in der Doppelhelix. An den langen Abschnitten homogener DNS auf beiden Seiten der europäischen Gene für blondes Haar und Milchverdauung lässt sich ablesen, dass in den vergangenen Jahrtausenden neue und nutzbringende Varianten auf ihrer Reise durch die Bevölkerung ihre Nachbarn mit sich rissen. Solche Abschnitte verweisen auf die Macht der natürlichen Auslese, ohne dass wir in den meisten Fällen auch nur ahnten, welches Gen beteiligt war und warum. Durch die geschlechtliche Fortpflanzung werden die Karten neu gemischt, und zusammenhängende Stücke gelegentlich aufgebrochen. Durchsucht man die DNS von Menschen aus Afrika, Asien und Europa, stößt man auf viele solcher Abschnitte, jeder das Relikt einer plötzlich auftretenden Auslese. Überwiegend geschah das nach dem Beginn der Landwirtschaft. Die neue Lebensweise und die veränderte Ernährung in den folgenden zehntausend Jahren lösten erheblich mehr evolutionäre Veränderungen aus als in einer entsprechenden Zeitspanne innerhalb der Jahrmillionen, in denen sich der Mensch vom Affen abgespaltet und als Jäger sein Dasein gefristet hatte. Wie seine Tiere hat sich auch der Mensch enorm verändert, seit er als Bauer sesshaft ist.

Für den Menschen begann das domestizierte Leben schon lange, bevor er das erste Feld bestellte. Die Vorstellung des *Homo sapiens* als stubenreinem Affen ist uralt. Auch Darwin sah die Parallelen zwischen dem Hof und dem Wohnzimmer: »Wir dürfen daher erwarten, dass zivilisierte Menschen, welche in einem gewissen Sinne hoch domestiziert sind, fruchtbarer als wilde Menschen seien. Es ist auch wahrscheinlich, dass die erhöhte Fruchtbarkeit zivilisierter Nationen, wie es bei unseren domestizierten Tieren der Fall ist, ein erblicher Charakter wird.« Darwin hatte seinem Buch über die Ursprünge der Nutztiere eigentlich ein ganzes Kapitel über den Menschen hinzufügen wollen, fand das Buch aber bereits »grauenhaft lang« und verwarf die Idee. Dieses Kapitel ist nun geschrieben.

Wie bei den berühmten sibirischen Füchsen war auch in der menschlichen Linie die wahre Revolution der Übergang vom Affen zum Menschen. Doch als sich der Jäger als Ackerbauer niederließ, gab es weitere, geringfügigere Anpassungen. Viele körperliche Veränderungen in der menschlichen Linie sind denen vergleichbar, die an domestizierten Tieren zu beobachten sind. Verglichen mit unseren Vorfahren haben wir einen leichteren Körperbau, eine dünnere Schädeldecke, ein kürzeres Kinn, kleinere Zähne und geringere Unterschiede zwischen Mann und Frau. Wir streiten uns weniger um Sex und lassen uns nicht so davon hinreißen wie unsere nächsten Verwandten. Wie die Hunde auch und anders als die Wölfe mit ihrer festen Paarungssaison pflanzen sich Menschen das ganze Jahr über fort. Die Brust der Frau ist, wie bei der Kuh, größer und bildet mehr Milch. Wie Schweine lagern wir leichter Fett ab als unsere Verwandten, die Menschenaffen, und sind weniger bewegungsfreudig. Wie bei Hunden, Schafen und Rindern sind in einigen Populationen merkwürdige körperliche Mutationen aufgetreten, etwa helle Haut und blaue Augen – allerdings kein geschecktes Fell. Nur das Gehirn ist, anders als bei ihnen, nicht geschrumpft.

Wie die Haarlosigkeit, der aufrechte Gang und die geistige Beweglichkeit, die den Übergang vom Affen zum Menschen ausmachten, haben solche körperlichen Veränderungen Millionen von Menschen, die nicht mit der neuen Lebensweise zurechtkamen, den Tod oder die Kinderlosigkeit gebracht. Auch jüngere Veränderungen in der Hautfarbe sowie in der Verträglichkeit von Milch, Bier und Getreide forderten ihre Opfer. Das rasante Tempo, in dem sich vorteilhafte Gene seit den Anfängen der Landwirtschaft ausgebreitet haben, lässt vermuten, dass der Preis dafür wahrlich hoch gewesen ist. Vergleichbares geschieht heute. Wir haben es mit einem neuen Überfluss zu tun, der sich grundlegend von allem unterscheidet, was in der Evolution bisher geschehen ist, und an den wir uns noch nicht angepasst haben. Vielleicht geschieht das noch, aber auch dafür werden wir bezahlen müssen. Im Lauf seiner Geschichte musste der Menschen eher mit Mangel als mit Überfluss umgehen und eignete sich deshalb Mechanismen an, die ihn gegen übermäßigen Gewichtsverlust schützten, wenn die Nahrung knapp war. Für das heutige Überangebot ist unser Körper erheblich schlechter gerüstet. Der als Überfluss getarnte Mangel wirft die unerbittliche Evolutionsmaschine erneut an. Die natürliche Auslese durch die Ernährung ist heute so wirksam wie vor 10 000 Jahren.

Wie jeder Einzelne von uns auf das Überangebot reagiert, hängt stark von der DNS ab. Eine Zwillingsstudie ergab, dass etwa sieben Zehntel der Gewichtsabweichung in der Bevölkerung genetisch bedingt sind. Eineiige Zwillinge verzehren von einer angebotenen großen Mahlzeit eine ähnliche Menge. Erwachsene Zwillinge, die auf Anweisung zu viel oder zu wenig aßen, nahmen in den Wochen darauf in gleichem Umfang ab oder zu, widerstanden also der neuen Ernährungsweise oder gaben ihr nach.

Dutzende, vielleicht auch Hunderte von Genen wurden schon für die neue Welle der Fettleibigkeit verantwortlich gemacht. Überschüssige Pfunde liegen sicher in der Familie, aber das gilt auch für Friteusen. Dicke Katzenbesitzer haben meist auch dicke Katzen. Mit ihren Haustieren haben sie aber nicht die Gene gemein, sondern die Ernährungsweise. Gene und Erziehung wirken zusammen, und inwieweit der Schmerbauch vererbt wird, ist auch hier nicht so einfach zu sagen. Die Vorstellung, dass dicke Menschen alles auf ihre Geburt schieben und die eigene Ernährungsweise komplett ignorieren können, ist jedenfalls falsch: Wie bei einem Alkoholiker ist eine bestimmte Kost für sie riskanter als für andere, und sie müssen daher stärker gegen die Versuchung ankämpfen. Viele Menschen, die heute dick sind, wären vor einem Jahrhundert schlank gewesen, ganz unabhängig von der DNS.

Trotzdem haben die Gene einen Einfluss auf den Taillenumfang. Viele der Gene, die für Fettleibigkeit anfällig machen, haben nur eine geringe Wirkung, doch schon eines von ihnen hebt, sofern es in doppelter Ausführung ererbt wird (und das ist bei zehn Millionen Briten der Fall), das Körpergewicht um drei Kilogramm über den Rest der Bevölkerung.

Und sogar die Einzelkopie, wie sie fast die Hälfte aller britischen Inselbewohner in sich trägt, macht ein Kilogramm schwerer. Die beteiligte DNS-Variante beeinflusst den Appetit und wirkt in den Hirnregionen, die für Hunger und Sättigung zuständig sind. In einem hungrigen Menschen ist sie aktiver als in einem, der gerade gegessen hat. Das Geburtsgewicht unterscheidet sich zwar nicht, doch nehmen Kinder mit zwei Kopien in nur zwei Wochen stärker zu. Andere Gene, die zur Fettleibigkeit prädisponieren, verändern die Effizienz der Nahrungsverwertung oder das Tempo, in dem der Körper die Energie verbrennt.

Auch das Umfeld wirkt sich auf künftige Generationen aus. So, wie alkoholsüchtige Mütter geschädigte Kinder zur Welt bringen, so haben auch Fast Food essende Mütter dicke Kinder. Das liegt nicht nur an der Vererbung der Gene, sondern auch am Übergewicht während der Schwangerschaft. Rund ein Drittel aller schwangeren Amerikanerinnen – bei den afroamerikanischen Frauen ist es die Hälfte – ist fettleibig. Ihre innere Ökonomie verändert sich, um mit dem Problem fertig zu werden, und dasselbe geschieht beim sich entwickelnden Kind. Das ist erwiesen, denn Frauen, die beispielsweise infolge einer Magenoperation zwischen zwei Kindern Gewicht verlieren, haben bei der zweiten Geburt auch ein leichteres Baby. Die Föten übergewichtiger Mütter reagieren auf den hohen Insulinspiegel im Blut der Mutter (Insulin regelt den Blutzucker) und sind bei der Geburt schon darauf eingestimmt, Fett anzulegen.

Für Dickleibige am gefährlichsten ist Diabetes, und zwar nicht die seltenere Variante, die nur wenige Neugeborene trifft und die mit Insulin behandelt werden kann, sondern der Typ-2-Diabetes, der später auftritt, sich einer Behandlung entzieht und mit einem übergroßen Taillenumfang zusammenhängt. Ursache ist eine Insulinresistenz, und zu den Symptomen zählen unter anderem Herzkrankheiten, Nierenversagen, Nervenschäden und sogar die Gangrän. Früher betraf der Typ-2 die ältere Generation, doch heute tritt er vermehrt auch bei Kindern und Heranwachsenden auf. Jeder Zentimeter mehr auf der Hüfte steigert das Risiko bereits erheblich, und die zehn Prozent der Bevölkerung mit der größten Kleidergröße haben ein zwölfmal höheres Diabetesrisiko als Schlanke.

Eine halbe Milliarde Menschen werden schon bald am Altersdiabetes leiden. Wenn sich die Lage nicht bessert, wird ein jetzt in den USA geborenes Baby mit einer Wahrscheinlichkeit von 1:3, die Krankheit im Lauf seines Lebens erwerben. Schon heute verschlingt die Krankheit ein Sechstel der US-Gesundheitsausgaben. Und auch in Großbritannien weisen zwei Millionen Menschen Anzeichen eines Diabetes auf. Mancherorts sind die Zahlen erschreckend, etwa auf der Pazifikinsel Nauru, wo die Hälfte der erwachsenen Bevölkerung betroffen ist. Verantwortlich sind vor allem Gene, die das Körpergewicht anwachsen lassen, aber auch solche, die das Risiko für Dicke und Dünne gleichermaßen erhöhen.

Fettleibigkeit ist zum Teil ererbt und ein Angriffspunkt der natürlichen Auslese, denn viele Menschen sterben vorzeitig daran. Sie wirkt sich umso negativer auf die evolutionäre Zukunft aus, als die Dicken nicht nur durch frühen Tod, sondern auch durch mangelnde Fortpflanzung dezimiert werden. Dicke Menschen haben unterdurchschnittlich wenig Kinder. Abgesehen von dem Problem, eine Partnerin zu finden, können fettleibige Männer schwerer eine Erektion aufrecht erhalten, und fettleibige Paare haben seltener Sex als modisch schlanke. Verschärfend wirkt, dass ein stark übergewichtiger Mann ein Viertel weniger Spermien hat, was daran liegen könnte, dass es in seinen allzu gut isolierten Hoden zu warm ist. Auch die weibliche Furchtbarkeit sinkt mit jedem zusätzlichen Pfund. Überschüssiges Fett stört unter anderem den Menstruationszyklus. Bei den Frauen, die gern schwanger werden wollen, verlängert schon geringfügiges Übergewicht die Wartezeit bis zur Schwangerschaft um einen Monat, und bei einer fettleibigen Frau dauert es gar neun Monate länger als bei einer normalgewichtigen. Dazu kommt, dass übergewichtige Frauen häufiger eine Fehlgeburt haben und ihre Kinder ein erhöhtes Geburtsfehlerrisiko tragen.

All das zeigt, dass die natürliche Auslese durch die Ernährung bereits in vollem Gange ist, genau wie damals zu Beginn der Landwirtschaft. Darwinianer können angesichts der aus der neuen Agrokultur erwachsenen Probleme mit grimmigem Optimismus in die Zukunft blicken. Der Mensch hat sich in der ersten Nahrungsrevolution mit der neuen Ernährungsweise entwickelt und wird das gewiss auch in der zweiten tun, unabhängig davon, wie viele Opfer es dabei zu beklagen gibt. So, wie die ersten Bauern ihre Ernährungsprobleme mittels Evolution lösten, so werden im Zeitalter der globalen Übersättigung künftige Generationen durch natürliche Auslese womöglich so lange verändert, bis der Mensch in seiner Wohlstandswelt zum Schlanksein zurückfindet.

Selbstredend können die groben Instrumente der Evolution die Zukunft aber nicht so wirksam formen wie die schlichte menschliche Fähigkeit, aus Fehlern zu lernen. Eine Gesellschaft ist angesichts der Taillenprobleme ihrer Bürger erheblich besser beraten, wenn sie die Risiken einschätzt, vorausplant und weniger isst, als wenn sie abwartet, bis die Biologie das Problem erledigt hat. Vielerorts werden die Menschen aufgefordert, ihre Ernährungsgewohnheiten zu ändern und Sport zu treiben – auch wenn die Propaganda bislang noch wenig Erfolg hat. Auch Marie Antoinette wollte ja nur helfen. Der berühmte Kuchen, den sie ihrem hungernden Volk empfahl, war keine kalorienreiche und fetttriefende Delikatesse, sondern gebackener Hefeteig, der andernfalls weggeworfen worden wäre. Ein einfaches Missverständnis begründete den Mythos politischer Inkompetenz und führte schließlich zu einem bösen Ende. In unseren Tagen des Überflusses klingt Marie Antoinettes Rat vernünftiger als zu

Zeiten der Französischen Revolution. Doch in der Frage, ob die Leute ihren Rat befolgen und ihre tödlichen Gewohnheiten ändern oder ob sie abwarten, bis die natürliche Auslese ganze Arbeit geleistet hat, ist es, um mit Zhou Enlai zu sprechen, für ein Urteil noch zu früh.

Kapitel Sechs
Die denkende Pflanze

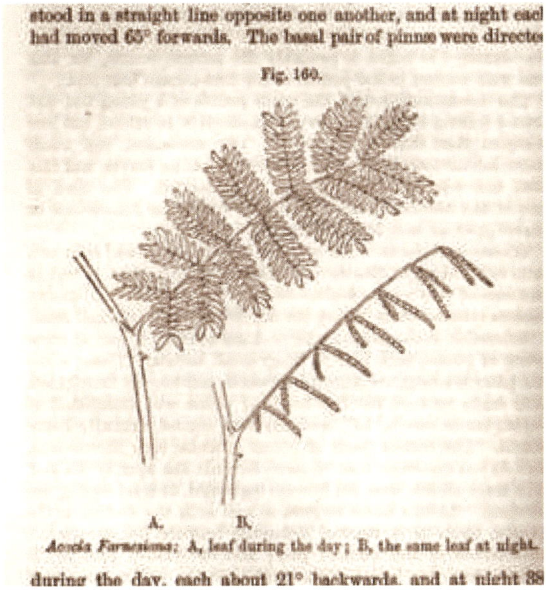
stood in a straight line opposite one another, and at night eac
had moved 65° forwards. The basal pair of pinnæ were directe

Fig. 160.

A. B.

Acacia Farnesiana; A, leaf during the day; B, the same leaf at night.

during the day, each about 21° backwards, and at night 88

Tief im Amazonasurwald schlängelt sich ein eigentümliches Geschöpf dem Licht entgegen. Während es vorsichtig durch die Äste emporklettert, bemerkt es einen helleren Platz auf einem Nachbarbaum. Nachdem es die Risiken abgewogen hat, die eine Aufgabe seines gegenwärtigen Standorts nach sich ziehen könnte, stürzt es sich zurück in das Dämmerlicht des Waldbodens und kriecht diesen entlang, bis es schließlich sein Ziel erreicht. Danach klettert es erneut nach oben, bis es sich endlich im warmen tropischen Sonnenlicht wiederfindet. Diese Kletterpflanze – um eine solche handelt es sich nämlich – zeigt dabei alle Anzeichen eines zielgerichteten Verhaltens. Die Vorstellung, dass eine Pflanze »intelligent« handeln könnte, scheint uns erst einmal recht eigenartig, allerdings auch nicht mehr ganz so fremd, seitdem uns Zeitrafferfilme die kreisenden Bewegungen von Schösslingen oder das Öffnen von Blüten beschleunigt gezeigt haben. Trotzdem hegen wir sicherlich noch Zweifel: Kann ein solch einfaches Lebewesen tatsächlich vorausplanen?

Romantiker sind schon lange davon überzeugt, dass das Pflanzenreich über seinen eigenen Geist verfügt. Gärtner sprechen mit ihren Gewächsen in der Hoffnung, dass sie dadurch besser gedeihen, während die amerikanischen »Treehugger«, die um jeden Baum kämpfen, oft eine wichtige Rolle in der Umweltbewegung spielen, selbst wenn sie nicht ständig Baumstämme umarmen. Gewisse Anhänger der Idee einer botanischen Intelligenz glauben sogar, dass Kakteen weniger Stacheln wachsen lassen, wenn man ihnen sanfte Musik vorspielt, diese aber erneut ausbilden, wenn sie eine Katze sehen. Japaner führen sogar Zwiegespräche mit ihren grünen Freunden. Sie ließen sich einen elektronischen Apparat patentieren, durch den eine Blume mit ihrem Besitzer plaudern kann (oder um Wasser bitten kann, wenn sie durstig ist). In den 1920er Jahren arbeitete der große indische Physiker Chandra Bose, ein Pionier der Erforschung elektromagnetischer Wellen, über die elektrische Aktivität bei Pflanzen. Tatsächlich erzeugten seine Untersuchungsgegenstände einen messbaren Strom, wenn sie verletzt wurden (eine Beobachtung, die zu echten wissenschaftlichen Fortschritten führte). Andererseits war sich Bose auch sicher, dass Musik und freundliche Worte diese Reaktion ebenfalls auslösen könnten.

So zweifelhaft diese Behauptungen sein mögen, so war und ist doch das Seelenleben der Pflanzen zumindest eine nützliche Metaphernquelle. So schreibt Shelley über einen Garten, in dem eine Mimose aus Mitgefühl mit der Verzweiflung eines verschmähten Liebhabers den Kopf hängen lässt: »Ob die Sinnpflanze selbst, empfindungsreich,/ Ob was in den Zweigen sitzt geistergleich/ Eh' die äußere Form zu Staub zerbricht/ Diesen Wechsel fühlte – ich weiß es nicht.« Der lateinische Name für Shelleys mitfühlende Pflanze ist *Mimosa pudica,* ein Hinweis auf ihre »schamhafte« Natur (die Chinesen nennen sie »Gras der Schüchternheit«). Im Deutschen heißt die Mimose bezeichnenderweise auch »Schamhafte Sinnpflanze« *(Die Sinnpflanze* ist im Übrigen der deutsche Titel von Shelleys Gedicht *The Sensitive Plant).* Unabhängig vom tatsächlichen Seelenzustand der Pflanze, steht eindeutig fest, dass sie auf die Außenwelt reagiert. Ihre gefiederten Blätter sind normalerweise »stolz« ausgestreckt. Werden sie aber nur ganz leicht berührt oder weht ein Lufthauch über sie, sinken sie »beschämt« herab. Es kann Stunden dauern, bis sie sich wieder erholen. Nachts klappen die wahrscheinlich von den Gefühlswirren des Tages erschöpften Blätter erneut zusammen und ihr Besitzer schläft den Schlaf des Gerechten.

Shelleys Zeilen sind sowohl ein literarisches Bild als auch eine genaue Beobachtung, die etwas über die Beziehung von Gehirn und Geist aussagt. Wenn eine Mimose offensichtlich rational zu handeln vermag, ohne über die geringste Hirnmasse zu verfügen, wozu soll dann die endlose Debatte über dieses Thema gut sein? Die Philosophen sollten sich an den Dichtern ein Beispiel nehmen und der Botanik vielleicht mehr Aufmerksamkeit schenken.

Charles Darwin hatte als in der Wolle gefärbter Naturwissenschaftler kein echtes Interesse an solchen metaphysischen Vorstellungen (obwohl er behauptete, Pflanzen würden manchmal »angewidert zurückzucken«). Trotzdem interessierte ihn ihre Fähigkeit, auf die Bedingungen zu reagieren, denen sie ausgesetzt sind. Er schrieb zwei Bücher über dieses Thema. *Die Bewegungen und Lebensweise der kletternden Pflanzen* beschäftigt sich mit der Frage, wie Efeu, Brombeeren und andere Kletterpflanzen ihre vertikalen Helfershelfer finden und an ihnen emporsteigen. Das fünf Jahre später erschienene Buch *Das Bewegungsvermögen der Pflanzen* versuchte mit einem umfassenderen und radikaleren Ansatz, Fragen über die Reaktion aller Pflanzen auf die Außenwelt zu klären. Er schrieb einmal selbst, dass es ihm immer gefallen habe, »Mitglieder der botanischen Welt in der Skala der organisierten Wesen weiter oben anzusiedeln«. In diesen beiden Arbeiten gelang ihm dies hervorragend. In ihnen werden dreihundert verschiedene Arten besprochen. Darwin hob das Pflanzenreich tatsächlich auf eine höhere wissenschaftliche Ebene, da die Experimente in seinem Gewächshaus die Grundlagen für die moderne experimentelle Botanik legten.

Seine Heimatgrafschaft war in diesen Tagen berühmt für ihren Hopfen. Der britische Arbeiter liebte damals sein Bier so sehr, dass die Felder von Kent voller Stangen und Drähte standen, an denen sich diese Kletterpflanze emporranken konnte, die für den herben Geschmack des Biers verantwortlich ist. In jedem September kamen Zehntausende von Erntehelfern und ihre Familien aus London, um die Hopfendolden zu ernten, was in den glorreichen viktorianischen Tagen tatsächlich als eine Art Urlaub galt. *Die Bewegungen und Lebensweise der kletternden Pflanzen* stellte eine ganz einfache Frage: Wie findet der Hopfen einen Wirt, an dem er emporklettern kann?

Um dies zu erreichen, müssen seine Schösslinge, sobald sie aus dem Erdboden sprießen, eine senkrechte Stütze finden, auch wenn diese eine ganze Strecke entfernt sein sollte. Dann müssen sie sich um diese herumwinden, um an ihr emporklettern zu können. Diese Fähigkeit des Hopfens war für Darwin der Einstieg in eine neue Welt des botanischen Verhaltens.

Die meiste Arbeit erledigte er mithilfe seines Sohns Francis. Sie wurde, wie üblich, immer wieder durch seine schlechte Gesundheit behindert. In einem Brief schilderte Charles selbst seine Situation: »Die einzige Arbeit, zu der ich im Moment fähig bin, ist die Beobachtung von Ranken und Kletterpflanzen, da dies mein geschwächtes Hirn nicht zu sehr belastet.« Als Erstes stellte er fest, dass sich eine Topfpflanze in seinem Krankenzimmer während des Wachsens allmählich um sich selber drehte. Er und Francis begannen dann, eine ganze Anzahl von Arten unter klaren Glasplatten zu ziehen, auf denen sie die Position der Spitze des jeweiligen Triebs mit Tinte markieren konnten. Sie bemerkten dabei, dass sich ein junger Hopfenschössling »langsam nach der Seite biegt und nach allen Richtungen des Kompasses herumwandert.« An heißen Tagen dauerte »ein kompletter Umlauf« etwas mehr als zwei Stunden. Wenn die suchende Triebspitze einen senkrechten Stab berührte, änderte die Kletterpflanze ihr Verhalten, schlängelte sich um diesen herum und kletterte an ihm nach oben. Was wie eine vorbedachte Handlung aussah, ging tatsächlich auf nur drei einfache Begabungen zurück: die Fähigkeit, sich zu winden, einen Tastsinn und die Befähigung, aufwärts von abwärts zu unterscheiden.

Vater und Sohn untersuchten danach noch weitere Pflanzen, die nicht nur mit ihren Schösslingen, sondern auch mithilfe solcher Strukturen wie Ranken, Haken oder Haftwurzeln nach oben kletterten. Wie auch immer die Details aussehen mochten, so galt doch für fast alle Kletterpflanzen, dass sie sich drehten, bis sie eine Stütze fanden, an der sie dann vom Boden nach oben wuchsen. Die Darwins fanden bald heraus, dass tatsächlich *alle* Schösslinge sich beim Wachsen mehr oder weniger um sich selber winden. Dies galt auch für Arten, die überhaupt nicht kletterten. In gleicher Weise können alle Pflanzen ihr Wachstum begrenzen, um ein Hindernis zu vermeiden, so wie alle die Schwerkraft empfinden können. Die ungewöhnlichen Fertigkeiten des Hopfens beruhen also wie viele tierische Verhaltensmuster auf der Fähigkeit der natürlichen Selektion, bereits vorhandene Befähigungen zu modifizieren.

Das zweite Buch, *Das Bewegungsvermögen der Pflanzen,* geht noch viel weiter. Es beschreibt Experimente über die Empfindlichkeit von Wurzeln, Sämlingen und anderen Pflanzenteilen für Licht, Schwerkraft, Hitze, Feuchtigkeit, Chemikalien, Berührungen und Beschädigungen. Diese Forschungen waren ihrer Zeit weit voraus. Auch wenn sie diesen Namen nicht erfanden, so entdeckten Vater und Sohn doch das allererste Hormon, allerdings nicht in Tieren (erst fast dreißig Jahre später würden Wissenschaftler des University College London einen chemischen Botenstoff im Hundeblut finden), sondern in Pflanzen. Charles Darwin war von den Fähigkeiten von Sämlingen und Keimwurzeln (diese auch Radiculae genannten Strukturen durchbrechen während der Keimung die Samenschale, um die Saat im Boden zu verankern) so beeindruckt, dass er sein Buch mit einer dramatischen Behauptung beendete: »Es ist kaum eine Übertreibung, wenn man sagt, dass die auf diese Weise ausgerüstete Spitze der Keimwurzel, welche das Vermögen hat, die Bewegungen der benachbarten Teile zu leiten, gleich dem Gehirn eines der niederen Tiere wirkt; das Gehirn sitzt dabei im vorderen Ende des Körpers, erhält Eindrücke von den Sinnesorganen und steuert die verschiedenen Bewegungen.«

Um mit der Außenwelt zurechtzukommen, muss jedes Lebewesen, ob Pflanze oder Tier, herausfinden, was dort vor sich geht, diese Informationen an den richtigen Ort weiterleiten und dann auf die Herausforderungen der Natur auf geeignete Weise reagieren. Der Mensch erledigt dies mit seinen Augen, Ohren, Nerven, Hirnzellen und Muskeln. Pflanzen besitzen nichts davon, kommen aber trotzdem erstaunlich gut zurecht. In mancherlei Hinsicht verfügen sie sogar über Fähigkeiten, die den unseren überlegen sind.

Was aber hat es mit dem Emporsteigen auf sich? Lord Chesterfield kann uns darauf die richtige Antwort geben. In einem seiner berühmt-berüchtigten Beratungsbriefe an seinen Sohn schrieb er einmal: »Ein junger Mann, mögen seine Verdienste so groß sein, wie sie wollen, kann niemals ganz alleine aufsteigen, sondern muss sich wie der Efeu um die Eiche um einen Mann von Macht und Einfluss emporwinden.« Eine Pflanze mit einer solchen Absicht nutzt ihre Stütze, um zu einem luftigen Platz aufzusteigen, den sie auf andere Weise niemals erreichen könnte. Der Helfer wird seine Großzügigkeit später vielleicht einmal zu bereuen haben, aber die Vorteile für den sozialen Aufsteiger liegen klar auf der Hand.

Ein solches Verhalten eröffnet eine Welt neuer Möglichkeiten. 130 unterschiedliche Pflanzenfamilien weisen auch Kletterpflanzen auf, wobei diese Geschöpfe innerhalb jeder Familie durch sehr viel mehr Arten vertreten sind als ihre am Boden verharrenden Verwandten.

Vögel, Fledermäuse, Flughörnchen, Schlangen und Fische erheben sich auf ganz unterschiedliche Weise – mit modifizierten Armen, Händen, Körpern oder Flossen – in die Lüfte. Auch die Pflanzen haben ganz unterschiedliche Organe verändert, damit sie ihnen das Klettern ermöglichen. Einige wie der Hopfen und die Erbse nutzen Ranken, die auf Sprosse und Blätter zurückgehen. Andere wie die Klematis oder Waldrebe haben ihre Blätter auf andere Weise verändert oder ganz spezielle Würzelchen oder Haken entwickelt, die ihnen das Klettern ermöglichen. Rosen haben als Haken ausgebildete Stacheln. Der Efeu klettert mithilfe von Haftwurzeln Felswände, Häuser und Bäume von mehr als fünfzig Metern Höhe empor, während der Wilde Wein aus Sprossen hervorgegangene Ranken mit Haftscheiben verwendet. Bei einer bestimmten Gruppe von Farnen wachsen die Wedel um ihre Stütze herum, um einen Weg zum Licht zu finden.

Diese Wachstumsart ist tatsächlich sehr alt. Vor 300 Millionen Jahren war die Erde voller riesiger Kohlensümpfe mit fünfzehn Metern hohen farnähnlichen Bäumen. In diesem Wald gab es viele Schling- und Kletterpflanzen, die ähnliche Strukturen wie moderne Pflanzen ausbildeten, um sich zur Sonne emporzukämpfen. Das Ganze wurde schließlich zu einer undurchdringlichen Pflanzenmasse, bis es schließlich durch eine Klimaänderung von unserer Erde verschwand.

Die tropischen Regenwälder sind heute das Hauptvorkommen der Kletterer. Dort muss jede Pflanze gegen tausend andere um einen Platz an der Sonne kämpfen. Viele Dschungel sind deshalb voller Lianen, Schlingpflanzen mit verholzendem Stamm, die sich um die Bäume winden und von deren Ästen herabhängen. An den meisten Orten machen sie weniger als zehn Prozent der Biomasse aus, aber ihre Taktiken sind so effizient, dass ihre Blätter die Hälfte des Blätterdachs ausfüllen. Fast die Hälfte aller Holzgewächsarten im Amazonasbecken sind Kletterpflanzen, wobei es dort auf jedem Hektar fünfzig oder mehr verschiedene Arten gibt. Besonders mögen sie Waldlücken, die entstehen, wenn ein kranker Riese zu Boden stürzt oder wenn Bauern eine Lichtung roden (sie werden dann zu einem Problem für diese, da sie mit deren Saaten in Konkurrenz treten). Wenn Wälder, ob nun in gemäßigten Breiten oder in den Tropen, abgeholzt werden, gedeihen die Lianen und ihre Verwandten immer noch, selbst wenn die Bäume, von denen sie bisher abhängig waren, vernichtet wurden.

Kletterpflanzen klettern hauptsächlich, um zum Licht zu gelangen. Ein weiterer guter Grund für dieses Verhalten ist das Bemühen, wie ein Pavian, der von einem Löwen verfolgt wird, am Boden lebenden Fressfeinden zu entkommen. Blätter in der Nähe der Oberfläche werden nämlich viel eher von Schnecken und ähnlichen Tieren gefressen, als solche, die in der Luft hängen. In den Trockenwüsten des nördlichen Chile wachsen Winden oft in der Nähe von Kakteen oder Dornbüschen. Wenn sie von hungrigen Mäusen – oder einem Wissenschaftler mit der Schere – angegriffen werden, erhöhen sie sofort ihre Windungsrate und bilden mehr Ranken aus, in der Hoffnung, einen Busch zu erreichen und in die Sicherheit seiner dornigen Äste zu entkommen.

Darwin fiel auf, dass die meisten Schlingpflanzen einen ziemlich schmalen Pfahl oder Stab benötigten, wenn sie wirkliche Fortschritte machen wollten. Tatsächlich winden sich britische Kletterpflanzen nie um einen ganzen Baumstamm herum. Die senkrechte Stütze muss auch rau genug sein, damit sie sich an ihr festhalten können. Dabei klammert sie sich nicht in ganzer Länge an, sondern bildet eine Reihe von Kontaktpunkten aus, wenn sie sich weiterbewegt. Wie ein Bluthund nimmt sie quasi von Zeit zu Zeit Witterung auf, um ihren weiteren Weg festzulegen. Während sie sich vorwärts bewegt, richtet sich die Triebspitze auf, vollführt einen Kreis um die Stütze herum, um einige Zentimeter weiter erneut zu dieser zurückzukehren. Die Einzelheiten dieses Vorgangs sind recht unterschiedlich. So können sich bestimmte Ranken wie eine gespannte Feder in Sekundenschnelle um eine Stütze herumwickeln, sobald sie diese berühren. Ingenieure haben herausgefunden, dass eine Kletterpflanze keine glatte Stütze, wie etwa einen Zweig oder einen senkrecht gespannten Draht, emporklettern kann, die mehr als dreimal so dick ist wie sie selber. Die raue Rinde eines Baumes erleichtert ihr natürlich diese Aufgabe beträchtlich. Die Spiralbewegung des sich bewegenden Hopfens beruht auf einem schnelleren Wachstum auf der einen Seite der Pflanze. Darüber hinaus verlieren die Zellwände auf der einen Seite einen Teil ihrer Festigkeit, wölben sich nach außen und zwingen dadurch den Schössling, sich immer im Kreis zu bewegen. Schließlich kann sich eine Ranke in sich hineindrehen, hart werden und verholzen und so ihre Stütze in heftiger Umklammerung umschließen.

Bei einigen Arten sind die jungen Schösslinge am Anfang steif und wachsen ohne Hilfe einige Meter nach oben. Sobald sie allerdings einen Baum berühren, lassen sie sich auf ihn fallen. Sie müssen nun nicht länger in festes – und viel Energie verschwendendes – Holz investieren. Stattdessen werden sie dünn und biegsam und beginnen, ihren neuen Partner hinaufzuklettern. Einige Lianen verfügen über einen flexiblen Stängel, dessen Aufgabe es ist, den Weg zum freien Himmel zu finden. Wenn sie dann tatsächlich einen sonnigen Platz erreichen, bilden sie große Stämme aus, die von der Höhe der Bäume wie Taue herabbaumeln, bis sie eine weitere Pflanze finden, die ihnen als Stütze dienen kann. Der in Nordamerika vorkommende Giftsumach wächst zu einem aufrechten, fast zwei Meter großen Strauch heran, wenn er alleine steht, kann allerdings zehnmal höher werden, wenn er eine Stütze findet. Auch viele andere Arten nutzen einen Helfer, wenn ihnen einer zur Verfügung steht, bleiben aber auf ihren eigenen Füßen (oder eher Wurzeln) stehen, wenn dies nicht der Fall ist. Im tropischen Regenwald bleiben selbst junge Bäume von Arten, die nicht gerade als Kletterpflanzen bekannt sind, ganz dünn und wachsen hoch hinaus, wenn sie sich an ihre Nachbarn anlehnen können. Wenn sich ihnen diese Chance nicht bietet, wachsen sie freistehend und führen ein völlig unabhängiges Leben.

Einige Äste vieler Kletterpflanzen haben erst einmal recht kleine Blätter und bewegen sich auf der Suche nach einer neuen Lücke, durch die sich ein Trieb zwängen könnte, in einem weiten Kreis. Denjenigen, die dann tatsächlich durch eine solche hindurchschlüpfen und die Sonne finden, wachsen sofort größere Blätter, die die jetzt weit reichlicher vorhandene Energie nutzen können. Wenn die Stängel immer weiter in Spiralen vom Boden emporwachsen, bilden sie große Gefäße aus, durch die sie Wasser und Nährstoffe nach oben saugen können. Diese Flüssigkeit muss einen viele Meter langen Weg zurücklegen, was das Trinken aufwendig macht und die Pflanze zwingt, den unvermeidlichen Wasserverlust durch wachsüberzogene Blätter und undurchlässige Stängel zu vermindern.

Ein Baum zahlt einen hohen Preis für seine ungebetenen Gäste, da diese Wasser und Mineralien aus dem gemeinsamen Boden saugen und ihren Wirt von dem auch für ihn lebenswichtigen Sonnenlicht abschirmen. Die Wachstumsrate westafrikanischer Bäume, die von Lianen befallen sind, ist nur ein Fünftel so hoch wie die ihrer parasitenfreien Artgenossen. Einige Kletterpflanzen können sogar töten. Wenn die Würgefeige die Krone ihres Wirtsbaums erreicht hat, beginnt sie, Luftwurzeln in Richtung Erdboden zu schicken. Während ihres Wachstums wickeln sie sich um den Stamm ihres Wirts, verschmelzen miteinander und würgen ihn schließlich zu Tode. Der tödliche Mieter ist inzwischen so stabil geworden, dass er auch allein aufrecht stehen bleibt und seine Wurzeln Nährstoffe und Wasser mit niemand anderem mehr teilen müssen. Andere Bäume brechen unter dem Gewicht ihres ungeliebten Mitbewohners zusammen, der allerdings längst über das Kronendach des Waldes zu einem neuen Wirt weitergewandert ist.

Einige Pflanzen winden sich im Uhrzeigersinn und andere

dagegen, wie im von Flanders und Swann besungenen Fall des rechtshändigen Geißblatts und der linkshändigen Ackerwinde. Eine Mutation namens »Lefty« in einer kleinen Vertreterin der Kohlfamilie bringt den normalerweise gerade wachsenden Stängel dazu, sich nach links zu wenden, während eine andere eine Windung in die entgegengesetzte Richtung bewirkt. Jede Mutation ändert die Gestalt eines entscheidend wichtigen Proteins im Zellskelett. Das Molekül sieht wie eine Kette aus asymmetrischen Hanteln aus, wobei die in der sogenannten »Head-to-Tail-Anordnung« vorliegenden Elemente einen hohlen Spiralzylinder bilden. Die Mutationen vergrößern dabei das eine oder das andere Ende des Proteins und verformen den Zylinder, was seinerseits das Zellteilungsmuster verändert und die Pflanze sich in die eine oder die andere Richtung winden lässt. Pflanzen mit nur einer einzigen Kopie jeder Mutation wachsen dagegen ganz gerade. Aus unbekannten Gründen erhöht man den Ertrag einer Bohne, die normalerweise Kreisbewegungen nach rechts vollführt, um ein Mehrfaches, wenn man sie zwingt, sich in die entgegengesetzte Richtung zu drehen.

Kletterpflanzen sind höchst interessant für Gärtner, Bierbrauer und Weintrinker, aber für Darwin waren sie die Einführung in einen völlig neuen Bereich botanischer Fähigkeiten. *Das Bewegungsvermögen der Pflanzen* zeigt, dass sich Blätter, Wurzelspitzen, Schösslinge und andere Teile aller Pflanzenarten, ob nun Kletterpflanzen oder nicht, in ständiger Bewegung befinden. Dabei reagieren sie auf die jeweiligen Umstände in fast der gleichen Weise, wie dies Tiere tun. Pflanzen sind vielleicht langsamer, aber sie kommen am Ende gleichfalls an ihr Ziel.

Die Fähigkeiten des Hopfens werden dabei von denen der Sämlinge noch weit übertroffen, wenn diese in eine feindliche Welt eintreten und dort um Licht, Wasser und Nahrung kämpfen. Das Buch enthält die Beschreibung der offensichtlich zielorientierten Handlungen, die eine neu geborene Pflanze in ihren ersten Tagen vollführt. In seinen kämpferischen Bemühungen, sich in die richtige Lage zu bringen, seine Wurzeln in den Boden abzusenken und seine Stängel in die freie Luft zu befördern, erinnerte der keimende Samen Charles Darwin an einen Mann, der »durch eine auf ihn fallende Last Heu … auf seine Hände und Knie und gleichzeitig auf eine Seite niedergeworfen wurde. Er wird zuerst versuchen, seinen gekrümmten Rücken aufrecht zu bringen, und zur selben Zeit nach allen Richtungen hin versuchen, sich ein wenig von dem umgebenden Drucke zu befreien … Sich noch immer windend, wird er dann seinen gekrümmten Rücken, so hoch als er nur kann, emporheben … Sobald sich der Mensch dann vollständig frei fühlt, wird er den oberen Teil seines Körpers aufrichten, während er noch immer auf den Knien liegt und sich windet.«

Um in Sicherheit zu gelangen, müssen sowohl der Schössling als auch die Wurzel auf Licht, Schwerkraft, Berührungen und andere Reize reagieren. Wir selbst leben in einer Welt der Sinne, einer Welt des Sehens, Hörens, Riechens, Tastens, Schmeckens und (der vergessene Sinn) der Lagebestimmung. Sämlinge haben zwar keine Nasen, Zungen, Finger oder Ohren, aber auch sie können die Außenwelt erkennen. Tiere nutzen Elektrizität und chemische Stoffe, um Botschaften durch ihren Körper zu befördern – Pflanzen tun genau das Gleiche. Sie haben keine Muskeln, aber sie wachsen dorthin, wo sie sein müssen, oder bewegen sich mithilfe einer molekularen Maschinerie, die derjenigen ziemlich gleicht, die auch unsere eigenen Glieder antreibt. Darwin drückte dies folgendermaßen aus: »Endlich ist es unmöglich, von der Ähnlichkeit zwischen den … Bewegungen der Pflanzen und vielen unbewusst von den niederen Tieren ausgeführten Handlungen nicht überrascht zu sein … Die auffallendste Ähnlichkeit aber ist die Lokalisation ihrer Empfindlichkeit und die Fortleitung eines Einflusses von dem gereizten Teil auf einen anderen, welcher sich in Folge hiervon bewegt.«

Wie kann eine Pflanze ohne Augen, Ohren und Nerven wissen, wo oben ist, was sie berührt hat oder ob der Himmel blau oder grau ist? Dies galt es nun herauszufinden.

Vater und Sohn identifizierten zwei allgemeine Arten von Aktivität, jene, bei denen nur die Reaktion und nicht ihre Richtung von einem äußeren Auslöser ausgelöst wurde, und jene, bei denen es eine Bewegung hin zu einem äußeren Reiz oder weg von ihm gab. Als Beispiel der Ersteren stellten sie fest, dass viele Pflanzen ihre Blüten im Sonnenlicht öffneten und schlossen, oder »einschliefen«, indem sie ihre Blätter nachts zusammenfalteten, vielleicht um dadurch die Wärmeabstrahlung zu vermindern. Einige, wie etwa die Mimosen, beantworteten ein plötzliches Anstoßen mit einem sofortigen Zusammenklappen ihrer Blätter, wohl als Versuch, dadurch ein hungriges Insekt zu verscheuchen, oder einen Feind den kleinen Dornen auszusetzen, die ihre Äste zieren. Alle Arten mit empfindlichen Blättern schliefen in der Nacht, doch viele der Schläfer reagierten nicht auf einen Stoß.

Bei den Mimosen und ihren Verwandten beruhen solche Aktionen auf einer plötzlichen Absenkung des Innendrucks in jedem Fiederblatt, die sich dann auf die Blätter in der Nähe des tatsächlich berührten Blattes ausdehnt. Dafür sind einige Zellen in den Gelenken an der Basis des Blattstiels verantwortlich. Reibt oder kitzelt man diese, klappen die Blätter sofort zusammen. Sie sind dabei empfindlicher als unsere eigenen Finger. Die Gelenke kontrollieren auch die Reaktionen auf Dunkelheit und Licht. Jede von ihnen besitzt ein langes Haar, die sogenannte Fühlborste, die als Hebel wirkt und in eine Sinneszelle eingebettet ist. Bei einem plötzlich eintretenden Reiz löst die verstärkte Bewegung an der Basis eine Reaktion im Gelenk aus, bei der geladene Moleküle durch seine Membran gepumpt werden. Sofort strömt Wasser aus, kollabieren Teile des Innenskeletts der Zelle und das Blatt klappt ein. Nach einiger Zeit pumpt die Pflanze wieder

Wasser zurück in das Gelenk, das Blatt öffnet sich und die Mimose ist wieder bereit, auf die nächste Herausforderung in geeigneter Weise zu reagieren. Das Muster von zwei entgegengesetzten Kräften, eine, die das Blatt zusammenfallen lässt, und eine, die das Blatt wieder öffnet, erinnert an die Verhältnisse beim Menschen, bei dem ja ein Muskel eine Gliedmaße streckt und ein anderer sie beugt.

Viele Blumen haben auch einen Zeitbegriff. Unsere Vorfahren legten manchmal ihre Gebetszeiten nach einem kurzen Blick auf ihre Gärten fest. Selbst der große Klassifizierer des Lebens Carl von Linné entwarf eine Art grober »Blumenuhr« und legte ein Beet an, dessen Blumen ihre Blüten alle zu unterschiedlichen Zeiten öffneten. Viele, wie etwa die Sonnenblumen, die den ganzen Tag lang der Sonne folgen, reagieren dabei jedoch nur auf äußere Reize. Die Mimose besitzt dagegen ein feineres Zeitgefühl. Versetzt man sie in einen Raum, in dem es ständig dunkel ist, setzt sich ihr Schlaf- und Wachrhythmus trotzdem fort. Sie verfügt über eine innere, von Licht und Dunkelheit unabhängige biologische Uhr und gehört deshalb zu den Pflanzen, die laut Darwin »angeborenen oder konstitutionellen Änderungen unterliegen, die von jeder äußeren Einwirkung unabhängig sind«.

Ein interner Zeitgeber, der auf dem Auf- und Abbau von chemischen Stoffen beruht, legt ihren Tagesrhythmus fest. Diese Uhr ist allerdings nicht sehr genau und weicht von der tatsächlichen Zeit zunehmend ab, wenn sie ständiger Dunkelheit oder andauerndem Licht ausgesetzt wird. Unterschiedliche Arten haben interne Zeitgeber mit Zyklen, die von etwa zwanzig bis etwa dreißig Stunden reichen. Der Sonnenaufgang stellt den Mechanismus jedes Mal neu ein, sodass er mit den Helligkeitsstunden im Wechsel der Jahreszeiten Schritt halten kann. Die Innen- und Außenwelt stehen dabei in Interaktion, denn die Blätter der Mimosen falten sich nachts nur dann zusammen, wenn sie unter Tag beleuchtet wurden.

Diese Bewegungen mögen auf etwas ausgerichtet sein, das wie ein Zweck aussieht, jedoch fehlt ihnen jede konkrete Richtung. Andere pflanzliche Fähigkeiten scheinen dagegen ein ganz bestimmtes Ziel zu verfolgen. Das Leben einer Pflanze wird von der Sonne, dem Wasser, der Nahrungsgewinnung und den Fressfeinden beherrscht. Um zu überleben, muss sie ihre Feinde vermeiden und ihre Freunde finden und wie ein Tier nach Nahrung, Wasser, Schutz und – vor allem – Sonnenlicht jagen.

Die Darwins fanden bald heraus, dass junge Schösslinge selbst einem ganz schwachen Licht entgegenwachsen. Diese einfache Beobachtung führte dann zu ihrem wichtigsten Ergebnis: der Entdeckung eines inneren chemischen Botens – einem Hormon –, das das Wachstum veränderte. Es war das erste von Tausenden solcher chemischer Stoffe, die wir heute kennen.

Ihr Experiment war so einfach wie genial. Ein Grasschössling biegt sich immer dem Licht entgegen. Sie fanden nun heraus, dass er dies nur tut, wenn der Strahl seine vorderste Spitze von der Seite her trifft. Wenn sie diese Spitze nun bedeckten oder das Licht auf einen Punkt lenkten, der direkt unter ihr lag, bewegte sich der Spross nicht. Wenn sie die Pflanze im Sand begruben, wobei nur die vorderste Triebspitze Licht erhielt und der ganze Rest in absoluter Dunkelheit verblieb, wuchs der begrabene Schössling doch der Lichtquelle entgegen. Kurze Lichtstöße hatten dabei dieselbe Wirkung wie ein einzelnes längeres Leuchten. In beiden Fällen funktionierte dies auch bei geringer Helligkeitsstufe. Die beiden Darwins erkannten, dass die äußerste Triebspitze für Sonnenstrahlen empfindlich war und auf irgendeine Weise die Information, woher diese kamen, an den Stängel weiter unten weitergegeben wurde (»Die Einwirkung wird weiterbefördert«, wie sie es nannten), was diesen zu einer Änderung seiner Aktivitäten bewegte.

Etliche Zeit später, im Jahre 1913, konnte dann das Vorhandensein eines chemischen Botenstoffs nachgewiesen werden. Die abgetrennte Triebspitze wurde auf einen weichen Schwamm gelegt und dort einer Lichtquelle ausgesetzt. Dieser saugte dann die entscheidende Substanz auf, als sie aus dem vom Licht angeregten Geweberest herausgepumpt wurde. Als man den Schwamm dann auf einen abgeschnittenen Spross legte, dessen Spitze man zuvor entfernt hatte, änderte dieser sofort sein Wachstumsmuster. Man nannte diesen botanischen Boten »Auxin« (nach dem Griechischen »auxein«, »wachsen«). Damit hatte man das erste Hormon gefunden.

Für Pflanzen wie für Tiere genügt es nicht, etwas über die Außenwelt zu erfahren. Um auf diese eingehenden Botschaften einer Gelegenheit oder Gefahr antworten zu können, muss die Information von ihrem Ankunftsort zu einem Körperteil befördert werden, der auf sie reagieren kann. Im Körper eines Tieres gibt es dafür viele Wege. Nerven befördern die Nachricht von Zelle zu Zelle (wobei alle Zellen, ob nun Nerven oder nicht, mit ihren Nachbarn auf die eine oder andere Weise reden), während weit voneinander entfernte Gewebe mithilfe von chemischen Stoffen kommunizieren, die sie in die Blutbahn abgeben. Pflanzen haben zwar keine Nerven, aber auch sie geben Anweisungen an Zellen weiter. Dies geschieht durch spezielle Kanäle, die ihre dicken Zellwände durchqueren und die lebenden Teile miteinander verbinden. Nicht nur Darwins Hormon wird auf diese Weise transportiert, sondern auch Proteine, Nukleinsäuren, Hormone und sogar Viren. Darüber hinaus haben die Pflanzen offene Gefäße, die Leitungsbahnen, in denen aber im Gegensatz zu unserem Blutkreislauf die Flüssigkeit nicht zirkuliert, sondern in eine einzige Richtung von den Wurzeln zu den Schösslingen, Stängeln oder Blättern fließt, wo sie durch Verdunstung verloren geht. Aus diesem Grund ist der Informationsfluss eine Einbahnstraße. Zu den Hormonen, die in dieser Flüssigkeit befördert werden, gehören Proteine und Moleküle, die

die Zellteilung und den Zelltod steuern, sowie andere, die erklären, dass es jetzt Zeit ist, zu blühen oder Nährstoffe zu speichern. Andere Signalstoffe teilen der dunklen Welt unter dem Boden mit, dass der Frühling angefangen hat. Sie überwachen das Gleichgewicht zwischen Nährstoffen und Wachstum oder warnen vor der Ankunft eines Fressfeindes.

Inzwischen wurden bereits Dutzende von Pflanzenhormonen entdeckt. Sie breiten sich im ganzen pflanzlichen Gewebe in Reaktion auf Licht, Hitze, Verletzungen, den Lauf der Zeit und viele andere Gründe aus. Trägt man menschlichen Urin auf einen enthaupteten Trieb auf, so ändert dieser sein Wachstum, da das Auxin einer Pflanze den Körper dessen, der sie isst, unverändert durchläuft. Gegenwärtig werden diese Botenstoffe nicht mehr nur mit chemischen Methoden untersucht, sondern auch mit Pflanzenmutanten, deren verändertes Wachstum auf eine anomale Reaktion auf bestimmte Hormone zurückgeht.

Die meisten Pflanzenhormone sind einfacher und kleiner als unsere. Einige haben eine chemische Struktur, die auf Kohlenstoffringen beruhen, aber viele sind kleine Proteine. Einige sehen sogar eher wie die Steroide aus, die die menschlichen Sexualmerkmale kontrollieren. Wie unsere eigenen chemischen Botenstoffe sind sie oft paarig angeordnet, wobei die einen eine Aktion befördern und andere sie hemmen. Jedes Hormon hat cinen Rezeptor auf dem Zielgewebe, an das es bindet und dann wie bei den Tieren die Tätigkeit bestimmter Gene stimuliert oder unterdrückt. Einige bringen einzelne Zellen dazu, sich auszudehnen oder zusammenzuziehen, während andere die Zellteilungsrate ändern. Wenn sich Zellen zum Beispiel auf der dunklen Seite eines Schösslings schneller teilen als auf der hellen, wird sich die gesamte Pflanze in Richtung der Lichtquelle biegen.

Solche Moleküle legen fest, ob ihre Herren reifen, ihre Blätter verlieren, sich dem Licht oder der Schwerkraft entgegen- oder von diesen wegbewegen, Infektionen bekämpfen können, und noch vieles andere mehr. Diejenigen, die in der Triebspitze konzentriert sind, unterdrücken die Aktivitäten von weiter unten liegenden Teilen der Pflanze. So verbreitet sich das Auxin nach unten und verhindert dort das Wachstum von Knospen, die mit der Triebspitze selbst um einen Zugang zum Licht konkurrieren könnten. Schneidet man diese Spitze ab, gewinnen diese Bereiche schlagartig an Leben. Aus diesem Grund beschneiden die Gärtner ihre Obstbäume, um einen dichteren Wuchs zu bekommen.

Die Schlösser, in die die Auxin-Schlüssel passen, sind inzwischen bekannt. Viele der von Gärtnern so sehr geschätzten Gestaltänderungen resultieren aus Defekten in den Hormongenen oder ihren Rezeptoren. Die Auxine lassen den Schössling emporwachsen oder sich einwurzeln, bringen die Blume zum Blühen und die Frucht unter dem Einfluss des Auxins ihrer Samen dazu, anzuschwellen. Die unheimlichen Bewegungen des Sonnentaus, wenn dieser seine Blätter über ein in der Falle sitzendes Insekt rollt, beruhen auf einem weiteren Mitglied derselben chemischen Familie. In gewisser Weise ähneln die Auxine den Substanzen, die an der Nervenübertragung beteiligt sind, sowie den Tierhormonen. Tatsächlich finden sich einige unserer eigenen Neurotransmitter auch in Pflanzen, obwohl noch nicht klar ist, welche Rolle sie dort spielen.

Die Auxine und ihre Verwandten erwiesen sich oft als recht nützlich. Gärtner und Bauern nutzen künstliche Versionen, um das Bewurzeln von Stecklingen zu fördern. Allerdings war auch Agent Orange, das nach den orangefarbenen Streifen, mit denen die entsprechenden Fässer gekennzeichnet waren, genannt wurde, ein künstliches Auxin, das die damit besprühte Vegetation dazu brachte, sich regelrecht zu Tode zu wachsen. Es wurde ein ganzes Jahrzehnt lang im Vietnamkrieg eingesetzt. Mit 75 Millionen Litern dieses Stoffes versuchten die Amerikaner, die Felder der Guerillas zu zerstören und den Wald zu entlauben, damit der Feind dort keine

Deckung mehr finden konnte. Der militärische Wert dieses Einsatzes wurde nie bewiesen und der Einsatz der Chemikalie wurde aufgegeben, als man herausfand, dass sie mit giftigem, krebserregendem Dioxin kontaminiert war. Trotzdem werden auch heute noch synthetische Auxine als Pflanzenschutzmittel genutzt, die offensichtlich sicher zu sein scheinen.

Die Blätter, die die südvietnamesischen Guerillakämpfer vor den über dem Dschungel kreisenden amerikanischen Flugzeugen verbargen, bildeten deshalb einen solch dichten Tarnschild, weil die Bäume, die sie trugen, um ihr Leben und einen Platz im Licht kämpften. Alle Pflanzen brauchen Sonnenlicht und sind bereit, um diese wertvolle Ressource oft sogar bis zum Tode zu streiten. In jedem Wald findet eine stille Schlacht zwischen den Blättern ganz oben statt, von denen jedes einen Blick auf die Sonne erhaschen möchte. Zusammen verhindern sie weitgehend, dass deren Strahlen bis zum Waldboden durchdringen. Einige baden sich im Licht, andere verlieren das Gefecht, werden kränklich und sterben ab. Um zu überleben, müssen sie die Strahlung auffangen, deren Intensität messen und sich entsprechend bewegen oder weiterwachsen.

Die Darwins fanden heraus, dass Schösslinge Licht auffangen und diese Information dann weiterleiten können, aber sie hatten keine Ahnung, wie sie dessen Gegenwart bemerken, und wussten auch nichts über deren große Empfindlichkeit für Wellenlängen, Intensität und Richtungsfindung. Tatsächlich steht ihnen dazu eine Vielfalt von speziellen Molekülen zur Verfügung, von denen einige Entsprechungen im Tierreich haben.

Eine Gruppe von Rezeptoren, die Phototropine, fangen blaues Licht ein und sind ein wichtiger Faktor dafür, dass Triebe immer einer Lichtquelle entgegenwachsen. (Sie kontrollieren auch die Spaltöffnungen, durch die Luft und Wasser aus und in die Pflanze gelangen. Darüber hinaus spielen sie eine Rolle im pflanzlichen Geschlechtsleben.) Eine andere Gruppe, die Phytochrome, sind für langwelligeres Licht im Rot- und Infrarotbereich empfindlich. Sie haben ein Proteingrundgerüst, das mit einer zweiten chemischen Struktur aus verbundenen Kohlenstoffringen zu einer Art molekularem Knoten verbunden ist. Das Molekül steht dadurch unter Spannung wie eine auf ihr Opfer wartende Mausefalle. Wird es von einem Lichtstrahl getroffen, geht es schlagartig von der einen in die andere Gestalt über. Im Dunkeln oder Schatten wird dann dieser Wandel langsam rückgängig gemacht. Der Abgleich zwischen diesen beiden alternativen Formen klärt die Pflanze über die tatsächlichen Lichtverhältnisse auf. Sie weiß dann, ob der Himmel eher hell oder dunkel ist. Der lichtempfindliche Teil ähnelt dem Chlorophyll in den Blättern und – weit erstaunlicher – den Abbauprodukten unseres eigenen roten Blutfarbstoffs. (Aus diesem Grund hilft es gelbsüchtigen Kindern, wenn man sie eine Zeitlang intensivem Licht aussetzt.)

In einem dichten Wald kommt nur ein Zwanzigstel des infraroten Lichts, dem die Pflanzen in praller Sonne ausgesetzt sind, auf dem Boden an, da die energetische Strahlung weitgehend von den oberen Blättern abgefangen wird. Da das Pigment nicht nur die Lichtintensität (die sich im Tagesverlauf ja ändert), sondern auch das Verhältnis von Rot zu Infrarot misst, kann es zwischen dem Lichtmangel am Abend oder an einem wolkigen Tag (wenn also das Verhältnis zwischen den beiden Wellenlängen gleich bleibt) und dem Mangel unterscheiden, der entsteht, wenn andere Blätter die Sonne verdecken und den wertvollsten Teil von deren Spektrum für sich verwenden. Wenn die Infrarotmenge eine gewisse Größe unterschreitet, müssen die Pflanzen im Schatten auf diese Notlage reagieren, bevor diese Energiequelle vollständig blockiert wird.

Eine solche Pflanze ändert sofort ihr gesamtes Lebensmuster. Sie wächst schneller und der Stängel oder Stiel streckt sich in die Länge. Jedes Blatt bemüht sich, dem verfügbaren Licht eine flachere Oberfläche zu bieten. Setzt sich der Mangel fort, werden die Blätter dünner und durchlässiger und ihre Mutterpflanze bildet weniger Äste aus, wenn sie dem Himmel entgegenwächst. Wenn dies alles fehlschlägt und das Licht im roten Bereich bleibt, wird dem Opfer seine aussichtslose Lage klar. Es blüht dann noch einmal, so schnell es kann, in der Hoffnung, dass es wenigstens seine Gene weitergeben kann, bevor es im Dunklen stirbt.

Die Phytochrome mögen klug sein, aber andere Pigmente sind sogar noch klüger. Eine dritte Sorte von Sensoren, die Kryptochrome, reagieren nicht auf rotes, sondern auf blaues Licht. (Tatsächlich hat man in einer weiteren Parallele zu unseren eigenen Augen mit seinen drei unterschiedlichen Rezeptoren auch noch ein grünempfindliches Enzym gefunden.) Der Aufbau der Kryptochrome ähnelt dem der Enzyme, die die DNS schneiden und aufspleißen. Sie messen weniger die Wellenlänge als die Intensität des Lichts. Ihre Hauptaufgabe ist die Feststellung der Tageslänge. Dies ist ein wichtiger Faktor für die Entscheidung der Pflanze, wann genau sie im Fortschreiten der Jahreszeiten Blüten oder Früchte ausbilden soll. Sie sind vor allem im neugeborenen Sämling aktiv, wenn dieser bei seinem Wachstum den Erdboden durchstößt, da sie den gesamten biochemischen Haushalt dieses jungen Triebs von einem Leben im dunklen Erdreich auf eines in hellem Sonnenlicht umstellen.

Viele Sensormoleküle haben Verwandte in unseren eigenen Augen. Auch sie helfen, die Länge jedes Tages festzustellen und die Wellenlänge (oder Farbe, wie wir es nennen) zu registrieren. Einige dieser magischen Proteine sind sogar der Stoff, aus dem die Träume sind, da sie nicht nur berührungsempfindliche Pflanzen zum Zusammenfalten ihrer Blätter bringen, sondern auch den menschlichen Schlafrhythmus kontrollieren. Ein langer Flug in einem Verkehrsflugzeug führt zu den als Jetlag bekannten unangenehmen Nebenwirkungen, bei deren Behebung die Kryptochrome eine große Hilfe sind. (Aus diesem Grund fällt es dem Weltreisenden schwerer, sich im bewölkten London als im sonnigen Sydney an die Ortszeit anzupassen.) Mäuse, deren Blaulicht-Gen durch eine Mutation beschädigt wurde, schlafen länger und ihre Gehirne sind im Schlafzustand weniger aktiv – und reagieren aus unbekannten Gründen anders auf Antikrebsmittel. Es scheint auch einen Zusammenhang zu geben zwischen der Menge dieser Stoffe in unseren Augen und den Stimmungsschwankungen, die für die Menschen typisch sind, die unter einer saisonal-affektiven Störung (SAD) leiden, die auch als Winterdepression bekannt ist (obwohl man bisher noch keinen Zusammenhang zwischen Variationen im menschlichen Gen und der Neigung zu dieser unangenehmen Seelenkrankheit gefunden hat). Die lichtempfindlichen Pflanzen lassen den Kopf im düsteren Wetter unter Einfluss der Kryptochrome hängen, und bei uns scheint es genauso zu sein.

Wurzeln bevorzugen dagegen die Dunkelheit und versuchen mit allen Mitteln, das Tageslicht zu vermeiden. Auch hier erledigt das blaue Licht mit seinem eigenen speziellen Rezeptormolekül auf der Wurzelspitze diese Arbeit. Die Wurzel hat noch eine andere Fähigkeit, die ihr hilft, sich weiter in den Boden zu senken: Sie kann die Schwerkraft spüren. Auch für Kletterpflanzen ist die Erdanziehung wichtig (wenngleich sie sich natürlich in die entgegengesetzte Richtung bewegen). Darwin fand heraus, dass das entscheidende Sinnesorgan für Schwerkraft in der Spitze der Wurzel oder des Schösslings sitzt. Schnitt er diese Spitze ab, reagierte die wachsende Pflanze regelrecht verwirrt. Inzwischen konnte man es aufspüren – und auch hier finden sich wieder bemerkenswerte Ähnlichkeiten mit unserem eigenen sensorischen System.

Der Mensch hält sein Gleichgewicht mithilfe dreier winziger, mit Flüssigkeit gefüllter, dreidimensional angeordneter

Röhrchen im Innenohr aufrecht, von denen eines für links und rechts, eines für auf und ab und eines für vor und zurück zuständig ist. Wenn wir stehen, sitzen oder uns bewegen, schwappt die Flüssigkeit in ihnen hin und her. Winzige Kalziumkarbonatkristalle, die Ohrsteine oder auch Otolithen, sitzen auf speziellen Zellen auf der Innenfläche jedes Röhrchens und bewegen sich, wenn die Schwerkraft oder die Beschleunigung sie in die eine oder andere Richtung treibt. Die Bewegungen feiner Härchen auf jeder Zelle werden dann in elektrische Botschaften an das Gehirn umgewandelt, aufgrund derer wir immer wissen, wo wir stehen.

Pflanzen vollführen dasselbe mit speziellen Zellen in den Wurzeln und Stängeln. Jede enthält kleine Stärkekörnchen, die sich wie die winzigen Partikel in unseren Ohren verlagern, wenn sich die Pflanze bewegt. Mutanten, die keine Stärke herstellen können, verlieren sowohl ihren Gleichgewichtssinn als auch die Fähigkeit, kreisende Bewegungen auszuführen. Darwin vermutete, dass die Suchbewegungen, die er beim Hopfen und ähnlichen Pflanzen bemerkt hatte, mit der Erdanziehung zu tun haben. Er hatte dabei nur zum Teil recht. In einem Experiment, das ihn sicherlich völlig verblüfft hätte, zeigte sich, dass auch Pflanzenspitzen, die sich in der Schwerelosigkeit einer Raumstation befanden, ihre gemessenen Runden drehten.

Ein noch genauerer Blick auf Menschen und Pflanzen zeigt weitere Parallelen, was ihre Schwerkraftsensoren angeht. Im Ohr nutzt ein molekularer »Zahnstangenmechanismus« ein Proteinpaar, das eine wichtige Rolle bei der Registrierung der Bewegung der kleinen Körnchen spielt, wenn diese vor- und zurückgespült werden. In den Pflanzen erledigt ein Paar fast identischer Moleküle die gleiche Arbeit.

Dichter, Mystiker und Romantiker vermeinen oft, die Schwingungen eines sechsten, siebten oder achten Sinns zu verspüren (Shelley war hier vernünftiger). Ein populärer Kandidat ist dabei der Magnetismus. Ein Thema, das von Anfang an etwas anrüchig war, als der deutsche Scharlatan Franz Anton Mesmer behauptete, dass »animalischer Magnetismus« – die angebliche Fähigkeit einiger Menschen, blockierte Körperkanäle von Kranken zu öffnen – Blindheit und noch viel mehr heilen könne. (Wie die Oper *Così fan tutte zeigt,* glaubte Mozart noch an diese Vorstellung, die aber dann von einer französischen Regierungskommission unter Leitung von Benjamin Franklin endgültig zurückgewiesen wurde.) Trotzdem gibt es immer noch viele Magnettherapeuten, die allein in den Vereinigten Staaten pro Jahr magische Armbänder, Magnet-Einlegesohlen und Magnetfeldtherapie-Decken im Wert von Hunderten von Millionen Dollar verkaufen.

In letzter Zeit beginnt sich die Biologie erneut für unsere Interaktionen mit dem Magnetfeld der Erde zu interessieren. Das Thema verführt allerdings immer noch zu gewagten Behauptungen: Einige geben an, dass Studenten mit verbundenen Augen dank eines inneren Kompasses den Weg nach Hause gefunden hätten, während Luftaufnahmen darauf hindeuten, dass Rinder vorzugsweise mit dem Kopf nach Norden oder Süden stehen. Ein starkes Magnetfeld löst tatsächlich eine gewisse Gehirnaktivität aus, wobei allerdings nicht klar ist, was das für unser tägliches Leben bedeutet.

Viele Lebewesen verfügen über die starke und unerwartete Fähigkeit, mithilfe eines inneren Kompasses Richtungen zu bestimmen. So haben zum Beispiel Zugvögel im Gehirn stark eisenhaltige Zellen und nutzen das Erdmagnetfeld, um ihren Weg quer über den halben Globus zu finden, wenn die Jahreszeiten wechseln. Dafür verwenden sie die Produkte eines Gens, das erstaunliche Ähnlichkeit mit dem Gen eines pflanzlichen Blaulichtsensors aufweist. Sein Molekül ist ein wesentlicher Teil eines internen Zeitgebers, den die Zugvögel nutzen, um den Winkel zur Sonne zu messen, wenn sich diese über den Himmel bewegt. Anhand dieser Information können sie feststellen, wo Norden und Süden ist. Darüber hinaus hilft es den Vögeln, mithilfe der Magnetkraftlinien der Erde ihren Weg zu finden.

Sie vermögen somit das Feld auch nur tagsüber zur Orientierung zu nutzen, da nur dann der Blausensor wirksam ist. Er arbeitet auf der atomaren Ebene. Elektronen treten bekanntlich in Paaren auf, die sich in entgegengesetzter Richtung um den Kern bewegen. Als Folge davon heben sie gegenseitig ihre Fähigkeit auf, als Magnet zu wirken. Wenn nun Energie – Hitze, Licht oder chemische Reaktionen – in das System eintritt, kann ein Elektron herausgeschleudert werden, sodass nur noch ein einziges um den Kern herumwirbelt. Solche »freien Radikale« müssen so bald wie möglich einen neuen Partner finden. Dafür müssen sie ihre Rotationsrichtung verändern. Ein magnetisches Feld im rechten Winkel zu ihrer Drehung erschwert ihnen dieses. Ein Vogel kann somit ungepaarte Elektronen als eine Art Kompassnadel benutzen, die es ihm ermöglicht, das Magnetfeld der Erde zu spüren. Die Kryptochrome erzeugen viele freie Radikale, wenn sie die Energie des blauen Lichts auffangen und in die entsprechende Zelle weiterleiten, wodurch sich der Orientierungssinn des Zugvogels bedeutend verbessert.

Der Magnetismus beeinflusst auch das Pflanzenwachstum. Die Stärkekörnchen in der Triebspitze können mit einem Magneten bewegt werden. Das Feld hilft dann der Pflanze, sich im Raum zu orientieren. (Ein Versuch, die Wirkung des Magnetismus in der Schwerelosigkeit zu testen, fiel der Challenger-Katastrophe zum Opfer.) Ein magnetisches Feld verlangsamt auch das Wachstum von Trieben – aber nur unter dem Einfluss von blauem Licht. Mutanten, denen der entsprechende Sensor fehlt, zeigen sich völlig unbeeindruckt von dessen Gegenwart. Vielleicht weist dies alles auf einen vergessenen gemeinsamen sechsten Sinn bei Pflanzen und Tieren hin. Darwin sprach oft von »närrischen Experimenten«: Ideen, die höchstwahrscheinlich nicht funktionieren würden, die es aber Wert waren, ausprobiert zu werden. Er dachte zwar bereits über die Rolle des Magnetismus bei der Orientierung der Tiere nach, aber er wäre überrascht gewesen zu hören, dass dieser auch für die Bewegungen im Pflanzenreich wichtig ist; dieses Experiment wäre selbst ihm zu närrisch erschienen.

In einem weiteren Beispiel für seinen »Wunsch, die unwahrscheinlichsten Ideen zu überprüfen«, wie es sein Sohn einmal nannte, überredete er Francis, einer Mimose mit seinem Fagott ein Ständchen darzubringen, um ihre Reaktion zu testen. Diese Musik beeindruckte die Pflanze allerdings genauso wenig wie freundliche Worte. (Moderne Experimente, bei denen man sie stundenlang mit lauter Popmusik beschallte, zeitigten dasselbe negative Ergebnis.) Trotzdem sprechen Pflanzen miteinander. Allerdings nutzen sie dazu nicht den Schall, sondern den Geruch. Sie entwickelten eine ganze Reihe von chemischen Boten, die ihnen dabei helfen. Alle zusammen verschaffen sie ihnen einen Geruchssinn, der ihre übrigen Sinne, etwa ihren Schwerkraftsinn, ergänzt.

Viele setzen ein einfaches Gas namens Äthylen frei, das sie schneller wachsen lässt und die Reifung ihrer Früchte befördert. In dichter Vegetation bringt das Gas die Blätter dazu, noch härter um einen Platz am Licht zu kämpfen, da es ihnen die Anwesenheit von Konkurrenten anzeigt. Der pflanzliche Geruchssinn kann aber auch finsteren Zwecken dienen. Der Teufelszwirn, ein mit der Winde verwandter Parasit, ist ein Schädling, der Karotten, Kartoffeln, Klee und Gartenblumen befällt (seine anderen Namen sind Seide, Jungfernhur, Kletterhur und Hexenseide). Seine winzigen Blätter enthalten fast kein Chlorophyll und seine Samen können zehn Jahre überleben. Wenn sie keimen, durchbricht der Schössling die Erde und sucht nach einem potentiellen Opfer. Er dreht sich so lange im Kreise, bis er ein solches findet. Danach windet sich sein Stängel um die Wirtspflanze und führt winzige Nadeln, die Haustorien, in diese ein, deren Zellen mit denen des Wirts verschmelzen und dessen Lebenssäfte aussaugen. Der Teufelszwirn verliert dann seine eigenen Wurzeln und lebt nur noch als Parasit. Verständlicherweise zieht er saftige, flüssigkeitsreiche Pflanzen wie Tomaten festeren Pflanzen wie Weizen vor.

Der Teufelszwirn erschnüffelt dabei seine Beute wie ein Spürhund. Lässt man ihn in einem geschlossenen Behältnis mit zwei Tunneln keimen, von denen der eine in eine Kammer mit gesunden Tomaten und der andere in eine ähnliche Kammer mit Weizen führt, wird er in Richtung seines bevorzugten Wirts, der weichen und saftigen Tomate, wachsen, und deren Alternative verschmähen.

Eine Pflanze kann ihren Geruchssinn auch zu ihrem Schutz nutzen. Einige Arten reden mit sich selbst, wobei etwa ein beschädigtes Blatt seine Nachbarblätter auffordert, sich auf einen Angriff vorzubereiten. Dieser Vorgang klappt allerdings nicht, wenn man eine Plastiktüte über das Blatt stülpt, was beweist, dass ein über die Luft übertragenes Signal beteiligt sein muss. Blätter, die von einem Insekt gefressen werden, schütten Signalstoffe aus, die von ihren Nachbarn aufgefangen werden, die dann ihre eigene Verteidigung vorbereiten. Andere Arten hören sogar auf fremde Botschaften. Tabakkeimlinge, die in der Nähe eines Beifußbusches wachsen, setzen ihre eigenen Insektenabwehrchemikalien frei, wenn dessen Blätter abgefressen werden. Ein Käfer, der das Blatt einer Limabohne anknabbert, geht ein hohes Risiko ein, da sein Opfer eine Luftbotschaft aussendet, die andere Blätter in seiner Nähe veranlasst, ein zuckriges Sekret abzusondern, das Ameisen und Wespen anlockt, die ihrerseits den Käfer angreifen.

Pflanzen können chemische Stoffe in einer Lösung schmecken und in der Luft riechen. Sie beziehen Informationen aus den Flüssigkeiten, die ihre Wurzeln befeuchten und durch ihre Blätter fließen. Wurzeln und Triebe spüren die Gegenwart von Feinden und wachsen weg von diesen. Sie jagen auch der Nahrung nach. Wenn eine Wurzel eine an Nährstoffen reiche Stelle findet, hält sie an und beginnt, das reiche Angebot aufzusaugen. Die Stoffe, die sie dabei in die Erde pumpt, können Freunde wie nützliche Pilze anziehen, können aber auch von Feinden gekapert werden. Die Arten der Gattung *Striga* sind Schädlinge, die tropische Nutzpflanzen wie etwa das Zuckerrohr befallen. Sie wachsen auf den Wurzeln ihrer Wirte und saugen wie der Teufelszwirn deren Lebenssaft aus. Zuvor haben sie einen gelösten Stoff aufgefangen, mit dem der Wirt Pilze anlocken wollte. Auf die gleiche Weise scheiden Getreidekeimlinge, deren Wurzeln von Maden gefressen werden, einen chemischen Stoff aus, der Raubwürmer anlockt. Der Schwarznussbaum verscheucht dagegen etwaige Konkurrenten mit seinen eigenen Sekreten und sorgt dadurch für eine tote Zone in seinem Schatten. So ist es auch kein Zufall, dass unsere eigenen Zungen von Giftstoffen in Paprika, Kaffee, Salaten usw. gekitzelt werden, die diese Pflanzen allerdings nicht zur Befriedigung der Feinschmecker, sondern zur Abwehr ihrer Feinde entwickelt haben.

Darwin selbst erkannte, dass Pflanzen einen Tastsinn haben müssen, da die Kletterpflanzen sofort ihr Verhalten ändern, wenn sie einem vertikalen Objekt begegnen. Sie stellen dann sofort ihre weiten Kreisbewegungen ein und beginnen, sich um die neue Stütze herumzuwinden. Auch Wurzeln sondieren den Erdboden und wachsen notfalls um einen Stein herum, den sie nicht bewegen können. Sie vermeiden in diesem Fall also den Gegenstand, anstatt ihn zu umarmen. Darwin fand außerdem heraus, dass bei den Wurzeln der Tast- und der Richtungssinn zusammenarbeiten, da eine senkrecht gehaltene Wurzel von dem Objekt, das sie behindert, wegwachsen wird. Bringt man sie danach wieder in die Horizontale, wird sie immer versuchen, nach unten auszuweichen, egal, welchen Gegenstand man ihr in den Weg legt.

Die sogenannten Treehugger führen das anscheinend völlig sinnlose Experiment aus, durch das Umarmen eines Baumstamms mit diesem Energie auszutauschen. Sie wollen ihm dabei ihre eigene Lebenskraft übermitteln und im Gegenzug einen bisher noch nicht entdeckten »pflanzlichen Geist« empfangen. Tatsächlich hat das Berühren – und ganz bestimmt das Umarmen – einer Pflanze eine andere, unerwartete Wirkung: Es hemmt ihr Wachstum. Die Kiefern in einem Hochgebirgswald sind klein, krumm und kümmerlich, da sie ständig heftigem Wind ausgesetzt sind. Dagegen leben ihre Artgenossen im Tiefland in ruhigeren Gefilden und wachsen deshalb gerade nach oben. Identische Sämlinge bieten am Ende ein völlig unterschiedliches Erscheinungsbild, je nachdem ob sie an ruhigen oder windigen Plätzen angepflanzt werden. Pflanzen sind tatsächlich sogar sehr empfindlich. Biegt man eine junge Tomatenpflanze eine halbe Minute, wird sie eine ganze Stunde lang nicht mehr weiterwachsen. Dies ist auch der Grund, warum stürmische Gegenden verkrüppelte Bäume hervorbringen.

Die auffälligste Reaktion auf eine Berührung zeigt sicherlich die von Shelley so sehr bewunderte Mimose. Zwei Jahrhunderte nach seinem Gedicht führten Botaniker ein ganz einfaches Experiment mit ihr aus. Sie lösten eine Reihe von Chemikalien, von denen bekannt war, dass sie als Hormone wirkten, in Wasser auf und benetzten die Mimose damit, um zu untersuchen, welche DNS-Bereiche darauf reagierten. Bei jeder Substanz erhöhte ein vorher noch nicht bekanntes Gen seine Aktivität um das Hundertfache. Zuerst glaubte man, endlich einen wichtigen Orientierungspunkt im Labyrinth der Gene gefunden zu haben. Als man dann aber die Pflanze mit reinem Wasser besprühte, hatte dies denselben Effekt. Die bloße Berührung hatte ihn bewirkt. Damit hatte man das erste der vielen »Berührungsgene« gefunden, die von einem Regentropfen – oder einem Windstoß – aktiviert werden. Tatsächlich verstärken mehr als fünfhundert separate DNS-Bereiche, also jedes fünfzigste Gen, ihre Aktivität, manche um mehr als das Zehnfache, wenn ein Blatt berührt wird.

Etwa hundert reagieren auf entgegengesetzte Weise, wobei niemand den Grund dafür kennt.

Die Berührungsgene erledigen viele Aufgaben. Sie bringen die Zellwände dazu, sich als Reaktion auf einen Stoss zu lockern oder zu festigen, um dadurch das Wachstumsmuster zu ändern (was die verkrüppelten Hochlandkiefern erklärt). Einige Mitglieder dieser Genfamilie reagieren auf Tag und Nacht oder den Wandel der Jahreszeiten (aus diesem Grund fallen im Herbst die Blätter), während andere eine wichtige Rolle bei der Krankheitsabwehr spielen. Vielleicht lassen sie sich eines Tages auf eine Weise manipulieren, dass reife Früchte automatisch bei einer leichten Brise vom Baum fallen oder Nutzpflanzen auch an windigen Orten eine normale Wuchshöhe erreichen. Die Hälfte der Berührungsgene reagiert auch in der Dunkelheit. Die Gründe dafür sind allerdings immer noch nicht klar. Die »empfindliche« Mimose ist also weit empfindlicher, als sich irgendjemand vorstellen konnte.

Das Innenleben der Pflanzen hat sich als beinahe so reich wie das unsere herausgestellt. Darwin hatte recht. Allerdings war er immer vorsichtig, zu weitgehende Parallelen zwischen dem Sinnes- und Geistesleben der beiden Welten zu ziehen. Sein von uns bereits zitiertes Fazit lautete: »Endlich ist es unmöglich, von der Ähnlichkeit zwischen den ... Bewegungen der Pflanzen und vielen unbewusst von den niederen Tieren ausgeführten Handlungen nicht überrascht zu sein.« Heute wissen wir, dass diese Ähnlichkeiten viel weiter gehen, als er dachte. Eine bezeichnende Übereinstimmung hat gerade mit dem Tastsinn zu tun. Erstaunlicherweise ähneln einige Signalproteine, die bei der Registrierung einer leichten Berührung eine Rolle spielen, gewissen Molekülen, die für uns eine ähnliche Arbeit erledigen. Sie kontrollieren unseren Herzschlag, schalten Hormone an, die unser Wachstum regeln, und verändern die Substanzen im Blut, die unsere Stimmungen vom Glück bis zur Depression bestimmen. In einer weiteren erstaunlichen Wendung dieser Geschichte hat man festgestellt, dass bei jungen Ratten, die von ihren Müttern liebkost werden, gewisse Gene eine höhere Aktivität zeigen, die mit denen verwandt sind, die die Reaktionen der Pflanzen auf Berührungen steuern. Ein Mangel an zärtlichen Berührungen hemmt also tatsächlich das körperliche und emotionale Wachstum dieser Tiere.

Die Art, wie der wissenschaftliche Rationalismus Regentropfen und Herzschläge oder verkrüppelte Bäume und depressive Säuglinge miteinander verbindet, hat schon etwas Magisches an sich. Shelley selbst erkannte, dass die Wissenschaft uns vieles erklären kann, was die Dichtung nicht vermag. Er füllte sein Zimmer in Oxford mit den verschiedensten elektrischen Gerätschaften und sah keinen Widerspruch zwischen der geistigen und der wissenschaftlichen Welt. Er wäre begeistert gewesen zu erfahren, dass erkaltende Leidenschaften tatsächlich etwas mit fallenden Blättern gemein haben, und dass Darwins Lehre von der gemeinsamen Abstammung der Lebewesen für die Mimose wie den Poeten gilt.

Kapitel Sieben
Ein perfekter Vogel

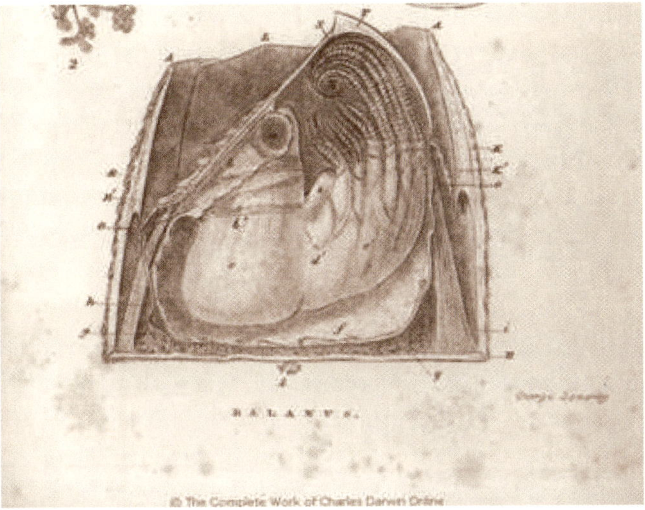

Sir Robert Moray war Spion für Kardinal Richelieu, Freimaurer, Mitglied der schottischen Armee, die im Jahr 1640 Newcastle von den Engländern eroberte, und in seiner Freizeit erster Präsident der Royal Society. Er schrieb zahlreiche Abhandlungen über die Naturgeschichte seines Heimatlandes und machte dabei eine bemerkenswerte Entdeckung, die in den *Philosophical Transactions* der Society aus dem Jahr 1677 veröffentlicht wurde. Auf einem Stück Treibholz am Strand der Hebrideninsel Uist bemerkte er »eine Vielzahl kleiner Schalen, in deren Innern sich perfekt ausgebildete kleine Vögel befanden, die wie Gänse aussahen ... Ich befand sie so eigentümlich und vollkommen geformt, dass, was die äußeren Teile betrifft, nichts zu fehlen schien, was einen perfekten Seevogel ausmacht ... Der kleine Schnabel war der einer Gans, die Augen deutlich ausgeprägt, Kopf, Hals, Brust, Flügel, Schwanz und Füße waren, soweit ich mich zu erinnern vermag, ausgebildet wie die anderer Wasservögel.« Sir Robert gab ehrlicherweise zu, er habe niemals eines der erwachsenen Tiere gesehen, versicherte aber seinen Lesern, dass, »einige glaubhafte Personen mir versichert haben, sie hätten welche gesehen, die so groß gewesen seien wie eine Faust«.

Die Legende von den aus Muschelschalen geborenen Vögeln, die wir heute »barnacle geese«, Ringelgänse, nennen, war damals weit verbreitet, wobei man annahm, dass die

Schalen selbst die Samen eines ganz bestimmten Baumes seien. Diese Vorstellung war so tief verwurzelt, das man die Ringelgans geraume Zeit für einen Fisch hielt, weswegen sie auch von Katholiken am Freitag gegessen werden durfte. Thomas Henry Huxley vermutete, dieser Fehler sei darauf zurückzuführen, dass diese Vögel vor allem in Hibernia, also in Irland, vorkämen, und deshalb die *Hiberniculae* allmählich zu *Barnaculae* geworden seien. [An den deutschen Küsten hielt man die Vögel aus diesen Schalen für Enten, deswegen der deutsche Ausdruck »Entenmuschel«, A. d. Ü.]

Die Vorstellung von einem Baum, auf dem Vögel wachsen, ist natürlich vollkommen abwegig, aber sie hat wohl viel mit der uralten und durchaus richtigen Beobachtung zu tun, dass sich die ausgewachsenen Formen vieler Lebewesen sehr von denen ihrer Eier oder Embryonen unterscheiden. Dem ungeübten Auge gelingt es dabei nur schwer, die einzelnen Jugendformen auseinanderzuhalten. Ein einen Monat alter menschlicher Fötus ist weitgehend mit dem eines Schimpansen identisch, das Innere eines Gänseeis sieht fast so aus wie das eines Straußeneis und eine Entenmuschellarve unterscheidet sich kaum von denen ihrer Verwandten unter den Hummern und Krebsen. Selbst der Begründer der modernen Embryologie, Karl von Baer, hatte damit seine Schwierigkeiten. Im Jahr 1828 schrieb er: »Ich habe hier zwei kleine Embryonen in Alkohol konserviert, die ich leider nicht beschriftet habe. Ich bin derzeit nicht in der Lage, ihre Artenzugehörigkeit zu bestimmen. Sie könnten Eidechsen, kleine Vögel oder sogar Säugetiere sein.«

Das Wort »Evolution« (das in der *Entstehung der Arten* nicht ein einziges Mal auftaucht) wurde zuerst auf die Entwicklung des Körpers angewendet, wenn sich das Ei in einen erwachsenen Organismus transformiert. Entwicklung heißt, einer formlosen Masse eine Struktur zu geben. Die meisten Tiere, von den Entenmuscheln bis zu den Ringelgänsen, teilen sich dieselben Grundtypen von Zellen. Wenn der Embryo wächst, ordnen diese sich, um zu einer Krabbe, einer Gans oder einem Strauß, einem Menschen oder einer Fledermaus zu werden. Diese große Umgestaltung führt zu neuen und komplizierten Körperformen, die aber alle aus dem gleichen Rohmaterial aufgebaut sind. Dabei ist allerdings die Logik, nach der sich die Körper entwickeln, immer schwerer zu erkennen. Die Anatomie eines ausgewachsenen Lebewesens ergibt deshalb sehr viel mehr Sinn, wenn man sie durch die Augen des Embryos betrachtet. In der *Entstehung der Arten* zog Darwin aus der Ähnlichkeit der Entwicklungsstufen scheinbar nicht miteinander verwandter Arten einen entscheidenden Schluss: »Übereinstimmung in der Embryonalbildung verrät gemeinsame Abstammung.«

Er sah, dass viele Lebewesen eine »Einheit des Typus« aufwiesen, eine tiefe Ähnlichkeit, die durch die Komplexität der Erwachsenen verborgen blieb, sich aber in den Jungen noch zeigte. Viele Embryonen, einschließlich der der Entenmuscheln, bestanden aus sich wiederholenden Segmenten, die sich vervielfachten, verminderten oder neu anordneten, um eine Erwachsenenform auszubilden. Eine Zunahme oder Abnahme der Anzahl dieser Segmente und eine Änderung ihrer Wachstumsmuster führten zu einer riesigen Vielfalt von Größen und Formen. Die Evolution arbeitete also auf zweierlei Weise: durch die Manipulation sich wiederholender Einheiten und durch die Änderung der Details individueller Organe während deren Wachstum.

Diese Vorstellungen haben in der modernen Biologie neuen Auftrieb bekommen, da man durch die Genetik jetzt die Ähnlichkeiten zwischen Embryonen selbst weit entfernter Arten beweisen kann. Auch die DNS ist – wie die Körper, die sie baut – eine Reihe von Variationen über ein strukturelles Thema. Wenn das Ei reift, werden komplexe Organe – Augen, Ohren, Hände und Hirne – aus Elementen zusammengefügt, die man nur im Embryo klar unterscheiden kann.

Nirgends ist der Unterschied zwischen jung und alt auffallender als bei den »Barnacles«, den Seepocken und Entenmuscheln. Früher hielt man diese Wesen aufgrund ihrer harten Schalen für Schnecken (ein angesehener Zoologieprofessor versuchte mich einst sogar noch davon zu überzeugen, dass sie zu dieser Familie gehören). Tatsächlich sind sie Gliederfüßer wie die Krebse, Spinnen und Fliegen. Ihre Vorfahren lebten noch frei im Meer, inzwischen verbringen viele den Großteil ihres Lebens jedoch in einer Art Gefängniszelle. Entenmuscheln sind keine nahen Verwandten der Napfschnecken, wie man einst dachte, sondern der Krebse und Hummer. Diese Verwandtschaft wurde bereits in den 1820er Jahren von einem in Irland stationierten Militärarzt entdeckt. Trotzdem traf die entsprechende Tierklasse – die Cirripedia oder Rankenfüßer – lange Zeit nur auf geringes Interesse. Nur wenige Biologen wollten sich mit diesen unattraktiven Geschöpfen abgeben.

Dann kam Charles Darwin und widmete ihnen ein Sechstel seiner wissenschaftlichen Karriere. Die achtjährigen Forschungen in der Zeit zwischen seiner Reise auf der *Beagle* und der *Entstehung der Arten* zeigten, dass diese Tiere, so langweilig sie auch erscheinen mochten, nicht nur den Naturforscher, sondern auch die Biologie als Ganzes eine Menge lehren konnten. Während er langsam die Vorstellung entwickelte, dass das Leben nicht unveränderlich sei, sondern sich ändern könne, erhielt er von Joseph Hooker, einem befreundeten Botaniker, eine gewichtige Warnung: »Niemand hat das Recht, die Frage der Arten zu erforschen, der nicht viele von ihnen bis in alle Einzelheiten beschrieben hat.« Als der Perfektionist, der er war, sah er ein, dass er Experte für eine einzige Tiergruppe werden musste, wenn er die Logik des Lebens verstehen wollte. Die heutigen Biologen sind besessen von sogenannten »Modellorganismen« – Taufliegen, einem Fadenwurm, Mäusen, Kohlpflanzen und sogar Menschen – die als Modelle für die Evolution dienen könnten, wenn man alle ihre Geheimnisse entschlüsselt. Plötzlich fließen die Forschungsgelder und die Optimisten hoffen, dass das genaue Verstehen ihrer Lieblinge die Wissenschaft des Lebens voranbringen werde. Einige dieser angeblichen Archetypen stellen sich leider später als ziemlich untypisch selbst für die Gruppe heraus, zu der sie gehören. (Sogar die Taufliege fällt in diese Kategorie.) Die ersten Modellorganismen überhaupt waren Darwins Seepocken. Er traf dabei – aus Zufall oder Absicht – eine ausgezeichnete Wahl.

Er schrieb vier Bücher mit insgesamt 1200 Seiten über ihre Taxonomie, ihre Embryonen und ihre Fossilien. Einige Arten waren dabei recht bizarr. Sie unterschieden sich so sehr von den ihm bekannten Felsenbewohnern der walisischen und schottischen Küsten, dass jede Verwandtschaft fast so unwahrscheinlich schien wie eine zu den Gänsen. Der junge Naturforscher erledigte seine Aufgabe so gut, dass er im Alter von 44 Jahren dafür die Goldmedaille der Royal Society erhielt. Seine voluminösen Bücher gelten bis heute als Standardwerke über diese Tiergruppe. Aber noch wichtiger ist die Tatsache, dass sie die Grundlagen für eines der zentralen Themen der Evolution legten, dass nämlich der Embryo der Schlüssel zum Erwachsenen ist.

Darwin wurde zum ersten Mal auf die Rankenfüßer aufmerksam, als er als Medizinstudent in Edinburgh wochenlang im Firth of Forth Meerestiere sammelte. Dort geriet er unter den Einfluss des Zoologen Robert Grant, der ihm die Lebensformen der Meeresküste nahe brachte und ihn zur Veröffentlichung seines ersten wissenschaftlichen Aufsatzes ermutigte. (Grant wurde später Professor für Vergleichende Anatomie am University College London, aber die beiden entzweiten sich über die Frage, ob Tiere sich unweigerlich von niederen zu höheren Formen entwickelten, und sprachen danach kaum noch miteinander, obwohl sie in der gleichen Straße arbeiteten.) Fast ein Jahrzehnt nach seinen Studien an den kalten Wassern des Forth fand der Naturforscher der

Beagle am Strand einer Insel des vor der chilenischen Küste liegenden Chonos-Archipels ein rätselhaftes, nur etwa ein viertel Zentimeter langes weichkörpriges Lebewesen, das sich gerade in eine Muschelschale bohrte. Zuerst hielt er es für einen Wurm, aber unter der Lupe wurde ihm klar, dass dieses Tierchen etwas Ungewöhnliches darstellte, da es trotz seiner Nacktheit einer Gemeinen Seepocke ähnelte. Könnte es also trotz seiner fehlenden Schale mit diesen Bewohnern der schottischen Küste verwandt sein? Und wenn ja, wie – und warum war dieses Wesen dann doch so verschieden?

Darwin versuchte das herauszufinden. Zuerst beabsichtigte er nur, den Platz dieses chilenischen Exemplars in der Natur zu klären, aber mit der Zeit fand er immer unterschiedlichere und dem ersten Anschein nach abnormale Arten. Bald fielen ihm Zwischenformen auf und er konnte ganze Reihen zusammenstellen, die sich mehr oder weniger ähnelten. Obwohl er manchmal dieser mühseligen Arbeit müde wurde, so stellte er doch in einem Brief fest: »Die Arbeit muss getan werden. Und dann kann ich sie genauso gut wie jemand anderes erledigen.« Durch die Untersuchung der Seepocken nahm in seinem Geist immer mehr die Idee Gestalt an – die er bereits zuvor erwogen hatte, wie seine Notizbücher zeigen –, dass sich eine Art zu einer anderen weiterentwickeln kann. Vielleicht, stellte er sich vor, stammten alle Seepocken – und alle Tiere – von einem gemeinsamen Vorfahren ab, den man vielleicht auffinden könnte, wenn man weiter und weiter in die Vergangenheit zurückginge. Fünf Jahre nach seinem Werk über die Cirripedia wurde diese radikale Idee zum Thema der *Entstehung der Arten.*

Die Jugendstadien enthüllten unerwartete Verbindungen zwischen dieser südamerikanischen Cirripedia-Art und ihren schottischen Verwandten. Diese an den Küsten Chiles gelernte Lektion wurde zur Grundlage der evolutionären Entwicklungsbiologie, die Seepocken aus der ganzen Welt miteinander, mit Krebsen, Hummern und schließlich selbst mit

Gänsen vereint. Sie legt die gemeinsamen Grundlagen offen, auf denen alle Tiere aufbauen.

In den ersten Tagen ihrer Entwicklung ähneln sich viele Lebewesen mehr als später im Erwachsenenstadium, da jedes von ihnen eine Reihe von Genen enthält, die den Grundplan des Körpers in seiner ganzen Länge festlegen. Diese Gene sind Kontrollschalter auf dem Weg von der Befruchtung bis zum Grab, die auch das Ei zum Erwachsenenstadium führen. Irrtümer verursachen dabei dramatische Formveränderungen, Augen werden bei Taufliegen zu Beinen, Lämmer bekommen zwei Köpfe oder menschliche Babys einen Extrafinger. Daneben gibt es aber auch noch größere und dauerhaftere Veränderungen, wie die, die aus den Dinosauriern Vögel oder aus den Vorfahren der Krebse Seepocken werden ließen.

Darwin bekam Cirripedia-Exemplare aus der ganzen Welt zugesandt. Einige waren so eigentümlich, dass er sich klar war, dass seine Fachkollegen ihm seine Berichte kaum glauben würden. Einmal schrieb er einem von ihnen über eine seiner Entdeckungen: »Sie werden mich für einen Baron Münchhausen unter den Naturforschern halten.« Seine erste Aufgabe war es, das Aussehen der Tiere genau zu beschreiben. Wie üblich, bediente er sich dabei einer unprätentiösen genauen Sprache:

Seine einleitenden Sätze lieferten eine nüchterne Beschreibung dieser Lebewesen, die sich auf die Beobachtung all derer bezog, denen sie in seiner Heimat bereits einmal aufgefallen waren: »Fast jeder, der schon einmal über ein felsiges Ufer gegangen ist, weiß, dass eine Seepocke ein unregelmäßiger Kegel ist, der im Allgemeinen aus sechs Kalkplättchen besteht, mit einer Mundöffnung an der Spitze, die von einem fest schließenden, beweglichen Deckelchen, dem Operculum, verschlossen ist. Innerhalb dieser Schale ist der Körper des Tieres angesiedelt. Durch einen Schlitz im Deckel kann es sechs Paar Rankenfüße oder Cirri ausfahren, mit deren Hilfe es die Nahrungspartikel auffängt, die ihm die Wasser innerhalb seiner Reichweite zuspülen. Die Kalkplatte an seiner Unterseite ist fest mit dem Untergrund verwachsen.«

Tatsächlich zeichnen sich die Cirripedien durch eine immense Formenfülle auf. Bisher sind mehr als 1200 Arten bekannt, wobei noch weitere Entdeckungen zu erwarten sind. Sie gliedern sich in zwei Hauptgruppen auf, einmal jene *mit* einem Stiel, zu denen etwa die Entenmuscheln gehören, die Sir Robert Moray bereits aufgefallen waren und die in vielen Teilen der Welt als Delikatesse gelten, und zum anderen jene *ohne* Stiel, von denen sich viele wie die bereits erwähnte Gemeine Seepocke an Felsen und andere feste Unterlagen im Meer anheften. Alle, oder fast alle, haben Rankenfüße, die sie oft in eine Schale zurückziehen können. Viele benutzen sie als Netz, um mit ihnen im Meerwasser Nahrungsteilchen einzufangen (obwohl die gestielten Arten für ihre Nahrungsaufnahme eher von der Bewegung des Wassers abhängen). Im Gegensatz zu ihren Verwandten, den Krebsen und Hummern, häuten sie sich allerdings nicht, wenn sie wachsen. Stattdessen nehmen ihre Platten an Größe zu, wenn sie älter werden. Einige Arten sitzen auf Felsen, während sich andere in festes Gestein eingraben, in Schneckengehäuse hineinbohren oder die meiste Zeit durch das offene Meer treiben. Weitere Varianten befallen als Parasiten Krabben, Quallen und Seesterne. Einige von ihnen sind dabei so spezialisiert, dass sie in ausgewachsenen Zustand mehr einem Schmarotzerpilz als einem Tier ähneln.

Wie die Insekten haben die Seepocken einen Kopf und einen Thorax und einige wenige Arten auch die Reste eines Abdomens. Wie diese haben sie auch sechs Paar Gliederfüße (weniger als die Krabben und Hummer, die zehn haben). Jedes dieser Fangbeine ist mit feinen Haaren bedeckt, mit deren Hilfe sie Plankton aus dem Wasser filtern. Die an unseren Ufern vorkommenden Arten fristen ihr Leben quasi verkehrt herum, denn sie stehen auf dem Kopf und wedeln mit den Füßen im Wasser über ihnen.

Diese Bewohner der Felsenküste leben in einer Art Festung, die aus sechs harten Platten gebildet wird, die wie das Schneckenhaus aus einer kalkartigen Substanz bestehen. Bei verschiedenen Sorten besteht dieser Körperpanzer aus mehr oder weniger Segmenten, wobei viele Seiten der vier Darwinschen Bücher über Seepocken der Frage gewidmet sind, inwiefern diese Unterschiede in den Platten ihre Verwandtschaftsmuster aufzeigen könnten. Bei der in Großbritannien am häufigsten vorkommenden Art dienen zwei zusätzliche Plättchen als Deckel, der sich bei Flut öffnet, um die Fangfüße herauszulassen, und sich schließt, um die Tiere vor Austrocknung zu schützen, wenn sie der Luft ausgesetzt sind. (Für einige Individuen ist das mit Ausnahme weniger Tage einmal im Monat bei Springflut immer der Fall.) Der Mund hat Strukturen, die kauen und mahlen und ein wenig wie die der Krebse und sogar der Küchenschaben aussehen. Einige Arten geben ihre Ausscheidungen durch den Mund ab, da sich ihr Anus vollständig zurückgebildet hat. Wenn sie sich in die Dunkelheit zurückgezogen haben, verlieren die erwachsenen Seepocken ihre Augen. Auch ihr Nervensystem ist im Vergleich zu ihren frei lebenden Verwandten stark reduziert, obgleich sie ein aktives Herz besitzen.

Wie langweilig eine solche klösterliche Existenz in einer finsteren Festung auch sein mag, so haben alle Seepocken doch ein äußerst bemerkenswertes Sexualleben. Wie alle Biologen widmete Darwin diesem Thema eine Menge Zeit. Dabei entdeckte er eine riesige Bandbreite von Fortpflanzungsgewohnheiten. In den Lehrbüchern seiner Zeit stand, dass alle bekannten Arten Zwitter seien, aber er fand heraus, dass dies für viele nicht zutraf. Einige waren zweigeschlechtlich, einige waren in ihrer Jugend männlich und später weiblich und einige waren echte Zwitter, obwohl einige aus dieser Gruppe um ihre bisexuellen Exemplare herum kleine Männchen absonderten, die vielleicht doch einmal nützlich sein konnten. Viele Arten mit einem konventionellen Geschlechtsleben (und zwei Geschlechtern) verbringen ihr Erwachsenenleben angeheftet an einen einzigen Ort. Aus diesem Grund muss jedes Männchen ständig mit dem Penis wedeln (dessen Erektion eine Menge hydraulischer Energie verschlingt) und ihn so weit ausstülpen, bis er einen seiner Nachbarn berührt, in der Hoffnung, dass wenigstens einer davon ein Weibchen ist. Diejenigen, die in einer Gruppe mit wenigen Individuen leben, zwischen denen größere Abstände herrschen, müssen ein längeres Organ ausbilden, wenn sie Erfolg haben wollen, als diejenigen, die dicht gedrängt siedeln. Ein einmal berührtes Weibchen kann sich dann hintereinander schon einmal mit einem halben Dutzend Männchen paaren (um dann einen Großteil ihrer Samenflüssigkeit wieder herauszupumpen, die ihren Ansprüchen anscheinend nicht genügt). Ihre befruchteten Eier entwickeln sich bald zum ersten von verschiedenen Larvenstadien.

Die Untersuchungen des jungen Biologen über das Geschlechtsleben der Rankenfüßer enthalten einige fast schon poetische Abschnitte. So war das männliche Glied einer bestimmten Art »wunderbar entwickelt ... seine Länge muss das Acht- bis Neunfache der Gesamtlänge des Tiers betragen! ... Da liegt es nun, zusammengerollt wie ein großer Wurm ... Es gibt keinen Mund, keinen Magen, keinen Thorax, kein Abdomen und keine Gliedmaßen irgendwelcher Art.« Bei einer anderen Art waren die Männchen zu Parasiten innerhalb der Weibchen reduziert: »Auf diese Weise halb in das Fleisch ihrer Frauen eingebettet, verbringen sie ihr ganzes Leben und können sich nie mehr bewegen.« Die Tiergruppe hält den Rekord, was die relative Penisgröße angeht (als Nächstes kommt ein Käfer mit dem Doppelten seiner Körperlänge). Dieses beeindruckende Organ hat allerdings seinen Preis. So haben Tiere, die an einer brandungsreichen Küste leben, kürzere und stabilere Glieder als die, die an ruhigeren Orten siedeln, da es dem Männchen sehr schwer fällt, ein solch langgestrecktes Körperteil in einer solch turbulenten Umgebung zu kontrollieren. Diese Genitalien sind dermaßen energieaufwendig, dass viele Männchen sie am Ende der Fortpflanzungssaison verlieren und erst im folgenden Jahr wieder wachsen lassen.

Seepocken sind allerdings nicht nur wegen ihres Penis bemerkenswerte Geschöpfe. So heften sie sich mit einem ausgeklügelten Zement, einem wasserabweisenden Protein, an einen Stein oder Felsen an. Wie ein Epoxydharzkleber wird der Stoff als klare Flüssigkeit mit zwei Komponenten ausgeschieden. Wenn sich diese vermischen, werden Quervernetzungen zwischen den Molekülen hergestellt. Das Tier kann danach kaum noch von seinem Standplatz entfernt werden. Diese Verbindung ist so stark, dass man einige der daran beteiligten Substanzen vielleicht bald in der Chirurgie verwenden wird.

Die Tiere kleben an Schiffen genauso hartnäckig fest wie an Felsen. Charles Darwin war von seiner jahrelangen Arbeit über sie einmal so erschöpft, dass er schrieb: »Ich hasse die Seepocke mehr als je ein Mensch zuvor, sogar mehr als ein Matrose auf einem langsam segelnden Schiff.« Die Seeleute hatten tatsächlich gute Gründe, sie zu verabscheuen. Der Rumpf der *Beagle* musste zum Beispiel auf ihrer Fahrt um den südamerikanischen Kontinent mehrere Male gereinigt werden. Auch heute noch verbraucht ein Schiff, auf dessen Rumpf sich Meeresorganismen festgesetzt haben, vierzig Prozent mehr Treibstoff als eines mit glatter Oberfläche. Dies ist einmal sehr teuer und zum anderen in unserer vom Treibhauseffekt gekennzeichneten Zeit umweltschädlich. Früher benutzte man giftige Farben, um den Schiffsboden reinzuhalten. Da viele von ihnen den unglücklichen Effekt hatten, Meeresschnecken zur Änderung ihres Geschlechts zu bringen, wurden die meisten inzwischen verboten. Der beste Schutz wäre es, einen Lack zu finden, an den sich die Tiere nicht anheften können. In Anbetracht der Tatsache, dass sie sich selbst an Teflonpfannen festzukleben vermögen, ist diese

Aufgabe nicht ganz einfach, obwohl Farben mit einem Zusatz von Kohlenstoffnanoröhren zu einiger Hoffnung Anlass geben. Etliche Korallen und Meeresalgen halten Lebewesen, die sie überkrusten wollen, nicht durch Gifte von sich fern, sondern vertreiben sie durch Chemikalien. Der erste Wissenschaftler, dem es gelingt, diese bisher noch unbekannten Stoffe zu extrahieren, ist ein gemachter Mann.

Seepocken haben sich schon lange, bevor Schiffe über den Ozean segelten, von anderen Tieren als Passagiere mitnehmen lassen. So sieht man Buckel- und Grauwale mit weißen Flecken, die sich bei näherer Betrachtung als eine Ansammlung von Tausenden von Seepocken herausstellen, wobei einige von diesen sogar einen außergewöhnlichen Durchmesser von über zehn Zentimetern erreichen. Deren Larven fangen den Geruch ihres unfreiwilligen Wirts auf, während sie sich durch die See treiben lassen, und bewegen sich auf ihn zu. Danach bohren sie sich in seiner Haut fest. Die großen Tiere müssen jetzt bedeutend mehr Energie aufwenden, wenn sie ihre Anhängsel durch das Wasser schleppen müssen. Der Wal revanchiert sich durch ein Hautwachstum, das dreihundertmal schneller verläuft als das unsrige, und versucht dadurch, seine blinden Passagiere abzuschütteln. Einige Meeressäuger scheiden Enzyme aus, die den Bindezement der Seepocken auflösen, während Grauwale ganz nahe ans Ufer heranschwimmen, um dort ihre ungeliebten Mitreisenden abzuscheuern. Delfine schwimmen so schnell, dass sie von solchen Besuchern frei bleiben (die weggeschwemmt werden, bevor sie sich festklammern können). Allerdings haben auch sehr große Haie, die ganz langsam durchs Wasser gleiten, nicht unter diesen lästigen Mitreisenden zu leiden. Die Haihaut ist nämlich mit winzigen Zähnchen überzogen, die den Parasitenbefall verhindern. Dieses Prinzip hat bereits in die Welt der Technik Einzug gehalten.

Andere Seepockenarten machen an den Kiemen von Fischen fest oder leben am Rande von Tiefseequellen, die heißes, mineralreiches Wasser ausstoßen, das eine dicke Suppe von Kleinlebewesen ernährt, die ein gefundenes Fressen für Filtrierer sind. Nicht alle Rankenfüßer führen ein stationäres Leben, einige lassen sich durchs Meer treiben und berühren niemals einen festen Gegenstand, während andere sich in Korallenriffe hineinbohren.

Einige Arten legen ein regelrecht bösartiges Verhalten an den Tag. Für einen Wal oder einen Matrosen sind die Seepocken lästig, aber nicht mehr. Krabben, die einem besonders räuberischen Rankenfüßer begegnen, geht es da schon weit schlechter. Eine Art, die sogenannten Sackkrebse (Sacculina), haust nämlich als Parasiten in ihrem Körper. Diese makabre Lebensweise verschafft uns einen Einblick in die spektakuläre Formenvielfalt, die die Evolution hervorbringt, wenn sie einen ganz bestimmten Körperplan variiert.

Zuerst landet eine weibliche Larve auf ihrem Opfer und sucht nach einem Schwachpunkt auf dessen Panzer. Hat sie diesen gefunden, führt sie eine hohle Nadel in ihn ein und schießt einige ihrer eigenen Zellen hindurch. Sofort danach stirbt sie. Der unheilvolle Zellklumpen sucht sich seinen Weg in den unteren Teil des Krebskörpers und sendet von dort feine Fäden aus, die den gesamten Körper seines Wirts durchdringen. Sie wachsen immer weiter und bilden schließlich ein Geflecht, das mehr einem Schimmelpilz als einem Meerestier ähnelt und der Nahrungsaufnahme dient. Die Krabbe sieht äußerlich noch völlig gesund aus und frisst so schnell sie kann, um ihren ungebetenen Besucher ernähren zu können. Wenn die Zeit reif ist, öffnet der Parasit ein kleines Loch nach draußen und erwartet die Ankunft eines Partners, einer männlichen Larve. Taucht eine solche auf, vollführt das Männchen dieselbe Prozedur wie seine Vorgängerin, dringt mit seinem stachligen Selbst ins Innere der Krabbe ein und versiegelt dann die Öffnung, um jedem potentiellen Rivalen den Zutritt zu verwehren. Jetzt steckt die Krabbe in echten Schwierigkeiten. Nachdem der männliche Parasit seine Partnerin befruchtet hat, beginnt diese, Tausende von Larven herauszupumpen. Der gesamte Stoffwechsel des Opfers ist jetzt fremdbestimmt, es kann nicht mehr wachsen und sich nicht mehr häuten, oder gar einen beschädigten Körperteil ersetzen. Stattdessen muss es – manchmal jahrelang – alle seine Energien den in ihm lebenden Sackkrebs zur Verfügung stellen.

Nach kurzer Zeit wird die Krabbe, ob Männchen oder Weibchen, von ihrem unwillkommenen Besucher sterilisiert. Ein kastriertes Männchen beginnt danach, wie ein Weibchen auszusehen und sich auch so zu benehmen. Beide Geschlechter werden nun zu Müttern, allerdings zu Müttern in fremden Diensten. Sie entwickeln an ihrer Unterseite eine sackartige Ausstülpung, die der Tasche ähnelt, aus denen gesunde Weibchen ihre Nachkommen entlassen, um sie danach mit ihren Scheren im Wasser zu verteilen. Die unglückliche Krabbe schickt nun ebenfalls eine Menge neugeborener Larven auf den Weg, nur sind es jetzt nicht mehr ihre eigenen Nachkommen, sondern Sackkrebslarven auf der Suche nach ihrem nächsten Opfer.

Die mannigfaltigen Lebensformen der Rankenfüßer verwirrte die viktorianischen Biologen, die in der Vielzahl ihrer Gestalten und Verhaltensweisen keine Logik erkennen konnten. Auch Darwins Untersuchungen versuchten ganz in der Tradition ihrer Zeit vor allem zu verstehen, wie die unterschiedlichen Arten miteinander verwandt waren, und herauszufinden, wie die Gruppe als Ganze in die Welt der Tiere hineinpasste. Diese Beschäftigung, die man Taxonomie nennt, war einst wenig mehr als eine Art Briefmarkensammeln, wurde für ihn aber zum Ausgangspunkt tiefgehender biologischer Einsichten. Seine Klassifizierung beruht teilweise auf den festen Platten, die die Weichkörper der meisten sesshaften Seepocken umgeben. Er glaubte, bei ihrer genauen Betrachtung eine gewisse Ordnung zu erkennen, die ihre Familienbeziehungen widerspiegelte (wenngleich ihm die chilenische bohrende Cirripedie und die unterschiedlichen Parasiten weiterhin Rätsel aufgaben). Das Schema wurde inzwischen beträchtlich verändert. Überhaupt erscheint uns ein System, das sich auf die Muster der Platten erwachsener Tiere stützt, heute etwas zweifelhaft.

Die neue Philatelie, die Molekulargenetik, bestimmt Verwandtschaften vor allem nach der DNS und weniger danach, wie sich diese im äußeren Erscheinungsbild einer Art niederschlägt. Wenn man davon ausgeht, dass Mutationen mit einer bestimmten Wahrscheinlichkeit (und damit einer gewissen Regelmäßigkeit) eintreten und es dadurch zu einer stetigen Auseinanderentwicklung (Divergenz) kommt, dann lässt sich der Stammbaum dieser Tiergruppe erstellen. Gut datierte Fossilien können im Prinzip bei der Feststellung helfen, wie schnell diese Änderungen tatsächlich vor sich gehen und damit die Ganggeschwindigkeit der molekularen Uhr bestimmen. Der Stammbaum legt nahe, dass die gestielten Formen den anderen vorausgingen. Die Doppelhelix weist außerdem darauf hin, dass sich die festen Schutzplatten erst entwickelten, nachdem ein Gliederfüßer die Entscheidung traf, sesshaft zu werden und darauf zu warten, dass seine Nahrung an ihm vorbeitrieb, anstatt sie wie bisher selbst zu jagen. Einige der klassischen Formen, wie die nackten Cirripedien, die Darwin so sehr verwirrten, scheinen Gruppen mit ganz unterschiedlichen Abstammungslinien zu sein, und selbst die auf Felsen siedelnden Rankenfüßer sind eine recht gemischte Gesellschaft. (Nur die am Rande von Tiefseequellen lebenden Arten und die Parasiten sind jeweils eine Gruppe von echten Verwandten.) Die Gene bestätigen auch Darwins Ansicht, dass die Rankenfüßer als Ganzes zu den Krebsen und Hummern, den Krustazeen, gehören, die ihrerseits eine Teilgruppe der Gliederfüßer oder Arthropoden sind, zu denen unter anderem die Insekten, Spinnen und Skorpione zählen. Einige behaupten sogar, dass gemeinsame Moleküle darauf hindeuteten, dass die Insekten selbst nur eine Sonderform der Krebstiere seien, die sich an Land begeben hätten. Wenn dies stimmt, dann enthüllen sie eine unerwartete Gemeinschaft, die Seepocken und Schmetterlinge mitcinander vereint.

Wie immer ihre genauen Verwandtschaftsverhältnisse aussehen mögen, so steht doch auf jeden Fall fest, dass die große Vielfalt der Rankenfüßer bereits vor langer Zeit begann. Zwei Bücher des großen Evolutionsforschers befassen sich mit ihren Fossilien. Es sind vielleicht nicht seine fesselndsten Werke, aber es findet sich doch in ihnen bereits die folgenreiche These, dass die heutigen Arten von Formen abstammen, die bereits seit langem ausgestorben sind. Darwin nannte die modernen Zeiten die »Ära der Rankenfüßer, womit er zumindest recht hatte, was die Zahl der bekannten Arten betraf. Tatsächlich sind ihre Fossilien nicht sehr zahlreich und auch schwer zu identifizieren, da ihre Platten nach ihrem Tod zerfallen. Die Rankenfüßer tauchen im Gestein in größerer Zahl erst vor 65 Millionen Jahren, nach dem Untergang der Dinosaurier, auf. An einigen Stellen hat man jedoch zahlreiche Spuren ihrer Anwesenheit gefunden. Die Red-Crag-Ablagerungen in East Anglia bildeten sich in dem kalten Essex-Meer vor zwei Millionen Jahren. Dieses rostrote Gestein ist voller Cirripedia-Schutzplatten, die dort mit Schneckengehäusen und den Zähnen der größten Haie, die jemals gelebt haben, vermischt sind. Außerhalb von Großbritannien künden in Südspanien eindrucksvolle Fundschichten voller unterschiedlicher Rankenfüßer-Arten vom Steigen und Fallen eines verschwundenen Meeres. Weitere versteinerte Überreste zeigen auch, dass schon vor zwei Millionen Jahren Seepockenarten existierten, die sich auf Wale spezialisiert hatten, da man in Ecuador an einer Stelle zahlreiche Überreste gefunden hat, die auch darauf hindeuten, dass dort einst Wale kalbten (wie sie es auch heute noch direkt vor dieser Küste tun). Die 164 000 Jahre alten Reste einer Walseepocke aus einer afrikanischen Höhle, die Menschen als Wohnstätte diente, beweisen, dass unsere Vorfahren bereits vor langer Zeit die riesigen Meeressäuger gegessen haben. Sie haben dabei zuerst die äußeren Parasiten abgeschabt, um sie dann vielleicht sogar zu kochen.

Ganz alte Exemplare hat man dagegen nur wenige gefunden. Ein 300 Millionen Jahre altes Fossil sieht dabei fast wie eine moderne Entenmuschel aus. Ein anderes gut erhaltenes Relikt, das man in Herefordshire fand, ist sogar noch 100 Millionen Jahre älter und stammt somit aus der Zeit, als die ersten Landtiere entstanden. Es ähnelt der Larve eines modernen Rankenfüßers und lässt also vermuten, dass diese Gruppe damals schon eine gewisse Entwicklung hinter sich hatte. Die flachen Formen, die man an Felsen findet und von denen es heute so viele gibt, tauchten dagegen viel später, vielleicht erst vor 140 Millionen Jahren, auf, als der *Archaeopteryx* auf der Erde wandelte und seine ersten Gleitflüge unternahm.

Ihre Anatomie, Gene und Fossilien zeigen alle, dass die Rankenfüßer eng mit den Krebsen und Hummern und etwas entfernter mit den Insekten, Spinnen usw. verwandt sind. Diese größere Gruppe kommt schon sehr früh, im Kambrium, also vor mehr als einer halben Milliarde Jahren, vor, der Ära, in der das Leben zum ersten Mal reichliche Spuren hinterlassen hat. Bei einigen der mysteriösen Wesen mit ihren bizarren Körperformen, die man aus der Zeit kurz davor gefunden hat (die man früher für eine einzigartige und völlig verschwundene Fauna hielt), könnte es sich vielleicht tatsächlich um frühe Krustazeen gehandelt haben. Eine molekulare Uhr der gesamten Gruppe verlegt den Anfang des Rankenfüßer-Stammbaums zurück ins Kambrium oder sogar davor (obwohl man aus diesen Zeiten bisher noch keine Überreste gefunden hat). Vertraut man dieser Uhr, entstanden die ersten Cirripedia als Teil der riesigen explosionsartigen Zunahme der Vielfalt unter den Gliederfüßern, von den

Hummern bis zu den Insekten, die damals begann und bis heute anhält.

Was löste nun aber diesen Rankenfüßer-Urknall aus? Warum entwickelten sie wie ihre Verwandten, die Krebse und Insekten, eine solche Vielzahl von Formen? Und warum taten die Vertebrata, die Gruppe, zu der wir und die Ringelgänse gehören, viele Millionen Jahre später das Gleiche? Die Wirbeltiere, wie man sie gewöhnlich nennt, sind in ihren Körperformen zwar weniger vielfältig als die Rankenfüßer, aber zu ihnen gehören doch auch so unterschiedliche Arten wie die Makrelen, Kröten, Pythons und Geier. Warum war ihre Evolution wie die der Cirripedien so radikal, während Gruppen wie die Schwämme und die Plattwürmer im Vergleich dazu ungeheuer konservativ wirken?

Die ersten Antworten darauf gingen aus Darwins jahrelangen Beobachtungen hervor, die er mit seinem Mikroskop im Down House anstellte.

Tatsächlich war er der Erste, der eine Rankenfüßer-Larve, nämlich die des eigenartigen Muschelschalenbohrers in Chile, identifizieren konnte. Während er immer weitere Arten sezierte und ihre juvenilen Formen genau untersuchte, nahm in seinem Kopf allmählich eine wichtige Erkenntnis Form an, nämlich dass sich diese Wesen in ausgewachsenem Zustand viel mehr voneinander unterschieden als in ihren frühen Entwicklungsstadien. Die Jugendformen der verschiedenen Arten ähnelten sich auf bemerkenswerte Weise, egal, ob es dabei um die stark bewehrten schottischen Küstenbewohner oder die nackten chilenischen Formen, um einen schmackhaften Imbiss für uns Menschen oder einen finsteren Feind der Krabben handelte. Und noch bemerkenswerter war, dass ihr Aussehen weitgehend dem der Jugendformen der Krebse und Hummer glich. Darwins Begeisterung über diese Entdeckung ist heute noch in der Beschreibung einer Larve spürbar: »Sie verfügt über sechs Paar wunderschön gebaute

Schwimmbeine, ein großartiges Paar Facettenaugen und äußerst komplexe Antennen.« Er wusste, dass er auf einen wichtigen Beweis für die Evolution gestoßen war (seine Kinder mussten dagegen lachen, weil sich der Satz ihrer Meinung nach wie der Werbetext eines Rankenfüßer-Fabrikanten las).

Die meisten Seepocken entlassen Tausende von befruchteten Eiern ins Meer. Jedes von ihnen durchläuft eine Reihe von Stadien, in den meisten Fällen Formen, die frei durchs Plankton schwimmen. Die erste Form hat Gliederfüße und einen weichen, abgeflachten Körper. Das junge Tier hat einen Augenpunkt, der selbst für schwaches Licht empfindlich ist, damit die Larve entscheiden kann, in welcher Tiefe sie sich durchs Meer treiben lässt. Bald entwickelt sie dann Kiefer und Fühler und fängt an, große Mengen Nahrung zu sich zu nehmen. Sie häutet sich mehrfach und wandelt sich schließlich zu einer Form mit guten Schwimmeigenschaften und einem festen Außengehäuse. Diese reifen Larven bleiben nahe der Oberfläche, fressen nicht mehr und werden oft weit von ihrem Ursprungsort abgetrieben. Sie müssen einen Platz finden, wo sie sich niederlassen können, oder sie werden sterben, ein Schicksal, dass tatsächlich die meisten von ihnen ereilt. Einige stoßen dagegen auf einen Felsen oder Wal oder eine Krabbe und kleben sich mit ihren Antennen an diesen fest. Die Arten, die sich auf einem Felsen oder einem Wal ansiedeln, senden dann einen chemischen Botenstoff – ein Proteinhormon – aus, der andere einlädt, sich der neuen Kolonie anzuschließen. Ihnen ist jeder neue Bewohner willkommen, da das Männchen ja ein Weibchen in Reichweite seines Penis finden muss, wenn es eine Chance haben will, seine Gene weiterzugeben. Je mehr Möglichkeiten sich ihm hier bieten, desto besser.

Obwohl sich die ersten Entwicklungsstufen vieler dieser Arten ziemlich ähneln, wenn sie sich durch die See treiben lassen, gab es doch auch einige, die zur großen Freude der Kinder des großen Naturforschers die seltsamsten Abweichungen zeigten, die auf ihre jeweilige ganz spezielle Lebensweise zurückzuführen waren. Die Arten, die sich in die Schalen von Muscheln oder Schnecken hineinbohren, haben Larven, die nicht schwimmen können, sondern über den Meeresboden krabbeln, wobei sie ihre Antennen als Füße benutzen. Krabbenparasiten haben die ersten Larvenstadien komplett aufgegeben, schlüpfen als hungrige Formen mit fertig ausgebildeten Mundwerkzeugen aus dem Ei, um sofort auf die Suche nach einem neuen Opfer gehen zu können.

Ganz offensichtlich ist die natürliche Selektion bereits im Larvenstadium am Werk, da die Jugendformen sich den Herausforderungen der Natur genauso stellen müssen wie die erwachsenen Tiere. Trotzdem offenbaren die Jungen sehr viel mehr über die inneren Verwandtschaftsverhältnisse der Gruppe als die weit mehr veränderten Erwachsenen. Gerade sie zeigen, dass die Rankenfüßer und ihre Verwandten auf einem Thema mit Variationen basieren.

Dasselbe trifft auch für die Embryonen im Allgemeinen zu. Der Embryo einer Ringelente unterscheidet sich kaum vom Inhalt eines Geiereis, und der eines Menschen sieht beinahe so aus wie der einer Maus (in einem früheren Stadium sogar wie ein Gänseembryo). Was dann schließlich das Licht der Welt erblickt, unterscheidet sich sehr von den frühen Entwicklungsformen. Heute verstehen wir auch warum.

Erwachsene Rankenfüßer weisen (mit Ausnahme der Krabbenparasiten) wie die Hummer und Insekten eine deutlich sichtbare Körpergliederung auf. Neben dem Kopf gibt es einen Thorax, der aus sechs Segmenten besteht. Allerdings fehlt ihnen ein Abdomen, ein Hinterleib, den man bei fast allen ihren Verwandten antrifft. Wenn wir von »segmentierten Lebewesen« hören, denken wir normalerweise nicht gerade an uns selbst, aber auch der Körper der Wirbeltiere besteht wie der einer Seepocke oder eines Hummers aus einer Reihe klar abgegrenzter Einheiten, die von vorne nach hinten angeordnet sind. Die Aufteilung des Menschen in Kopf, Thorax (Brustkorb) und Abdomen (Unterleib) ist zwar sehr offensichtlich, aber unsere Muskeln oder unsere Hirnschale zeigen auf den ersten Blick keine eindeutige Ordnung. Ein Blick auf den menschlichen Embryo zeigt jedoch, dass Männer und Frauen wie ihre unterseeischen Verwandten aus einer Reihe von Modulen aufgebaut sind, die in der Frühzeit des Lebens noch sauber geordnet sind, danach aber während des Wachstumsvorgangs umgruppiert und verändert werden.

Die Überreste unserer wässrigen Vergangenheit als primitiver Fisch sowie die Jugendformen unserer lebenden Verwandten unter den Fischen, Schlangen und Vögeln können uns noch mehr erzählen. Sie zeigen, wie sich die Bausteine vervielfacht und neu angeordnet haben, um die komplizierten heutigen Lebewesen hervorzubringen.

Nur drei der etwa dreißig Stämme der Tierwelt sind in solchen offensichtlichen Segmenten organisiert: die Würmer, die Gliederfüßer wie Insekten, Spinnen, Hummer und Rankenfüßer, und die Wirbeltiere. Die Unterteilung all dieser vielen Arten in ganz unterschiedliche Lebensformen war ein Triumph der Evolution.

Gegliederte Tiere traten zum ersten Mal am Beginn – oder vielleicht sogar schon vor – der fossilen Überlieferung auf. Sie spielten eine große Rolle in der sogenannten Kambrischen Explosion, die in kurzer Zeit zu einer ungeheuren Vielfalt der Lebensformen führte. Fossilien aus dieser Zeit zeigen, wie die Anfügung neuer Teile an einen einfachen Körper wie Perlen auf eine Schnur einen regelrechten Änderungsschub auslösen kann. Viele dieser seltsamen Wesen waren wurmähnlich oder hatten Gliederfüße und ein Außenskelett. Mit der Zeit fügten sie immer mehr Abschnitte hinzu und bildeten dabei die mannigfachsten Formen aus. Eine uralte Gruppe von Meerestieren, die inzwischen ausgestorbenen Trilobiten, begann mit etwa acht Segmenten. Mit der Zeit entwickelten sich Arten mit hundert und andere mit gerade einmal drei. Dieser Prozess kehrte sich schließlich aus irgendeinem Grunde um, sodass die meisten Trilobiten auf der Höhe ihres Erfolgs höchstens 35 Einzelelemente aufwiesen.

Bereits Darwin hatte bemerkt, dass die Seepocken und ihre Verwandten denselben Zunahme-, Abnahme- und Diversifizierungsprozess durchlaufen hatten. Er kam zu der Ansicht, dass die archetypische Krustazee, der Vorfahr sowohl der Rankenfüßer als auch der Hummer, aus 21 Teilen bestanden habe, die auf Kopf, Mittelteil und Abdomen aufgeteilt gewesen seien. Viele moderne Arten habe sechs Segmente im Kopf, sechs im Thorax (dem mittleren Teil des Körpers) und fünf im letzten, dem sogenannten Abdominalteil. Einige haben bestimmte Elemente vervielfacht und modifiziert, während andere das Gegenteil taten. So haben die Hummer zum Beispiel sehr viel mehr paarige Gliedmaßen – Beine, Schwimmfüße und andere, die sie zur Paarung oder der Aufzucht ihrer Jungen benötigen – als Krabben, während den Seepocken das ganze hintere Körpersegment fehlt. Sie sind quasi die Manx-Katzen der Krebstierwelt (und in dieser Beziehung ein ausgezeichnetes Gegenstück zu den ersten Vögeln, die Dinosaurier waren, die ihre Schwänze abgeworfen hatten).

Goethe, der nicht nur Autor des *Faust*, sondern auch Philosoph und Wissenschaftler war, hatte bereits lange vor der Reise der *Beagle* in den Körpern von Fischen, Vögeln und Säugetieren gewisse Muster bemerkt. Er entwickelte daraufhin eine Universaltheorie der Anatomie, die auf der Vorstellung gründete, dass die Wirbelknochen die Einheiten seien, aus denen unsere unterschiedlichen Körperteile entstanden seien (bei den Pflanzen spielten seiner Ansicht nach die Blätter diese Rolle). Für Goethe gründete das Leben auf einer Art biologischem Proteus, einer einfachen Komponente, durch deren Vervielfachung und Modifizierung ganz unterschiedliche Strukturen entstanden, wobei er den Schädel für das wichtigste Beispiel hielt. Was die Einzelheiten angeht, hatte er sicher unrecht, aber seine Idee enthält doch mehr als ein Körnchen Wahrheit.

Obgleich die grob vereinfachende Behauptung (die Darwin so nie gemacht hat) falsch ist, dass Tiere ihre ganze Vorgeschichte noch einmal durchleben, während sie sich aus dem Eistadium herausentwickeln, erinnert uns der Embryo doch daran, woher wir kommen. Der Wandel vom befruchteten Ei, einer formlosen Protoplasmamasse, zu einem fertigen Menschen scheint zuerst einmal sehr komplex zu sein, ist aber, was seine Grundlagen angeht, ziemlich einfach. Wie beim Origami lassen sich mithilfe einer begrenzten Zahl von Anleitungen aus einfachen Anfängen höchst komplexe Muster entwickeln. Während der Embryo durch Faltungen an Komplexität zunimmt, entfaltet sich vor unseren Augen unsere Vergangenheit.

Ansätze von Ordnung entstehen dabei recht frühzeitig. Ein befruchtetes Ei teilt sich und bildet einen Zellhaufen, der sich im weiteren Verlauf nach innen einstülpt und in der Gebärmutterwand einnistet. Dort streckt er sich in die Länge und an seinem oberen Ende entwickelt sich die sogenannte Neuralrinne, die immer tiefer wird und sich zuletzt zu einem Rohr schließt, dem Vorgänger des Rückenmarks und des Gehirns. Die Gewebeflächen auf beiden Seiten beginnen danach, in jeweils gleichen Abständen eine Reihe von Blöcken, die sogenannten Somiten oder »Ursegmente«, auszubilden, wobei diejenigen ganz vorne als Erste entstehen.

Spezielle Färbemittel zeigen, dass von vorn nach hinten angeordnete Strukturen schon lange vorhanden sind, bevor die Somiten selbst sichtbar werden.

Die in einer Reihe angeordneten Somiten sehen zuerst ganz einfach aus, sind aber der Ausgangspunkt komplizierter Strukturen, von denen einige auf den ersten Blick keinerlei Regelmäßigkeiten mehr zeigen. Dazu gehören die Wirbel (dies hätte Goethe gefallen), Rippen, Rückenmuskeln und Gliedmaßen, die Haut, Sehnen und sogar einige Blutgefäße.

Die geordnete Natur der Wirbel ist offensichtlich, wohingegen die Beinmuskulatur und die Rückenhaut dem ungeübten Auge keinen Hinweis auf eine Segmentierung bieten. Trotzdem haben auch sie wie viele andere Organe als Gewebeblöcke begonnen.

Im weiteren Entwicklungsverlauf verschmilzt die vordere Hälfte des einen mit der hinteren des davor liegenden Somiten, um die Vorläufer der Wirbel zu bilden, der sich wiederholenden Einheiten der Wirbelsäule, einer Struktur, die Fische, Frösche, Schlangen, Vögel und Menschen miteinander teilen. Sie umgeben das Rückenmark mit einem flexiblen Schutzschild, der sich härtet, wenn die Knochen ausgebildet werden. Dieser Prozess wird von speziellen Wachstumsfaktoren kontrolliert, die manchmal fehlerhaft funktionieren. Auch dies hat einen Bezug zu Goethe. Als die Ostdeutschen in den 1960er Jahren zu Konservierungszwecken seine Knochen von allen Fleischresten befreiten, stellte sich heraus, dass der große Dichter an einer krankhaften Verschmelzung einiger Wirbelkörper litt.

Wie aber kann sich das einheitliche Embryonalgewebe in Blöcke gliedern, die dann zu ganz unterschiedlichen Organen werden? Im Jahr 1891 entwickelte William Bateson, der spätere Wiederentdecker von Gregor Mendels Werk, im Rahmen seiner »Vibrationstheorie der Wiederholung der Teile« die Vorstellung, dass dies durch den Fluss von chemischen Stoffen geschehe. Wie die Meereswellen ausgeprägte Muster im Sand hinterließen, würden ihre Entsprechungen im Körper der Unordnung ein Ordnungsmuster aufdrücken. Eineinhalb Jahrhunderte später erwies sich, dass er damit recht hatte.

Wenn sich der Embryo entwickelt, werden tatsächlich chemische Signale von seinem hinteren Ende nach vorne weitergegeben, die das Wachstum befördern. Gleichzeitig bewegt sich eine zweite molekulare Botschaft in entgegengesetzter Richtung, die dem wachsenden Gewebe befiehlt, das Wachstum einzustellen und sich nicht weiter zu teilen. Jeder potentielle Somit hat einen internen Zeitgeber, der bestimmte Gene veranlasst, zur genau richtigen Zeit tätig zu werden und sich dann abzuschalten. Wenn das Signal eintrifft, beginnt die Uhr zu laufen. Jeder Somit enthält hundert oder mehr Gene, die sich gegenseitig an- und abschalten und abwechselnd miteinander zusammenarbeiten, wobei viele von ihnen entgegengesetzte Auswirkungen auf die Zellteilung, das Wachstum und die Bewegung haben. Zusammen bauen sie dann den Gewebeblock auf, wobei die dabei tätigen Gene bei Mäusen, Hühnern und Seepocken eine bemerkenswerte Ähnlichkeit aufweisen, ein weiterer Beweis dafür, dass sich die Grundregeln der Segmentierung vor dem letzten gemeinsamen Vorfahren, also vor unendlich langer Zeit, herausgebildet haben.

Die Wirbelknochen zeigen noch deutliche Anzeichen ihrer Segmentierungsgeschichte. Ihre Zahl variiert von Art zu Art. Die meisten Menschen haben 33 Wirbel (wobei einige miteinander verschmolzen sind), Gänse besitzen noch mehr (vor allem in ihren Hälsen), während Schlangen sogar mehr als 500 haben können. Dieser große Anstieg ist darauf zurückzuführen, dass die Uhr in ihren Somiten um ein Vielfaches schneller tickt als die unsere. Aus diesem Grund wird die undifferenzierte Gewebemasse in der verfügbaren Zeit in weit mehr Segmente umgewandelt, was dem Tier zu seiner langen und biegsamen Wirbelsäule verhilft. Vielleicht trifft dasselbe auch für den Gänsehals zu.

Jeder menschliche Wirbel hat seine ganz eigene Persönlichkeit. Einige sind zu einem verkümmerten Schwanz, dem Steißbein, reduziert, andere sind wie das Kreuzbein zu einem einzigen Block verschmolzen. Jene im oberen Rücken bilden große Dornfortsätze aus, an denen Muskeln ansetzen, während die sieben Halswirbel darauf spezialisiert sind, eine mühelose Drehung des Kopfes zu ermöglichen. Trotz ihrer jeweiligen Aufgaben weisen alle Wirbel untereinander eine große Ähnlichkeit auf, was an ihren gemeinsamen embryonalen Entwicklungsprozess erinnert.

Beim Cranium, wie man den Schädel wissenschaftlich nennt, scheint das scheinbar ganz anders zu sein. Seine 22 Knochen zeigen keine offensichtlichen Anzeichen einer Segmentierung und sind (mit Ausnahme des Unterkiefers) fest miteinander verbunden. Der Schädel ist eine fast runde Kapsel mit vielen Öffnungen und etlichen speziellen Strukturen wie etwa der Augenhöhle, den Zähnen, den Kiefern und den Ohren. Er scheint auf den ersten Blick wenig mit der Wirbelsäule gemeinsam zu haben, auf der er sitzt. Die moderne Wissenschaft konnte nun aber beweisen, dass dies durchaus der Fall ist.

Auch hier ist wieder der Embryo der Schlüssel. Der Schädel ist teilweise aus Somiten aufgebaut (ein Großteil des Rests wurde aus Knochenmasse gebildet, die von den Vorläufern anderer Gewebe stammen). Die Gene beweisen, dass zumindest die ersten beiden Somiten zum Schädel beitragen. Außerdem konnte gezeigt werden, dass Mutationen, die bei Mäusen die Signalmaschinerie der Somiten beschädigen, auch die Entwicklung des Craniums beeinflussen. So kompliziert der Schädel auch sein mag, auch er begann seine Laufbahn als einfacher Baustein in der Stützachse des Körpers.

Seine Anatomie, seine Fossilien und seine Gene erzählen uns eine Menge über die Fähigkeit der Segmentierung zum Aufbau komplexer Strukturen aus ganz einfachen Vorläufern. Die Sinnes- und Denkorgane, die in ihm wohnen, werden von Evolutionsgegnern bereits seit langem dazu benutzt, Zweifel am Darwinismus zu säen. Tatsächlich zeigt jedoch jeder Teil des Schädels die Unhaltbarkeit des sogenannten »Design-Arguments«, der uralten und abgedroschenen Behauptung, dass solche komplexen Organe unbedingt einen »Designer« haben müssten. Darwin selbst zitierte das Auge als Beweis gegen diese Auffassung. Das Ohr ist dazu sogar noch besser geeignet und hat den zusätzlichen Vorteil, dass neben den Embryos auch noch Fossilien zeigen können, wie die Evolution aus dem, was ihr gerade zur Verfügung stand, Lösungen zusammenstoppelte. Wenn ein Designer auf diese Weise vorginge, würde er sofort seinen Job verlieren.

Das menschliche Ohr besteht aus drei Bereichen, dem Außen-, dem Mittel- und dem Innenohr. Zusammen registrieren sie Schwingungen, die aus der Außenwelt stammen. Das Außenohr fängt die Schallwellen auf, das Mittelohr verstärkt sie mithilfe der Bewegungen einer Reihe von knöchernen Hebeln, während das Innenohr diese mechanische Energie in Flüssigkeitsstöße, die sogenannte Wanderwelle, und schließlich in elektrische und chemische Impulse umwandelt, die ins Hirn geleitet werden. Das Innenohr ist auch Sitz des Lage- und Bewegungssinns.

Dieses Organ in seiner ganzen Komplexität ist ein Zeugnis der Improvisationsfreude der Evolution und beweist, wozu die Variationen über ein Thema führen können. Gene, Embryonen und Fossilien zeigen, dass es sich aus den Skeletten früher Fischarten entwickelt hat – und dass das menschliche Ohr einige seiner Komponenten sogar mit den Sinnesorganen der Seepocken teilt.

Alle Landwirbeltiere haben Ohren in der einen oder anderen Form. Der außenliegende Teil dieses Organs, die Ohrmuschel oder Pinna, dieses elegante Anhängsel auf beiden Seiten des Kopfes, ist ziemlich neu, da weder Frösche noch Reptilien oder Vögel so etwas besitzen. Es besteht wie der Rest der Körperoberfläche aus Haut und etwas Knorpel. Darwin bemerkte, dass Menschen und Affen im Gegensatz zu den Hunden diese nicht bewegen können, vielleicht weil sie als große Lebewesen, die auf Bäume klettern konnten, nicht mehr ewig wachsam sein mussten. Später erzählte ihm »der berühmte Bildhauer Mr. Woolner«, dass er bei der Arbeit an einem Standbild des Puck bemerkt habe, dass einige Menschen einen kleinen »Punkt«, einen Knorpelfortsatz am Außenrand der oberen Ohrmuschel hätten. Darwin überlegte sich nun, ob dieser nicht das Überbleibsel eines früheren spitzen Säugetierohrs sein könnte. Die Struktur ist heute als Darwins Punkt oder Darwin-Ohrhöcker bekannt.

Die Membran des Trommelfells ist der Eingang zum Mittelohr. Sie vibriert, wenn sie von Schallwellen bewegt wird, und leitet dann die Energie auf drei winzige Knöchelchen weiter, den Hammer, den Amboss und den Steigbügel, die alle drei nach ihrer Form benannt sind und insgesamt als Hebel dienen. Jedes ist beweglich mit dem nächsten verbunden und zusammen verstärken sie die Schwingungen des Trommelfells, die sie gleichzeitig auf das von einer Membran verschlossene »ovale Fenster« übertragen, das auf der Oberfläche des mit Flüssigkeit gefüllten Innenohrs sitzt. Da das Trommelfell weit größer ist als das winzige Fenster, erhöht das System den Druck auf dieses um mehr als das Zwanzigfache. Als eine Art Sicherheitsmaßnahme dämpfen winzige Muskeln, die an zwei der Knöchelchen ansetzen, die schädlichen Auswirkungen zu lauter Geräusche. Das Innenohr wandelt die Energie der Schallwellen in Botschaften über die Lautstärke, die Tonhöhe und die Herkunftsrichtung um, die dann ans Gehirn weitergeleitet werden.

Das dreiteilige Mittelohr ist wie Fell und Milch eine charakteristische Eigenschaft der Säugetiere. Alle anderen Landwirbeltiere weisen nur ein einziges Knöchelchen in diesem Organ auf. Das Ganze ist ein wunderbares Beispiel dafür, zu welch unterschiedlichen Zwecken wiederholte Elemente benutzt werden können. Fossilien, Embryonen und lebende Tiere zeigen auf bemerkenswerte Weise, wie sich ein aus Modulen aufgebauter Körper anpasst, wenn er mit neuen Herausforderungen konfrontiert wird.

Die Fähigkeit, Wellen in der Luft oder im Wasser aufzufangen, ist uralt. Den meisten Meerestieren gelingt dies mithilfe einfacher sensorischer Zellen. Auch den Fischen genügt dazu noch ein recht unkompliziertes Instrumentarium. Da Wasser Wellenenergie ausgezeichnet überträgt, brauchen sie dazu nur einige Drucksensoren auf beiden Seiten des Kopfes und Körpers. Landtiere müssen dagegen die schwachen Schallwellen in der Luft verstärken. Sie benutzen dazu das Mittelohr. Fossilien zeigen, dass diese Struktur vor etwa 250 Millionen Jahren entstand, 150 Millionen Jahre, nachdem die direkten Vorfahren der Säugetiere sich von ihren Reptilienahnen trennten, und 75 Millionen Jahre, nachdem sich die Stammbäume von Vögeln und Eidechsen trennten. Alle drei Linien entwickelten danach unabhängig voneinander einen Knochenhebel, mit dessen Hilfe sie ihre Fähigkeit, hochfrequente Töne zu empfangen, nicht unwesentlich verbesserten. Dabei stellt bei Reptilien und Vögeln nur ein einziger Knochen, der Steigbügel, die Verbindung zwischen dem Trommelfell und dem Innenohr her. Das aus drei Knöchelchen bestehende Hebelsystem, über das nur unsere eigene Klasse verfügt, stellt dagegen einen enormen Fortschritt dar. Jeder dieser Knochen kann dabei auf einfachere Strukturen primitiverer (im Sinne von »ursprünglicherer«) Tiere zurückgeführt werden.

Anatomen entdeckten die ersten Hinweise auf die Geschichte des Ohrs etwa zur selben Zeit, als Darwin mit seiner Untersuchung der Rankenfüßer begann. Sie bemerkten, dass die Embryonen von Fischen, Reptilien und Säugetieren in der ersten Entwicklungsphase kurz nach dem Erscheinen der Somiten auf beiden Seiten des vorderen Endes eine Reihe von Bögen entwickeln. Zwischen diesen hintereinanderliegenden Strukturen entstehen auf beiden Seiten des sich entwickelnden Kopfes sogenannte Schlundtaschen.

Vor 400 Millionen Jahren waren die einzigen Tiere mit Wirbelsäulen flachköpfige Fische, die den damaligen Ozean durchschwammen. Die Körper dieser urtümlichen Wirbeltiere waren mit Knochenplatten bedeckt und sie nahmen ihre Nahrung noch ohne Kiefer zu sich. Mit der Zeit folgten ihnen fischähnliche Wesen mit Hälsen und den ersten Ansätzen von Gliedmaßen nach. Diese krochen vor ungefähr 365 Millionen Jahren an Land und entwickelten sich in der Folge weiter zu Fröschen, Eidechsen, Vögeln und schließlich Menschen. Die Fossilien dieser Vorläufer aller heute lebenden Wirbeltiere bestätigen die Geschichte des Mittelohrs, die uns bereits die Embryonen und Gene erzählt haben.

Bei den frühen Fischen stellten diese Bögen ein Gerüst für die Kiemen dar, die dem Wasser Sauerstoff entziehen. Diese einfache Aufgabe erledigten sie Millionen Jahre lang. Als die Nachfahren dieser Fische wagemutiger wurden und sich aufs Land begaben, erkannte die natürliche Selektion die Möglichkeiten, die eine solche Mehrfachstruktur bot. Allmählich entwickelte sich der vorderste dieser Kiemenbogen zu den allerersten Kiefern. Die miteinander zusammenhängenden Ober- und Unterkiefer aller Wirbeltiere gehen also auf ein uraltes Fischatmungsorgan zurück. Der zweite Bogen wurde zu einem Knochen, der den Oberkiefer mit der Hirnschale verbindet. Als die Wirbeltiere sich schließlich an Land begaben, bildete sich aus dem obersten Knorpelteil dieser Struktur auch noch ein Hebel zur Lautverstärkung heraus.

Die Eidechsen und ihre Nachkommen, die Vögel, besitzen nur einen einzigen solchen Knochen, den Steigbügel. Als dann die unmittelbaren Vorfahren der modernen Säugetiere erschienen, begann das Ohr, weitere Teile der Anatomie seiner Vorfahren zu requirieren. Zuerst einmal veränderte sich im Vergleich zu den Reptilien die Lage des Kiefergelenks. Dadurch wurde ein Knochen innerhalb des Oberkiefers und einer innerhalb des Unterkiefers frei. Diese jetzt eigentlich überflüssigen Knochen wurden dann von der Evolution gekapert, um daraus den Hammer und den Amboss des Mittelohrs zu machen. Dies bedeutet, dass wir tatsächlich mit etwas hören, womit unsere Vorfahren noch kauten. Die Fossilien früher Säugetiere aus der Zeit, als sie sich vor 300 Millionen Jahren von ihren Reptilienvorfahren abzulösen begannen, verdeutlichen diesen gesamten Prozess in all seinen Stufen, da sie eine Abfolge von Tieren mit einem immer kompletteren Mittelohr zeigen. Der Wandel vom Nahrungsverarbeiter zur Hörhilfe geschah mehrmals bei verschiedenen frühen Säugetierlinien (von denen heute die meisten ausgestorben sind). Diese kleinen Wesen aus unseren ersten Tagen ernährten sich von Insekten und waren nachtaktiv. Jede Verbesserung ihres Hörvermögens war deshalb sicherlich äußerst hilfreich. Auch die Anatomie bestätigt diese Entwicklung, da die Nerven zum Steigbügel von den Gesichtsnerven abzweigen, während die zu den beiden anderen Knöchelchen Ableger eines ganz anderen Nervs sind. (Eine Tatsache die sonst äußerst erstaunlich wäre.)

Jeder der drei Mittelohrknochen bildete sich somit auf ganz unterschiedlichen Wegen aus zwei Kiemenbogen heraus. Diese uralten Bausteine wurden auch noch zu ganz anderen Zwecken benutzt. Bei den Säugetieren entstanden aus Resten des ersten Bogens Teile der Kaumuskulatur. Der zweite entwickelte sich zu einigen der Gesichtsmuskeln und dem Zungenbein weiter, das zum Sprechen unerlässlich ist.

Der Embryo erzählt dieselbe Geschichte. Auch bei seiner Entwicklung lässt sich verfolgen, wie sich diese famosen Bögen neu erfinden und zu einem Teil des Mittelohrs werden. Die Gene, die diesen Aufbau steuern, ähneln anderen, die heute noch in den Kiemenspalten moderner Fische aktiv sind. Es kann deshalb als bewiesen gelten, dass das Mittelohr durch den Umbau eines uralten Meerestierorgans entstanden ist.

Das Innenohr tief im Schädel ist eine weitere Erbschaft eines ausgestorbenen Fisches – und sogar eines frühen Rankenfüßers. Auch dieser Teil des Ohrs enthüllt seine Geschichte in Fossilien, Embryos und der DNS. Das Meer ist ein lauter Ort, denn Wasser ist ein ausgezeichneter Schallleiter. Wale singen, Fische grunzen und auch Krebstiere geben Töne von sich: Der Knallkrebs verdankt seinen Namen dem lauten Geräusch, das er mit einer seiner beiden Scheren erzeugen kann, während sein Verwandter, der Fangschreckenkrebs (dessen Fangarm schon einmal den Finger eines Fischers brechen kann), ein tiefes Grollen von sich gibt, um Fressfeinde abzuwehren. Die Hummer wiederum schlagen Alarm, indem sie mit ihren Fühlern über eine aufgeraute Stelle ihres Panzers kratzen. Die Larven der Hummer und Krabben, die denen der Seepocken ähneln, fangen das Getöse der Wellen auf, wenn diese sich an einem Riff brechen, und folgen diesem Geräusch kilometerweit nach. Fische sind für solche Lautreize sogar noch empfänglicher.

Alle drei Gruppen nutzen für diese Aufgabe denselben Grundmechanismus, bei dem es sich nicht um ein Ohr, sondern eine Reihe von spezialisierten druckempfindlichen Zellen handelt, die mit einer gallertartigen Lymphe gefüllt sind und an denen eine haarartige Struktur angebracht ist. Eine vorbeiströmende Welle – eine Strömung, das Echo eines Brandungsufers oder die Bewegungen eines sich in der Nähe aufhaltenden Freundes oder Feindes – verbiegt dieses Haar. Die Zelle registriert dessen Bewegung und wandelt sie in chemische und elektrische Signale um, die die Information an das Gehirn weiterleiten. Unser Innenohr folgt genau demselben Prinzip. Die Bewegung der Mittelohrknochen erzeugt Wellen, die eine Reihe von Sinneshärchen verbiegen, die daraufhin einen Nervenimpuls auslösen. Die Beschädigung eines ganz bestimmten Gens führt zu Taubheit. Bei der Untersuchung der Fisch-DNS fand man heraus, dass das gleiche Gen in deren druckempfindlichen Zellen aktiv ist. Die beiden Systeme gleichen sich so sehr, dass man an Fischen inzwischen Medikamente testet, die eventuell bei uns Menschen Hörschäden auslösen könnten.

Wie alle Wagnerianer bestätigen können, vermag das menschliche Ohr weit mehr, als nur Druckunterschiede festzustellen. So eindrucksvoll unsere Fähigkeit, einzelne Noten voneinander zu unterscheiden, erscheinen mag, so beruht doch auch diese auf einem Erweiterungs- und Diversifizierungsprozess. In diesem Fall entwickelte sich das einfache Fischsystem zu einer ganzen Reihe von Sinneszellen mit verschiedenen Empfindlichkeiten für ganz bestimmte Töne weiter, wobei diese Zellen im Innern einer langen, schneckenförmigen Knochenstruktur vervielfacht und in eine ganz bestimmte Ordnung gebracht wurden. Die Version der Reptilien ist kürzer, weshalb die Schlangen und ihre Verwandten nur tiefe Töne hören können, die der Vögel ist mittellang, während die Säugetiere den längsten Innenohrsensor aufweisen. Die Geschichte des Ohres war ein ständiges »Aus Alt mach Neu«, bei dem vielfältige Strukturen durch die natürliche Selektion verändert wurden, um neuen und ganz anderen Zwecken zu dienen. Selbst das absolute Gehör, über das manche verfügen, wurde in all seiner Vollkommenheit durch recht unvollkommene Mittel erreicht.

Die Doppelhelix selbst zeigt, dass der Modulplan, auf den das Leben als Ganzes aufgebaut ist, auf eine Zeit lange vor der Entwicklung der Seepocken, Gänse oder gar Menschen zurückgeht. Ganze Abschnitte dieses Moleküls wurden vervielfältigt oder gingen verloren, während die Evolution die Krebstiere, Vögel oder Säugetiere hervorbrachte.

Bestimmte Mutationen der Taufliege, die zu einer Verdopplung der Flügel oder Fühler führen, gehen auf Veränderungen in den Genen zurück, die den Übergang vom Embryo zum erwachsenen Tier steuern. Diese Homöobox-Gene, wie sie nach einer kurzen DNS-Bindungssequenz (»Box«) heißen, die man bei allen von ihnen findet, verändern den Zeitpunkt der Entwicklung und die Wachstumsrate verschiedener Segmente des Genmaterials und dadurch auch die Gestalt dessen, was sie bauen. Sie sind eine molekulare Entsprechung der Erkenntnisse, die Darwin bei der Untersuchung der Rankenfüßer gewonnen hatte, nämlich dass deren Entwicklung auf einer Verdoppelung, Umstrukturierung und Tilgung einzelner Teile beruht. Wenn sie sich vervielfältigen, entwickeln sich diese Segmente in unterschiedliche Richtungen, um ganz neue Aufgaben zu übernehmen (und entkräften dadurch auch eine weitere Behauptung der Kreationisten, dass die Evolution Information nur tilgen und nicht schaffen könne).

Eine Überraschung der modernen Genetik war die Erkenntnis, wie gering die molekularen Unterschiede zwischen den Tieren tatsächlich sind. Gans und Huhn sind auf der Ebene der DNS fast identisch und beide unterscheiden sich genetisch nicht allzu sehr vom Menschen. Die Rankenfüßer wiederum stehen den Krebsen nahe und sind nicht sehr verschieden von den Fliegen. Viele ihrer Gene haben sich in den Millionen von Jahren, seitdem ihre Träger sich auseinanderentwickelten, überhaupt nicht verändert. Gänse und Entenmuscheln sehen sehr unterschiedlich aus, so wie Autos und Flugzeuge ganz verschieden sind, obwohl beide aus den gleichen Grundelementen aufgebaut sind. Bestimmte Gene steuern den Aufbau der Proteine und damit des Körpers. Das von ihnen Gebaute wird in unterschiedlichen Kombinationen zusammengesetzt, und sie weisen es an, wann und wo es die von ihnen festgelegten Aufgaben zu erledigen hat. Dabei aktivieren oder unterdrücken Entwicklungsschalter die Aktivitäten von speziellen Genen im Embryo. Die Evolution der segmentierten Tiere wird zu großen Teilen durch deren Verlust oder Zuwachs bestimmt. In einigen Tieren sind sie in derselben Reihenfolge wie die Körperteile angeordnet (zuerst der Kopf, dann der Mittelteil und dann das Abdomen). Diese saubere Einteilung wird jedoch oft durchbrochen, wenn die Homöoboxen in separate Cluster – zusammenhängende Gruppen auf den Chromosomen – aufgespaltet oder völlig durcheinandergeworfen werden. Dabei weisen die unterschiedlichen Arten zwischen vier und vier Dutzend Homöoboxen auf. Ihr Vorhandensein in Seepocken und Bussarden, Seeigeln und Eichhörnchen, sowie Spinnen und Schnecken deutet darauf hin, dass der Urahn all dieser Tiere ein gegliedertes wurmähnliches Wesen war, das durch das Urmeer schwamm und etwa vier dieser entscheidenden Gene besaß.

Unser eigenes Haupt-Homöobox-System ist in vier Cluster

mit jeweils zehn Elementen gegliedert. Viele sind so geordnet, dass sie ganze Reihen solcher Strukturen hervorbringen, von denen jede auf eine ganz bestimmte Aufgabe spezialisiert ist. Einige helfen beim Aufbau des Ohrs und sind, wie bereits die Fossilien nahe legten, mit denen verwandt, die für die Herausbildung der Kiemenspalten, Kiefer und Fischsensoren verantwortlich sind. Auch die Wirbelsäule ist ein Ergebnis einer größeren Gruppe solcher Gene.

Das einfachste lebende Mitglied der großen Wirbeltierfamilie (zu der auch die Fische, Vögel und Menschen gehören) ist ein kleiner Meeresbewohner, das Lanzettfischchen, das einen Großteil seiner Zeit eingegraben im Sand in flachen Küstengewässern verbringt und dabei Plankton durch seine kieferlose Mundöffnung aus dem umgebenden Wasser filtert. Es hat einen gegliederten Körper und anstelle einer richtigen Wirbelsäule einen einfachen flexiblen »Achsenstab« oder »Chorda dorsalis«. Die Homöoboxen dieses Tiers sind ebenso angeordnet wie seine Körperteile. Viele seiner Verwandten (einschließlich wir selbst) verfügen über viermal mehr solcher Strukturen. Ihre Vervielfältigung und die nachfolgende Unterschiedlichkeit ihrer jeweiligen Kopien förderte die große Mannigfaltigkeit der Wirbeltiere (und vor allem der Knochenfische, die deren Zahl noch einmal verdoppelt haben und deshalb in Bezug auf Größe, Gestalt und Lebensweise die größte Vielfalt aufweisen).

Die Mannigfaltigkeit der Krustazeen und ihrer Verwandten – von der Seespinne über die schimmelpilzähnlichen Parasiten bis zu den Wespen – ist ebenso auf die Flexibilität dieser Gruppe auf der molekularen Ebene zurückzuführen. Auch ihre Homöobox-Gene ähneln den unseren. Diese Variation über ein gemeinsames Thema erreicht ihren Höhepunkt bei den Rankenfüßern. Verglichen mit ihren nahen Verwandten, den Hummern, scheinen sie auf den ersten Blick einfach zu sein, da sie kein offensichtliches Abdomen und nur ein paar Gliederfüße haben. Wie die Schlangen, Blindschleichen und Wale haben die Rankenfüßer Glieder verloren und wie die Vögel im Vergleich zu den Dinosauriern haben sie ihren hinteren Körperteil aufgegeben. Die parasitischen Formen sind sogar noch einfacher aufgebaut. Dies alles kann auf Änderungen in ihren Homöobox-Genen zurückgeführt werden. Der Vorfahre der Seepocke hatte zehn dieser Gene, wobei jedes von ihnen eine Entsprechung bei den Gänsen und Menschen hat. Die Zahl der Rankenfüße ist von Art zu Art unterschiedlich. Diese Variationen hängen mit den Aktivitäten von zwei dieser wichtigen Entwicklungsgene zusammen. Das Fehlen eines Abdomens ist auf den Verlust einer Gruppe von Homoöbox-Genen zurückzuführen, die derjenigen ähnelte, die für die Herausbildung unseres eigenen Hinterteils verantwortlich ist.

Darwins »Einheit des Typus« erstreckt sich also von den Rankenfüßern bis zu den Menschen und den intimsten Details der DNS selbst. Die Homöobox-Gene lassen Tiere entstehen, die sich auf den ersten Blick nicht zu ähneln scheinen. Sir Robert Moray hatte in gewisser Weise gar nicht einmal Unrecht, wenn er von einer Verwandtschaft von Entenmuschel und Ringelgans ausging. Denjenigen, die eine Ähnlichkeit zwischen den beiden bemerkten, war vielleicht das gemeinsame Wiederholungsmuster aufgefallen: die Wirbel bei der Gans und die Körpersegmente bei der Entenmuschel. In diesem Falle waren sie ihrer Zeit weit voraus, denn was man zuerst für eine zufällige Ähnlichkeit halten könnte, ist in Wirklichkeit der Beweis für eine uralte Formeinheit. Der Vogel und der Rankenfüßer zeigen beide, wie Vervielfachung und Divergenz (Auseinanderentwicklung) die Welt des Lebens beherrschen. Sie setzen auch der absurden Idee ein Ende, dass Komplexität ein »Design«, einen vorbedachten Plan, benötige und die Evolution keine neue Information schaffen könne. Die Anatomie dieser beiden eng mit der See verbundenen Arten, die Drucksensoren der Fische, das Ohr des Opernliebhabers und große Teile des menschlichen Genoms sind, jedes für sich, erst einmal die zusammengestückelte Behelfslösung auf eine Reihe unmittelbarer Probleme. Wie Darwin bereits an der chilenischen Küste feststellte und die moderne Genetik bestätigen kann, mag die biologische Entwicklung zwar unelegant, redundant und verschwenderisch sein, aber sie funktioniert gut, allerdings nur so gut, wie sie muss.

Kapitel Acht
Wo die Biene schnuppert

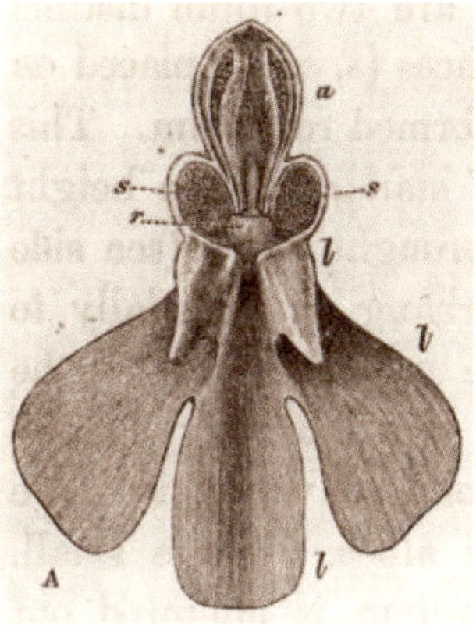

Wenn ein Herr einer Dame Orchideen schenkt, so sagt das viel über seine Absichten aus. Ein Mann, der bereit ist, so viel Geld für seine Partnerin auszugeben, hegt wohl wahrhaft zarte Gefühle – oder er ist so reich, dass es keine Rolle spielt, was mehr oder weniger auf dasselbe hinausläuft. Eine Orchidee mit ihren imposanten Blüten und dem passenden Preisschild ist ein Beweis für seine Bereitschaft, in die Beziehung zu investieren.

Den Pflanzen geht es da nicht anders. Der lateinische Name Orchidaceae bedeutet wegen der charakteristischen Form ihrer Wurzeln »Hoden«. Orchideen preisen ihre Vorzüge mit teuren und oft bizarren Blüten an. Ihre Wirkungen auf das »Fleisch« galten als dermaßen stark, dass der englische Kräuterkundler Nicholas Culpeper Mitte des 17. Jahrhunderts bei ihrem Einsatz als Aphrodisiakum zur Vorsicht mahnte. In der *Abstammung des Menschen und die geschlechtliche Zuchtwahl* zeigte Charles Darwin auf, dass im Tierreich der Kampf um einen Partner ein ebenso großer Auslesefaktor ist wie der Kampf ums Überleben. Vor allem das Männchen kann meist viel mehr Nachwuchs zeugen als das Weibchen, vorausgesetzt allerdings, dass es seine Rivalen aus dem Weg schaffen und genügend Vertreterinnen des anderen Geschlechtes davon überzeugen kann, seinen fleischlichen Gelüsten nachzugeben. Wer den Kampf verliert, sitzt in einer evolutionären Sackgasse, weil er seine Gene nicht mehr weitergeben kann. Die Evolution erweist sich im Universum der geschlechtlichen Fortpflanzung als ebenso mitleidslos im Kampf ums Überleben. Die geschlechtliche Zuchtwahl, wie Darwin sie nannte, kann rasche Veränderungen bewirken: riesige Geweihe, ein beeindruckendes Hinterteil oder auch – für Arten, die an so etwas interessiert sind – goldene Uhren und schicke Kleidung.

Jahre später untersuchte Charles Darwin die Schlachten, die im zweiten großen Reich der Natur, dem Pflanzenreich, um die Fortpflanzung geschlagen werden. Die Partnersuche, so merkte er, kann sich für Pflanzen ebenso schwierig gestalten wie für einen Hirsch oder einen Pfau. Bis zum 17. Jahrhundert lag das Geschlechtsleben der Pflanzen völlig im Dunkeln, ja, man stritt rundweg ab, dass es so etwas überhaupt gab, doch in den folgenden hundert Jahren wurden die Grundlagen der Reproduktion erforscht. Blüten bergen die Fortpflanzungsorgane der Pflanzen und sind Ausdruck ihrer erotischen Bedürfnisse. Sie entwickelten sich, so Darwin, ähnlich wie die sexuellen Locksignale bei den Tieren und unterliegen den gleichen Zuchtwahlkräften, die ähnlich bizarre, wenn nicht sogar noch groteskere Resultate hervorbringen. Darüber hinaus entdeckte Darwin – und das fand er geradezu unfassbar –, dass die Fortpflanzung bei den Orchideen mit Unehrlichkeit und Zwietracht einhergeht, dass also alle Beteiligten im Bedarfsfall zu Lug und Trug bereit sind.

An einer botanischen Hochzeit sind naturgemäß mehr Partner beteiligt als in der Tierwelt, denn zu ihrem Vollzug braucht es eine dritte Partei, die die männlichen Geschlechtszellen zu den weiblichen transportiert. Bei einigen Pflanzenarten übernimmt der Wind oder das Wasser diese Aufgabe, doch die meisten Blüten sind auf eine Art fliegenden Penis angewiesen, einen Bestäuber, der ihre DNS zum nächsten Individuum bringt. (Ruskin, der ein Faible für die Schönheit der Natur hatte, riet seinen jungen Leserinnen, nicht genauer danach zu fragen, inwieweit Blumen darauf angewiesen sind, dass sich »Fliegen in ihre Familienangelegenheiten einmischen«.) Der Antagonismus zwischen der Pflanze und ihrem tierischen Partner, so fiel Darwin auf, wirkte ebenso stark als Zuchtwahlfaktor wie die Wahl durch das Weibchen und die Rivalität auf männlicher Seite, die auch den Pfauenschwanz hervorgebracht hatte. Blume und Bestäuber lassen sich, vollkommen aufeinander fixiert, auf ein evolutionäres Rennen ein. An der Ziellinie entstehen dann womöglich Gebilde, die denen im Tierreich an Faszination in Nichts nachstehen.

Diejenigen, die die zu befördernden Gene produzieren, und diejenigen, die sie transportieren sollen, verfolgen recht unterschiedliche Interessen. Aus Sicht der weiblichen Blüte – oder im Fall einer Zwitterblüte der weiblichen Blütenteile – reichen wenige Besuche eines geflügelten Phallus völlig aus. (Allerdings wächst mit der Zahl der Besucher auch die Zahl der verschiedenen Geschlechtszellen, unter denen sie wählen kann.) Der männliche Teil indes ist, will er seine Rivalen ausstechen, gezwungen, den Kurierdienst immer wieder neu anzulocken – ein teures Vergnügen.

In seinem Buch *Die verschiedenen Einrichtungen, durch welche Orchideen von Insekten befruchtet werden* untersuchte Darwin die Interessenkonflikte zwischen beiden Parteien. Als Beispiel wählte er die prächtigste und mannigfaltigste aller Blumen, anhand derer er aufzeigte, »dass die Einrichtungen, durch welche Orchideen befruchtet werden, ebenso verschieden und beinahe ebenso vollkommen sind wie irgendeine der schönsten Anpassungen im Tierreich«. Neben einer erschöpfenden Darstellung des Blütenbaus und der Beziehungen zwischen Orchideen – »Ich fürchte jedoch, dass die notwendigen Einzelheiten zu fein und zu kompliziert für jeden sind, der nicht einen großen Geschmack für Naturgeschichte besitzt« – führte er in seinem Werk auch einen Gedanken ein, den er in der *Abstammung des Menschen und die geschlechtliche Zuchtwahl* genauer ausführte: Weite Teile der Evolution, so Darwin, beruhen auf einem uralten und fortwährenden Konflikt, der die Zukunft aller Beteiligten formt.

Der von Darwin dargestellte Krieg zwischen Blumen und Insekten ist nur die Ouvertüre zu einer ganzen Sinfonie der biologischen Zwietracht. Der Krieg schmiedet spektakuläre Bündnisse zwischen ungewöhnlichen Partnern und offenbart dabei viele Facetten der Evolution, etwa, dass sie zielsicher die Taktik der Kontrahenten unterwandert. Die Orchideen und ihre Bestäuber legen, so Darwin, eine Unaufrichtigkeit an den Tag, die das Universum des Lebens durchdringt.

Die Bestäubung der Pflanzen fesselt die Menschen von alters her. Aristoteles und auch Vergil interessierten sich für Bienen, allerdings nicht etwa, weil sie unerlässlich sind für die Reproduktion der Pflanzen, sondern weil sie Honig machten, oder besser, einsammelten, denn die Griechen dachten, er falle vom Himmel. Vergil sprach daher auch von den »himmlischen Gaben des luftentquollenen Honigs«. Dabei wussten schon die alten Ägypter, dass Datteln auf kultivierten Palmen nur wachsen, wenn man die männlichen Blüten über die weiblichen ausschüttelt, eine Aufgabe, die sie ihren Sklaven überließen. Auch eine Vielzahl anderer Lebewesen musste schon als Kuppler herhalten, und nicht selten wirkte diese Pflicht als Antrieb für deren Evolution. Man kennt 200 000 Insekten, die Pollen übertragen, darunter die männliche Malariastechmücke. Die Ausbildung einer großen Vielzahl von Formen setzte schon bald nach dem Auftauchen der ersten Blüte ein. Von den Tropen bis in die subarktische Zone sind auch Vögel mit dem Transport von Genen beschäftigt. Einige, etwa die Kolibris, kommen so gut wie nie zur Ruhe, weil sie ständigen Nektarnachschub brauchen, um ihren kleinen Körper in Bewegung zu halten. Auch Säugetiere sind damit befasst, beispielweise eine ecuadorianische Fledermaus, deren Zunge halb so lang ist wie ihr Körper – relativ betrachtet die längste Säugetierzunge der Welt. Wenn das Tier sie nicht gerade für die Nahrungsaufnahme braucht, liegt sie zusammengerollt in einer speziellen Tasche in der Brust. Ein afrikanischer Baum hat sich sogar an die Bestäubung durch Giraffen angepasst, die seine Blätter fressen. In Australien wird die Aufgabe von einigen Beuteltieren wahrgenommen. Der Honigbeutler etwa hat viele seiner Zähne zurückgebildet und sich dafür eine lange Zunge zugelegt. Eine ähnliche Entwicklung hat der Kurzkopfgleitbeutler durchlaufen, der die Blüten auf dem Luftweg besucht.

Pflanzen wünschen sich billige, vertrauenswürdige und fleißige Kuppler, wohingegen die Bestäuber ihr Leben möglichst dick und faul verbringen wollen. Während die Blüte kundtut, dass sie eine Belohnung zu bieten hat, muss die andere Partei entscheiden, ob sich die Arbeit lohnt. Der Kampf zwischen den beiden Parteien führt zur Evolution der Prachtentfaltung, vor der die Mühe des Tiers verblasst. Ein Blumenstrauß ist eine Werbung – ein stiller Schrei des sexuell Frustrierten. Wie jede Werbung soll er in den Augen der Betrachterin qualitativ hochwertig wirken. Im Handel und im Leben ist aber die Versuchung groß, zu schummeln – falsche Versprechungen zu machen oder den Lohn ohne Gegenleistung einzustecken.

Pflanzen und Tiere geben vielerlei verschiedene Signale von sich. Sie werben für ihre Qualitäten als Partner, für ihre Bereitschaft, um Revier oder Nahrung zu kämpfen, oder für ihre Fähigkeit, einem Räuber zu entkommen, der sich sodann von einem Angriff abhalten lässt. Überraschenderweise sind die Signale häufig grundehrlich, wo sich Unaufrichtigkeit doch durchaus lohnen würde, sei es nun in Sachen Partner, Nahrung oder Sicherheit. Manche Signale sind direkt und fälschungssicher: Ein großer Tiger hinterlässt seine Kratzspuren höher am Baumstamm als sein kleinerer Rivale und kann daher auch ein größeres Revier beanspruchen. Häufig aber wird die Information auf indirektem Weg übermittelt:

Eine schwarzgelbe Wespe etwa warnt Räuber, dass sie giftig ist, ohne jeden von ihnen stechen zu müssen.

Solche sekundären Signale sind häufig kostspielig und schwer nachzuahmen. Ein ausladendes Geweih, einen Rad schlagenden Schwanz oder eine spektakuläre Blüte haben nur die, die es sich leisten können, also die gesündesten, die attraktivsten und die aggressivsten Individuen. Vieles von dem, was uns in der Natur so erfreut, hat einen hohen Preis. Ein Hirsch kann im Kampf umkommen, und ein Nachtigallenmännchen verliert in einer einzigen Nacht, die er singend um das Weibchen wirbt, ein Zehntel seines Gewichts. Auch das Testosteron, der Hauptbestandteil der maskulinen Identität, kommt das Tier in mehrfacher Hinsicht teuer zu stehen. Da es das Immunsystem unterdrückt, hat ein Rothirsch in sexueller Ekstase Parasiten nichts entgegenzusetzen. Kann er trotz seines Bandwurms noch röhren, so dürfte das an besonders guten Genen liegen. Bei Elefantenbullen geht das sogar noch weiter. Sie geraten hin und wieder in einen »Brunstwut« genannten Zustand, in dem sich der Testosteronspiegel fünfzigfach erhöht und die erregten Tiere so aggressiv werden, dass ein kleiner Bulle einen großen bis auf den Tod bekämpft.

Auch Blüten haben ihren Preis. Orchideenfreunde zahlen Zehntausende von Dollar für eine preisgekrönte Orchidee. Der weltweite Orchideenhandel erreicht einen Umsatz von mehreren Milliarden Dollar. Die Orchideen selbst investieren jedoch einen erheblich größeren Anteil ihres bescheidenen Kapitals in die sexuelle Werbung als der leidenschaftlichste Gärtner, denn tun sie das nicht, ist ihre evolutionäre Zukunft schon vorbei. Wie kostspielig die Fortpflanzung für die Orchidee (und diejenigen, die mit ihr handeln) ist, lässt sich daraus ersehen, dass man die Pflanzen in der Welt der Gartencenter oft aus Zellen kultiviert, statt sie mühsam dazu zu überreden, das teure Fortpflanzungsritual zu durchlaufen.

Orchideen und andere Blumen sind, etwa wie die Schwanzfedern des Pfaus, lebende Reklametafeln, die ihre Fortpflanzungsfähigkeit anpreisen. Zu jedem Signal gehören zwei: derjenige, der es aussendet, und der, der es empfängt. Ein Prüf- und Abwägesystem testet, ob die Information stimmt, ob also die Individuen mit dem größten Geweih oder der prächtigsten Blüte wirklich die stärksten oder fruchtbarsten sind. Das System wird immer auf beiden Seiten auch von möglichen Betrügern getestet und manchmal unterwandert. Nicht selten haben sie damit Erfolg. Für Insekten ist es beispielsweise nicht schwieriger, die Farben Schwarz und Gelb hervorzubringen als Braun oder Blau. Eine ganze Gruppe harmloser Fliegen tut eben dies und täuscht mit ihren leuchtenden Streifen eine wespenhafte Natur vor. Darunter wiederum haben die Wespen zu leiden, die von hungrigen Vögeln attackiert werden, weil sie vermuten, dass die Färbung nicht etwa vor möglicher Gefahr warnt, sondern für einen angenehmen Geschmack wirbt.

Solche Schwindler reüssieren auch in der Pflanzenwelt, und die Orchideen sind darin wahre Meister. Zu seiner großen Überraschung stellte Charles Darwin fest, dass sich Unaufrichtigkeit bei den eleganten Blumen auszahlt. Viele der untersuchten Exemplare protzten mit ihrer Schönheit, gaben ihren Bestäubern aber nichts zurück. Darwin konnte kaum glauben, dass die Natur dermaßen arglistig sein konnte und die Insekten so dumm waren, auf diese gigantische Hochstapelei hereinzufallen. Er vermutete daher – zu Unrecht –, dass die Pflanzen eine noch nicht entdeckte Belohnung bereithielten. Seine Entdeckung warf eine Frage auf, die er aber nicht beantworten konnte: Wie kommt es, dass die natürliche Auslese die Unehrlichen belohnt? Die Orchideen weisen den Weg zur Antwort.

Der Kampf um die Fortpflanzung ist ein Kampf jeder gegen jeden und kann eine Aufrüstungsspirale in Gang setzen, einen taktischen Wettkampf, in dem jeder Schritt, den eine Partei macht, einen Schritt des Gegenübers nach sich zieht. Manchmal sind wie im Kalten Krieg beide Antagonisten zu massiven Investitionen gezwungen, Verhandlungen enden in der Sackgasse. Für das ungeschulte Auge mag das wie Frieden aussehen, doch in Wahrheit ist die Schlacht lediglich aufgeschoben. Die Orchideen, so wunderschön sie sind und so hervorragend sie sich an die Bedürfnisse ihrer Bestäuber angepasst haben, illustrieren einen solchen Kampf und die Vorteile der Propaganda – sprich Falschinformationen – in der Liebe und im Krieg.

Viele seiner Beobachtungen machte Darwin an der Orchis Bank, einem Hügel nicht weit von seinem Haus, wo er elf Arten fand – mit einem gewissen Stolz merkte er an, dass es nirgends mehr Orchideenarten gebe als in der Grafschaft Kent. Doch er untersuchte auch Exemplare, die ihm aus aller Welt zugeschickt wurden. Bald merkte er, dass der Konflikt zwischen Pflanze und Bestäuber Veränderungen nach sich zieht. So erwähnt er eine Art, »*Angraecum sequipedale*, deren große sechsstrahlige Blüten, wie aus schneeweißem Wachs gebildete Sterne, die Bewunderung der Reisenden in Madagaskar erregt haben«. Die Orchidee habe »ein grünes peitschenähnliches Nektarium von erstaunlicher Länge ... elf und einen halben Zoll lang und nur die untersten anderthalb Zoll mit Nektar gefüllt. Was kann der Nutzen eines Nektariums von solch unproportionierter Länge sein?«, fragte er sich und mutmaßte, dass es in Madagaskar Nachtschmetterlinge geben müsse, »deren Rüssel einer Ausdehnung von zwischen zehn und elf Zoll fähig sind«. Darwin zufolge muss sich eine Parallelentwicklung vollzogen haben: »In dem Maße, wie gewisse Nachtschmetterlinge von Madagaskar durch natürliche Zuchtwahl in Bezug auf ihre allgemeinen Lebensbedingungen ... größer wurden, ... werden jene individuellen Pflanzen des *Angraecum*, welche die längsten Nektarien hatten ... und welche folglich die Schmetterlinge nötigten, ihre Rüssel bis hinab zur Basis einzuschieben, am besten befruchtet werden. Diese Pflanzen werden den meisten Samen hervorbringen, und die Sämlinge werden gewöhnlich lange Nektarien ererben; dies wird in den aufeinanderfolgenden Generationen der Pflanze und des Schmetterlings der Fall sein. Es dürfte hieraus hervorgehen, dass ein Wettkampf im Erreichen bedeutender Länge zwischen dem Nektarium des *Angraecum* und dem Rüssel gewisser Schmetterlinge stattgefunden hat.« Im Jahr 1903 wurde schließlich auch das Insekt mit dem langen Rüssel entdeckt, der aus dem fortwährenden Wettkampf mit der Pflanze hervorgegangen war; es erhielt den Namen *Xanthopan morgani.* In einem andauernden Interessenkonflikt waren die beiden Parteien im Lauf der Zeit gezwungen gewesen, sich an die Bedürfnisse des jeweils anderen anzupassen.

Im Verlauf seiner Arbeit mit den Orchideen von Feldern und Hügeln rund um Down House sowie den aus der Ferne zugesandten Exemplaren zeigte sich Darwin zunehmend beeindruckt von der Findigkeit, mit der die Pflanzen ihren Pollen weitergeben: »Bei meiner Untersuchung der Orchideen hat mich kaum eine Tatsache so sehr überrascht, als die endlosen Verschiedenheiten der Struktur – die verschwenderische Fülle von Hilfsmitteln –, um denselben Zweck zu erreichen, nämlich die Befruchtung einer Blüte durch Pollen von einer anderen Pflanze.« Dabei erhaschte er nur einen kurzen Blick auf das Spiel, das alle Pflanzen spielen, um ihr Fortpflanzungsschicksal zu erfüllen.

Wie Darwin später in der *Abstammung des Menschen und die geschlechtliche Zuchtwahl* aufzeigte, sagt das eindrucksvoll gefiederte Hinterteil des Pfaus wenig über die Vorzüge eines Schwanzes aus, dafür aber viel über den Status des Tiers als qualitativ hochwertigen Partner, der sich einen so fantastischen Schmuck leisten kann. Das gilt auch für Pflanzen. Haben sie mehr Nährstoffe, können sie mehr Blüten hervorbringen und ihre Vorzüge einem größeren Publikum bekannt machen. Wenn man einige dieser Blüten entfernt, können sie mehr Früchte produzieren, was beweist, wie teuer die Attraktivität sie zu stehen kommt. Die strahlendsten (und großzügigsten) Individuen bekommen mehr Bestäuber ab und reichen mehr Gene weiter. Damit befördern sie fast nebenbei Glanz und Großzügigkeit in der nächsten Generation, und mit der verschobenen Balance des Fortpflanzungsvorteils in den verschiedenen Linien nimmt auch die Vielfalt ungemein zu.

Orchideen gehören zu einer großen Gruppe von Blütenpflanzen, die, wenn der Samen keimt, nur ein einziges Keimblatt hervorbringen. In dieser Gruppe sind der Reis und andere Gräser zu finden, aber auch Bananen, Tulpen und andere mehr. Die Orchideen stellen eine der größten Pflanzenfamilien; nur die Familie, in der Gänseblümchen und Sonnenblumen zu Hause sind, umfasst eine größere Zahl von Arten. Bekannt sind rund 25 000 Orchideenarten – etwa jede zwölfte Blütenpflanze –, und viele sind gewiss noch unentdeckt. In Großbritannien gibt es nur 46 heimische Orchideenarten, von denen einige sehr selten sind.

Weil Orchideen so reizvoll sind, spielen sie in Naturschutzkreisen eine wichtige Rolle – Zyniker bezeichnen sie als die »Pandabären der Botanik«. Ungeachtet ihres fragilen Aussehens sind viele Arten aber sehr robust. Häufig sind sie in den feuchten und kühlen Berggebieten der Tropen anzutreffen. Ein Drittel aller bekannten Arten ist in Papua-Neuguinea zu Hause. Viele weitere leben in der Arktis oder in gemäßigten Bergregionen, auf Feldern und in Marschen. Sie wachsen am Boden oder hoch in den Bäumen, auf steinigen Abhängen und auf Wiesen. Einige gedeihen sogar unterirdisch und bekommen das Tageslicht nie zu Gesicht. Mancherorts haben die Pflanzen wenig Wasser zur Verfügung und daher wie Kakteen dicke Stiele oder Knollen ausgebildet, in denen sie Wasser speichern können. Manche haben so dicke Blätter wie ihre Verwandten, die Bambusgewächse, wohingegen einige wenige Arten Schmarotzer fast ohne Blätter sind. Wieder andere wie die Vanillen bilden zwanzig Meter lange Lianen. Einige Arten sind winzig klein mit Blüten, nicht größer als ein Stecknadelkopf. Die Blüte eines Baumbewohners in Neuguinea dagegen hat einen Umfang von zwölf Metern und wiegt fast eine Tonne – ein Exemplar dieser Art sorgte auf der Weltausstellung 1851 für großes Erstaunen. Viele andere Orchideen tragen eine Vielzahl von Blüten zur Schau, die zusammen mehrere Meter lang sind. Manche haben dem fortwährenden und kostspieligen Krieg abgeschworen und lassen sich vom Wind bestäuben, während eine chinesische Art die Fremdbestäubung völlig aufgegeben hat und einen merkwürdigen Tanz mit sich selbst vollführt, im Verlauf dessen sich das männliche Element nach hinten umbiegt und in die weibliche Öffnung eindringt.

Manche Blüten sind ganz schlicht gebaut. Sie sehen aus wie der dunkle Eingang zu einer Höhle. Das lockt die Biene an, auf ein Nickerchen hereinzukommen, und dabei bestäubt sie die Blüte. Andere Pflanzen verfolgen eine ausgefeiltere Taktik. Die eine ist gebaut wie ein ebenmäßiger sechseckiger Stern, die andere hat feine Ranken, die in grazilen und fast beängstigend zarten Büscheln herabhängen. Wieder andere Blüten sehen aus, als bestünden sie aus festem rosa Kunststoff. Die Blüten sind scharlachrot, weiß, lila, orange oder sogar blau. Eine Art lässt sich von Wespen bestäuben. Sie produziert einen Stoff, der riecht wie ein Blatt, das von Raupen angefressen wurde, der Lieblingsspeise der Wespen. Die derart angelockte Wespe erhält aber keine schmackhafte Fleischmahlzeit, sondern nur eine Ladung unerbetenen Pollen. Wer sich gern von der Schönheit der Botanik verzücken lässt, sollte einmal an den Orchideenarten schnuppern, die nach verfaultem Fisch riechen.

Im biologischen Krieg zwischen Blüte und Insekt kommen, wie in der gesamten Evolution, alle möglichen Taktiken zum Einsatz, jedoch keine Strategie. Er hat eine erstaunliche Vielzahl von Blüten hervorgebracht, deren Evolution den jeweiligen Vorlieben ihrer Bestäuber sowie plötzlich auftretenden Mutationen gefolgt ist. Darwin führte sie als Beleg gegen die damals vorherrschende Meinung an, dass die Natur einem Plan entspringe. Es fasziniere ihn immer wieder, so schreibt er, dass sie »in einer unvergleichlichen Weise die Einrichtungen und Anpassungen übertreffen, welche die fruchtbarste Einbildungskraft des Menschen erfinden könnte«. Auch sie dienten als Waffe im Kampf gegen die Vorstellung einer geplanten Schöpfung, waren ein »Angriff auf die Flanke des Feindes«.

Einmal ungeachtet der faszinierenden Details fußen alle Orchideenblüten auf demselben Plan, der ähnlich ist wie bei der entfernt verwandten, einfacher gebauten Lilie. Die Blütenteile sind in Gruppen von drei oder einem Vielfachen von drei angeordnet. Das mittlere Blütenblatt ist häufig zu einer farbigen Lippe vergrößert, die wie eine Flagge die Insekten anlockt und auch als Landestreifen fungiert, von dem aus die Besucher an die süße Belohnung weiter unten gelangen. Häufig dreht sich die Blüte im Verlauf ihrer Entwicklung, sodass sie schließlich Kopf steht. Das männliche Organ sitzt am Ende einer langen Säule. Die männlichen Zellen, also der Pollen, ist nicht wie bei anderen Pflanzen pulverartig, sondern jeweils bis zu zwei Millionen Pollenkörner sind kompakt zu Pollinien zusammengeballt. Ein klebriges Sekret außen herum sorgt dafür, dass der gesamte Klumpen am Insekt haften bleibt. Der weibliche Teil liegt tiefer an der gleichen Säule wie der männliche. Die befruchtete Orchidee kann in einer Kapsel Tausende winziger Samen produzieren, von denen indes nur ein winziger Prozentsatz Aussicht auf Erfolg hat.

Kommt ein Bestäuber daher, so bleiben die männlichen Zellen mit einem Trick an ihm haften. Viele Orchideen haben zu diesem Zweck einen Federdruckmechanismus entwickelt, der einen Pollenklumpen in die richtige Richtung schießt.

Mittels eines starken Klebers bleibt er am Insekt hängen. Indem er die Blüten mit einem Bleistift stimulierte, stellte Darwin fest, dass der Stiel des übertragenen Pollensacks schnell austrocknete. So gelangten die männlichen Zellen in eine vertikale Position und konnten so den weiblichen Teil der Pflanze, die als Nächstes besucht wurde, befruchten. Einige Arten haben für den Fall, dass der Klumpen sein Ziel verfehlt, immer noch genügend Energie, ihn einen Meter weit weg zu katapultieren. Die Pollinien werden »wie ein Pfeil fortgeschossen, indessen nicht gefiedert, sondern mit einer stumpfen und äußerst klebrigen Spitze«. Der Schuss ist für das derart getroffene Insekt so unangenehm, dass es den männlichen Teil der nächsten Blüte, die es besucht, meidet. Dem Pollen, der diese Reaktion ausgelöst hat, kann das nur recht sein. Bei anderen Arten öffnen sich die Pollenklumpen nur beim Summen einer speziellen Bienenart. Wieder andere Arten haben eine Art Wippe, die das Insekt auf die männlichen Blütenteile kippt. Es zahlt sich für die Pflanze aus, diese Aufgabe sehr gewissenhaft zu erledigen, denn viele Orchideen haben aufgrund der geringen Zahl von Besuchern nur eine beschränkte Reproduktionsfähigkeit.

Hat sich der Bestäuber anlocken lassen, so erwartet er auch eine Gegenleistung. Die erste Belohnung überhaupt war bei den frühen Blüten der Pollen selbst, was aufgrund des hohen Eiweißgehalts eine kostspielige Angelegenheit ist. Dennoch haben viele Orchideen noch immer ein gediegenes Mahl aus Pollen oder ähnlichem Gewebe zu bieten. Andere geben ihren Nektar her, der einfacher zu produzieren ist und leicht gestreckt werden kann. Für ein Pfund Honig müssen Honigbienen die zuckerhaltige Flüssigkeit aus vielen Millionen Blüten holen, darunter vielleicht auch die eine oder andere Orchidee.

Manche biologischen Beziehungen sind richtiggehend intim. So sind bestimmte Bienenarten so eng an ihren Partner gebunden, dass die eigene Fortpflanzung von ihm abhängt: Sie beziehen ihre Sexualduftstoffe, die Pheromone, aus der Orchideenblüte und können sich daher ohne den Besuch der Blume gar nicht paaren. Die Pheromone können Dutzende von Bestandteilen haben. Wie in einer Parfümfabrik nehmen die Bienen eine »Enfleurage« vor: Sie mischen einen duftenden Grundstoff aus der Pflanze mit einer öligen Substanz, die sie selbst herstellen und mit der sie den Duft konservieren. Ein spezielles Fett wird auf die Blüte geschmiert und die Duftmischung in Taschen an den Hinterbeinen der Biene übertragen. Dieser Vorgang leitet sich aus dem uralten Verhalten der Insekten ab, wie der Hund am Laternenpfahl ihre Fortpflanzungsbereitschaft mit Düften zu verkünden, die sie aus Blumen, verrottendem Holz oder sogar Kot extrahierten.

Es ist ein ungleicher Kampf, denn die Insekten, die meist mehrere Pflanzenarten besuchen, stehen unter einem geringeren Druck als die Pflanzen, die Beziehung aufrecht zu halten. Die Orchideen entwickelten sich nach dem Beginn der Insektenbestäubung gut und müssen sich seither an die Bedürfnisse ihrer Partner anpassen, nicht andersherum. Manche Insekten – darunter auch viele Bienenarten – haben einen breiten Geschmack, und einigen Orchideen ist es auch völlig gleich, wer ihren Pollen befördert – Hauptsache, es geschieht. Manche Arten werden daher von Hunderten verschiedener Insekten aufgesucht. Nur etwa die Hälfte aller Orchideen ist einem einzigen Bestäuber treu. Es könnte jedoch riskant sein, sich allzu eng an ein bestimmtes Insekt zu binden. Darwin vermutete, wohl zu Recht, dass die Riesenorchidee aus Madagaskar verschwände, wenn ihr Bestäuber ausstürbe.

Das Risiko, keinen Bestäuber zu finden, ist für die Orchideen größer als das der Tiere, die sich immer noch auf die Suche nach einer anderen Blüte machen können, wenn ihre wichtigste Nahrungsquelle zu selten oder zu hinterlistig wird. Viele Blüten – auch die der Orchideen – werden von verschiedenen Bestäubern aufgesucht. Allerdings konzentrieren sich bestimmte Arten auf ähnliche Insekten, Hummelschweber mit langem Rüssel und ebensolche Fliegen etwa oder kleine Bienen, Fliegen und Käfer, die den Pollen mit den Beinen aufnehmen. Nicht einmal die Bienen, die ihre Sexualduftstoffe von einer Orchidee beziehen, sind so abhängig, wie es auf den ersten Blick aussieht. So wurde eine südamerikanische Art in Florida heimisch, wo ihre spezielle Orchidee gar nicht wächst. Sie findet ihre Duftstoffe nun stattdessen in Aromapflanzen wie Basilikum und Piment, deren Blätter sie kaut und daraus die duftenden Substanzen extrahiert. Sie bestäubt eine große Vielzahl dort heimischer Pflanzen, die sich nicht mit einem Aphrodisiakum, wohl aber mit Nektar revanchieren. Auch hier hat das Insekt eine größere Handlungsfreiheit als sein Partner.

Die beiden Parteien sind demnach nicht so stark voneinander abhängig, wie Darwin vermutete. Eine Veränderung des einen zieht nicht zwingend eine Reaktion des anderen nach sich, eine tiefere Blüte wird nicht stets von einem längeren Rüssel übertrumpft. Molekulare Stammbäume von Pflanzen und Bestäubern lassen vielmehr vermuten, dass die Insekten häufig lieber zu Pflanzen mit weniger tiefen Blüten gewechselt haben, deren Nektar sie ohne größere Mühe aufnehmen konnten. Ein untreuer Bestäuber aber ist für die Orchidee nachteilig, denn womöglich kann sie dann ihre Gene nicht mehr exportieren und erhält darüber hinaus den Pollen der falschen Arten.

Den Orchideen fällt es umso schwerer, ihren Alliierten zur Befriedigung ihrer egoistischen Ziele zu bringen, als die großartigen Blumen selten und bisweilen von anderen Arten umzingelt sind. Machen sie dem Insekt das Leben allzu schwer, so nippt es eben woanders. Trotzdem wechseln nicht alle Bestäuber häufig den Partner: 90 Millionen Jahre alte fossile Seerosen weisen dieselben Blüten auf wie ihre modernen Nachfahren, was beweist, dass ihre Partnerschaft mit Käfern sehr alt ist.

Der Fortpflanzungsdruck zieht oft eine Verselbständigung der natürlichen Auslese nach sich. Ähnlich wie bei prächtigen Vögeln, Schmetterlingen und anderen Tieren gibt es auch bei den Orchideen eine große Artenvielfalt. Bekannt sind 25 000 Arten, bei Wildrosenarten, die übrigens so ziemlich jedes Insekt anlocken, das ihres Weges kommt, sind es gerade mal rund hundert. Den Genaustausch zwischen diesen Arten verhindern überwiegend die Neigungen ihrer jeweiligen Bestäuber. Deshalb konnten fantasiebegabte Gärtner, indem sie die alte Bindung zwischen Blume und Insekt mittels eines einfachen Pinsels umgingen, auch Tausende von Hybridformen züchten. Ihr Erfolg belegt, wie präzis die Schranken für die Bewegung der DNS gesetzt sind. Schon eine winzige Veränderung kann die Balance zwischen Blume und Bestäuber verschieben und eine neue Art hervorbringen. Manchmal geht aus einer einzigen Mutation von einer für Bienen attraktiven Farbe hin zu einer, die von Vögeln bevorzugt wird, eine neue Art hervor. Auch bei Orchideen, die von Duftstoff suchenden Bienen bestäubt werden, kann bereits eine kleine Veränderung im Verhältnis der Bestandteile andere Bienen anlocken. Das bedeutet, dass äußerlich nicht unterscheidbare Pflanzen in Wahrheit verschiedenen Arten angehören, die keine Gene austauschen können.

Die Orchideen stützen Darwins Standpunkt, nach dem neue Arten infolge natürlicher Auslese entstehen. Bald war ihm klar, dass ihre Vielfalt aus dem launischen Verhalten der Insekten erwuchs. Doch über den Ursprung der Blüten war er sich weniger gewiss. Diese Frage war für ihn ein »grauenhaftes Geheimnis«, ein »verwirrendes Phänomen«. Daran, dass das Rätsel mittlerweile gelöst ist, haben die Orchideen großen Anteil.

Die ersten Pflanzen siedelten vor über 400 Millionen Jahren an Land. Diese Pioniere hatten keine Blüten. Dasselbe galt für die Riesenfarne, die 100 Millionen Jahre später weite Teile der Erde überzogen. Es folgte ein noch immer blütenloses Zeitalter, in dem sich die Farnwälder zurückzogen und die Dinosaurier die Welt beherrschten. Erst vor etwa 150 Millionen Jahren entstand mit den ersten Blütenpflanzen der ewige Krieg zwischen Insekten und Pflanzen. Er zog eine rasche Veränderung beider Parteien nach sich, die wahrlich spektakulär war, denn heute gibt es mehr als 300 000 Arten von Blütenpflanzen und die mehrfache Anzahl Insekten.

Die älteste fossile Blume wurde in der Nähe der Mündung des Gelben Flusses in China gefunden. Sie stammt aus der Zeit vor 125 Millionen Jahren, als gerade die Kreidefelsen von Dover im flachen Meer entstanden, und sieht fast aus wie eine Seerose, deren kleine Blüten im Süßwasser auf der Wasseroberfläche trieben. Zigmillionen von Jahren blieben die Blüten relativ unscheinbar, doch vor 66 Millionen Jahren, just um die Zeit, als die Dinosaurier von der Bühne abtraten, erblühte plötzlich die ganze Welt.

Damals entstanden auch die Orchideen und spielten ihre Rolle in einer menschenlosen Welt. In der Dominikanischen Republik fand man in einem 20 Millionen Jahre alten Bernstein eine stachellose Biene mit den charakteristischen Pollenhöschen. Die modernen Verwandten dieser Orchidee bedienen sich für die Übertragung ihrer männlichen Zellen derselben Insektengruppe. Die molekulare Uhr belegt, dass der Ursprung der Orchideen etwa um die Zeit anzusiedeln ist, in der die Dinosaurier ausstarben. Ihre enorme Verbreitung geschah kurz nach diesem denkwürdigen Ereignis und wurde von der Veränderung der Insekten begleitet, die sie bestäubten.

Das große Erblühen ging aus dem ersten Scharmützel im Krieg zwischen Orchidee und Insekt hervor. Ein Krieg zwischen einer Pflanze und ihrem Bestäuber ist teuer, zumal, wenn er eskaliert. Die Sowjetunion kollabierte unter dem finanziellen Druck, als sie versuchte, mit den mächtigen Amerikanern mitzuhalten, und Großbritannien und Frankreich investierten jahrhundertelang ein Drittel ihres Staatsvermögens in ihren Dauerkonflikt. Wie in der Liebe und im Geschäft preisen auch im Krieg die Beteiligten ihre Leistungsfähigkeit mit aufwendiger Werbung an. Eine Militärparade soll den Feind einschüchtern, so, wie auch ein Spitzenunternehmen mit einer teuren Werbekampagne Zeichen setzt. Das Medium wird zur Botschaft, die Mächtigen bleiben an der Macht, und wer schummelt, geht bankrott, denn wer bei aller Prahlerei aufrichtig bleibt, trägt meist den Sieg davon. Da die ausgefeiltesten Signale zu teuer sind, als dass man eine Kopie dulden könnte, verklagt McDonald's jeden, der sein goldenes M nachmacht, und aus demselben Grund schneiden sich die japanischen Yakuza-Gangster auch die Finger ab.

Dass auch die Wechselwirkung zwischen Pflanzen und Bestäubern ökonomischer Natur ist, hat die Wirtschaft rasch bemerkt. Die Signalling-Theorie versucht zu erklären, wie Entscheidungen getroffen werden, wenn die zur Verfügung stehenden Informationen nicht einwandfrei sind – welchen Gebrauchtwagen man kaufen, wen man einstellen, welche Blüte man aufsuchen sollte. Ein Test ist die Suche nach einem verlässlichen Qualitätsmerkmal, und zwar egal, welchem. Sagen wir, ein Bewerber für einen Bankjob bringt einen höheren Universitätsabschluss in Genetik mit. So wenig das Diplom einem angehenden Finanzfachmann nützt, so ist es doch zumindest ein ehrlicher – und teurer – Ausdruck seiner Tüchtigkeit. Dieses System funktioniert, solange jeder ehrlich bleibt. Dem ist aber oft nicht so. Offene Unehrlichkeit, etwa ein gefälschtes Harvard-Zeugnis, fliegt meistens auf, doch was ist, wenn die Urkunde von einer der vielen Scheinuniversitäten stammt, die ihre Dienste anbieten? University of Dublin klingt respektabel, ist aber nichts als eine Website. Woher soll ein Arbeitgeber den Unterschied zwischen der Redding University (einer amerikanischen Titelschmiede) und der University of Reading kennen (einer anerkannten Institution wenige Kilometer westlich von London)? Tausende von Menschen haben mittlerweile solche Scheinqualifikationen, und wenn sich zu viele Titel als falsch herausstellen, bricht das ganze System zusammen. Die Gefahr ist handfest: Neun Zehntel der »Tiffany«-Schmuckstücke, die bei Ebay zum Verkauf stehen, sind gefälscht, und das Unternehmen investiert Millionen, um den Händlern, die seiner Marke derart schaden, das Handwerk zu legen. Wenn die Fälschungen weiter florieren, kann der gesamte Schmuckmarkt zusammenbrechen.

Für die Erforschung der wirtschaftlichen Auswirkungen solcher falschen Signale – Finanzfachleute nennen das »asymmetrische Information« – wurde 2001 der Wirtschaftsnobelpreis vergeben. Pflanzen und Tiere rechnen sie sich seit Urzeiten aus. Meistens trägt die Ehrlichkeit den Sieg davon. Manchmal aber machen auch die Betrüger das Rennen, denn wenn die Belohnung groß und die Strafe fürs Schwindeln gering ist, begünstigt die natürliche Auslese den Betrug. Wer der Versuchung erliegt, in die Werbung zu investieren, statt ins Produkt, muss indes immerwährende Wachsamkeit üben: Einige Orchideen lassen – wie manch ein Geschäftsmann auch – andere für die Reklame bezahlen und hauen ihre Bestäuber still und heimlich übers Ohr. Ganz oben tummeln sich eben auch immer Betrüger.

Auch viele Bestäuber treiben ein doppeltes Spiel. Manche Insekten nagen die Blüten an, um mit wenig Aufwand an ihre Belohnung zu kommen, und Kolibris stechen zum gleichen Zweck seitlich ein Loch hinein. Sogar ansonsten korrekte Bestäuber werden zuweilen zu Räubern, wenn ein anderes Tier vor ihnen gewaltsam eingedrungen ist. Sie ergreifen jede Chance, weil sich Unehrlichkeit ja schließlich auszahlt.

Die Blumen schlagen zurück. Manche haben etwas völlig anderes zu bieten, als sie versprechen. So legen einige Orchideenarten falsche Köder aus. Einige unterlaufen die Wünsche ihrer Bestäuber mit Blüten, die aussehen wie weibliche Insekten. Sie sind größer als die echten Weibchen und geben bis zu hundertmal so viel lockenden Sexualduftstoff ab. Das Männchen, das die falsche Braut vergeblich zu begatten versucht, um die eigene DNS weiterzugeben, erledigt dann eben diese Aufgabe für die Pflanze. Das Liebesabenteuer ist fruchtlos, aber intensiv, denn viele der berauschten Männchen produzieren gewaltige Mengen Sperma, was sie für nichts und wieder nichts viel Energie kostet.

Darwin konnte kaum glauben, dass eine Biene so dumm ist, eine Blüte zu begatten, doch in der Welt der Fortpflanzung kann sich Dummheit durchaus auszahlen. Eine naive männliche Biene, die ein knappes Angebot an Weibchen hat – die Männchen sind oft früher im Jahr unterwegs als die Weibchen –, ist gut beraten, jede Chance zu nutzen und alles zu begatten, was auch nur entfernt wie eine Vertreterin des anderen Geschlechts aussieht. Da die Bienen genau das tun, gewinnen meist die Orchideen. Andere Orchideenarten nutzen statt der erotischen die aggressiven Instinkte ihrer Bestäuber aus. Sie geben vor, ein männliches Insekt zu sein, verärgern damit den jeweiligen Revierinhaber und veranlassen ihn, den vermeintlichen Störenfried zu vertreiben. Dabei bestäubt er die Blüte.

Andere Arten machen sich die Gier ihrer Besucher zunutze: Sie werben nicht mit Sex, sondern mit einer Gratismahlzeit, die sie dann aber nicht liefern. Auch das überraschte Charles Darwin. Er fand es unfassbar, dass die Bienen eine Blüte nach der anderen aufsuchten, immer in der vergeblichen Hoffnung, Nektar zu erhalten. Er vermutete daher, dass sich in den leeren Blüten verborgene Reserven befanden, die sich die Insekten erschlossen, indem sie ein Loch hineinbohrten und die Pflanzensäfte einsogen.

Doch das Leben ist nicht so ehrlich, wie Darwin vermutete: Die Blumen schummelten tatsächlich. Rund ein Drittel aller Orchideen mogelt – spektakuläres Signal, aber keine Nahrung. Auch bei anderen Pflanzen kommt das vor, wobei sie allerdings neben Schummelblüten häufig auch ehrliche haben. Doch die Orchideen sind wahre Meister ihres Fachs. Sie stellen neun Zehntel der Blütenpflanzen, die ihre Besucher hinters Licht führen. An der DNS lässt sich ablesen, dass die Schummelei innerhalb dieser Pflanzenfamilie immer wieder vorkam, sich aber nicht immer auszahlte, denn manche Orchideen, die heute ihre Besucher reich belohnen, haben sich aus Arten entwickelt, die einst ein betrügerisches Leben führten.

Häufig betreiben solche hinterlistigen Blüten Mimikry, vergleichbar den harmlosen Fliegen, die aussehen wie Wespen. Sie gleichen mehr oder weniger genau anderen Pflanzen in der Nachbarschaft, die eine Gegenleistung parat haben, und locken mit der Zurschaustellung eines Qualitätsmerkmals, etwa einer leuchtenden Farbe, einen billigen Lakaien an. Manche jagen ihre Besucher ins Bockshorn, weil sie einem bestimmten Vorbild in Form und Farbe verblüffend ähnlich sehen. Einige australische Arten beispielsweise, die Pilzen ähneln, werden von Trauermücken bestäubt. Andere haben kleine orangefarbene und schwarze Flecken auf den Blüten, mit denen sie Blattläuse fressende Fliegen anlocken. Häufiger werben die Blumen aber unspezifisch mit einer Gegenleistung und locken damit eine Vielzahl verschiedener Insekten an. Der Schmarotzer reiht sich dann in eine ganze Gilde von Pflanzenarten ein, die einander ähnlich sehen und ähnliche Insekten anlocken. Die ehrlichen Pflanzen werden, wenn die Insekten sie nach einer enttäuschenden Erfahrung bei einem Betrüger meiden, gleich mit bestraft. Einige Orchideenarten spielen ein doppelt abgefeimtes Spiel, denn ihre Individuen variieren in der Farbe und können so eine größere Bandbreite an Opfern abzocken.

Die Schwindler stehen meist verstreut zwischen anderen Blumen, weil die Bestäuber sie in der Gruppe rasch meiden und sich in lohnendere Gefilde davonmachen würden. Am besten täuschen die Blüten Insekten, die im Frühjahr in diese falsche Welt hineingeboren wurden und noch nicht gelernt haben, die falschen Fünfziger zu erkennen. Daher blühen Orchideen auch eher im Frühling als später im Jahr. Der Mangel an Bestäubern, die dumm genug sind, eine unehrliche Pflanze mehrmals zu besuchen, zwingt sie häufig trotzdem, eine langlebige Blüte zu produzieren sowie Pollen, der, anders als bei den meisten anderen Arten, Wochen oder Monate überdauert. Eine australische Orchidee bedient sich allerdings der entgegengesetzten Taktik, denn alle Blüten öffnen sich am gleichen Tag des Jahres, sodass den Bestäubern keine Zeit bleibt, dem gigantischen Betrug auf die Spur zu kommen.

Erfahrene Insekten werden bald zynisch, denn sie verlassen eine leere Blüte schneller und fliegen weiter weg als von einer Blüte, die Nektar enthält. Dennoch profitieren die unehrlichen Orchideen von den Enttäuschten, denn das noch immer hungrige Insekt wendet sich wahrscheinlich einem neuen Individuum zu, statt sich mit einer zweiten Blüte derselben Pflanze abzugeben. Solch ein Verhalten senkt die Wahrscheinlichkeit einer Selbstbefruchtung.

Orchideen sind zwar die absoluten Schummelexperten, doch auch manch andere Beziehung zwischen Pflanze und Bestäuber wurde von der natürlichen Auslese unterminiert. Wilde Erbsen und Bohnen locken häufig mit nährstoffreichen Ködern Vögel an, die ihre Samen verteilen sollen, doch einige enthalten trotz leckeren Aussehens wenig Verwertbares. Yuccas, die imposanten Agaven mit den spitzen Blättern, die in den amerikanischen Wüsten heimisch sind, werden von einer Nachtfalterart bestäubt, die ein Pollenbündel am weiblichen Pflanzenteil ablädt und gleich noch ihre Eier in die Blüte legt. Nach dem Schlüpfen ernähren sich die Larven von den reifenden Samen. Die ausgewachsenen Falter fliegen dann davon und bestäuben andere Yuccas. Nahe Verwandte dieser Nachtfalter fressen die Samen, ohne den Pollen zu befördern.

Die betrügerischen Orchideen und Bestäuber öffneten das Tor zu einer Welt der sexuellen Unehrlichkeit, die seit Darwins Tagen offenbar geworden ist. Wenn es darum geht, ihre DNS mit möglichst wenig Aufwand weiterzugeben, dann stehen die Tiere den Pflanzen an Hinterhältigkeit in nichts nach – wenn es auch kaum eine Tierfamilie mit den Orchideen aufnehmen kann, bei denen ganze Arten ihre Gene mit Lug und Trug verbreiten. Viele Tiere prahlen mit Kräften, die sie nicht haben, oder schützen sexuelle Potenz vor, obwohl sie in Wahrheit Schlappschwänze sind.

Viele Insektenmännchen bewegen ein Weibchen mit einer Nahrungsgabe zur Paarung. Die Tanzfliegen, räuberische Feuchtgebietsbewohner, bilden in der Paarungszeit Schwärme. Bei einigen Arten bringt jedes Männchen eine tote Insektenlarve als Geschenk mit und begattet das Weibchen, während diese mit dem Mahl beschäftigt ist. Sobald sie das Bestechungsgeschenk vertilgt hat, verjagt sie das Männchen. Andere Arten verlängern die Begattung, indem sie das Geschenk zuvor in ein Seidentäschchen einpacken, das die Partnerin erst öffnen muss. Und hier bietet sich eine Chance zum Betrug, die auch sogleich ergriffen wird. Einige Fliegen etwa fertigen elegante und kunstvolle Täschchen, die zu öffnen einige Zeit in Anspruch nimmt. Doch wie die unehrliche Orchidee enthält es gar nichts oder bestenfalls ein verdorrtes Insekt. Leuchtkäfer sind nicht weniger verschlagen. Die Männchen bringen ein Geschenk dar, eine klebrige Masse nahrhaften Gels, das vom Weibchen mit dem Sperma vermengt aufgenommen wird. Wer sich mehr davon leisten kann, lockt mit längeren Leuchtsignalen mehr Weibchen an. Einem erfolgreichen Männchen geht schon bald die Energie aus. Manch ein Tier schummelt dann: Es glüht länger, hat aber nichts mehr zu bieten. Das ist allerdings eine riskante Taktik, denn eine räuberische Leuchtkäferart spürt anhand dieser Blinksignale ihre Beute auf. Ein Schummelblinker riskiert daher jedes Mal, wenn er auf sich aufmerksam macht, den Tod.

Darwin öffnete in seiner Verwirrung die Tür zu einer Welt der evolutionären Zwietracht. Nicht wenige Lebewesen lügen und betrügen im Rennen um die Weitergabe ihrer Gene. Der Krieg tobt nicht nur zwischen Pflanzen und ihren Bestäubern, sondern auch zwischen Räubern und ihrer Beute, Krankheitserregern und ihrem Wirt sowie Menschen und ihren Haustieren. Sie alle sind in einen fortwährenden und nicht selten freudlosen Zweikampf verwickelt. Solche uralten Fehden erklären, warum die Iren von der Kartoffelfäule heimgesucht wurden, warum manche Krankheiten virulent sind und andere nicht und warum die argentinische Schwarzkopf-Ruderente einen schraubenzieherförmigen Penis besitzt, der länger ist als ihr Körper.

Sexuelle Unehrlichkeit ist weit verbreitet, besonders unter den Vögeln. Bei vielen Arten, die scheinbar treu sind, beweist der Vaterschaftstest, dass die meisten Tiere fremdgehen und dass mindestens die Hälfte der Eier eines bestimmten Weibchens von einem anderen Männchen befruchtet wurde, häufig einem, das eine höhere Stellung hat als ihr Partner. Säugetiere sind noch unehrlicher. Mittels DNS-Test lässt sich nachweisen, dass das Werben männlicher Säugetiere oft unterlaufen wird: Während der Platzhirsch mit Röhren beschäftigt ist, schleicht sich ein scheinbar schwächeres Exemplar in sein Revier ein und gibt klammheimlich seine Gene weiter, ohne sich mit größeren Investitionen aufzuhalten.

Monogamie kommt nur selten vor: Etwa jede zwanzigste Säugetierart (darunter auch einige Menschen) scheint sich damit zufriedenzugeben. Sogar klassische Beispiele für die reproduktive Ehrlichkeit stellen sich als Schwindel heraus. Das Präriewühlmausmännchen geht scheinbar mit seiner Partnerin durch dick und dünn und hilft bei der Aufzucht der Jungen. Die glückliche Ehe gründet auf einem bestimmten Hormon, das in der Hochzeitsnacht freigesetzt wird und das Männchen scheinbar lebenslang an seine Partnerin bindet. Der Vorsitzende eines Familienplanungsprogramms der US-

Regierung führte die Wühlmaus als Beweis dafür an, dass Sexualität vor der Ehe die Hirnchemie störe und zur Scheidung führe. Das betreffende Hormon sei »Gottes Superkleber«. Es schweiße Partner zusammen, leiste dasselbe für die Gesellschaft und beweise, dass Enthaltsamkeit die beste Verhütung sei.

Mittlerweile hat aber der Vaterschaftstester mit nüchternem Blick das Privatleben der Präriewühlmäuse durchleuchtet. Die DNS lügt nicht, und sie beweist, dass sich hinter den ehrbaren sozialen Gewohnheiten der Wühlmaus ein düsterer sexueller Abgrund auftut. Jedes fünfte Junge eines Paars hat einen anderen Vater als den Lebenspartner, und etwa ein Viertel aller Männchen und Weibchen haben außerhäusigen Geschlechtsverkehr. Die Wühlmäuse sind sozial betrachtet treu, sexuell gesehen aber unstet. Sie gehen fremd, verzeihen einander jedoch bereitwillig. Füchse sind noch unehrlicher, denn mehr als drei Viertel ihrer Jungen haben einen fremden Vater.

Darwin überraschte die reproduktive Schummelei, die er bei den Orchideen vorfand, wollte aber nicht glauben, dass es dererlei auch bei Säugetieren oder gar beim Menschen gibt. In seiner Sicht der geschlechtlichen Zuchtwahl mochten Männchen häufiger den Partner wechseln und es faustdick hinter den Ohren haben, die Weibchen waren monogam: Sie wählten den Partner aus, und die Männchen buhlten um sie. Zum Teil war diese puritanische Sichtweise wohl dem gesellschaftlichen Klima seiner Zeit geschuldet. Auch wollte er die Damenwelt nicht schockieren. Heute geht man in einer Beziehung nicht mehr von Schummelei aus, weil die meisten Partnerschaften von beiden Parteien akzeptierte, kürzere oder längere Phasen der Monogamie sind. Diese neue Sicht illustriert, wie flexibel das menschliche Verhalten ist und wie schwierig es ist, vom Leben anderer Säugetiere oder gar Blumen Schlüsse auf unser Privatleben zu ziehen.

Dennoch durchzieht der Betrug auch die Geschichte des Menschen. Casanova, seinerseits von ungewisser Herkunft, mimte den Soldaten, den Arzt, den Diplomaten, den Adligen und den Zauberer, um die Gunst von 120 Frauen zu gewinnen – so seine Angaben, wahrscheinlich waren es deutlich mehr. Er war ein begnadeter Liebhaber und ein fantastischer Lügner, obwohl ein Zeitgenosse anmerkt, er wäre wohl ein gut aussehender Mann, wäre er nicht so hässlich: Nicht sein Äußeres, sondern sein Esprit öffnete ihm die Schlafzimmertüren der Damen.

Mittlerweile sind mit dem technischen Fortschritt die Chancen der sexuellen Unehrlichkeit gestiegen. Ein Mann auf Freiersfüßen muss seine Vorzüge nicht mehr unmittelbar zur Schau stellen, sondern kann in der Online-Singlebörse sein Äußeres, seine Ausbildung und seinen Reichtum nach eigenem Gutdünken darstellen. Er braucht keine Entlarvung fürchten, zumindest bis zum ersten Treffen mit der angehenden Partnerin. Zigmillionen Menschen bedienen sich solcher Hilfen bei der Partnersuche, und aus einer digitalen Romanze entwickeln sich Millionen von Liebesbeziehungen, die zum Teil auch in eine Ehe münden. Trotzdem sind neun von zehn Nutzern – Frauen mehr als Männer – davon überzeugt, dass in der Welt der elektronischen Erotik nach Kräften geschummelt wird und dass sich schmuddlige und altersschwache Casanovas in der Hoffnung, auf billige Tour zum reproduktiven Erfolg zu kommen, als jugendliche Liebhaber präsentieren.

Tatsächlich ist dieser Verdacht ungerechtfertigt. Studien zur Online-Partnersuche belegen, dass die Selbstdarstellungen erstaunlich korrekt sind und dass die Angaben zu Alter, Körperbau, Besitz, Bildung, politischen Ansichten und früheren Ehen fast immer wahrheitsgemäß sind (Männer machten allerdings häufiger falsche Angaben zum Einkommen und Frauen zum Gewicht). Die Befragten lehnten jemanden, der beim ersten Treffen den zuvor gemachten Angaben nicht gerecht wurde, strikt ab, und schworen, dass sie nichts weiter mit ihm oder ihr zu tun haben wollten. Täuschung ist keine wirksame sexuelle Strategie. Ehrlichkeit zwischen den Geschlechtern zahlt sich aus, und Schummler kommen, sind sie erst einmal entlarvt, als Partner nicht mehr in Frage.

Bei einem Rendezvous lässt sich allerdings so ziemlich jede Enttäuschung mit einem Orchideenstrauß gutmachen.

Kapitel Neun

Wenn die Würmer am Werk sind

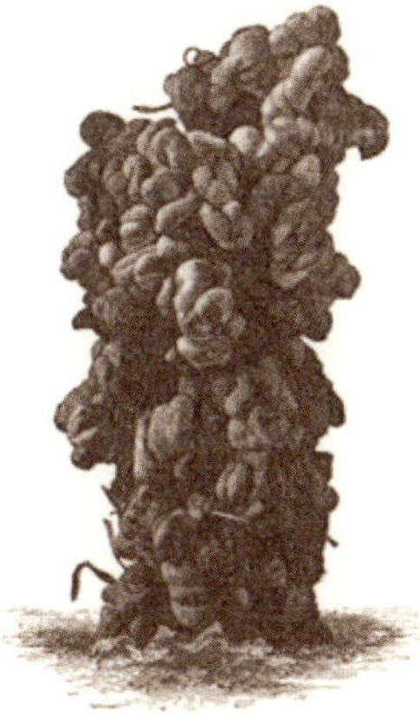

Auf den Feldern Großbritanniens laufen ernst dreinblickende Menschen mit Metalldetektoren umher. Verflucht von den Archäologen wegen des Schadens, den sie anrichten, haben diese »Schatzsucher«, wie sie sich nennen, mittlerweile Tausende von Münzen, Schwertern, Gürtelschnallen und dergleichen zutage gefördert. Einige dieser Objekte waren von ihren Besitzern in gefährlichen Zeiten versteckt oder vergraben worden, die meisten aber waren schlicht im Erdboden versunken. Wie kam das?

Charles Darwin hatte auch dafür wie üblich eine zutreffende Erklärung. Sie waren von Würmern eingegraben worden. In seinem letzten Buch *Die Bildung der Ackererde durch die Tätigkeit der Würmer mit Beobachtungen über deren Lebensweise* rühmte er die Leistungen der Würmer: »Der Pflug ist eine der allerältesten und wertvollsten Erfindungen des Menschen; aber schon lange, ehe er existierte, wurde das Land durch Regenwürmer regelmäßig gepflügt und wird fortdauernd noch immer gepflügt. Man kann wohl bezweifeln, ob es noch viele andere Tiere gibt, welche eine so bedeutungsvolle Rolle in der Geschichte der Erde gespielt haben.« In seinem literarischen Loblied befasst sich Darwin mit der Anatomie und den Eigenschaften dieser Lebewesen, ihrem geistigem Leben (so weit sie eines besitzen) und vor allem ihrer Fähigkeit, die Oberfläche des Bodens zu verändern, zu belüften, aufzulockern und damit die Bodenqualität zu verbessern und nebenbei sämtliche Gegenstände hinabzuziehen, die darauf liegen. Obwohl Darwin nach eigenem Bekunden nur »ein sonderbares, kleines Buch« geschrieben hatte, das »als unbedeutend erscheinen wird«, ist angesichts der Veränderungen, die der Pflug seit seiner Erfindung vor Jahrtausenden herbeigeführt hat, und der Schäden, die der Oberfläche unseres Planeten durch die moderne Landwirtschaft zugefügt worden sind, das Wirken der Regenwürmer nicht nur für die Geschichte der Welt von entscheidender Bedeutung, sondern auch für deren Zukunft.

Dass solche kleinen Wesen die Entwicklung von Dingen maßgeblich beeinflussen können, die viel größer sind als sie selbst, zeigt einmal mehr, welch weitreichende Folgen die als trivial erscheinenden Wirkungen der Naturkräfte nach sich ziehen können. Darwin war bewusst, welche Kraft in den Würmern steckt und welche Macht von langsamen Veränderungen ausgeht, und er bemerkte im Hinblick auf ihre Tätigkeit, dass »der Grundsatz *de minimis non curat lex* [Um Kleinigkeiten kümmert sich das Gesetz nicht. Anm. d. Ü.] nicht auf die Wissenschaft anwendbar ist«. Die Regenwürmer waren der letzte Prüfstein für seine Überzeugung vom kumulativen Potential des Kleinen, und er war stolz auf seine Ergebnisse. Er wies die Ansichten eines gewissen Mr. Fish zurück, der den Tieren bestimmte Befähigungen absprach, und betrachtete diese als »ein Beispiel von jener Unfähigkeit, die Wirkungen einer beständig wiederkehrenden Ursache zu summieren, welche schon oft den Fortschritt der Wissenschaft aufgehalten hat, wie es früher in der Geologie der Fall war und neuerdings in Bezug auf den Grundsatz der Entwicklung«.

Der alternde Gelehrte hatte sich schon lange, bevor er Wissenschaftler wurde, für diese Lebewesen interessiert. Laut seiner Autobiografie schmerzte es ihn als Kind, wenn er sehen musste, wie die Regenwürmer sich krümmten, wenn sie an einem Angelhaken aufgespießt waren, aber dann erklärte ihm jemand, dass man sie mit Salz und Wasser töten könne, »und seitdem spießte ich nie mehr einen lebendigen Wurm auf den Angelhaken, auch wenn mich das vermutlich manchen Angelerfolg kostete«. In seinen späteren Forschungsarbeiten machte er uns mit einer neuen Welt unter unseren Füßen bekannt, formulierte die Idee, dass Tiere eine geologische Kraft sein können, und zeigte nebenbei, dass auch ganz schlichte Lebewesen ein reiches geistiges Leben besitzen. Sein Werk begründete einen Wissenschaftszweig, der heute, da es fast schon zu spät ist, erkannt hat, wie schlimm es auf der Welt um das Ackerland bestellt ist, und endlich damit begonnen hat, etwas dagegen zu unternehmen.

Im Jahr 1837, ein Jahr nach seiner Rückkehr von der Reise mit der *Beagle,* hielt Charles Darwin vor der britischen Royal Geological Society einen Vortrag über Regenwürmer. Später veröffentlichte er einige Gedanken zu diesem Thema, das ihn vierzig Jahre lang immer wieder beschäftigte. Mit 72 Jahren schrieb er schließlich die *Bildung der Ackererde,* die in England ein halbes Jahr vor seinem Tod, erschien und zum Preis von neun Schillingen verkauft wurde. Das Buch wurde mit »schier unglaublicher Begeisterung« aufgenommen, wie er schrieb, und es wurden davon annähernd so viele Exemplare abgesetzt wie von der *Entstehung der Arten* in den ersten paar Jahren nach deren Erscheinen.

Der Boden ist das Gebiet, auf dem sich Geologie und Biologie überschneiden. Der Name Adams ist aus *adama* abgeleitet, dem hebräischen Wort für Boden, und Eva kommt von *hava,* das »lebendig« bedeutet: ein früher Hinweis auf die Verbindung zwischen unserer Existenz und dem Boden, auf dem wir stehen (»Homo« und »Humus« haben dieselbe Wurzel.) Die Epidermis der Erde macht nur ein Zwanzigmillionstel ihres gesamten Durchmessers aus (unsere Haut dagegen umfasst ein Fünftausendstel der durchschnittlichen Dicke eines menschlichen Körpers). Leonardo da Vinci schrieb einmal: »Wir wissen mehr über die Bewegung der Himmelsgestirne als über den Boden unter unseren Füßen.« Bis zum Erscheinen der *Bildung der Ackererde* war das auch weitgehend zutreffend. Mittlerweile aber wurden die Regenwürmer und ihre Verwandten von Geologen, Ökologen, Molekularbiologen und vielen anderen Wissenschaftlern erforscht. Auch die Archäologen dürfen den Würmern dankbar sein für ihre Tätigkeit, denn ohne diese Tiere wäre unser Wissen über die Geschichte weit weniger vollständig, weil die Hinterlassenschaften unserer Vorfahren nicht in der Erde begraben, sondern vom Wasser fortgespült worden wären. Wichtiger aber noch ist, dass wir ohne die Regenwürmer verhungern müssten.

Die *Bildung der Ackererde* baut auf einer Beobachtung auf, die Darwin als junger Mann machte. Ein Jahr nach der Rückkehr von seiner berühmten Weltreise besuchte er seinen Onkel (und zukünftigen Schwiegervater) Josiah Wedgwood in Maer Hall in Staffordshire. Wedgwood nahm ihn mit zu einem Feld, auf dem fünfzehn Jahre zuvor große Mengen von Kalk, Asche und verbranntem Marmor vergraben worden waren, Schutt aus seiner nahe gelegenen Töpferei in Etruria. Der Schutt war im Laufe der Zeit von einer Schicht Erde bedeckt worden. Wedgwood bemerkte gegenüber seinem Neffen, dass dafür wahrscheinlich die Regenwürmer verantwortlich gewesen seien. Der junge Wissenschaftler pflichtete ihm bei, betrachtete dies zunächst jedoch nur als eine »schlichte gärtnerische Angelegenheit«. Als im Laufe der Zeit seine Auffassung reifte, dass kleine Dinge große Veränderungen zuwege bringen können, sah er in diesen niederen Lebewesen eine Chance, auf experimentellem Wege das abgewogene Wirken der Natur zu erforschen.

Auch auf seinen Reisen durch England mit seiner Familie beschäftigte sich Darwin mit diesen Tieren. Die Darwins waren damals nicht die einzigen Touristen. Die Menschen der viktorianischen Zeit liebten Exkursionen und Ausflüge, und viele waren begierig darauf, ähnlich wie die heutigen

Schatzsucher, Überreste oder Fossilien mit nach Hause zu bringen. Im Jahr 1877, als es ihm vorübergehend besser ging, fuhr Darwin mit seiner Frau nach Stonehenge. Er hob Gräben neben einigen der »Druidensteine« aus, wie die Monolithen damals genannt wurden, und entdeckte dabei, dass auch die größten Blöcke aufgrund des Wirkens von Regenwürmern um mehrere Zentimeter eingesunken waren. Emma fürchtete, ihr Gemahl könnte einen Hitzschlag erleiden, als er an den Steinen grub, und berichtete später von ihrer Unterhaltung mit dem Wächter der Anlage, »einen recht umgänglichen alten Soldaten«. »Manchmal«, so erzählte ihr der Mann, »kommen schwierige Besucher, einmal ist ein Mann mit einem Vorschlaghammer erschienen, mit dem wir einige Mühe hatten.«

Noch wenige Jahre vorher allerdings hatte man in Stonehenge noch selbst jenen Besuchern Hammer und Meißel zur Verfügung gestellt, die gern ein Andenken an die graue Vorzeit mit heimnehmen wollten. Deren geistige Nachfahren wühlen noch heute im Boden des Landes. Ein Hobby, das damit begann, dass man sich von alten Monumenten ein kleines Stück abbrach, entwickelte sich zu einer Massenbewegung, die sich modernster elektronischer Geräte bedient und an der sich in Großbritannien zeitweise bis zu 200 000 Leute beteiligten (darunter auch Ex-Rolling-Stone Bill Wyman, der Metalldetektoren unter dem Firmennamen »Treasury Island UK« vermarktet). In den 1960er Jahren war der damalige Premierminister Harold Wilson eine Zeitlang Ehrenvorsitzender der Schatzsuchervereinigung. Mittlerweile hat die Begeisterung etwas nachgelassen, und in den meisten europäischen Ländern ist das Schatzsuchen nach wie vor verboten. Immerhin änderte die britische Regierung 1997 die gesetzlichen Bestimmungen und setzte Belohnungen aus für Leute, die ihre Funde meldeten (die Schatzsucher seien, so erklärte der damalige Kulturminister, »die ungerühmten Helden der Bewahrung unseres nationalen Erbes«). Dieses »Portable Antiquities

Scheme«, wie das Gesetz heißt, gilt aber nur in England, die Schotten müssen Schatzfunde weiterhin der Krone abliefern. Südlich der Grenze zu Schottland ist die Zahl der gemeldeten Objekte seither von weniger als hundert pro Jahr auf mehrere Tausend gestiegen. In den Ausführungsbestimmungen des Gesetzes werden mehr als 300 000 Gegenstände aufgeführt. Zu den größeren Funden der jüngsten Zeit zählt die Entdeckung eines 4000 Jahre alten Goldkelchs in Ringlemere in Darwins Heimatgrafschaft Kent. Sein Finder erhielt 25 000 Pfund Belohnung.

Der Ringlemere-Kelch war von Menschen versteckt worden, die die Götter gnädig stimmen wollten, viele andere Gegenstände jedoch wurden von niedrigeren Lebewesen mit schlichteren Motiven verbuddelt. Bei einer elektronischen Untersuchung der Felder rund um Down House wurde eine Menge Münzen, Halsketten, Schnallen und dergleichen zutage gefördert. Die Gegenstände waren von Würmern bei deren Suche nach Schutz und Nahrung eingegraben worden.

Der Regenwurm besitzt zweifellos einen gewissen Charme. Er gehört zum Stamm der Anneliden oder Ringelwürmer, der auch Egel und Wattwürmer umfasst, und er ist verwandt mit weniger angenehmen Geschöpfen wie jenen Parasiten, die im tropischen Afrika die Krankheit Elefantiasis übertragen. Entfernt sind diese Lebewesen auch mit den Schnecken verwandt. Ihre Ursprünge lassen sich am besten durch gemeinsame DNS-Muster ermitteln, denn Weichtiere hinterlassen kaum fossile Überreste (wenngleich Spuren primitiver Anneliden gefunden wurden, die aus dem frühen Kambrium stammen). Heute sind ungefähr dreitausend Arten bekannt, aber in Anbetracht unserer geringen Kenntnisse über die Fauna der Tropen muss man davon ausgehen, dass es noch viel mehr gibt. Die meisten sind klein und unscheinbar, aber eine bestimmte australische Art wird bis zu drei Meter lang und spritzt eine Flüssigkeit bis zu einem halben Meter hoch in die

Luft, wenn sie gereizt wird. In Großbritannien gibt es etwas mehr als zwei Dutzend Arten, in Frankreich dagegen mehr als sechsmal so viele. Im Regenwald finden sich noch viel mehr.

Eine 2005 durchgeführte Untersuchung bei Down House ergab, dass Darwins Wohnort ein guter Nährboden für diese Lebewesen war. Hier oder in der Nähe wurden 19 der 28 in Großbritannien vorkommenden Arten gefunden. Die häufigste Art ist heute (und sicherlich auch zu Darwins Zeit) der Große Wiesenwurm, der kleiner ist als der bekannte Gemeine Regenwurm, der in Stadtgärten anzutreffen ist und von Fischern gern als Köder verwendet wird. Die Tiere waren besonders zahlreich in Darwins Küchengarten, wahrscheinlich, weil dort jahrzehntelang natürlicher Dünger ausgebracht wurde und der Einsatz von Pestiziden strikt untersagt war.

Ein Regenwurm ist ein animierter Darm. Der Körper besteht aus mehreren Gliedern oder Segmenten, die jeweils einen äußeren Muskelschlauch besitzen, der sie umhüllt, und einen inneren Muskel, der parallel zur Körperachse verläuft. Jedes Segment verfügt über eine einfache Niere und mehrere noch schlichtere Herzen, die über die gesamte Länge des Tieres verteilt sind. Der Körper ist hohl und mit Flüssigkeit gefüllt, und ein langer Darm durchzieht den Regenwurm von vorne bis hinten. Viele Arten besitzen Drüsen, die mit Kalk (Kalziumkarbonat) gefüllt sind. Manche haben farbiges Blut, manche fast transparentes. Bestimmte Arten riechen nach Knoblauch, vermutlich um Räuber abzuschrecken.

Die Haut ist mit feinen Borsten bedeckt, die dem Wurm helfen, sich in der Erde fortzubewegen, während er am hinteren Ende seine Exkremente ausscheidet. Bei manchen Arten erstarrt der ausgeschiedene Schleim zu einer festen Wand, die dem Wurm einen Rückweg offen hält, bei anderen Arten fällt die Erde hinter ihnen zusammen. Manche Regenwürmer leben dicht unter der Erdoberfläche und in Laub, während andere sich weiter unten im Boden eingraben, manchmal bis zu sechs Meter tief. Einige bevorzugen verfaulendes Holz. Jene Wurmarten, die für die Landwirtschaft am nützlichsten sind, bewegen sich im Bereich von einem Meter unterhalb der Oberfläche. Manche Arten bedienen sich ihrer Röhren mehrmals, während andere immer wieder neue Schlupflöcher graben. Der Gemeine Regenwurm baut eine einzelne Röhre mit einer oder zwei Verzweigungen, andere graben sich ein Netz mit mehreren Ausgängen.

Die meisten Regenwürmer ruhen in ihren unterirdischen Festungen und wagen sich nur hinaus, wenn günstige Bedingungen herrschen. Im Winter graben sie sich ein, und in trockenen Sommern bauen sie einen Kokon, in dem sie warten, bis es wieder regnet. Nach Niederschlägen kriechen sie in großer Zahl über den Boden. Darwin stellte fest, dass viele Arten die Eingänge zu ihren Röhren verschließen, indem sie Blätter hineinziehen. Andere werfen auf dem Boden kleine Hügel aus verdauter Erde auf, die bei einigen tropischen Arten mehrere Zentimeter hoch werden können. Darwin bemerkte, dass sie den Endabschnitt ihres Körpers, in dem der Exkretionskanal liegt, gewissermaßen wie eine Kelle einsetzen und damit die ausgeschiedenen Substanzen zu einem kleinen Haufen zusammenschieben. Ein genauer Blick auf die Ausscheidungen ergab, dass sie mit feinen Sandkörnchen durchsetzt sind, die anscheinend aus zermalmten größeren Steinen in der Erde stammen.

Regenwürmer leben höchstens zwei Jahre, die meisten sterben früher. Am Ende kriegen die Würmer uns alle, einige Lebewesen können jedoch vorher dafür Vergeltung üben, sie fressen die Würmer einfach. Dachse und Igel lieben Regenwürmer, und wie Alfred Russell Wallace herausfand, schätzten sie auch die Ureinwohner von Südamerika. Im Tal des Orinoko in Venezuela bilden geräucherte Regenwürmer noch heute einen wichtigen Bestandteil des Speiseplans der dort lebenden Indios.

Viele Arten regenerieren ihr Endstück, wenn es abgetrennt

wurde, bei manchen wächst sogar ein neuer Kopf, doch entgegen verbreiteten Mythen kann sich keine Art zu zwei neuen Individuen entwickeln, wenn sie auseinandergeschnitten wird (ein amputiertes Endstück kann ein Spiegelbild von sich selbst entwickeln, aber dann verhungert es). Einige Arten reproduzieren sich durch einfache Zellteilung: Der Rücken bricht auf und bildet einen neuen Wurm, bei einigen Arten teilen sich die Tiere in ein Dutzend oder mehr Abschnitte, aus denen jeweils ein neues Individuum entsteht. Die Fähigkeit, sich durch Sprossung zu vermehren, kommt im Tierreich bei niederen Organismen häufig vor, doch bei den Ringelwürmern ist sie am weitesten entwickelt.

Das Sexualleben der Anneliden ist sehr vielfältig. Manche Arten sind rein weiblich und legen Eier ohne Beteiligung von männlichen Tieren. Einige der klonalen Arten verbreiten sich sehr schnell und haben mittlerweile auch neue Lebensräume wie Abwasserrohre besiedelt. Andere Arten sind Zwitter mit getrennten weiblichen und männlichen Genitalien. Der Sexualakt erfolgt in einer langen Schleimröhre, in der sich das männliche Weibchen und das weibliche Männchen treffen. Zur Begattung legen sich die zwei Würmer mit der Bauchseite aneinander. Das männliche Tier prüft zunächst sein Gegenüber, ob es jungfräulich ist und über weibliche Geschlechtsorgane verfügt und stimmt die Menge seines Spermas darauf ab. Es kann die Menge um das Dreifache erhöhen, wenn es spürt, dass sein Geschlechtspartner bereits mit einem anderen Sex hatte, was zweifellos dem Zweck dient, das Sperma des Vorgängers hinauszuspülen. Gewöhnlich paaren sich die Würmer in der Erde, manchmal aber auch an der Oberfläche. (Nach Darwins Worten ist »ihre geschlechtliche Leidenschaft … stark genug, eine Zeitlang ihre Furcht vor dem Licht zu überwinden«. Ein verdicktes Mittelsegment des Körpers bildet eine Schutzschicht, wenn die Eier gelegt werden.

Regenwürmer gehören zu den einfachsten Lebewesen,

die ein zentrales Nervensystem und ein Gehirn besitzen, das mit Nervensträngen verbunden ist (wenngleich die Tiere sich auch nach der Entfernung dieses Gehirns weiterhin paaren und ernähren können und sich in einem Labyrinth zurechtfinden). Ein Abschnitt von Darwins Buch über die Würmer trägt die Überschrift »Geistige Eigenschaften«, doch der erste Satz darin lautet: »Über diesen Punkt ist nur wenig zu sagen.« Dennoch bemühte sich der Autor herauszufinden, wozu diese niederen Lebewesen imstande sind. Er stellte fest, dass sie häufig Laub herbeiziehen, um damit die Mündungen ihrer Röhren zu verstopfen, und glaubte, sie wollten sich dadurch vor der Kälte schützen. Was immer dem Tier durch den Kopf geht, wenn es Farnblätter zu seinem Heim schleppt, es handelt mit einem gewissen Weitblick. Würmer ergreifen ein Blatt gewöhnlich an der Spitze, fand er heraus. Mehr als neun Zehntel der breiten Blätter wurden von diesem Ende her fortgezogen, aber von den schmäleren, die sich leichter in eine kleine Öffnung schieben lassen, waren es nur zwei von drei. Die Blätter des Rhododendrons rollen sich hoch, wenn sie auf dem Boden liegen, sodass manche am hinteren Ende schmaler sind, andere an der Spitze. Die Würmer fassten sie meistens am schmalen Ende. Auch bei Fichtennadeln, die sich nur am hinteren Ende ziehen lassen, gingen sie ebenso vor.

Darwin bewunderte dieses rationale Verhalten, denn dadurch entstand eine Beziehung zwischen diesen niederen Lebewesen und den höchststehenden: »Es bleibt nur eine einzige Alternative übrig, dass nämlich Würmer, obgleich sie in der Stufenleiter der Organisation tief stehen, doch einen gewissen Grad von Intelligenz besitzen.« Im ersten echten Experiment mit Wirbellosen konfrontierten Darwin und sein Sohn Horace die Würmer mit Papier-Dreiecken in unterschiedlichen Formen – und abermals handelten die Würmer auf die effizienteste Weise, denn sie fassten sie in der Regel am spitzen Ende. Ihre geistigen Fähigkeiten wurden auch bei der Auswahl von Nahrung geprüft – mit Fleisch, Zwiebeln,

Speisestärke und Kopfsalat (wobei die Forscher auch versuchten, sie mit Perlen und Papier zu überlisten). Bei mehreren mitternächtlichen Exkursionen auf die Wiesen um Down House leuchteten Vater und Sohn die Würmer mit Lampen an, erwärmten und kühlten sie und setzten die bedauernswerten Tiere Tabakrauch aus. Die Versuchstiere reagierten »gleichgültig auf Rufe« und ebenso unbeeindruckt auf die schrillen Töne einer Metallpfeife oder den dumpfen Klang eines Fagotts. Doch sie sprachen auf Schwingungen an und reagierten, wenn man sie auf ein Klavier setzte. »In bestimmten Situationen waren sie erregter als in anderen«, und wenn man auf den Boden klopfte, krochen sie heraus. Oft konnte man hungrige Vögel beobachten, die eben dies taten, um ihre Beute herauszulocken. Zweifellos bestand eine tiefe Kluft zwischen ihrer geistigen Welt und jener des Naturforschers, doch trotz aller grundlegenden Unterschiede war diese überbrückt worden durch dasselbe System langsamer Veränderungen, welches das physische Universum beider formte.

Diese geduldigen Experimente zum Innenleben der Röhrengräber lieferten Erkenntnisse über ihre allgemeine Rolle im Erdreich und ihre Fähigkeit, ihren eigenen Lebensraum zu verändern wie auch jenen der Lebewesen über ihnen. Der Großteil von Darwins Buch ist den beeindruckenden Fähigkeiten dieser Tiere gewidmet, den Boden aufzulockern und dessen Fruchtbarkeit zu erhöhen.

Diese Fähigkeit war schon seit Langem bekannt. Aristoteles bezeichnete die Regenwürmer als die »Eingeweide der Erde«. Kleopatra ernannte sie zu heiligen Tieren und schuf eine Priesterkaste, die sich um ihr Wohlergehen zu kümmern hatte (die Würmer galten allerdings als weniger kostbar als die Skarabäus-Käfer, jene anderen bedeutenden Abfallverwerter, deren Bild im Pharaonenreich allgegenwärtig war). Kleopatra interessierte sich für diese Tiere, weil sie anscheinend besonders wichtig waren für die Fruchtbarkeit des Schlamms, den der Nil mit sich führte (auch für Wettervorhersagen wurden sie herangezogen). Auch Herodot kannte diese Zusammenhänge, als er Ägypten als »Geschenk des Nils« bezeichnete, und ein großer Teil der Ablagerungen, die der mächtige Strom bei seinen alljährlichen Überflutungen hinterlässt, stammt ursprünglich tatsächlich aus den Ausscheidungen von Würmern im weit flussaufwärts gelegenen äthiopischen Hochland. Dasselbe gilt auch für unsere Breiten. Im Jahr 1777 berichtete der britische Naturforscher Gilbert White (in einem Brief, den Darwin nicht kannte) davon, dass sie »unzählige Haufen aufwerfen, sogenannte Wurmhügel, die aus ihren Exkrementen bestehen und Getreide und Gras als Dünger dienen ... Ohne Würmer würde die Erde bald erkalten, verhärten, ihrer Gärfähigkeit verlustig gehen und folglich unfruchtbar werden«. In *The Natural History of Selborne* schrieb er: »Obgleich sie in ihrer Erscheinung ein kleines und leicht zu übersehendes Glied in der Kette der Natur sind, würden die Regenwürmer, sofern sie verschwänden, eine beklagenswerten Lücke hinterlassen.«

Ohne ihre Hilfe würden auch wir in einen tiefen Abgrund stürzen. Diese schlichten Lebewesen spielen sowohl wirtschaftlich als auch historisch eine bedeutende Rolle. Sie erleichtern das Abfließen von Wasser und zersetzen organische Materie in feine Partikel. Darwin stellte fest, »dass die ganze Ackererde über das ganze Land hin schon viele Male durch die Verdauungskanäle der Würmer gegangen ist«. Von diesem wenig romantischen Erzeugnis hängt die Fruchtbarkeit des Bodens ab, die ihrerseits viel dazu beiträgt, wie die Gesellschaft beschaffen ist, die sich auf ihm entwickelt.

Mitte des 19. Jahrhunderts betrachteten die Gärtner die Regenwürmer als reine Plage, vergleichbar den Bandwürmern oder anderen unangenehmen Tieren. Bücher lieferten Anleitungen, wie man sich dieser unerwünschten Besucher entledigen könne, und zeigten, wie man sie aus ihren Röhren verscheuchen konnte durch den Einsatz von Holzhämmern oder Gift oder indem man stählerne Stangen in den Boden trieb, deren Spitze man mit einem Bogen bearbeitete, um ein grunzendes Geräusch zu erzeugen, das die Würmer hervorlockte (diese Methode wird von amerikanischen Anglern als »worm grunting« bezeichnet und noch heute zur Beschaffung von Köder angewendet). Der Comte de Buffon, der in der *Entstehung der Arten* als einer der Vorläufer der Theorie der natürlichen Auslese erwähnt wird, interessierte sich ebenso wie sein britischer Nachfolger für die Beschaffenheit der äußeren Hülle der Erde. Er wies darauf hin, dass sich in vielen Böden Spuren von Mineralien wie Eisen finden und dass die Erdschicht an Berghängen gewöhnlich dünner ist als in Talsenken. Dies betrachtete er als Beweis dafür, dass Felsgestein zersetzt werde und dass Regen, Flüsse und die Schwerkraft eine große Rolle bei der Veränderung der Erdoberfläche spielten. Die Russen, die fasziniert waren von der Weite der Steppe und ihrer Wirkung auf die slawische Psyche, trieben damals die Erforschung der *chernozem*, der »schwarzen Erde«, maßgeblich voran, die das Volk ernährte und die Seele der Nation labte. Auch sie betonten die Bedeutung der chemischen Zersetzung. Warum sollten solch banale Geschöpfe wie Würmer eine Rolle spielen in der geheiligten Erde von Mutter Russland?

Physikalische und chemische Vorgänge sind zweifellos beteiligt an der Bildung der Erde unter unseren Füßen. Kalk und Kalkstein lösen sich durch Regen auf, und auch Sandstein und Granit können erodieren und zu Humus werden. Kleine Risse füllen sich mit Wasser, das den Stein zersprengt, wenn es gefriert. Die Oberflächenspannung, die das Wasser an den Wänden winziger Kanäle festhält, übt zudem einen hohen Druck aus, wenn sich die Flüssigkeit erwärmt oder abkühlt. Auch Ton, bei dem es sich im Grunde um Partikel von Bodengestein handelt, ist ein Produkt solcher Zersetzungsvorgänge.

Der älteste fossile Boden ist 3000 Millionen Jahre alt, fast so alt wie die Erde selbst. Er wurde ohne Hilfe durch die Biologie geschaffen. Vor 350 Millionen Jahren erschienen die ersten Landpflanzen auf bis dahin unfruchtbarem Boden. Seitdem hat sich das Leben durch die Erde erhalten und weiterentwickelt und die Erde durch das Leben, ein großer Kreislauf, der beiden nützt.

Das Wirken der Würmer hat viel dazu beigetragen, den Garten von Down House zu verbessern. Seine oberste Bodenschicht wird von feinen Kanälen durchzogen, die meist dünner als ein menschliches Haar und ungefähr zur Hälfte mit Wasser gefüllt sind. Darunter folgt eine Schicht, die nur wenig durchlüftet wird und über keine Würmer verfügt. Der Beitrag der Würmer zur Verbesserung der Bodenfruchtbarkeit besteht zum großen Teil darin, dass sie imstande sind, den Boden für Luft und Wasser aufzuschließen. Ein Hektar nährstoffreichen und kultivierten Bodens wird von mehr als zehn Millionen Röhren durchzogen – was zusammengenommen einem Abflussrohr mit 15 Zentimetern Durchmesser entspricht. Die Durchlüftung des Bodens erfolgt zur Hälfte über die Röhren der Würmer, und Regenwasser fließt durch aufgelockerten Boden zehnmal so schnell wie durch nicht gelockerten.

Die Oberfläche der Erde ist ähnlich stark in Bewegung wie das Meer, wenn man sie über lange Zeiträume beobachtet. Überall verändert sich der Boden. Schwerkraft, Wasser, Frost, Hitze und die Jahreszeiten, all das spielt eine Rolle, doch das Leben verändert ihn noch auf vielfältige andere Weise. Lebewesen – von Bakterien bis zu Käferlarven, Dachsen und Regenwürmern – formen das Erdreich und machen es fruchtbar. Unter unseren Füßen liegt das größte Reservoir an Artenvielfalt, das es auf dem Planeten gibt; auf einem Quadratmeter finden sich tausendmal mehr Arten von einzelligen Lebewesen als irgendwo sonst. Das Erdreich beherbergt mehr Arten als der Regenwald des Amazonas. Seine vielfältigen Bewohner, große und kleine, graben sich durch die oberste Erdschicht, führen ihr Luft zu, verdauen sie, scheiden sie aus und schichten so viel Material um, dass sich die Haut unseres Planeten in ständiger Veränderung befindet. Die organische Schicht direkt unter der Oberfläche, kann mehrere Meter tief hinabreichen oder auch sehr dünn sein. Sie wird unten durch eine Schicht aus Kies begrenzt, der auf eine Tiefe hinabsinkt, wo die Steine nicht mehr verschoben werden können durch die Lebewesen, die den darüber liegenden Boden umwühlen. Während der belebte Horizont im Umbruch ist, sinken die Relikte menschlicher Arbeit – von alten Werkzeugen in Afrika bis zu den Töpfen der ersten europäischen Siedler in Amerika – in der Erde hinab bis zu den Steinen in jenem Bereich, in dem keine Ackerarbeiter mehr tätig sind.

Darwins unterirdische Forschungsobjekte haben viele Helfer. Eine Schaufel guter Erde enthält mehr Lebewesen, als es Menschen auf dem Planeten gibt. In den meisten Böden finden sich pro Quadratmeter Tausende winziger Milben und Springschwänze. Die Wurzeln geben Zucker und andere Substanzen ab, von denen sich Millionen von Einzellern ernähren, die im Erdreich leben. Ihre Ausscheidungen verbinden sich mit den Exkrementen der Regenwürmer. Bakterien und Pilze besitzen wirkungsvolle Enzyme, die Material zersetzen können, das selbst Regenwürmer nicht verdauen können. Sie ernähren sich von Wurzeln, zersetzen Pflanzen – und produzieren Antibiotika. Noch bis in die 1930er Jahre war die Diagnose von Tuberkulose ein Todesurteil; seit Darwins Geburt hatte diese Seuche insgesamt eine Milliarde Menschen das Leben gekostet. Dann fand man heraus, dass eine Bodenlösung das verantwortliche Bakterium angriff, und bald wurde Streptomycin erfunden und die Krankheit konnte zumindest vorübergehend besiegt werden. Die Mikrobenwelt unter unseren Füßen ist noch immer weitgehend unerforscht und hat wahrscheinlich noch viel mehr zu bieten. Die Untersuchungen von Bodenproben, bei denen bekannte Gene in bislang unbekannten Arten gefunden wurden, lassen vermuten, dass sie unzählige Mitglieder der Domäne der Archaeen beherbergt. Diese Organismen sehen fast wie gewöhnliche Bakterien aus, bilden aber eine eigene Kategorie. Nachdem man sie ursprünglich als eigenartige Bewohner heißer Quellen betrachtete, weiß man heute, dass mancherorts in einem Gramm Erde bis zu hundert Millionen dieser Organismen vorkommen, die damit wesentlich zahlreicher sind als die Bakterien. Sie alle nutzen Ammoniak und andere Abfallprodukte und tragen dadurch dazu bei, die Bodenfruchtbarkeit zu erhalten.

Regenwürmer durchwühlen ihre Umgebung unablässig, und wenn die Wurzeln wachsen, schieben sie Hindernisse beiseite und hinterlassen bei ihrem Tod Kanäle, die schließlich durch herabstürzende Erde wieder gefüllt werden. Wenn die Wurzeln Wasser einsaugen, setzt sich die Erde, und wenn Bäume im Sturm hin und her schwanken, lockern sie den Boden. Ein großer Baum kann einen Felsen zersprengen, wenn er auf ihn stürzt, und bis sich das Loch wieder schließt, das er hinterlässt, können Jahrhunderte vergehen. Kleine Tiere bewirken noch viel mehr. Insekten, Milben, Spinnen und unterirdische Schnecken bilden zusammen mit den Regenwürmern fünfzehn Tonnen Fleisch auf einem Hektar Boden – so viel wie eineinhalb Elefanten wiegen (und ein einzelner Dickhäuter benötigt eine um das Mehrfache größere Fläche, um sich zu ernähren).

Der Elefant unter der Grasnarbe ist ein gefräßiges Tier. Regenwürmer sind Erdbeweger, doch in den Tropen können Ameisen und Termiten noch mehr bewältigen, denn sie befördern Material mehrere Meter in die Tiefe. Alfred Russell Wallace war erstaunt über den Reichtum im Boden in einigen Teilen Brasiliens: »... eine Schicht aus Ton oder Lehm mit unterschiedlicher Dicke, von einigen Zentimetern bis zu drei Metern ... sie erstreckt sich über weite Teile des Landes, auch über Steilhänge und Gipfel ... hat eine rote Farbe und ist offenkundig aus Material des anschließenden oder darunter liegenden Gesteins entstanden, das zermahlen und völlig vermischt wurde.« Das hatten Ameisen bewerkstelligt.

Auch größere Lebewesen spielen eine Rolle bei der Durchmischung der Erde (und Elefanten scharren sie oft an der Oberfläche weg). Maulwürfe, Präriehunde, Murmeltiere, Wombats, Meerkatzen, Dachse und andere Ausgräber, sie alle sind unter Tage am Werk. Ihnen zur Seite stehen Erdferkel, Gürteltiere und Ameisenbären, die auf der Suche nach Nahrung den Boden wegkratzen. Eine einzelne Kolonie von Nacktmullen kann Röhren von einem Kilometer Länge bauen. Im Südwesten der USA stellten Zehntausende symmetrischer Erdhügel mit bis zu zwei Metern Höhe und fünfzig Metern Breite die Historiker jahrelang vor Rätsel. Sie betrachteten sie zunächst als heilige Stätten eines ausgestorbenen Indianerstammes. Die Wahrheit über diese Mima Mounds ist schlichter. Sie waren von Taschenratten gebaut worden, die im Verlauf von Jahrtausenden Tonnen von Erde nach oben schoben, um sich in sumpfigen Gebieten trockene Höhlen zu verschaffen. Selbst der Meeresboden ist nicht sicher. Manatis und Narwale durchpflügen ihn auf der Suche nach Nahrung, ebenso Dornrochen, und Garnelen tragen ein paar Zentimeter Schlamm ab. Forscher, die sich mit diesen Vorgängen beschäftigten, führten sie zurück auf die Kambrische Explosion vor rund 540 Millionen Jahren, als die ersten Tiere mit harten Schalen auftauchten. Sie konnten sich in die dicke Mikrobenschicht eingraben, die bis dahin den Meeresboden bedeckt hatte. Dadurch entstand eine vollkommen neue Lebensform. Die Revolution der Röhrenbauer war der Ursprung des modernen Lebens, und ihren Nachfahren kommt noch immer eine wichtige Funktion bei dessen Erhaltung zu.

Die heutigen Würmer sind gleichermaßen Händler wie Bergleute, denn sie spielen eine maßgebliche Rolle beim Umschlag jener chemischen Stoffe, die zwischen der lebenden und der toten Welt ausgetauscht werden. Auch Darwin wusste dies, als er schrieb: »Alle fruchtbaren Gebiete der Erde haben zumindest einmal den Körper von Regenwürmern durchwandert.« In einem englischen Obstgarten mit Apfelbäumen vertilgen sie fast alles Laub, das zu Boden fällt – jährlich zwei Tonnen pro Hektar, und auf einer gleich großen Fläche Weideland verarbeiten sie jährlich durchschnittlich dreißig Tonnen Kuhmist. Einige tropische Arten werfen ihre Exkremente in bis zu zwanzig Zentimeter hohen Haufen auf. Darwin geht in seinem Buch auch auf die großen Exkrementhaufen in den Nilgiri-Bergen in Südindien ein, die einen Anhaltspunkt dafür liefern, welch gewaltige Mengen an Material die Tiere bewältigen. Das Material wird zum größten Teil im Muskelmagen verarbeitet. Nur ein kleiner Teil davon wird absorbiert. Und es durchläuft chemische Veränderungen. Der Forscher fütterte einige seiner Versuchstiere mit Erde, die mit rotem Eisenoxidpulver vermischt war, und stellte fest, dass die Erde ihre rote Farbe verloren hatte, nachdem sie ausgeschieden worden war; dies musste durch Säuren und Enzyme verursacht worden sein, folgerte er. Der leistungsfähige Verdauungsapparat der Würmer verändert das Erdreich, denn Ton ist chemisch stark modifiziert, wenn er die Würmer durchwandert hat. Er kann feiner zermahlen sein als vorher, wodurch er Wasser und Nährstoffe besser speichern kann – aufgrund der Verfeinerung seiner Partikel nimmt Ton eine um das Zehntausendfache größere Oberfläche ein als Sand mit demselben Volumen.

Wie bestimmte Pflanzen besitzen viele Wurmarten die Fähigkeit, der Luft Kohlenstoff zu entziehen und in eine lösliche Substanz umzuwandeln, die wiederverwertet werden kann. In der *Bildung der Ackererde* wurde die Vermutung aufgestellt, dass es sich bei den kleinen Kalkkügelchen, die sich in den Verdauungsdrüsen finden, um Abfallprodukte handelt. Die Wirklichkeit ist noch bemerkenswerter. Experimente mit radioaktiv markiertem Material haben ergeben, dass die Drüsen aus freiem Kohlendioxid – das im Boden reichlich vorhanden ist – in beträchtlichem Umfang Kohlenstoff extrahieren (eine ungewöhnliche Eigenschaft für ein Tier) und ihn mit Kalziumsalzen verbinden. Die auf diese Weise produzierten Kalkpartikel werden ausgeschieden und kehren auch wieder in die Erde zurück, wenn das Tier stirbt. Die Würmer tragen daher viel dazu bei, den Kohlenstoffgehalt des Bodens und damit dessen Fruchtbarkeit zu verbessern.

Indem die Würmer beim Graben ständig Schleim absondern, werden andere Substanzen wie Stickstoff wiederverwertet. Pflanzen und Tiere sterben, die Landwirte bringen Dünger, Gülle und behandeltes Abwasser auf den Feldern aus, und die Würmer tragen ihren Teil dazu bei, diese Stoffe in den Boden einzuarbeiten. Ihre Exkremente enthalten fünfmal so viel Stickstoff und zehnmal so viel Kalium als der Boden selbst. Dafür ist zum großen Teil ihr aktives Innenleben verantwortlich, insbesondere die Bakterien, die im sauerstofffreien Bereich ihres Darms leben. Der Darm eines Regenwurms ist eine winzige Gärkammer, in der Bakterien Dung verarbeiten. Sie stellen nützlichen Dünger her – doch mit der Nebenfolge, dass sie auch Stickstoffoxid ausscheiden, ein Treibhausgas (das als »Lachgas« auch leicht anästhetisierend wirkt), wodurch sie unerwartet auch zur globalen Erwärmung beitragen.

Ein einfaches Experiment zeigte, wie stark die Würmer den Boden verändern können. Eine tote Maus wurde zusammen mit feinen Erdkrümeln und Blättern in einen Glastopf gelegt, dann setzte man einen Regenwurm hinzu. In nur drei Monaten wurden die Knochen der Maus zehn Zentimeter zur Seite bewegt, einige waren ebenso tief in die Erde hineingezogen worden. In Töpfen ohne Wurm blieben die Kadaver unverändert. Auch Darwin untersuchte seine Probanden dahingehend. Morgen für Morgen überprüfte er im Garten von

Down House die Zahl und die Größe der Exkrementhügel – von denen jeder die unverdauten Überreste eines Mahls darstellte – und registrierte durchschnittlich ein Dutzend pro Quadratmeter. Sein Cousin Francis Galton unterstützte ihn dabei und zählte als begeisterter Statistiker die toten Würmer, die er auf seinen Spaziergängen im Hyde Park sah. Durchschnittlich alle zweieinhalb Schritte stieß er auf einen davon. Die Würmer, so errechnete er, beförderten auf den Äckern seiner Heimat pro Jahr und bezogen auf einen Hektar zwischen 14 und 40 Tonnen Erde nach oben. Somit würden die Würmer im Laufe eines Jahres einen halben Zentimeter Oberboden schaffen. In Wirklichkeit waren ihre Leistungen noch eindrucksvoller, denn ein Großteil ihre Exkremente blieb unterhalb der Oberfläche und war daher unsichtbar.

Dank ihrer unermesslich großen Zahl und ihres unablässigen Wirkens können die Würmer im Laufe der Zeit Großes vollbringen. In Anknüpfung an seine Beobachtung als junger Mann in Maer und kurz nachdem er sein Herrenhaus bezogen hatte, verstreute Charles Darwin große Mengen von zerbrochenem Kalk und Ziegeln und auf einem Feld in der Nähe von Down House, um zu prüfen, wie tief das Material in den Boden einsank. Neunundzwanzig Jahre später hob er quer über dieses Feld einen Graben aus und stellte fest, dass der Großteil des Kalks in einer Tiefe von rund 15 Zentimetern begraben war. Die Ziegel, die auf einer dünneren Erdschicht lagen, brauchten länger, aber auch sie verschwanden im Lauf der Zeit. Ende 2005 waren die Ziegelstücke hinabgesunken auf eine stabile, mit Feuerstein durchsetzte Tonschicht, welche die Würmer nicht durchdringen konnten, während sich der Kalk vollends aufgelöst hatte.

Im Garten von Down House gab es zehn oder mehr Röhren pro Quadratmeter. Geht man davon aus, dass die Würmer unermüdlich ihre Arbeit verrichteten und mit gleichbleibender Energie jeden Kubikzentimeter durchwühlten, so müsste der Boden im Verlauf von ungefähr 5000 Jahren bis zu einer Tiefe von einem Meter vollständig umgegraben worden sein. Dies ist jedoch nicht der Fall, denn häufig werden Steinwerkzeuge aus dieser Zeit in wesentlich höheren Lagen gefunden. Zudem benutzen viele Wurmarten ihre Röhren mehrmals, eine arbeitssparende Verhaltensweise, die das Ausmaß der Veränderung des Bodens reduziert. Daraus folgt, dass ein Gegenstand, der auf den Boden fällt, in den ersten Jahrzehnten relativ schnell einsinkt, später aber langsamer.

In seinem letzten Lebensjahrzehnt begann Darwin ein Experiment, mit dem er die Fähigkeiten der Würmer als Totengräber prüfte. Er legte einen Steinbrocken – einen schweren Mühlstein mit 40 Zentimetern Durchmesser – in eine Ecke seines Gartens. Durch ein Loch in der Mitte des Steins wurde ein langer Messingstab tief in den Boden getrieben. Anhand der Bewegung des Steins im Verhältnis zu jener des Stabs konnte er die Aktivitäten der Röhrengräber im Boden messen. Anfangs sank der Stein um zwei Millimeter pro Jahr. Charles Darwin starb, bevor das Experiment abgeschlossen werden konnte, doch sein Sohn Horace führte die Studie zu Ende und stellte fest, dass der Wurmstein im Laufe von zehn Jahren um 20 Zentimeter in den Boden sank. Der Stein, der heute in Darwins Garten liegt und von den Besuchern bewundert wird, ist eine Nachbildung des Originals und wurde später versetzt. Dieser Stein sinkt wesentlich langsamer als das Original. Sir Arthur Keith (der in den Wissenschaftsskandal um den Piltdown-Menschen verwickelt war und später eine der ersten Biografien über den Pionier der Evolutionstheorie verfasste) ließ sich als Ruheständler in den 1930er Jahren in der Nähe von Down House nieder und unterzog das Feld, das der berühmte Naturforscher für sein Kalk- und Ziegelexperiment benutzt hatte, einer erneuten Überprüfung. Achtzig Jahre danach waren die markierten Steine nur ein wenig tiefer hinabgesunken als zu Lebzeiten jener, die sie dort ausgestreut hatten – ein weiterer Beweis dafür, dass die Würmer unmittelbar unter der Oberfläche am aktivsten sind.

Auf Leith Hill, dem höchsten Punkt der North Downs im Südosten Englands, versuchte Darwin herauszufinden, wie weit das aufgeworfene Material hinabgleiten und Täler und Ebenen ausfüllen würde. Er entdeckte, dass die Exkrementhaufen schnell nach unten rollten, und errechnete, dass von einem Steilhang von hundert Metern Länge jedes Jahr zehn Kilogramm frisch aufgeworfener Erde ins Tal gespült werden würden. Seine Schätzung traf schon sehr genau die heutigen Berechnungen und bringt die Bedeutung der Würmer zum Ausdruck, die als Erschaffer des fruchtbaren Landes in Südengland gelten können – und auch der hungrigen Weiden auf den Hügeln, die über ihnen aufragen.

In Down House ist das am längsten laufende biologische Experiment der Welt noch immer im Gang, doch so alt der Wurmstein erscheinen mag, er liegt erst einen kurzen geologischen Augenblick an dieser Stelle. Darwin war bewusst, dass angesichts der Unendlichkeit der Zeit sein eigenes Leben und seine Experimente nur einen flüchtigen Moment darstellten. Er erkannte, dass die Ruinen alter Gebäude, die es überall in England gibt, ihm eine bessere Chance eröffneten, die Fähigkeiten seiner Versuchstiere zu prüfen. In seinen späteren Jahren begann er die Ruinen alter englischer Herrenhäuser zu besuchen, und da er ein eifriger Briefeschreiber war, berichtete er darüber Dutzenden von Leuten, von denen er sich Informationen erhoffte.

Der Leiter der Ausgrabungen bei Wroxeter in der Nähe von Shrewsbury lieferte Darwin einen wichtigen Hinweis darauf, was die Würmer über eine lange Zeitspanne bewerkstelligen können. Die Stadt war von den Römern gegründet worden und fungierte als Hauptstadt eines britischen Stammes, der Cornovii. Diese Stadt, sie hieß Viroconium, hatte auf ihrem Höhepunkt sechstausend Einwohner. Dann verfiel sie allmählich und wurde in der Legende zu einer der möglichen Stätten, an denen der Hof von König Artus vermutet wurde. Camelot, so berichtete der Archäologe, war an einigen Stellen unter einer zehn Zentimeter dicken Schicht Ackererde begraben. Dies war zum großen Teil, davon war Darwin überzeugt, auf das Wirken der Regenwürmer zurückzuführen.

Im Jahr 1877 entdeckten Arbeiter bei der Renovierung von Abinger Hall, dem Herrensitz seines Freundes Thomas Henry Farrer (der Darwin früher bei Experimenten mit Hopfen und anderen Kletterpflanzen geholfen hatte) die Überreste einer römischen Villa. Der Gelehrte von Down besuchte den Ort. Er sah, wie die Würmer in dem alten Gebäude über den zersprungenen Betonboden krochen und von unten Material nach oben beförderten. Damals und auch lange Zeit danach nahmen die Archäologen an, dass es sich bei den Erdschichten, die man auf gepflasterten Gehwegen oder dergleichen fand, um die Hinterlassenschaft späterer und weniger zivilisierter Bewohner handele, die sich in den Häusern ihrer vormaligen Herren eingerichtet und ihren Abfall zurückgelassen hatten. Doch die vermeintlichen Hausbesetzer waren in Wirklichkeit Würmer.

Darwin war fasziniert, als er knapp fünfzehn Zentimeter unter der Oberfläche Röhren von Würmern entdeckte. Die Tiere konnten sich sogar in die dicken Mauern der alten Gebäude hineingraben. Farrer beobachtete ihre Aktivitäten mehrere Wochen lang und verfolgte, wie sie in harter Arbeit die Erde durchwühlten. Eine kurze Berechnung ergab, dass durch ihr Wirken ein römisches Haus im Laufe einiger Jahrhunderte völlig begraben werden konnte. In einer Villa mit einem Mosaikfußboden auf der Isle of Wight berichtete man Darwins Sohn William, dass zwischen den Fliesen so viele Exkremente aufgeworfen werden würden, dass man den Boden jeden Tag abwaschen musste, um das Muster sichtbar zu halten. William besuchte auch die Beaulieu-Abtei in Hampshire und stellte fest, dass der Boden eines Lochs, das vor zwanzig Jahren in den alten Fußboden gebohrt worden war, bereits aufgrund des Wirkens der Würmer mit Erde bedeckt war.

Auch die Reise nach Stonehenge war Bestandteil des Wurm-Projekts. Sie ergab, dass die Tiere, so eifrig sie in fruchtbaren Böden waren, an anderen Orten viel weniger zuwege brachten. Emma schrieb, sie »... sind anscheinend sehr träge«, und in diesem dünnen Boden hatten sie es nur geschafft, einige »Druidensteine« lediglich um ungefähr 20 Zentimeter einsinken zu lassen, nachdem sie umgestürzt waren (sie lagen auf einer Kalkschicht, in welche die Würmer nicht eindringen konnten). John Lubbock, der in der Nähe von Down House lebte, hatte die Steine auf die Bronzezeit datiert, die in Großbritannien um 2100 v. Chr. begann. Spätere Schätzungen siedelten ihre Erbauer noch früher an, um 2500 v. Chr. – in einer Zeit, in der die frühen Briten mit der Abholzung der Wälder begannen und sie in Felder umwandelten. Einige der Monolithen stürzten schon vor langer Zeit um, zum Teil weil der Boden, auf dem sie standen, durch die Aktivität die Würmer und durch den Regen abgetragen wurde. Andere fielen in den letzten Jahrhunderten um oder wurden niedergerissen (ein großer Stein stürzte 1797 um), was vermuten lässt, dass die Röhrengräber doch nicht so träge waren, wie Emma meinte. Sie beförderten die Gesteinssplitter, die bei den ersten modernen Ausgrabungsarbeiten in den 1920er Jahren liegen geblieben waren, im Verlauf von dreißig Jahren auf eine Tiefe von ungefähr fünf Zentimetern hinab, was ungefähr derselben Sinkgeschwindigkeit entsprach, die bei Down House gemessen wurde.

Im Jahr 1959, hundert Jahre nach dem Erscheinen von Darwins *Entstehung der Arten*, wurden Pläne entwickelt, Darwins Experiment mit dem Mühlstein zu wiederholen, jedoch in größerem Rahmen, um die zerstörerischen Auswirkungen der Tätigkeit dieser Organismen auf die historischen Monumente Englands genauer zu untersuchen. Die British

Association for the Advancement of Science, in der die ersten Evolutionsforscher der viktorianischen Ära eine wichtige Unterstützung gefunden hatten, richtete einen Ausschuss ein unter dem Namen »Committee to Investigate by Experiment the Denundation and Burial of Archaelogical Structures«. In Overton Down unweit von Stonehenge wurde ein langer Haufen aus Kalksteinen aufgeschüttet und mit einem parallel dazu verlaufenden Graben versehen; diese Anlage besaß ungefähr die Größe und die Form eines der typischen englischen Hügelgräber, wie sie vor dreitausend Jahren angelegt worden waren. Auf der Oberfläche wurden Pflanzensporen und Scherben von zerbrochenen Blumentöpfen verstreut. Schon dreißig Jahre später war die Mauer aufgrund der natürlichen Verwitterung und der Aktivitäten von Darwins Bodenbearbeitern zu großen Teilen in den Graben gestürzt und beide waren durch eine von Gras bewachsene Erdschicht überzogen worden. Die Scherben waren in einem Jahrzehnt um ungefähr drei Zentimeter gewandert, und die Sporen waren mehrere Zentimeter weit hinabgezogen worden. Dies war zum Großteil der Arbeit der Würmer geschuldet, denn eine ähnliche Konstruktion, die zur selben Zeit auf saurem Heideboden in Dorset errichtet worden war, wo es weniger derartige Lebewesen gab, wurde wesentlich weniger verändert. Das experimentelle Hügelgrab in Overton sieht heute fast genauso aus wie jene, die hundertmal älter sind. Auch hier vollzogen sich die größten Bodenveränderungen in den ersten Jahren. Für das Jahr 2024 ist eine erneute Untersuchung geplant, dann aber wird das Hügelgrab der British Association überhaupt nicht mehr von jenen Hügelgräbern zu unterscheiden sein, die von den frühen Briten in grauer Vorzeit errichtet wurden.

Das emsige unterirdische Treiben lässt die Zeugnisse der Vergangenheit schnell undeutlich werden. In Abinger Hall wurden mehrere römische Münzen gefunden, darunter befand sich aber auch ein britischer Halfpenny aus dem Jahr

1715. Ein unachtsamer Student würde ein seltsames Bild von der englischen Geschichte erhalten, würde er diese Beobachtung nicht hinterfragen. In einem fünftausend Jahre alten indianischen Grabhügel in Kentucky wurde die Erde durch das Wirken der im Boden aktiven Tierchen bereits fünfzig Mal vollständig umgegraben und neu durchmischt, seit die ursprünglichen Bewohner diesen Ort verlassen haben. Feuchte Orte mit nährstoffreichen Böden werden eher und schneller verändert als Wüsten oder kalte Hochlandflächen – aber da Menschen und Würmer ähnliche Lebensräume bevorzugen, dürften sich jene Wissenschaftler schwer tun, die historische Stätten zu rekonstruieren versuchen.

Beim Umgraben des Bodens werden die Exkremente der Grabenden von Wasser weggespült oder sinken zurück in den Boden. Auch der Wind kann ihre Ausscheidungen forttragen, was eine weitere Waffe im Arsenal der Bodenbearbeiter darstellt. Vom Wind erodierte Böden prägen einen Großteil Chinas, der Great Plains im amerikanischen Mittleren Westen und des Rheintals. Ein starker Sturm weht Steine und Sand davon, aber diese großen Elemente fallen bald wieder zurück auf die Erde, während die feinen, nährstoffreichen Partikel – die auch die Ausscheidungen der Würmer enthalten – am weitesten weggetragen werden. Der kostbare Staub kann sogar den Atlantik überqueren. Auf dem letzten Abschnitt seiner Reise mit der *Beagle* bemerkte der junge Naturwissenschaftler, dass ein weißer Staub auf das Deck des Schiffes fiel, nachdem es Südamerika verlassen hatte. Dieser Staub stammte zum Teil aus Nordafrika, Tausende Kilometer entfernt. Schwemmsand vom Tschadsee – teilweise das Produkt der Würmer und ihrer Helfer im Boden – wird von den starken Winden erfasst und beim Transport immer feiner ausgesiebt, bis er fast nur noch aus wertvollen Stickstoff- und Phosphorsalzen besteht. Mehr als zehn Millionen Tonnen davon gehen jedes Jahr über den Regenwäldern am Amazonas nieder und machen den dünnen und nährstoffarmen Boden fruchtbar. Die nützliche Tätigkeit der Würmer kann anscheinend auch über Ozeane hinweg wirksam werden.

Welche Kraft sie entfalten können, lässt sich am besten beobachten, wenn sie selbst über das Meer reisen. Einige Arten sind eifrige Wanderer. In Neuseeland entdeckten Bauern Ende des 19. Jahrhunderts überrascht, dass sich karge Böden in fruchtbare Lehmerde verwandelt hatten. Hier waren die Einwanderer am Werk, die Erde in Kompost umwandeln. Sie können im Jahr bis zu zehn Meter weit in leeres Grasland vorrücken. Mittlerweile haben sie sich in Neuseeland weiter ausgebreitet und können jetzt sogar Metallringe – eine moderne Version des Wurmsteins – pro Jahr doppelt so schnell mit einer dicken Erdschicht bedecken wie im Garten von Down House. Heute finden sich diese Europäer bis auf die Antarktis auf allen Kontinenten und übertreffen mancherorts die einheimischen Lebewesen zahlenmäßig um ein Mehrfaches.

Ihre Fähigkeit zur Verbesserung des Bodes ist so eindrucksvoll, dass die Tiere bisweilen sogar gezielt eingeführt werden, um geschädigte Böden wieder instand zu setzen. Wenn der Bergbau aufgegeben wird oder in einem Sumpf sämtlicher Torf abgetragen ist, leisten die Neuankömmlinge einen wichtigen Beitrag zur Regeneration der Böden. In der Kyzylkum-Wüste in Kasachstan und Usbekistan wurden zu Sowjetzeiten Regenwürmer in großer Zahl in isolierten Oasen ausgesetzt, was sehr nützliche Folgen nach sich zog. Auch in wasserumspülten holländischen Poldern verbesserte sich die Entwässerung um das Hundertfache, nachdem man zusätzliche Würmer eingeführt hatte zur Verstärkung jener Ingenieure, welche die Felder dem Meer abgerungen hatten.

Schon lange bevor sie zu wandern begannen, trugen die Würmer zur Bildung der großen landwirtschaftlichen Anbauflächen der Welt bei, darunter auch in Südengland, und sorgten nebenbei dafür, dass viele Bauernhöfe und Gärten gesund und fruchtbar blieben. Jetzt sind die Menschen, die den Boden umpflügen – ähnlich wie ihre Vorfahren in den Anfängen der Landwirtschaft –, damit beschäftigt, das Werk der Bodentiere zunichte zu machen, und zwar viel schneller als damals. Wie eine Haut auf einem alternden Gesicht, die zu sehr gestrafft wird, ist die Epidermis der Erde – der Boden – im Laufe der Zeit dünner geworden. Wie das Altern, vollzieht sich auch dieser Prozess sehr langsam, doch er ist unausweichlich, und wie die Anzeichen des Verfalls beim menschlichen Körper beschleunigt sich der Prozess mit den Jahren.

Der Mensch hat den Planeten seit zehntausend Jahren ausgebeutet. Ackerboden ist schwer herzustellen, aber leicht zu zerstören. Ein moderner Pflug wendet täglich Hunderte von Tonnen Erde um, was die Fähigkeiten auch der emsigsten wirbellosen Organismen übersteigt. Doch er gräbt höchstens einen Meter tief, und schafft im Bereich der Pflugscharen eine stabile und undurchlässige Erdschicht. Ein weiteres Problem entsteht, wenn 15 Tonnen schwere Traktoren über die Äcker rollen. Ihre Räder verdichten das lockere Erdreich zu einem fast betonharten Boden, in dem nichts mehr wachsen kann. Zudem wird durch fortgesetztes Pflügen die oberste Bodenschicht aufgerissen und große Mengen davon vom Regen weggeschwemmt. Das Rohmaterial eines Agrarbetriebs ist stets in Veränderung, bewegt sich vom Hügel in die Ebene, von der Ebene in den Fluss und vom Land ins Meer. Beispiele dafür gibt es allenthalben. Vom Haus meiner Eltern konnte man die Mündung des Dee überblicken. Was vor einigen Jahrhunderten noch eine breite Wasserstraße war, ist zu einer grünen Wiese geworden mit einem Wassergraben, der durch sie durchfließt, und die Gemeindeverwaltung kämpft verzweifelt gegen den immer höher werdenden Sand, der auf die Straßen geweht wird. Die Ursache dafür liegt in den fruchtbaren Feldern von Cheshire und Nordwales. Sie werden seit Jahrhunderten umgepflügt, und ihre Nährstoffe sind flussabwärts entschwunden.

Der Prozess beschleunigt sich. Der Gehalt an organischen Kohlenstoffverbindungen in den britischen Seen und Flüssen hat in den vergangenen zwanzig Jahren stark zugenommen und sich an einigen Orten sogar verdoppelt. Flüsse, die einst klar waren, sehen jetzt aus wie Whisky (der seine Farbe von den Flüssen erhält, die durch die Torfmoore strömen und die Destillerien speisen). Im globalen Rahmen ist es noch schlechter bestellt. Jedes Jahr gehen 24 Milliarden Tonnen von der äußeren Hülle der Erde durch Erosion verloren – vier Tonnen pro Mann und Frau –, und obwohl einiges davon wieder ersetzt wird (und ein Teil schon immer dem Regen und der Schwerkraft zum Opfer fiel), ist diese Menge heute höher denn je.

Der Mensch ist allzu lange sorglos umgegangen mit den Einlagen in seiner Bodenbank. Der Ablauf wiederholt sich immer wieder: Eine aufstrebende Zivilisation plündert ihre unterirdischen Konten, dann verfällt sie und bricht schließlich zusammen. Gewöhnlich dauert diese Entwicklung tausend Jahre. Auch Marx war dies bewusst, als er schrieb: »Und jeder Fortschritt der kapitalistischen Landwirtschaft ist nicht nur ein Fortschritt in der Kunst, den Arbeiter, sondern zugleich in der Kunst, den Boden zu berauben.«

Darwin verglich die Arbeit der Würmer mit jener des Pfluges. Seit damals sind die landwirtschaftlichen Maschinen wesentlich leistungsfähiger geworden. Die Experimente des großen Naturforschers zeigten, wie sich die Erde wandeln und verändern konnte, doch ihm standen nur relativ primitive Instrumente zur Verfügung, um Bewegung zu messen. Eine unheilvolle Errungenschaft der modernen Technologie ist der Wissenschaft zu Hilfe gekommen. In der Zeit zwischen der Explosion der ersten Atombombe in Nevada 1954 bis zur letzten Detonation einer Wasserstoffbombe 1968 haben sich große Mengen radioaktiven Fallouts über die ganze Erde verbreitet. Eines von dessen Bestandteilen, radioaktives Cäsium (das eine Halbwertzeit von 30 Jahren besitzt), verbindet sich mit Erdpartikeln. In Böden, die nicht bearbeitet werden, konzentriert sich dieses Element nahe der Oberfläche; doch wenn ein Pflug über das Feld fährt, wird der Stoff über die ganze Tiefe der Pflugschar im Boden verteilt. Wird die umgeackerte Erde weggespült, verschwindet die verstrahlte Bodenschicht und sammelt sich an Stellen, wo der fließende Schlamm zur Ruhe kommt. In den Quantock-Bergen in Somerset geht heute, im Zeitalter der industriellen Landwirtschaft, jährlich rund ein Millimeter Boden verloren. Wenn das Land einsinkt, dringt der Pflug weiter nach unten vor, und die Überreste der römischen Siedlung, die darunter liegen, werden innerhalb eines Jahrhunderts zerstört werden – während sie dank der Tätigkeit der Würmer zweitausend Jahre erhalten geblieben sind. Die Schätze, die mit Hilfe von Metalldetektoren zutage gefördert werden, stammen großteils aus umgepflügten Feldern, ein Beleg dafür, wie schnell die Maschinen des Menschen die verletzliche Oberfläche der Erde ausdünnen und schädigen.

Schon die Römer mussten einen hohen Preis zahlen für die Ausbeutung des Bodens, denn als ihr Reich zerfiel und schließlich unterging, waren die Ackerböden in Italien schon so stark geschädigt, dass ein Großteil der Nahrungsmittel importiert werden musste. Die fruchtbaren Felder rund um ihre Hauptstadt hatten an Qualität eingebüßt, und große Mengen von Getreide wurden aus Libyen eingeführt, das selbst ein unfruchtbares Land wurde, nachdem Pflüge seine Böden aufgerissen hatten. In den letzten Jahren des Römischen Reiches benötigte man zehnmal so viel italienischen Boden, um einen einzigen Einwohner zu ernähren, wie in der Blütezeit des Imperiums.

Die fatale Entwicklung hatte bereits lange vorher begonnen. Die ersten großen Städte im Nahen Osten entstanden vor rund achttausend Jahren. Schon bald wuchs der Bedarf an Nahrung durch die zunehmende Bevölkerung. Die Bauern beuteten ihr kostbares Ackerland aus, ohne daran zu denken, die Nährstoffe zu ersetzen oder den Äckern gelegentlich eine Ruhepause zu gönnen. Stattdessen verlangten sie ihnen immer mehr ab. Kurz nach der Domestizierung des Ochsens wurde der Pflug erfunden. Nach wenigen Jahrhunderten war die Ackerkrume verschwunden, und viele Dörfer wurden aufgegeben. Im Verlauf einiger Jahrtausende wurde in Mesopotamien sämtliches fruchtbare Land einer landwirtschaftlichen Nutzung zugeführt. Zahlreiche Bewässerungskanäle wurden gebaut. Der Boden wurde langsam weggeschwemmt, und die Kanäle verstopften sich durch Schlamm. Versklavte Völker wie die Israeliten mussten sie ausräumen (und die verlassene Stadt Babylon ist noch heute von großen, neun Meter hohen Erdwällen umgeben, der Hinterlassenschaft ihrer Arbeit). Abrahams Geburtsort Ur in Chaldäa, einst eine Hafenstadt, liegt heute 240 Kilometer entfernt vom Meer: Die Ebene, in der die Stadt liegt, bestand ursprünglich aus fruchtbaren Feldern; sie haben sich in eine Wüste verwandelt. Das verbliebene Land wurde versalzen, und der einstmalige Fruchtbare Halbmond ging unter und mit ihm die Zivilisation, die er hervorgebracht hatte.

In China verlief die Entwicklung ganz ähnlich. Dort wurde der Große Fluss vor zweitausend Jahren in Gelber Fluss umbenannt, weil mitgeführte Erdpartikel die Farbe des Wassers veränderten. Auch im antiken Griechenland stand man vor diesem Problem, nachdem das Umland von Athen unfruchtbar geworden war. Plato machte zurecht die Bauern dafür verantwortlich.

Eine regelrechte Katastrophe für die »Haut« der Erde ereignete sich in Amerika. Die Maya trockneten das Land aus, ebenso die Bewohner des Chaco-Tals und der Mesa Verde, der verlassenen Siedlungsgebiete der indianischen Ureinwohner, die heute zu den Wüsten im Südwesten der USA gehören. Noch schlimmer hausten die Europäer. Virginias »üppige Böden« eigneten sich ideal für den Tabakanbau – doch diese Pflanze entzog dem Boden so viele Nährstoffe wie dem

Körper jener, die sie konsumieren. Nachdem diese hungrige Pflanze drei oder vier Jahre lang angebaut worden war, hatte der Boden seine Fruchtbarkeit eingebüßt; aber die Farmer sahen keine Notwendigkeit, ihn zu düngen, sie zogen schlicht zum nächsten Feld weiter. Sogar George Washington klagte, dass die Erschöpfung der Böden die Amerikaner nach Westen treiben würde (was dann auch der Fall war). Charles Lyell, Darwins Mentor auf dem Gebiet der Geologie, nutzte die tiefen Gräben, welche die verwüsteten Böden Alabamas und Georgias durchzogen, für Untersuchungen des darunter liegenden Gesteins und sagte vorher, dass die Landwirtschaft in Amerika bald zusammenbrechen werde.

Der Niedergang des Ackerbodens – eine ernste Bedrohung unserer Zukunft – begann 1838, als John Deere den ersten selbstreinigenden Stahlpflug erfand – »den Pflug, der die Großen Ebenen erschloss«, wie es auf einer Gedenktafel an seinem Geburtshaus heißt.

Seitdem die Landwirte die Great Plains mit Pflügen bearbeiten, hat dort der Boden die Hälfte seiner organischen Bestandteile verloren. Der Mississippi ist laut Mark Twain Amerikas »Große Kloake«, und die Menge an Schwemmsand, die er mit sich führt, hat sich seit den Tagen von John Deere verdoppelt. Wie schon die Besatzung der *Beagle* bemerkte, wird ein noch größerer Teil davon vom Wind weitergetragen. Eine dünne Grassode hatte ursprünglich den Prärieboden festgehalten, doch bald begann dieser zu verschwinden. Es entstand die »Great Dustbowl«, die Große Staubschüssel. Ein heftiger Sturm im Mai 1934 wirbelte mehr als 300 Millionen Tonnen Staub von Montana, Wyoming und den Dakotas ostwärts. Die dunkle Wolke erreichte zwei Tage später New York und trieb kilometerweit ins Meer hinaus. Das feinste Material wurde am weitesten fortgetragen, so dass die Bewohner Neuenglands den nährstoffreichsten Staub abbekamen, der die Gedärme der Regenwürmer von Montana passiert hatte, während den bedauerlichen Einwohnern des Westens nur der raue und leere Sand blieb. Die Stürme wiederholten sich, bis schließlich Mitte der 1930er Jahre achttausend Quadratkilometer Prärie zu Wüste geworden waren.

In anderen Ländern ist die Situation noch besorgniserregender. Weltweit hat eine Fläche von der Größe der USA und Kanadas zusammen ihre Bodenfruchtbarkeit eingebüßt. Auf Haiti sind fast sämtliche Wälder verschwunden, Tausende Hektar Boden bestehen nur noch aus kahlem Gestein. Kaum noch ein Viertel des Bedarfs an Reis, des Grundnahrungsmittels, wird auf der Insel selbst erzeugt, und im vergangenen Jahrzehnt ist die Nahrungsmittelproduktion pro Kopf um ein Drittel zurückgegangen. In China wurden die Bauern im Rahmen der Politik des »Großen Sprungs nach vorn« aufgerufen: »Zerstört die Wälder, erschließt das Ödland!« Sie taten es, und der Boden bezahlte den Preis dafür. Afrika leidet unter demselben Problem, was auch die chronische Instabilität dieses Kontinents bis zu einem gewissen Grad erklärt. In Afrika wurden drei Viertel der landwirtschaftlich nutzbaren Fläche ihrer Nährstoffe beraubt, und zwar durch Bauern, die sich keine Düngemittel leisten können und deren Felder daher nur ein Drittel so ertragreich sind wie jene in anderen Regionen. Die Nährstoffe des Bodens verflüchtigen sich in Wasser oder Sandstaub. Die Sahelzone, das Gebiet mit dünnen Böden, das sich im Süden an die Sahara anschließt, wird zu einer »Staubschüssel«, denn es verliert jedes Jahr zwei Zentimeter seines Oberbodens. Hunderte Millionen Menschen müssen deshalb hungern. Eine Erde, die vom Menschen umgepflügt wird, ist weit weniger nachhaltig als eine, die von der Natur bestellt wird.

Im Jahr 1937, nach der Dust-Bowl-Katastrophe erklärte US-Präsident Roosevelt in einem Brief an die Gouverneure der Bundesstaaten: »Ein Land, das seine Böden zerstört, das zerstört auch sich selbst.« Sein »Soil Conservation Act« von 1935 war der erste Schritt bei dem Versuch, den Schaden zu beheben, der dem wertvollsten Rohstoff des Landes zugefügt worden war. Das Gesetz gegen die Bodenzerstörung schrieb einen sorgsamen Umgang mit dem Pflug vor, den Einsatz von Windschutzzäunen und untersagte die rücksichtslose Abholzung der Wälder. Schon nach wenigen Jahren gesundete der Mittlere Westen merklich. Entsprechend den Tiefenlinien zu pflügen, anstatt gegen sie, macht einen großen Unterschied (auf diese Idee waren auch schon die Phönizier gekommen). In China gibt es ein Projekt, das die Anpflanzung von einer fast fünftausend Kilometer langen Kette aus Bäumen vorsieht, um zu verhindern, dass leichte Erde vom Wind davongetragen wird, und selbst in der Sahelzone besteht Anlass zur Hoffnung, weil man hier zunehmend angepasste, einfache Technologie einsetzt und beispielsweise Steinreihen über die Hänge zieht, um die Erosion der dünnen Erdschicht durch Wasser zu unterbinden. Allein im Niger konnten fünf Millionen Hektar Ackerland zurückgewonnen werden.

Solche Bodenschutzmaßnahmen gibt es unerwarteterweise schon länger. Im Amazonasbecken sind die Böden größtenteils dünn und karg, denn die ständigen Niederschläge schwemmen die Nährstoffe weg, doch die Vegetation ernährt sich von sich selbst und verwertet die Nährstoffe aus ihren abgestorbenen Teilen (weshalb kahl geschlagene Wälder so unfruchtbar sind). Verstreut über diese kargen Böden finden sich aber viele sogenannte Terra-Preta-Gebiete, kleine Inseln mit schwarzer Humuserde. Diese Flächen wurden in der Zeit nach Christi Geburt durch einheimische Siedler geschaffen, die Schwelfeuer entzündeten mit Abfall und Blättern, aufgehäuften Exkrementen und Knochen. Sie lebten in großen, verstreuten Ortschaften, in denen Müll wiederverwertet wurde und wo man bereits Vorläufer jener Grüngürtel anlegte, die heute viele moderne Städte umgeben. Im Laufe der Jahrhunderte stieg der Kohlenstoffgehalt des Bodens, der nun zunehmend von Würmern und deren Helfern besiedelt wurde. Diese Tiere nehmen die Asche auf und scheiden sie wieder aus als lehmige Kohlenstoffpaste vermischt mit Schleim. Schwarzerde besitzt im Durchschnitt einen zehnmal höheren Stickstoff- und Phosphorgehalt als gewöhnliche Erde und ist aufgrund ihrer Fruchtbarkeit heute bei Gärtnern sehr beliebt.

In Amazonien, den USA und anderen Ländern kehren die Würmer langsam wieder zurück, aber vielleicht ist es schon zu spät. Die Sorge um den Boden manifestiert sich heute in vielfältiger Weise. Biogärtner verwenden »Wurmkompost« – Biohumus aus den Ausscheidungsprodukten von Mistwürmern und anderen Tieren, die sich vom Abfall von Agrarbetrieben und Fabriken ernähren – als hochwirksamen Dünger. Manche erzeugen ihn selbst in eigenen Kompostern, in die sie auch Hausabfälle und alte Zeitungen geben, die in Dünger umgewandelt werden. Diese Gärtner gehören zu einer globalen Bewegung, welche die industrielle Landwirtschaft, die die Prärien zerstörte, als Feind betrachtet und in kleinem Rahmen zu ersetzen versucht, was verloren gegangen ist.

Insgesamt ist in der Landwirtschaft eine Tendenz zur Abkehr von der intensiven Bodenbewirtschaftung erkennbar, die den Würmern wieder mehr Freiraum gibt. Bauern bringen die Saat immer häufiger auf ungepflügten Äckern aus oder säen sie zwischen die Stoppeln des Vorjahres in die Erde. Weltweit gibt es Hunderte Millionen Hektar solcher »no-till«, also unbearbeiteter Ackerflächen, und auch in Ländern, wo nach wie vor der Pflug regiert, wird der Boden heute rücksichtsvoller als früher bearbeitet. Brasilien mit seinen tiefen, von Ameisen geschaffenen Böden hat diese Entwicklung maßgeblich initiiert. Die »sanfte« Landwirtschaft bemüht sich, die schwere Arbeit der Natur zu überlassen. Anstatt den Boden von trockenen Halmen und Blättern zu säubern, verbleiben die Überreste einer Ernte darauf. Nach kurzer Zeit werden sie auf natürliche Weise in den Boden eingearbeitet. Die Erde kann so mehr Kohlenstoff aufnehmen und wird dadurch fruchtbarer. Unkraut wird unterdrückt durch die

Schicht toter Vegetation, die sich dann bildet, das Wasser fließt langsamer ab, und die Temperatur an der Oberfläche bleibt konstanter, wodurch Neusaaten günstigere Bedingungen vorfinden als auf einem frisch gepflügten Acker. Viele Bauern, die Regenwürmer früher als Plage betrachteten, erkennen heute, dass es der Erhaltung des Bodens – und der Erzielung von Gewinnen – zuträglicher ist, wenn man die Würmer unbehelligt arbeiten lässt, anstatt Maschinen einzusetzen.

Der Verzicht auf Maschinen und die wieder zunehmende Wertschätzung der natürlichen Bodenbearbeitung ist ein großer Erfolg. In Kanada wachsen heute zwei Drittel der Ernten auf ungepflügten oder schonend gepflügten Böden. Nachdem in der Vergangenheit Millionen Tonnen fruchtbare Erde verloren gingen, könnte nun eine Zeit anbrechen, in der man Pflanzen und Tieren – die als einzelne schwach sind, als Masse aber große Kraft entfalten – wieder erlaubt, den Boden zu regenerieren. Darwin, der die Natur wertschätzte, würde sich darüber freuen, aber es bleibt noch viel zu tun. Die Gefahr, dass es zu einem globalen Mesopotamien kommt – dass die Nahrungsmittelproduktion zusammenbricht, weil die wertvollen, aber in Vergessenheit geratenen Ausscheidungsprodukte der Würmer nicht mehr genutzt werden – ist nach wie vor gegeben.

Der große Naturforscher sprach in seinen letzten Lebensjahren häufig davon, dass er seinen Lieblingstieren am »schönsten Platz auf Erden« Gesellschaft leisten wolle, auf dem Friedhof in Downe. Man versagte ihm den Wunsch, sich ihnen anzuvertrauen, denn er wurde in der Westminster Abbey bestattet, deren Fundament die Würmer aussperrt. Seine sterblichen Überreste wurden vielleicht vor den Anneliden bewahrt, dafür aber zweifellos von anderen Lebewesen verzehrt. Darwins schlichte Idee – dass nämlich die allmähliche Veränderung von entscheidender Bedeutung ist für die Entwicklung der Erde und von allem, was auf ihr lebt – hat die

Macht des Glaubens durch jene der Wissenschaft ersetzt. Vielleicht revanchiert sich die heutige Agrarwissenschaft dafür, indem sie es den Würmern und ihren Helfern ermöglicht, den Schaden wieder gutzumachen, den Darwins Nachkommen ihrem Erzeugnis zugefügt haben, der Ackererde, die uns alle am Leben erhält.

Darwins Garten

Als Charles Darwin im Jahr 1842 ins Down House zog, hatte England 15 Millionen und London, damals die größte Stadt der Welt, etwa zwei Millionen Einwohner. Vierzig Jahre später, zum Zeitpunkt seines Todes, hatte sich die Zahl der Londoner verdoppelt, während sich gleichzeitig die englische Kapitale fast bis zu seinem Refugium ausgedehnt hatte. Seit dieser Zeit hat sich die Einwohnerschaft der Stadt noch einmal vervierfacht und sein Haus ist zu einem Museum geworden. Es liegt heute in einer sorgfältig erhaltenen Enklave, die so tut, als sei sie ein Dorf, in Wirklichkeit aber Teil des Londoner Stadtbezirks Bromley ist. In seiner Nähe haben sich noch einige Stellen der ursprünglichen Landschaft bewahrt. So hat sich auch die »dicht bewachsene Uferstrecke«, dieser Mikrokosmos des Lebens, der am Ende der *Entstehung der Arten* beschrieben wird, kaum verändert. Trotzdem lässt sich die Umgebung des Down House bei allem Wohlwollen nur als Vorortgegend beschreiben. Blickt man über den berühmten Sandwalk, entdeckt man in der Entfernung von einigen hundert Metern die Heckflossen von Flugzeugen. Der Biggin-Hill-Flugplatz war im Zweiten Weltkrieg während der Luftschlacht um England ein Fliegerhorst, dessen Piloten behaupteten, mehr als tausend feindliche Flugzeuge abgeschossen zu haben. Heute ist er einer der beliebtesten englischen Landeplätze für Klein- und Privatflugzeuge, dessen alljährliche Luftfahrtausstellung regelmäßig etwa 100 000 Besucher anzieht. Es hat sich in diesem Teil von Kent viel verändert, seitdem Charles Darwin regelmäßig ein Gebiet durchstreifte, das heute zu einem ölgetränkten Flugzeugrollfeld geworden ist.

Viele andere Orte, die sich mit dem großen Mann verbinden – und viele seiner Untersuchungsobjekte, von den Affen über die Regenwürmer und die insektenfressenden Pflanzen bis hin zum *Homo sapiens* selbst –, haben seit seinem Tod große Veränderungen erfahren. Dies hätte den Patriarch von Down House sehr überrascht. Darwin schaute auf die Vergangenheit, um die Gegenwart zu verstehen. Er dachte kaum einmal über die (biologische) Zukunft nach, da seiner Ansicht nach die Evolution so langsam voranschritt und das Fleisch so stabil war, dass in der Welt des Lebendigen noch über viele Generationen hinweg keine wirklichen Veränderungen zu erwarten waren. Allerdings waren auf lange Sicht die Aussichten zweifellos recht trübe, wie er in einem Brief an seinen alten Freund Joseph Hooker schrieb: »Auch ich finde die Langsamkeit des menschlichen Fortschritts ziemlich erniedrigend, aber jeder von uns hat seinen eigenen Lieblingsschrecken. Für mich zum Beispiel ist dieser langsame Fortschritt und sogar die Gefahr der persönlichen Auslöschung unbedeutend im Vergleich zur Annahme, oder, wie ich vermute, Sicherheit, dass die Sonne eines Tages erkaltet und wir alle erfrieren werden. Welche Vorstellung, dass der Fortschritt von Millionen Jahren, der dazu geführt hat, dass es auf allen Kontinenten von guten und aufgeklärten Menschen nur so wimmelt, ein solches Ende finden wird, und ein Neuanfang erst möglich werden wird, wenn unser Planetensystem sich wieder in rot glühendes Gas verwandelt haben wird. *Sic transit gloria mundi,* auf die Spitze getrieben.«

Ein kleiner Rückblick an seinem 200. Geburtstag zeigt, wie falsch er lag. Zwar wimmelt es auf allen Kontinenten nur so von Menschen, aber der »Fortschritt« (wenn es denn einer ist) war keineswegs langsam, sondern verlief rasend schnell. Tatsächlich ist in dem kurzen biologischen Augenblick seit dem Jahr 1809 eine Menge geschehen. Darüber hinaus werden die Pflanzen, Tiere und Menschen in den nächsten zweihundert Jahren einen evolutionären Umbruch erleben, der größer ist, als alles, was sie seit Tausenden von Jahren erfahren haben. Für die meisten Pflanzen und Tiere ist die Gefahr einer »persönlichen Auslöschung« viel näher als die Gewissheit, dass unsere Welt eines Tages den Hitzetod sterben wird.

In den letzten Wochen seiner großen Reise, im Juli 1836, hatte der junge Forscher eine kurze Vision der zukünftigen Entwicklungen, ohne sich dessen vielleicht so ganz bewusst zu sein. Die *Beagle* hatte im Hafen von St. Helena Anker geworfen. Die auf halbem Weg zwischen Afrika und Südamerika gelegene Insel, die im 16. Jahrhundert zuerst von den Portugiesen in Besitz genommen worden war, ist einer der abgelegensten Orte der Welt, die Darwin trotzdem ausnehmend gefiel, wie seiner Beschreibung zu entnehmen ist. Die 414 km^2 große Insel, ein alter Vulkan, »steigt ganz plötzlich wie ein ungeheures schwarzes Schloss aus dem Ozean auf«. Er bewunderte den »englischen oder vielmehr walisischen Charakter der Szenerie« und bemerkte zu seiner Überraschung, dass auch die Vegetation von St. Helena mit ihrem Ginster, ihren Brombeeren, Trauerweiden und anderen eingeführten Pflanzen, die von einer Anzahl aus Australien stammender Arten ergänzt wurden, einen »entschieden britischen Charakter« besaß. Von den 742 beschriebenen Arten der Insel waren nur 52 »eingeboren«, 90 Prozent waren also Eindringlinge. Sie hatten die ursprünglichen pflanzlichen Bewohner zum Aussterben getrieben oder »auf die höchsten und steilsten Bergrücken« verdrängt. Eine offene Weidefläche in der Nähe der Küste wurde von den Einheimischen immer noch »Great Wood« genannt. Dieser »große Wald« hatte existiert, bis hundert Jahre vor Darwins Besuch seine Bäume gefällt worden waren und Ziegen- und Schweineherden alle übrigen Sämlinge gefressen und damit dieses Biotop endgültig vernichtet hatten. Katzen und Ratten, die dem Menschen auf die Insel gefolgt waren, hatten sich zu wahren Plagen entwickelt, waren aber dann wieder verschwunden, weil ihre übergroße Zunahme ihre Nahrungsquellen erschöpft hatte. Bei seinem ersten Landgang fand Darwin die leeren Schalen von neun Arten von »Landschnecken von eigentümlicher Form« (eine der wenigen Erwähnungen von Schnecken in seinem gesamten Oeuvre). Dabei fiel ihm auf, dass »alle die vielen Exemplare dieser Schnecke, die ich an einem Ort gefunden habe, als scharf markierte Varietät von einer Anzahl an einem anderen Ort erhaltener Exemplare abweichen« – womit er auf ein Beispiel des Wirkens der Evolution gestoßen war. Allerdings waren alle diese Molluskenarten mit Ausnahme einer einzigen inzwischen ausgestorben und hatten der aus England stammenden Gefleckten Weinbergschnecke Platz machen müssen.

Zwei Jahrhunderte nach seinem Besuch hat die Vielfalt des Lebens auf St. Helena noch weiter abgenommen. Auf der Insel gab es einst 49 »eingeborene« Arten von Blütenpflanzen und 13 endemische Farnarten. Sieben davon sind seit der Ankunft der Portugiesen ausgestorben, zwei haben in speziellen Pflanzungen überlebt und viele weitere stehen kurz vor dem Verschwinden. Der letzte St.-Helena-Olivenbaum ist 1994 an einer Pilzinfektion eingegangen. Teile des zur Zeit der *Beagle* auf den Höhen der Insel noch weit verbreiteten Baumfarnwaldes existieren zwar noch, aber andere einzigartige Habitate, die Darwin damals besuchte, wie etwa das St. Helena-Gummiholz, sind verschwunden, während von den Ebenholzdickichten gerade noch zwei Büsche übrig geblieben sind. Den St.-Helena-Riesenohrwurm (mit bis zu 84 mm Länge der größte der Welt), den inseltypischen Riesenlaufkäfer und die St. Helena-Heidelibelle, die in den 1830er Jahren noch häufig zu finden waren, wurden bereits seit Jahren nicht mehr gesehen, und die Schnecke »von eigentümlicher Form« ist heute auf eine Population von nicht mehr als einigen Hundert zusammengeschrumpft. Nach dem Aussterben des St. Helena-Sturmvogels gibt es auf der Insel nur noch eine endemische Vogelart, den St.-Helena-Regenpfeifer, der allerdings ebenfalls bedroht ist.

Drei Monate nach seinem Abschied von St. Helena notierte der große Naturforscher in sein Tagebuch: »Am 2. Oktober erreichten wir die Küste von England, und in Falmouth verließ ich die *Beagle,* nachdem ich beinahe fünf Jahre an Bord des guten kleinen Schiffes gelebt hatte.« Sein Bericht über seine Expedition endet mit dem begeisterten Rat an jeden Naturforscher, »unter allen Umständen die Gelegenheit zu ergreifen und aufzubrechen, womöglich zu Landreisen, und ist dies nicht möglich, zu einer langen Seefahrt«. Charles Darwin sollte Großbritannien nie mehr verlassen.

Das war auch nicht nötig. Dieses Buch hat ja gezeigt, dass die völlig unexotischen Landschaften daheim ihm das Rohmaterial für ein ganz der Wissenschaft gewidmetes Leben liefern konnten. Darwins fünfzigjährige Arbeit über Rankenfüßer und Kletterpflanzen, Haustiere und Regenwürmer sollten die Biologie für immer verändern. Auch seitdem konnten die Britischen Inseln allen Erforschern der wilden Natur weitere wichtige Erkenntnisse verschaffen, da dieser bescheidene Archipel ein Mikrokosmos der globalen Veränderungen ist, die seit Darwins Heimkehr stattgefunden haben.

Das damals weit verbreitete geografische Lexikon der Britischen Inseln *Bartholomew's Gazetteer of the British Isles* beschrieb Kent, den »Garten von England«, in seiner kurz nach Darwins Tod erschienenen Ausgabe als kleines Paradies: »Sein Boden ist verschiedengestaltig und in hohem Maße von landwirtschaftlichen Kulturen bedeckt ... Alle Arten von Getreide und Bodenfrüchten, wie auch Obst von höchster Qualität, gedeihen dort im Überfluss. Darüber hinaus wird in Kent mehr Hopfen angebaut als im gesamten übrigen England. Die Wälder sind ausgedehnt ... Auch der

Fischerei wird in erheblichem Maße nachgegangen ... Vor allem die Austernbänke sind weit berühmt.«

Inzwischen hat sich eine Menge verändert. Die Bauernhöfe Kents erzeugen nur noch halb so viel wie noch vor einem Jahrzehnt. Die Austern sind beinahe verschwunden und die Lachsfischerei in der Themsemündung, die früher so ertragreich war, dass sich die Londoner Lehrlinge schließlich weigerten, mehr als einmal pro Woche diesen Fisch zu essen, ist völlig zusammengebrochen. Alle bukolischen Tätigkeiten wurden von diesem neuen unverzichtbaren Produkt, den »Dienstleistungen«, abgelöst, die heute für drei Viertel des Beitrags der Grafschaft zum Wohlstand der Nation verantwortlich sind. Kent ist nun eine Schlafstatt Londons, während die Metropole selbst zu einem Anlaufpunkt der ganzen Welt geworden ist. Der Zustrom von Menschen, Macht und Geld hat Kents Landschaft durch Autobahnen, Eisenbahngleise und Stromleitungen zerstückelt. Die Hopfendarren wurden zu Wohnhäusern für Pendler umgewandelt und der Hopfen selbst – das Rohmaterial vieler Darwinscher Experimente – wird nur noch auf einem Bruchteil der Felder angebaut, die der große Forscher noch kannte. Der wuchernde Londoner Moloch wurde zwar wenigstens teilweise durch den 1935 ausgewiesenen »Green Belt«, den Grüngürtel um die gesamte Stadt, eingegrenzt, jedoch würde eine Verwirklichung der Pläne für ein neues Wachstumsgebiet, das sogenannte »Thames Gateway«, bedeuten, dass ein weiterer großer Teil des Gartens von England zu einer langweiligen Vorstadt verkommt.

Ein Großteil von Charles Darwins Feldforschungen über insektenfressende Pflanzen, Selbstbefruchtung und Orchideen fand im Ashdown Forest in der Nachbargrafschaft Surrey statt, wo seine Cousine Sarah Wedgwood ein Haus besaß und er oft wanderte, nachdachte und botanisierte. In seinen Tagen war der Forest nur eine der zahlreichen englischen Heideflächen, allesamt Nachfahren ehemaliger Wälder, deren Bäume man bereits vor Jahrhunderten gefällt hatte (Cobbett nannte seine kargen Böden einmal das »armseligste und hässlichste Stück Erde, das ich jemals gesehen habe«). Ashdown wurde von den Normannen als Jagdgebiet genutzt und wie alle diese königlichen Jagden mit einem über dreißig Kilometer langen Wall und Graben eingefriedet. Im Lauf der Zeit wurden die meisten Bäume abgeholzt und in Eisengießereien und häuslichen Herdstätten verbrannt. Zurück blieb eine große Heide, ein »naturnaher« Teil der nur noch wenig natürlichen Landschaft, die England ausmacht. Seit der Veröffentlichung der *Entstehung der Arten* sind 90 Prozent der britischen Heideflächen verlorengegangen. Der Ashdown Forest ist mit seinen 2500 Hektar zwar das größte erhaltene Stück Heide, aber trotzdem nur noch ein Schatten seiner selbst. Die Sauergräser und Sumpfgebiete wurden von Farnkraut überwuchert oder sind völlig ausgetrocknet, als man ihr Wasser abpumpte, um damit den Durst von Millionen zu stillen. Viele Arten, die dort einst weit verbreitet waren, wie Enzian, Affodill, Sonnentau, verschiedene Orchideenarten usw. sind inzwischen sehr selten geworden. Einige der beliebtesten Wandergebiete des großen Mannes sind inzwischen Vororte, Bauernhäuser oder Golfplätze.

Ashdown Forest ist ein Mikrokosmos unserer modernen Zeiten. Die alljährlich in Großbritannien durchgeführte Bestandsaufnahme des Vorkommens von 65 der häufigsten Pflanzen (»Common Plants Survey«) überprüft an 500 zufällig ausgewählten, über das ganze Land verstreuten Plätzen den Bestand von 65 Prozent der am weitesten verbreiteten britischen Blumen von den Primeln über die Glockenblumen bis zum Fingerhut. Vor einem Jahrhundert wuchsen diese Arten fast überall. Im Jahr 2007 waren an einem Viertel der untersuchten Stellen überhaupt keine mehr zu finden. Die meisten dieser blumenfreien Plätze lagen in der Mitte riesiger Getreidefelder oder auf großen Weideflächen, die keinerlei Hecken mehr aufwiesen. Andere lagen sogar in Waldgebieten. Die verbliebenen englischen Wälder mögen zwar unter dem Schutz des Woodland Trust, der Royal Society for the Protection of Birds oder des National Trust stehen, haben aber trotzdem einen Großteil ihrer Vielfältigkeit eingebüßt. Die stabile Ökologie, die eine aktive Waldwirtschaft aufrecht erhielt, wurde von einem Museum voller ältlicher Bäume abgelöst, in dem Primeln, Glockenblumen, Sperlinge, Kuckucke und Dohlen auf dem Rückzug sind. In ganz England – und überall in Europa – sind auf den Feldern immer weniger Lebensformen zu finden. Die Subventionen haben eine Wüste geschaffen und nennen das Ganze jetzt »Landwirtschaft«.

Kents traurige Geschichte findet an vielen britischen Lieblingsorten Darwins von Stonehenge bis Shrewsbury und von Wales bis ins schottische Hochland ihre Entsprechung. Aber die Produkte der Evolution bekamen noch einen weiteren Schlag versetzt, als die Welt nach Kent kam und die Tiere – und Menschen – von Kent in die ganze Welt reisten. Darwins Garten wurde mit der ganzen Welt vereinigt, die zu einem einzigen riesigen Kontinent wurde, während sie früher – wirklich oder im übertragenen Sinne – aus einer Reihe von Inseln bestand (für England hat der Kanaltunnel dies zur Wirklichkeit werden lassen). Die gesamte Menschheit wurde quasi homogenisiert, denn selbst im wohlhabenden Bromley stammen zehn Prozent der Einwohnerschaft inzwischen aus einer ethnischen Minderheit. Für Mensch und Tier ist der Kampf ums Überleben nicht länger lokal begrenzt, sondern ein weltweiter Konflikt. Die Evolution gießt also die Bewohner jeder Ecke unseres Planeten nicht mehr in eine Form, die ihnen ein Überleben in genau diesem Umfeld ermöglichen soll. Einige Geschöpfe gedeihen in dieser neuen internationalen Arena, viele andere sind dagegen zum Untergang verurteilt.

Evolution schafft Mannigfaltigkeit. Jetzt hat eine *einzige* Art diesen Prozess ganz alleine umgekehrt. Der Mensch hat für eine fast so große Vereinfachung gesorgt wie die Katastrophe, die die Dinosaurier vernichtet hat. Gerade die Galapagos-Inseln sind ein gutes Beispiel für das, was er in weniger als zweihundert Jahren bewirkte. Die *HMS Beagle* besuchte im Jahre 1835 die James-Insel. Nahrung gab es dort in Hülle und Fülle. »Wir lebten ganz und gar von Schildkrötenfleisch… Die jungen Schildkröten ergeben eine vorzügliche Suppe.« In diesen ungeschlachten Tieren begegnete Darwin, ohne es zu wissen, den ersten Anzeichen eines Wirkens der Evolution, denn sie unterschieden sich von den Schildkröten, die auf den ganz in der Nähe lebenden Indefatigable- und Albemarle-Inseln lebten. In einer seltenen Verbindung von Taxonomie und Gastronomie notierte er, dass die Exemplare der James-Insel »runder, schwärzer und, wenn gekocht, von besserem Geschmacke« seien. Dies erschien ihm zu dieser Zeit wohl kaum mehr als eine Kuriosität. Tatsächlich war es aber eine Einführung in die Biologie des Wandels.

Heute sind die Schildkröten der James-Insel und ihre Verwandten auf den anderen Eilanden dem Aussterben nahe. Während es in den Tagen der *Beagle* fast eine Viertelmillion von ihnen gab, ist ihre Zahl inzwischen auf 15 000 gesunken. Drei der vierzehn endemischen Unterarten sind verschwunden. Von einer weiteren ist nur ein einziges Exemplar, der berühmte Lonesome George, übrig geblieben. (Man konnte den »einsamen George« allerdings dazu überreden, sich im Alter von etwa neunzig Jahren mit dem Weibchen einer anderen Unterart zu paaren, und hofft, dadurch seine Gene zu bewahren.) Neben den Menschen ist dieser Niedergang auf die eingeführten Schweine zurückzuführen, für die Schildkröteneier eine Delikatesse sind. Weniger offensichtliche Schädlinge haben ebenfalls den Weg auf den Archipel gefunden. Vor zwanzig Jahren gelangten die ersten Exemplare der Australischen Wollschildlaus auf die Inseln. Inzwischen haben sie sich über den gesamten Archipel ausgebreitet, wo sie Dutzende von einheimischen Pflanzen befallen.

Schweine und Wollschildläuse sind deshalb so gefährlich,

weil sich beide durch einen epikuräischen Geschmack auszeichnen. Sie probieren gerne alles zumindest einmal aus und werden sich, wie unser junger Naturforscher im Falle der Schildkröten, einer neuen Nahrungsquelle zuwenden, wenn ihnen ihre gewohnte Kost nicht mehr zur Verfügung steht. Dabei können sie die allerletzten Exemplare einer bedrohten Art verspeisen, ohne sich selbst dabei um Haus und Hof zu fressen. Solche nicht spezialisierten Prädatoren, wie man diese Räuber im Fachjargon nennt, sind eine echte Bedrohung der Vielfältigkeit eines Biotops. Auf den Galapagos-Inseln sind Ziegen und Katzen zu einer regelrechten Plage geworden, haben eingeführte Tauben ihre gefiederten Verwandten vertrieben und fremde Wespen den einheimischen Insekten schweren Schaden zugefügt. Den Inseln stehen Zeiten bevor, in denen Spezialisten, die die Evolution so geformt hat, dass sie in eine ganz spezielle Ökonische hineinpassen, eigentlich eher plumpen Fremden zum Opfer fallen, denen es aber gelingt, mehr oder weniger überall zurechtzukommen. Den Touristen auf den Galapagos-Inseln (von denen es jedes Jahr über 100 000 gibt) bietet sich heute schon weit weniger Wunderbares als damals der Mannschaft der *Beagle*. In hundert Jahren werden die Besucher den Ort kaum noch vom südamerikanischen Kontinent unterscheiden können, weil viele seiner einheimischen Arten bis dahin verschwunden sein werden. Die Ergebnisse einer Millionen Jahre dauernden Isolation werden dann vom Menschen, dem schlimmsten nicht spezialisierten Räuber aller Zeiten, vernichtet worden sein.

Trotzdem sind die Galapagos-Inseln immer noch die Ikonen der Evolution, weswegen ihre Probleme auch großes Aufsehen erregen. Viele andere kleine ozeanische Inseln auf der ganzen Welt können dagegen noch so seltene, spezialisierte und verletzliche einheimische Arten aufweisen, die demselben oder einem noch schlimmeren Schicksal entgegensehen, ohne dass viele Menschen davon Notiz nehmen würden. Von St. Helena bis Tahiti und von Hawaii bis zu den Kapverden ist die Lage inzwischen höchst alarmierend. Die große Mehrheit dieser Orte, deren Niedergang schon lange vor der Ankunft der *Beagle* begann, sind heute nicht mehr zu retten.

Das Schicksal des St.-Helena-Riesenohrwurms oder der Galapagos-Schildkröten ist zwar schon traurig genug, aber Charles Darwins bescheidenere Studienobjekte sind ein noch deutlicheres Zeichen des universalen Angriffs auf unsere Biosphäre. Sie sind gleichzeitig bedroht und eine Bedrohung für andere. Die unspektakulären Geschöpfe, die er untersuchte, die Regenwürmer und Bienen, Primeln und Orchideen, die kletternden und die fleischfressenden Pflanzen, sehen sich gegenwärtig einem ökologischen Erdbeben ausgesetzt, wo immer sie auch leben mögen. In vielerlei Hinsicht sind die Lehren, die uns ihre Beobachtung vermittelt, alarmierender als das, was uns weit entfernte Inseln im Pazifik zu sagen haben. Die Krise hat längst den Bereich des Exotischen verlassen. Was früher alltäglich und vertraut war, ist heute zur Seltenheit geworden.

Der Sonnentau in Kent und Sussex ist weiterhin gefährdet, und viele der insektenfressenden Pflanzen, die aus der ganzen Welt im Down House eintrafen, stecken in ihrer Heimat in noch weit größeren Schwierigkeiten. Die großen Hochmoore voller Venusfliegenfallen und Kannenpflanzen, die früher Teile von Nord- und Südcarolina bedeckten, sind inzwischen alle zerstört worden. Landwirtschaft und Entwässerung vernichten ihre Lebensräume, und die Hobbygärtner, die sie ausgraben, sind ebenfalls keine große Hilfe. Eine schleichendere Bedrohung stellt der Brandschutz dar, weil diese Wesen am besten an Stellen gedeihen, an denen es häufig brennt, was heute in unseren sorgfältig überwachten Landschaften weit seltener als in früheren Zeiten geschieht.

Seine anderen Untersuchungsgegenstände, die Orchideen, stehen vor den gleichen Problemen. Tatsächlich haben sie dieselben Feinde wie die insektenfressenden Pflanzen: Aggressive Bauern, empfindliche Habitate und gierige Sammler. Ein

Drittel der fünfzig britischen Arten ist gefährdet, wobei einzelne Populationen auf weniger als hundert Individuen geschrumpft sind. Von einer, dem Frauenschuh, gab es eine Zeitlang in ganz Yorkshire nur noch ein einziges Wildexemplar. (Inzwischen wurden Tausende von Treibhausexemplaren ausgewildert, in der Hoffnung, dadurch die Art zu retten.) Bereits die Viktorianer litten an »Orchidelirium« und zahlten für seltene Sorten hohe Summen. Händler zerstörten ganze Standorte, um die Preise für ihre eigenen Gewächse hochzuhalten. Darwins Kollege, der Botaniker Joseph Hooker, musste feststellen, dass man die Gegend um Rio de Janeiro, die der junge Charles dreißig Jahre zuvor besucht hatte, aller ihrer Orchideen beraubt hatte, die danach nie mehr zurückgekommen waren. Im Gegensatz zum holländischen Tulpenfieber des 17. Jahrhunderts, das nach einer gewissen Zeit zu Ende ging, hat das Orchideenfieber bis heute angehalten, wobei weltweit pro Jahr Pflanzen im Wert von zehn Milliarden Dollar gehandelt werden. Der Preis für ein seltenes Exemplar geht schon einmal in die Tausende. Ein Großteil dieses Handels geht völlig legal und ordentlich vor sich, wobei die Pflanzen kultiviert oder in großer Zahl aus Zellen geklont werden, die man einem oder mehreren Individuen entnommen hat. Allerdings nimmt ein bedeutender Teil des Handels keinerlei Rücksicht auf den Artenschutz, was dazu führte, dass viele wilde Arten aus Thailand, China, Brasilien, Guatemala und anderen Ländern höchst gefährdet sind. Etwa zehn Prozent aller Orchideenarten sind akut bedroht und der ständige Rückgang der tropischen Wälder bedeutet, dass noch viele weitere verschwinden werden, bevor sie der Wissenschaft überhaupt bekannt werden können. Selbst die Pflanzen der »Orchis Bank« in der Nähe des Down House überleben nur aufgrund der ständigen Wachsamkeit örtlicher Naturfreunde.

Großbritannien selbst erlebt gerade wie viele andere Regionen die Reaktion auf den Verlust seiner Insektenfresser,

Orchideen usw.: die Rache der Einwanderer, eine Welle von Geschöpfen, die plötzlich aus dem Nichts auftauchten, und den einheimischen Lebewesen zusetzen. Der Neuseelandplattwurm, der in den 1960er Jahren nach Belfast gelangte, hat danach seinen Siegeszug über die Britischen Inseln angetreten (ein australischer Vetter hat sich ebenfalls bereits in Bewegung gesetzt). Er tötet Regenwürmer, indem er sich um sie schlingt und sie lebendig verdaut. Dieser Schädling hat sich inzwischen über ganz Schottland, Nordengland und Irland ausgebreitet. In einigen Gegenden sind die Regenwurmpopulationen bereits zusammengebrochen.

Die Verlierer in dieser nachviktorianischen Schlacht werden durch andere ersetzt, die in der neuen Weltwirtschaft prächtig gedeihen. Einige sind in ganz neue Länder eingewandert. Dort richten sie verheerende Schäden an. Pflanzliche Schädlinge mögen lästig sein, tierische Schädlinge sind noch weit schlimmer.

Die moderne Gesellschaft war immer schon von »Fremdlingen« abhängig, von Lebewesen, die aus ihren Heimatländern bei uns eingewandert sind, seien es nun Mais, Hühner oder Rinder. Sie entstanden im Nahen und Mittleren Osten, in Asien oder der Neuen Welt, gelangten von dort aber in alle Teile unseres Globus. Viele wurden in ihrer neuen Heimat zu Schädlingen, viele weitere folgten ihren Anbauern, wenn diese neue Gegenden eroberten. Darwin selbst bemerkte die Invasion der britischen Pflanzen in den Vereinigten Staaten und stellte in einem Brief seinem amerikanischen Kollegen Asa Gray die nicht ganz ernst gemeinte Frage: »Verletzt es nicht Ihren Yankee-Stolz, dass wir Sie so gründlich verdreschen?« Aber die Neue Welt konnte sich bald darauf revanchieren. Heute fressen aus Amerika stammende graue Eichhörnchen die Eier britischer Waldvögel und verstopft die Kanadische Wasserpest die englischen Bäche. Dass das dritte Jahrtausend die Ära der Schädlinge sein wird, liegt an dem größten Schädling von allen, dem *Homo sapiens*.

Viele Unkräuter bleiben aber daheim, leben in gestörtem Boden, gedeihen eine kurze Zeit und ziehen an eine andere Stelle weiter, wenn sich die Verhältnisse ändern. Sie richten wenig Schaden an, sieht man einmal vom Ärger der Gärtner ab. In einer völlig fremden und andersartigen Umgebung können sie allerdings zur pflanzlichen Entsprechung der Schweine werden: Sie siedeln sich an, beuten alles aus, was sie vorfinden, und zerstören die einheimischen Gewächse. Viele Importe aus der Alten Welt machten auf dem amerikanischen Doppelkontinent eine große Karriere. Eine europäische Wegrandpflanze, die kleinköpfige Rispen-Flockenblume wächst dort inzwischen auf vielen Millionen Hektar. Sie scheidet ein Gift aus, das die einheimischen Pflanzen tötet, da diese im Gegensatz zu den europäischen keine Resistenz dagegen entwickeln konnten. Als üble Nebenwirkung ist sie auch für Pferde tödlich. Die kleinköpfige Rispen-Flockenblume ist inzwischen völlig außer Kontrolle geraten. Andere wie etwa die brasilianische Wasserhyazinthe, die auf den Karibikinseln mehr und mehr zur Plage wird, finden sich plötzlich in Gegenden wieder, in denen ihre einheimischen Bestäuber fehlen, und befruchten sich daraufhin selbst. Einige hybridisieren mit einem einheimischen Verwandten und gewinnen durch dessen gekaperte Gene neue Lebenskraft. So ist das in England inzwischen recht häufige hellgelbe, giftige Felsen-Greiskraut eine Hybride zwischen zwei sizilianischen Arten, die man im 17. Jahrhundert in den Oxforder Botanischen Garten brachte (deswegen auch der englische Name »Oxford Ragwort«), das von dort entwischte und sich auch heute noch immer weiter über Großbritannien ausbreitet.

Einige der aggressivsten Eindringlinge gehören zu den Kletterpflanzen und sind inzwischen zu weltweiten Schädlingen geworden. Selbst eine Hopfenart, der Japanische Hopfen, befindet sich inzwischen auf einem Eroberungszug durch die Vereinigten Staaten. Auch Kudzu, eine Schlingpflanze aus der Familie der Erbsen, stammt aus Japan. Als Freundschaftsgeste legten die Japaner auf der Weltausstellung von Philadelphia im Jahre 1876 einen Ziergarten an, in dem auch die Kudzu-Pflanze ihren Platz fand. Den amerikanischen Gärtnern gefielen deren Blüten, und sie verbreiteten das Gewächs im ganzen Land. Zuerst schien der Einwanderer äußerst nützlich zu sein. Da seine Wurzeln zwei Meter lang werden, wurde er in den Südstaaten zur Bodenbefestigung genutzt, nachdem die dortigen Wälder abgeholzt worden waren. Außerdem verteilten die Eisenbahngesellschaften Kudzu gratis an die Farmer, weil sie hofften, dass sie die Pflanze als Viehfutter anbauen würden, das sie dann mit ihren Güterzügen abtransportieren konnten. Das Ganze war allerdings ein Riesenfehler. Die Pflanze wächst so schnell, dass die Einheimischen mit einem Anflug von Galgenhumor empfehlen, nachts das Fenster zu schließen, um sie draußen zu halten. In manchen Gegenden legt sie jeden Tag dreißig Zentimeter zu – in einer Saison ergibt das zwanzig Meter – und kann dadurch in kurzer Zeit einen riesigen Baum überwuchern. Kudzu ist in einem Landstrich außer Kontrolle geraten, der ganz Alabama, Georgia und Mississippi einschließt. Die Pflanze hat inzwischen im Norden Massachusetts und im Westen Texas erreicht. Die Bekämpfungsmaßnahmen kosten im Jahr eine halbe Milliarde Dollar.

Andere Kletterpflanzen stehen ihr allerdings in nichts nach. Florida hat seine »Luftkartoffeln«, eine aus Westafrika stammende Yams-Art, die ganze Bäume einhüllt und ihnen das Licht stiehlt. Außerdem hat dieser Staat unter asiatischen Kletterfarnen zu leiden. Aus England eingeführter Gemeiner Efeu hat große Teile des Ahornwaldes in der Umgebung von Seattle überwuchert. In Australien sind die bei uns so harmlosen Brombeersträucher zu einer Plage geworden, ebenso wie die aus den Tropen der Alten Welt eingeführte Prunkwinde *Ipomoea cairica*. Die meisten von ihnen sind in ihrer Heimat völlig harmlos. Dort sind sie allerdings gewohnt, einen sich plötzlich bietenden freien Platz durch einen spontanen Wachstumsschub auszunutzen. In einer anders gearteten Umgebung kann diese Gewohnheit für die einheimischen Pflanzen äußerst schädliche Wirkungen haben.

Im Übrigen haben Kletterpflanzen einen Teil ihrer Erfolgsgeschichte auch dem Wirken des Menschen zu verdanken. Die schädlichen Auswirkungen des stetig wachsenden Kohlendioxidausstoßes auf das Klima sind inzwischen überall bekannt. Dieser hat allerdings auch unerwartete Nebeneffekte. Zum Beispiel gedeihen die Kletterpflanzen in dieser neuen, kohlendioxidreichen Atmosphäre ausgesprochen gut. In den letzten beiden Jahrzehnten hat der proportionale Anteil der Lianen am Amazonas-Urwald stetig zugenommen. Dies ist zwar teilweise auf die Öffnung des Waldes durch die Holzfäller zurückzuführen, hat aber auch mit dem erhöhten Angebot an Kohlendioxid zu tun, das die Pflanzen aufnehmen und in Holzmasse umwandeln können. Der Klimawandel lässt sie also auf Kosten der Bäume gedeihen. Auch die Wachstumsrate des Efeus hat stark zugenommen, seitdem ihm mehr Kohlenstoff aus der Luft zur Verfügung steht.

Viele weitere Versuchsobjekte der Down-House-Experimente befinden sich inzwischen auf Wanderschaft. Selbst die Seepocken sind mancherorts zu einer Bedrohung geworden. Einige Arten haben begonnen, sich mithilfe des ständig zunehmenden Schiffsverkehrs und des aus Ballasttanks abgelassenen Wassers (in dem sich auch ihre Larven befinden können) über die ganze Welt auszubreiten. Eine Seepocke in der Größe eines Tennisballs, die einst auf die Pazifikküste Südamerikas beschränkt war, hat es in den letzten fünf Jahren bis nach Florida, Georgia und Südcarolina geschafft. Sie führt dort zu Wutausbrüchen der Bootsbesitzer, da sie sich selbst an den schlüpfrigsten Bootsrümpfen festkleben kann und damit zu einer unwillkommenen Bremse wird. Eine an den Küsten von Kalifornien und Oregon beheimatete Art hat sich im Gegenzug in großer Zahl in Argentinien angesiedelt. Sie wurde dort zum ersten Mal in den 1970er Jahren gesichtet, hat aber seitdem eine zweitausend Kilometer lange Küste übernommen und das Aussterben vieler lokaler Meeresschnecken-, Seetang- und noch weiterer Arten verursacht. Inzwischen ist sie bereits in Japan angekommen und wird vermutlich schon bald Chile erreichen und dabei auch die sich in Muscheln hineinbohrende Art auslöschen, die die Aufmerksamkeit des jungen Darwin zum ersten Mal überhaupt auf die Rankenfüßer gelenkt hat.

Auch an Land ist eine unterirdische Revolution im Gange. Seit den Tagen Darwins haben bestimmte Würmer eine große Karriere gemacht. Die Tiere, die er in seinem Küchengarten beobachtete, haben inzwischen den Atlantik überquert. In einem großen Teil Nordamerikas gibt es keine einheimischen Regenwürmer, da sie dort von der letzten Eiszeit ausgerottet wurden, die nur ein paar Restpopulationen im pazifischen Nordwesten (von denen einige heute noch auf Gletschern leben) und in einigen anderen kleineren Gebieten übriggelassen hatte. Die Indianer mögen im Allgemeinen zu Recht alles bedauern, was ihnen der weiße Mann gebracht hat, aber wenigstens brachte dieser in Töpfen oder im Dreck an seinen Stiefeln die europäischen Regenwürmer mit. Inzwischen sind mehr als fünfzig exotische Arten in Amerika beheimatet. Wenn sie sich durch die Erde graben, arbeiten sie sich im Jahr zwar nur einige Meter vor, aber wenn sie eine Transportgelegenheit finden, können sie auch größere Strecken überwinden. Diejenigen, die den Köderbehältern der Angler an einsamen Seen entkommen können, besiedeln auf diese Weise auch noch die abgelegensten Wälder. Einige vermehren sich ungeschlechtlich. Ein einziger Klon kann dadurch riesige Gebiete in Besitz nehmen.

Im Gegensatz zu den meisten anderen Eindringlingen waren sie ziemlich nützlich. Man könnte sogar sagen, dass der Westen mithilfe der Würmer erobert wurde. Bevor der weiße Mann eintraf, konnten die nördlichen Prärien nur die Büffelherden ernähren. Aber als die Neueinwanderer sich ausbreiteten, verbesserte sich die Bodenfruchtbarkeit, was den Maisanbau und die Rinderzucht ermöglichte. Viele Millionen Hektar Land wurden immer wieder umgewendet, wodurch die dichte und zähe saure Humusauflage und die darunter liegende unfruchtbare mineralische Schicht in einen gut durchmischten Boden voller Nährstoffe umgewandelt wurden, der genau richtig für den Ackerbau war.

Aber nicht alle Auswirkungen waren so günstig. Bevor diese Einwanderer auftauchten, waren viele Nordstaaten der USA und ein Großteil Kanadas von riesigen Wäldern voller Farne bedeckt. Sie wuchsen auf dicken Schichten abgefallener Blätter, den sogenannten »Duffs«, die mit den Jahren vermoderten, anstatt von Würmern in den Boden verbracht zu werden, wie es auf der anderen Seite des Atlantiks üblich ist. Diese Laubhumushaufen waren die Heimstätten von Käfern, Salamandern, Mäusen und anderem Kleingetier. Die Einwanderer fraßen dann diese Duffs auf und hinterließen eine nackte, ungeschützte Oberfläche. Die meisten einheimischen Pflanzen sind aber von der Evolution dem vorherigen ungestörten Boden angepasst worden und stecken nun in großen Schwierigkeiten. Das dichte Unterholz macht allmählich Schachtelhalmen und Kannenpflanzen Platz. Die lokalen Pflanzen hängen auch von einer symbiotischen Beziehung mit den Pilzen ab, die mit ihren Wurzeln in Kontakt treten. Viele von diesen sind aber nun dem Angriff der Neuankömmlinge zum Opfer gefallen. Espen und Birken sterben ab, die einheimischen Zuckerahornwälder verdorren, wenn das Wasser durch die jetzt viel zu durchlässigen Böden abfließt, und die Präriegräser verschwinden und werden durch ihre europäischen Verwandten ersetzt. Im nördlichen Minnesota wurden in den letzten vierzig Jahren riesige Laubwälder zerstört und das Problem hat sich in der letzten Zeit sogar noch auf weitere Gebiete ausgeweitet. Die einst eher langsam ablaufenden Stoffumsätze dieser uralten Wälder haben sich sehr beschleunigt und riesige Mengen von Kohlenstoff und Stickstoff wurden weggeschwemmt. Das Problem ist dabei nicht auf Nordamerika beschränkt, denn die exotischen Würmer haben inzwischen auch in den tropischen Regenwäldern Einzug gehalten. Welche Auswirkungen sie dort haben werden, wissen wir noch nicht.

Auch die Insekten folgten den Bauern, wobei einige dabei wie die Würmer recht nützlich waren. Die meisten nordamerikanischen Bienen stammen ursprünglich aus Europa. Sie kamen zwei Jahre nach den Pilgervätern an, da auch die ersten Pioniere gerne naschten und deshalb unbedingt Honig haben wollten. Die Einwanderer gründeten wilde Kolonien, die prächtig gediehen. Sie wurden so sehr zu einem Kennzeichen der europäischen Siedlungen, dass sie die Indianer die »Fliegen des weißen Mannes« nannten. Jedes Jahr bewegte sich eine regelrechte Bienenwelle um weitere fünfzig Kilometer den Missouri hinauf. Damals galt der Spruch: Wenn die Bienen kommen, gehen die Büffel. Die Mormonen von Utah waren vom Fleiß dieser Tiere so beeindruckt, dass sie sie zum Symbol ihres Staates erkoren.

Immer noch leben in Nordamerika Milliarden von europäischen Bienen, wobei die kommerzielle Bienenzucht in nicht geringem Maße für diese hohe Zahl verantwortlich ist. Wie die Würmer haben sie die lokalen Arten vertrieben und wie diese spielen sie eine große Rolle in der amerikanischen Landwirtschaft. Viele Kulturpflanzen, vor allem natürlich die Obstbäume, sind für ihr Gedeihen auf Bestäuber angewiesen. Achtzig Prozent der hundert wichtigsten Nahrungspflanzen, die für zwei Drittel der weltweiten Produktion verantwortlich sind, hängen von ihnen ab. In Kalifornien gibt es so viele Mandel-, Kirsch- und Apfelplantagen, dass die natürlichen Bestäuber damit überfordert wären. Aus diesem Grund ist das Mieten und Vermieten von Honigbienen ein bedeutender Geschäftszweig mit einem Jahresumsatz von 150 Millionen Dollar geworden. (Es wird geschätzt, dass der Gesamtwert der Bienen für die amerikanischen Farmer das

Hundertfache dieser Summe beträgt.) Während die Saison voranschreitet, folgen die Bienenstöcke den Blüten. Ohne die europäischen Bienen würde der Ertrag einiger Früchte, Saaten und Nüsse in den Vereinigten Staaten auf ein Zehntel sinken. Die Fremden mögen ihre einheimischen Verwandten geschädigt haben, aber sie haben eine Menge für die Menschen getan, die sie mitbrachten.

Heute stecken diese Bestäuber in einer tiefen Krise. Auf beiden Seiten des Atlantiks nehmen die Bienenpopulationen ab. Die Zahl der Wildkolonien europäischer Bienen hat in den letzten fünfzig Jahren in Teilen Nordamerikas um neunzig Prozent und die der Bienen in Bienenstöcken um zwei Drittel abgenommen. Insektizide, Parasiten, Viruskrankheiten und die Konkurrenz neu eingeführter afrikanischer Bienen haben damit ebenso etwas zu tun wie das Verschwinden der Hecken und Büsche, in denen sich diese nützlichen Insekten ansiedeln konnten. Trotz aller Versuche, diesen Niedergang durch das Anpflanzen von Wildblumen und Orchideen und eine kontrolliertere Anwendung von Insektiziden zu stoppen, setzt sich dieser ungebremst fort. Darüber hinaus zerstört die zunehmende Luftverschmutzung den Duft vieler Blumen und vermindert damit deren Chancen, einen Bestäuber zu finden. Das ist eine schlechte Nachricht für alle Honigliebhaber und eine noch viel schlechtere für die Farmer und Bauern. Für viele einheimische Pflanzen könnte dies das Ende bedeuten.

Die Schwierigkeiten der Bienen, der Siegeszug der Unkräuter und die von Würmern verursachte immer weiter voranschreitende Bodenzerstörung sind nur ein Teil der neuen globalen Landwirtschaftskrise. Auch das Bevölkerungswachstum und die hohen Öl- und Kunstdüngerpreise sind dafür verantwortlich. Die Preise für Weizen, Reis, Kichererbsen und andere Grundnahrungsmittel sind in den Jahren seit 2006 um ein Mehrfaches gestiegen, nachdem sie zuvor lange Zeit stabil geblieben oder sogar zurückgegangen waren. Die Zeit des Überflusses scheint allmählich zu Ende zu gehen. Indien, viele Jahre ein Nahrungsmittelexporteur, hat begonnen, Reis einzuführen. Die Bevölkerungsexplosion in Afrika hat bereits hier und da zu Ernährungskrisen geführt. Obwohl die Chinesen ihr Wachstum durch strikte Kontrolle besser im Griff haben, lässt sie der wachsende Wohlstand zunehmend von billigen Getreidesorten zu teurem Rindfleisch wechseln. Die Weltfleischproduktion ist seit den 1960er Jahren um den Faktor vier gestiegen. Diese Ernährungsgewohnheit kommt uns auf vielfache Weise teuer zu stehen. Es braucht fünfzigmal mehr Energie, ein Kilogramm Fleisch als ein Kilogramm Mais oder Sojabohnen zu produzieren. In Haiti, Mexiko und Ägypten hat es schon die ersten Hungerrevolten gegeben. Die Fischbestände in den Weltmeeren sind weitgehend erschöpft. Die ansonsten lobenswerte Sorge um die Umwelt hat zu der törichten Entscheidung geführt, selbst auf dem allerbesten Land den Grundstoff für Biokraftstoffe anzubauen. Die Qualität vieler Böden hat sich verschlechtert und einst sehr produktive Regionen verlieren durch den Klimawandel zunehmend an Wert. Zwar gehört eine profunde Weltuntergangsstimmung inzwischen zum Berufsrisiko jedes Ökologen, aber tatsächlich fällt es immer schwerer, bei all den schlechten Nachrichten optimistisch zu bleiben.

Das Schicksal von Darwins Untersuchungsobjekten ist nur ein winziger Ausschnitt des Artensterbens. Auf der Roten Liste der bedrohten Arten stehen inzwischen 16 000 Namen, und jedes Jahr werden einmalige Geschöpfe für endgültig ausgestorben erklärt. Viele andere verschwinden fast unbemerkt und unbetrauert. Für die Ausbreitung mancher Unkräuter und Nutzpflanzen müssen andere Arten die Zeche zahlen. Die meisten verschwinden, wenn ihre Heimat zerstört wird. Fast die Hälfte der Regenwälder existiert nicht mehr, und den Mangrovensümpfen und vielen subtropischen Regionen droht dieselbe Katastrophe, auch wenn ihr Schicksal nicht so große öffentliche Aufmerksamkeit erregt. Das Aussterben ist ein Teil der Evolution. Etwa eine halbe Million Vogelarten hat es seit dem Entstehen dieser Klasse vor über 100 Millionen Jahren gegeben, aber nicht viel mehr als 10 000 von ihnen lebten jeweils gleichzeitig. Diese Zahl trifft auch für die Gegenwart noch zu (obwohl 1200 davon gefährdet sind). Trotzdem ist kaum zu leugnen, dass wir in einer Zeit schnellen Wandels leben, in der einige Arten gedeihen, viele andere dagegen dem Untergang geweiht sind.

Eine kleine und spezialisierte Gruppe von Säugetieren, die bis vor kurzer Zeit ein wichtiger Teil der europäischen, afrikanischen und asiatischen Fauna war, ist besonders gefährdet. Unsere Erde, die einmal viele unserer haarigen Verwandten beherbergte, wird bald der Planet eines einzigen Menschenaffen sein – des *Homo sapiens*. Fast die Hälfte der etwa 600 weltweiten Affen- und Menschenaffenarten haben wahrscheinlich keinerlei Zukunft. Die Hauptbedrohung ist die Zerstörung ihres Lebensraums, doch viele fallen auch Jägern und Krankheiten zum Opfer. Alle großen Primaten stehen – mit einer Ausnahme – kurz vor dem Ende ihres evolutionären Weges. Nur noch 200 000 Schimpansen leben in Freiheit. Die Zahl der Gorillas hat noch stärker abgenommen. An einigen Orten sind viele von ihnen am Ebola-Virus gestorben, den Menschen auf sie übertragen haben. Viele Orang-Utan-Populationen wurden inzwischen durch die Zerstörung des Regenwaldes stark fragmentiert und sind inzwischen zu klein geworden, um sich selbst zu erhalten.

Auch die Gene zeigen, dass das Schicksal verschiedener Menschenaffenarten in den letzten Jahrhunderttausenden eine Wendung zum Schlechten genommen hat. Die Menge der in der DNS verborgenen Variationen sagt viel über die Abundanz einer Art, also die Anzahl der Individuen bezogen auf ihr Siedlungsgebiet, in früheren Zeiten aus, denn Populationen, die über mehrere Generationen klein bleiben, verlieren durch die Zufälle der Reproduktion Gene, während in größeren Gemeinschaften lebende Tiere eine Diversität im Genpool aufrechterhalten können, die noch lange nachwirkt, selbst wenn ihre Zahl später stark abnehmen sollte. Die Doppelhelix deutet an, dass in einem Großteil der letzten paar Hundertausend Jahre die Orang-Utans, Schimpansen und Gorillas prosperierten, während der *Homo sapiens* und seine unmittelbaren Vorfahren ums Überleben kämpften. Die heute so sehr bedrohten Schimpansen unterscheiden sich auf molekularer Ebene dreimal mehr voneinander als die Menschen. Innerhalb der letzten 70 000 Jahre durchlief der *Homo sapiens* eine Phase, in der seine Art am Ende einer langen Dürreperiode aus nur noch 2000 bis 3000 Individuen bestand. (Seitdem gab es noch viele weitere lokale Krisen, als der Mensch neue Kontinente betrat und selbst auf den abgelegensten Inseln Fuß fasste.) Während eines Großteils unserer Geschichte waren wir eine bedrohte Primatenspezies, während unsere nächsten Verwandten blühten und gediehen. Jetzt hat sich das Blatt gewendet.

Auf der Erde gibt es heute etwa sechs Milliarden Menschen (und diese Zahl wird bis zum Höhepunkt dieser Bevölkerungszunahme, die etwa zum 200. Jahrestag der Veröffentlichung der *Entstehung der Arten* stattfinden wird, noch einmal um die Hälfte steigen). Der *Homo sapiens* hat begonnen, sich wie die Kudzu-Pflanze, der Regenwurm und die Riesenseepocke stark zu vermehren und über die ganze Erde auszubreiten. Damit hat er seine eigene Zukunft und die jedes anderen Bewohners unseres Planeten revolutioniert. Ohne dass wir es registrieren, ist unsere Evolution in einem Wandel begriffen, der bestimmt genau so groß ist, wie der der Arten, die uns umgeben. Wir sind schon seit Langem der Primat, der wie Unkraut die ganze Welt überwuchert. In jüngster Zeit hat sich dieser Vorgang sogar noch verstärkt. Geschichte wird schon immer im Bett gemacht, aber jetzt stehen die Betten näher beieinander als jemals zuvor.

Die Evolution findet nicht nur in der Zeit, sondern auch

im Raum statt. Wie Darwin bereits auf den Galapagos-Inseln bemerkte – und es die Geografie der menschlichen Gene zeigt –, entwickeln sich voneinander isolierte Populationen entweder als Reaktion auf die lokalen Kräfte der natürlichen Auslese oder durch zufällige Änderungen immer weiter auseinander. In den letzten Jahrtausenden haben sich außerdem im Laufe der menschlichen Siedlungsbewegung bestimmte genetische Trends herausgebildet, wobei die Variationsniveaus in erst relativ kürzlich entdeckten Gegenden wie den pazifischen Inseln und der gesamten Neuen Welt viel geringer sind. Alte Muster, die auf die Wanderung von Völkern aus dem Vorderen Orient auf die Britischen Inseln zurückgehen, haben sich durch die Tendenz der meisten Europäer, ihr Wohngebiet möglichst nicht zu verlassen, bis heute erhalten. Jetzt aber geht diese genetische Geschichte zunehmend verloren.

Wie weit liegen Ihr Geburtsort und der Ihres Partners voneinander entfernt und wie groß war diese Entfernung bei Ihren Eltern und Großeltern? Fast immer ist die Entfernung in der Abfolge der Generationen größer geworden, ein Vorgang, der sich heute noch fortsetzt (meine Frau und ich erblickten fünftausend Kilometer und meine Eltern etwa fünf Kilometer voneinander entfernt das Licht der Welt, und meine Studenten finden, das sei deutlich zu erkennen). Selbst im Nahen Osten, einer Hochburg des sexuellen Konservativismus, lassen die höhere Bildung, der steigende Wohlstand und die besseren Reisemöglichkeiten die DNS immer größere Strecken zurücklegen. In einer Reihe von israelisch-arabischen Dörfern fiel die Häufigkeit von Vetternehen von einem Viertel in den 1980er Jahren auf ein Sechstel im Jahr 2000. Dasselbe gilt für Jordanien, Libanon und Palästina.

In der Vergangenheit hielten Hürden im Kopf die Menschen voneinander getrennt. Wenn uns die wenigen übrig gebliebenen Jäger-und-Sammler-Stämme als Anhaltspunkt dienen können, riskierte man bei dem Versuch, sich einer anderen Gruppe anzuschließen, sein Leben. Auch die europäischen Grenzen werden von genetischen Schwellen markiert (wobei es tatsächlich größere Identitätsunterschiede zwischen den plumpen Biertrinkern des Nordens und den Weinsüfflern Spaniens und Italiens gibt). Die uralte Standorttreue der Einwohner des Alten Kontinents zeigt sich nicht nur in ihren Genen, sondern auch in ihren Familiennamen, diesen Fenstern zur Sexualgeschichte. Traditionell deckte sich ein Namensstammbaum exakt mit den nationalen Grenzen. Die Camerons waren mehr oder weniger auf Schottland und die Zapateros auf Spanien beschränkt. Spanien selbst hat die am meisten lokal geprägten Muster (und kann sich auch des häufigsten europäischen Nachnamens rühmen – Garcia), während Paris die europäische Stadt mit der größten Gen- und Namensvielfalt ist.

Namen und die damit verbundene DNS werden allerdings immer mobiler. Im Jahr 1881, dem letzten vollen Lebensjahr Darwins (in dem auch eine britische Volkszählung stattfand), trug etwa jeder fünfzigtausendste Brite seinen Nachnamen. Sein Ursprung ist walisisch und geht auf das Wort »derwen«, »Eiche«, zurück. Auch der Flussname Darwen in Lancashire ist davon abgeleitet. Zu Charles' Lebzeiten lebten die meisten Darwins in Sheffield und Umgebung, wo der Name achtmal gebräuchlicher war als in Großbritannien als Ganzem. Fast alle Namensträger lebten in einem Umkreis von achtzig Kilometern um diese Stadt (die Träger des Namens Jones, des zweithäufigsten britischen Familiennamens nach Smith, waren in diesen glücklichen Tagen noch fast ganz auf Wales beschränkt, wo sie in einigen Dörfern sogar die Mehrheit stellten). Bis zum Jahr 1998 hatte sich der Name des großen Naturforschers nach Norden ausgedehnt, wo ein neues Zentrum in Durham entstand, mit kleineren Zentren überall in Nordengland vom Mersey bis zum Tyne und etlichen Darwins in Herefordshire. Auch die Jones' traten eine größere Reise an und sind heute beiderseits der walisischen Grenze, in Nordwestengland und im Süden bis nach London zu finden. Ein Darwin oder Jones oder irgendjemand sonst muss auch nicht mehr mangels Auswahl jemand aus seiner eigenen Familie heiraten, wie das früher oft der Fall war. In unseren Tagen kommt er mit vielen potentiellen Partnern in Kontakt. Ausweislich des Heiratsregisters eines typischen englischen Dorfs ging auch dort der Anteil der Eheschließungen von Personen, die schon zuvor den gleichen Familiennamen trugen, seit Mitte der 1970er Jahre pro Jahr um ein bis zwei Prozent zurück. Der Rückgang war natürlich seit dem Erscheinungsdatum der *Entstehung der Arten* noch sehr viel größer. Auch in Sheffield, wo es einst die meisten Darwins gab, findet man heute Dutzende von neuen Namen aus der ganzen Welt.

Die Vereinigten Staaten sind auf dem Weg zur Homogenität schon ein bedeutendes Stück weiter vorangeschritten. Ihre Telefonbücher enthalten eine Million verschiedener Nachnamen. Allerdings gibt es auch dort Spuren der geschichtlichen Entwicklung. Wisconsin ist voller Skandinavier, während die Telefonverzeichnisse New Mexicos, Colorados und Texas' die große Zahl der spanischstämmigen Einwanderer bezeugen. Trotzdem zeichnet sich Amerika im Gegensatz zu Europa durch eine hohe nationale Einheitlichkeit aus. Jeder achte US-Bürger ist im Ausland geboren (in Kalifornien sind es doppelt so viele). Jeder Amerikaner wechselt im Durchschnitt in seinem Leben ein Dutzend Mal den Wohnort, wobei zehn Millionen jedes Jahr in einen anderen Bundesstaat ziehen. Diese hohe Mobilität vermischt nach kurzer Zeit die Namen und mit der Zeit auch die Gene. Dieser Wandel, bei dem Zug und Flugzeug zu Agenten der Evolution werden, ergreift den ganzen Globus und wird bald die genetischen Unterschiede des Menschen noch weiter einebnen.

Fast überall werden die biologischen Grenzen immer durchlässiger. Wir stehen vor einer Ära der Uniformität, in der sich riesige Menschenmengen auf der Suche nach Arbeit oder Sonnenschein und am Ende Sex in Bewegung setzen. In Großbritannien hat sich der Anteil der im Ausland Geborenen in den letzten fünfzig Jahren verdoppelt, inzwischen stellen sie ein Zehntel der Bevölkerung. Der Mensch steckt wie das Ökosystem, in dem er lebt, mitten in einer Vereinheitlichungsphase.

Die Rassenschranken überwindende Ehen gibt es bereits seit langer Zeit. Viele weiße Briten könnten wenigstens einen schwarzen Vorfahren aus der kleinen afrikanischen Bevölkerungsgruppe ausfindig machen, die bereits vor mehreren Jahrhunderten in England lebte. Etwa die Hälfte der Männer einer Familie aus Yorkshire (deren Nachnamen hier nicht genannt werden soll) weisen einen Y-Chromosom-Typ auf, den man sonst nur in Westafrika findet. Bereits seit den Zeiten der Römer hielten sich in Großbritannien Afrikaner auf. Im 18. Jahrhundert lebten auf den britischen Inseln 10 000 Schwarze. Seit dieser Zeit hat sich der Anteil der Briten, die ganz oder teilweise von Schwarzafrikanern abstammen, verzwanzigfacht und nimmt immer noch zu. Die oft geäußerte Behauptung, dass die Briten eine Nation seien, deren Angehörige sich selbst in einer Reihe von Ghettos einschlössen, ist falsch. Im Jahr 1991 waren mehr als zehn Prozent der Einwohner jedes zehnten »Electoral Ward« (der unterste und kleinste Wahlbezirk, von dem es in England etwa 8000 gibt) Mitglieder einer ethnischen Minderheit. Zehn Jahre später war die Zahl auf ein Achtel gestiegen. Im Jahr 2011 werden es zwanzig Prozent sein. Der Zuwachs ist dabei weniger auf Neueinwanderer zurückzuführen, als auf den Zuzug von Menschen aus anderen Teilen Großbritanniens und auf die einfache Tatsache, dass junge Menschen, von denen viele Migranten sind, mehr Kinder haben als alte.

Alle Genetiker glauben fest an die heilende Kraft der Lust, an deren Fähigkeit, soziale und geografische Schranken zu überwinden. Im Jahr 2001 stammten die Partner jeder fünfzigsten britischen Ehe – insgesamt 250 000, wozu noch die

Paare zu zählen wären, die in wilder Ehe leben – aus unterschiedlichen ethnischen Gruppen. Bei Hunderttausenden von Kindern stammt ein Elternteil aus Großbritannien und das andere aus der Karibik und fast so viele stammen aus Beziehungen zwischen Weißen und Asiaten. Die Wahrscheinlichkeit, dass ein britischer afro-karibischer Mann eine weiße Frau heiratet, ist dabei nur halb so groß wie die, dass eine schwarze Frau einen weißen Ehegatten findet. Bei den Chinesen ist das Verhältnis dagegen genau umgekehrt. Diese Beziehungen findet man entgegen einer häufig geäußerten Ansicht nicht nur in den ärmeren Kreisen. Mehr als die Hälfte dieser Paare leben in den Vororten und sind wohlhabender und gebildeter als der Durchschnitt. Im modernen Großbritannien, einer der sexuell freizügigsten Nationen der Welt, ist die Assimilation bereits weit fortgeschritten. Im heutigen England hängt die Partnerwahl inzwischen mindestens ebenso sehr vom Bildungsniveau wie von der Hautfarbe ab. Aber auch viele andere Nationen öffnen gerade gewollt oder ungewollt ihre Genpools. Der *Homo sapiens,* der von allen Säugetieren sein Verbreitungsgebiet bereits geografisch am weitesten ausgedehnt hat, wird bald auch wie die Würmer und Insekten gleichförmiger werden, als er es jemals war.

Im Zuge seines globalen Verschmelzungsprozesses hat sich der *Homo sapiens* ähnlich entwickelt wie die anderen Unkräuter. In einer Beziehung ist der Mensch jedoch einzigartig: Er ist das einzige Lebewesen, das sich – zumindest teilweise – der sonst so unerbittlichen Herrschaft der Evolution über Leben und Tod entziehen konnte. Die natürliche Auslese hat natürlich lange Zeit auch unsere Entwicklung bestimmt, selbst wenn unser Einfallsreichtum ihre Macht immer wieder zu beschränken vermochte. Allerdings gestaltete sie unseren Stammbaum weniger unterschiedlich als den der Schimpansen. Jetzt dagegen hat sich diese natürliche Selektion ausgerechnet in der Nation, in der dieses Konzept erfunden wurde – und allmählich auch zunehmend im Rest der Welt – sehr verlangsamt und wird vielleicht bald völlig aufhören.

Ich deprimiere meine Erstsemester gerne mit der Aussage, dass zwei Drittel von ihnen aus Gründen sterben werden, die mit ihren Genen zusammenhängen (eine etwas vage Behauptung, die aber für Studienanfänger allemal ausreicht). Danach versuche ich sie wieder aufzurichten, indem ich ihnen erzähle, dass in den Zeiten Shakespeares zwei Drittel von ihnen bereits gestorben wären, bevor sie ihr 18. Lebensjahr erreicht hätten. Selbst in Darwins Geburtsjahr starb etwa die Hälfte aller britischen Neugeborenen vor ihrer Volljährigkeit. Das Leben auf diesen Inseln hat sich also in nicht unbeträchtlichem Maße verbessert. Ein englisches Baby, das im Jahr 2000 geboren wurde, hatte eine 99-prozentige Chance, das Jahr 2021 zu erleben, und diese Zahl ist inzwischen sogar noch höher geworden. In Japan sind die Aussichten für Neugeborene noch besser, in den Vereinigten Staaten allerdings etwas schlechter. Trotzdem hat die gesamte entwickelte Welt einen revolutionären Anstieg der Lebenserwartung junger Menschen erlebt. In den meisten Ländern, selbst in solch relativ armen wie Ecuador, ist die Kindersterblichkeit im Vergleich zu Großbritannien noch geringer oder höchstens doppelt so hoch. Afrika ist hier leider die große Ausnahme. In Sierra Leone stirbt jedes vierte Kind vor dem fünften Geburtstag. In Angola und Liberia sind es fast ebenso viele. (Die allgemeine Lebenserwartung in Swaziland beträgt gerade einmal vierzig Jahre, ist also nur halb so hoch wie die der Japaner.) Die unterschiedliche Höhe der Lebenserwartung auf unserem Planeten ist also hauptsächlich auf das jeweilige Ausmaß der Kindersterblichkeit zurückzuführen. Allerdings sind außerhalb des Kontinents, aus dem der *Homo sapiens* stammt, diese Unterschiede im Schwinden begriffen.

Die natürliche Auslese interessiert sich traditionell sehr für den Tod junger Menschen, da diese ihre Gene noch nicht weitergegeben haben. Sie kümmert sich weit weniger um das Schicksal der Älteren, derjenigen, die das Alter von vierzig überschritten haben, da deren Geschlechtsleben vorüber ist, wodurch sie für die Evolution keine Rolle mehr spielen. Heutzutage hat der große Beförderer des Wandels einen beträchtlichen Teil seiner Energie verloren. Bisher war der Sensenmann Herr über das biologische Schicksal des Menschen gewesen. Dies ist aber nun kaum noch der Fall. Die ererbten Unterschiede in der Fähigkeit, Kälte, Hunger, Vitaminmangel oder Krankheiten zu überstehen, können also auch nicht mehr den Evolutionsprozess befördern. Zwar sterben auch heute noch viele Menschen aus diesen Gründen, aber sie tun dies in einem Alter, in dem die Evolution bereits jedes Interesse an ihnen verloren hat.

Das Darwin-Examen besteht aus zwei Teilen. In der entwickelten Welt bestehen die meisten Menschen den ersten Test: Sie leben so lange, bis sie alt genug sind, um Kinder in die Welt zu setzen. Der zweite Teil der Prüfung ist genauso unerbittlich, hat aber eine breitere Bewertungsspanne: Jeder Kandidat, der im evolutionären Wettbewerb Erfolg haben will, muss einen Partner finden und sich fortpflanzen. Je mehr Kinder er zeugt, desto besser sind die Aussichten für seine Gene.

Frauen können aufgrund der Zwänge der Schwangerschaft und der Kinderbetreuung nur eine begrenzte Zahl von Nachkommen produzieren, während Männer ihren Samen an eine Vielzahl von Partnerinnen weitergeben können (wenngleich sie diese doch wohl zuerst einmal von ihren Vorzügen überzeugen müssen). Aus diesem Grund konkurrieren die Männer um die Aufmerksamkeit der Frauen, während die Frauen entscheiden müssen, wer der Vater ihres Kindes sein soll. Die geschlechtliche Selektion hängt also wie die natürliche Auslese von der jeweiligen Überlebensfähigkeit ab. Während es bei Letzterer also um die ererbten Unterschiede geht, die über Leben und Tod entscheiden, sind es bei Ersterer diejenigen, die die Zahl der Nachkommen bestimmen. Diese Regel gilt ebenso sehr für den Menschen wie für die Vögel und Blumen.

Bis vor Kurzem gab es in vielen Gesellschaften einige wenige, die ihre Begierden frei ausleben konnten, während die Masse der Männer sexuell eher frustriert war. Die Mächtigen nutzten schon immer die geschlechtlichen Möglichkeiten aus, die sich ihnen boten. Dabei hielt sich Heinrich VIII. sogar noch eher zurück, was die Zahl seiner Gattinnen anging. So standen dem chinesischen Qin-Kaiser in seinem Palast mehrere Tausend Frauen zur Verfügung, während in Stammesgesellschaften Männer mit einem hohen Status immer noch weit mehr Gefährtinnen haben als ihre untergeordneten (und oft ehelosen) Stammesgenossen. Mohammed Bin Laden, Osamas Vater, hatte 25 Ehefrauen und 53 Kinder (allein in Osamas Geburtsjahr waren es sechs). Sein berühmtester Sohn hatte bei der letzten Zählung fünf Frauen und 25 Kinder. Wenn man bedenkt, dass die Zahl von Männern und Frauen bei der Geburt etwa gleich hoch ist, werden viele seiner Handlanger wohl einmal kinderlos sterben müssen.

Die Britischen Inseln haben eine Geschichte sexueller Ungleichheit, die selbst die Eskapaden des Gründers der Kirche von England eher harmlos erscheinen lässt. Beweis hierfür ist das Y-Chromosom, das die männliche Nachkommenschaft auszeichnet. Es existiert in ganz unterschiedlichen Formen. An den meisten Orten besitzt ein Großteil der Männer ein mehr oder weniger einzigartiges Modell dieses Trägers der männlichen Gene, der immer vom Vater zum Sohn weitergegeben wird. Dagegen teilt sich ein Fünftel der Männer in Nordwest-Irland eine fast identische Version des Y-Chromosoms, was natürlich bedeutet, dass sie alle von ein und demselben Mann abstammen.

In den glorreichen Tagen des alten Erin war die sexuelle Ungleichheit besonders ausgeprägt. Der 1423 verstorbene Lord Turlough O'Donnell hatte zum Beispiel 18 Söhne und

59 männliche Enkel. Er selbst war ein Abkömmling der irischen Hochkönige, die sich alle ihrerseits auf einen einzigen im 5. Jahrhundert lebenden Kriegsherrn, Niall of the Nine Hostages (»Niall von den neun Geiseln«), bezogen. Das Y-Chromosom dieses Niall Noigiallach ist heute aufgrund seiner eigenen Taten und der seiner mächtigen Nachfahren bei Tausenden von modernen irischen Männern zu finden. Dazu passen auch die entsprechenden Nachnamen. Die Männer der Gallaghers, O'Reillys oder Quinns (alle diese Familien behaupten, von den Hochkönigen abzustammen) besitzen fast alle dieses ganz spezielle Y-Chromosom. In Irland gab viele Jahrhunderte lang nur ein mächtiger Mann seine Gene weiter, während viele seiner männlichen Zeitgenossen ihre Tage ehelos zubringen mussten und ihre Energien nur als Soldaten ausleben oder als Priester zügeln konnten.

Heute hat sich dagegen die Welt der Fortpflanzung vollkommen verändert. Überall sind sich der Schwache und der Mächtige, der Arme und der Reiche sexuell ähnlicher, als sie es jemals waren. Dank der entsprechenden technologischen und medikamentösen Errungenschaften hat sich die durchschnittliche Kinderzahl in allen Gesellschaftsschichten verringert. Für die natürliche Auslese ist allerdings nicht die Gesamtzahl der Nachkommen, sondern die *Unterschiede* in der Zahl der Abkömmlinge der einzelnen Individuen wichtig. Auch diese Variationsbreite hat abgenommen. Vor fünf Jahrhunderten hatte in Florenz die Oberschicht doppelt so viele Nachkommen wie die Bauernschaft, heute dagegen haben die Florentiner Armen sogar etwas mehr Kinder als die dortigen Reichen. Dasselbe gilt auch für Großbritannien (was vor allem der *Daily Mail* große Sorgen bereitet). Die frühere Kluft hat sich eher durch die Zurückhaltung der Wohlhabenden als durch einen erhöhten Kinderwunsch der Armen geschlossen. Das Wissen über die Methoden der Empfängnisverhütung ließ die reichen Familien kleiner werden, während sich die durchschnittliche Kinderzahl der Armen nicht veränderte. Auch die Schulen sind ein wichtiger Förderer der Geburtenkontrolle. Überall haben Menschen mit einem Schulabschluss weniger Kinder als solche, die nur kurz oder gar nicht zur Schule gingen. Die Verbesserung des allgemeinen Bildungsniveaus auf unserem Planeten wird dafür sorgen, dass die Fruchtbarkeitsunterschiede noch weiter abnehmen werden.

Die Ungleichheit der Überlebens- und Fortpflanzungschancen ist eine wichtige Voraussetzung der Fähigkeit der natürlichen Auslese, die Lebewesen an die jeweiligen Bedingungen anzupassen. Die unterschiedlichen Fähigkeiten der Individuen, am Leben zu bleiben und Kinder in die Welt zu setzen, lässt sich in einer einzelnen Maßzahl zusammenfassen, die ausdrückt, in welchem Maße diese Voraussetzungen der Evolution noch zur Verfügung stehen. Diese Zahl, die »Selektionsmöglichkeit«, geht gerade rapide zurück. In Indien lässt sich diese Entwicklung in einem einzigen Land verfolgen. Diese Nation vereinigt in sich eine ganze Reihe von Kulturen, von archaischen Bergstämmen bis zu wohlhabenden Stadtbewohnern. Dazu kommt noch die große Masse der Bauern, die ein Leben wie die Europäer vor vielen Hundert Jahren führen. Fasst man die Lebenserwartungs-, Geburten- und Sterberaten zusammen, zeigt sich, dass die natürliche Selektion in der indischen Mittelklasse im Vergleich zu den Stammesvölkern neunzig Prozent ihrer Macht verloren hat. Dasselbe gilt, wenn wir die moderne Welt mit der des Mittelalters vergleichen. Auch die viktorianischen Zeiten unterscheiden sich in dieser Hinsicht, wenn auch in geringerem Maße, von den unseren.

Charles Darwin selbst wies immer wieder darauf hin, dass die Evolution keine vorausschauende Wissenschaft sei, die die zukünftige Entwicklung voraussagen könne. Die natürliche Auslese führt nicht automatisch zu besseren (allerdings auch nicht zu schlechteren) Lösungen. Auf den *Homo sapiens* warten aller Wahrscheinlichkeit nach künftig noch einige unangenehme Überraschungen. Eines Tages wird sich die Evolution an uns rächen und wir werden vielleicht unseren Kampf ums Überleben gegen uns selbst verlieren, da wir Menschen ja bereits heute das größte ökologische Problem darstellen.

Was immer die Zukunft bringen mag, so steht doch fest, dass wir am 200. Jahrestag von Darwins Geburt am Beginn einer neuen Ära in der Biologie unseres Planeten stehen. Der grundlegende Wandel bleibt dabei nicht nur auf die Regenwälder, die Korallenriffe und die blühenden Tropen beschränkt, sondern macht sich auch auf Darwins Heimatinsel und bei deren Bewohnern bemerkbar. Von Shrewsbury bis zu den Galapagos-Inseln und von den Würmern über die Seepocken bis zu den Menschen hat die Durchschnittlichkeit ihren Siegeszug angetreten. Die Erde ist deswegen inzwischen weit weniger interessant als damals, als die *HMS Beagle* Segel setzte. Ob sich diese Entwicklung fortsetzt – und ob wir überhaupt überleben –, hängt von den Fähigkeiten und dem Verhalten des einzigen Wesens ab, das jemals die Grenzen der Darwinschen Evolution überschreiten konnte.

Literatur

Alle hier aufgelisteten Bücher und Artikel, außer den beiden mit * gekennzeichneten, werden in *Darwins Garten* thematisiert.

Englische Erstausgaben von Charles Darwins Werken

* *The Zoology of the Voyage of H.M.S. Beagle*. Smith, Elder & Co., London 1838–1843 [Darwin fungiert hier als Herausgeber]

Journal of researches into the geology and natural history of the various countries visited by H.M.S. Beagle. Henry Colburn, London 1839 [Dieses Buch ist gemeint, wenn von »Reise auf der Beagle« die Rede ist.]

* *Geology of The Voyage of The Beagle*. 3 Bände, Smith, Elder & Co., London 1842–1846
  - [Band 1] *The structure and distribution of coral reefs*. 1842
  - [Band 2] *Geological observations on the volcanic islands visited during the voyage of H.M.S. Beagle, together with some brief notices of the geology of Australia and the Cape of Good Hope*. 1844
  - [Band 3] *Geological observations on South America*. 1846

Living Cirripedia. A monograph on the sub-class Cirripedia, with figures of all the species. 2 Bände, The Ray Society, London 1852–1854
– [Band 1] *The Lepadidae; or, pedunculated cirripedes.* 1852
– [Band 2] *The Balanidae, (or sessile cirripedes); the Verrucidae.* 1854

Fossil Cirripedia of Great Britain. 2 Bände, Palaeontographical Society, London 1851–1855
– [Band 1] *A monograph on the fossil Lepadidae, or pedunculated cirripedes of Great Britain.* 1851
– [Band 2] *A monograph on the fossil Balanidae and Verrucidae of Great Britain.* 1855

On the origin of species by means of natural selection, or the preservation of favoured races in the struggle for life. John Murray, London 1859

On the various contrivances by which British and foreign orchids are fertilised by insects, and on the good effects of intercrossing. John Murray, London 1862

On the movements and habits of climbing plants. In: *Journal of the Linnean Society of London (Botany)*, Band 9, S. 1–118

The variation of animals and plants under domestication. John Murray, London 1868

The descent of man, and selection in relation to sex. John Murray, London 1871

The expression of the emotions in man and animals. John Murray, London 1872

Insectivorous Plants. John Murray, London 1875

The effects of cross and self fertilisation in the vegetable kingdom. John Murray, London 1876

The different forms of flowers on plants of the same species. John Murray, London 1877

The power of movement in plants. John Murray, London 1880

The formation of vegetable mould, through the action of worms, with observations on their habits. John Murray, London 1881

Artikel

Darwin, C.: A biographical sketch of an infant. *Mind* 1877, 2 (July), S. 285–294

Briefe und Autobiografie

Darwin, F. (Hrsg.): *The life and letters of Charles Darwin, including an autobiographical chapter.* 3 Bände, John Murray, London 1887

Darwin, F., Seward, A. C. (Hrsg.): *More letters of Charles Darwin.* 2 Bände, John Murray, London 1903

Darwin, C. R.: *The autobiography of Charles Darwin 1809–1882. With the original omissions restored. Edited and with appendix and notes by his grand-daughter Nora Barlow.* Collins, London 1958.

Die oben aufgeführten und viele weitere Ausgaben der Werke von Charles Darwin sind im Internet unter http://darwin-online.org.uk/contents.html abrufbar.

Deutsche Ausgaben von Charles Darwins Werken (Auswahl)

Darwin, C.: Gesammelte Werke. Übers. von J. Victor Carus. E. Schweizerbart, Stuttgart, 1875–1899

- Band 1: *Reise eines Naturforschers um die Welt.* 1899
- Band 2: *Über die Entstehung der Arten durch natürliche Zuchtwahl.* 1899

– Bände 3 u. 4: *Das Variiren der Thiere und Pflanzen im Zustande der Domestication.* 1878
– Bände 5 u. 6: *Die Abstammung des Menschen und die geschlechtliche Zuchtwahl.* 1875
– Band : *Der Ausdruck der Gemüthsbewegungen bei dem Menschen und den Thieren.* 1877
– Band 8: *Insectenfressende Pflanzen.* 1899
– Band 9: *Die Bewegungen und Lebensweise der kletternden Pflanzen* (und) *Die verschiedenen Einrichtungen durch welche Orchideen von Insecten befruchtet werden* (und) *Die verschiedenen Blüthenformen an Pflanzen der nämlichen Art* (3 Bde. in 1 Band). 1899
– Band 10: *Die Wirkungen der Kreuz- und Selbst-Befruchtung im Pflanzenreich.* 1899
– Band 11 (1. Abt.): *Über den Bau und die Verbreitung der Corallen-Riffe.* 1899
– Band 11 (2. Abt.): *Geologische Beobachtungen über die Vulcanischen Inseln mit kurzen Bemerkungen über die Geologie von Australien und dem Cap der Guten Hoffnung.* 1899
– Band 12 (1. Abt.): *Geologische Beobachtungen über Süd-America angestellt während der Reise des Beagle in den Jahren* 1832–1836. 1899
– Band 12 (2. Abt.): *Kleinere geologische Abhandlungen.* 1899
– Band 13: *Das Bewegungsvermögen der Pflanzen.* 1899
– Band 14 (1. Abt.): *Die Bildung der Ackererde durch die Thätigkeit der Würmer mit Beobachtung über deren Lebensweise.* 1899
– Band 14 (2. Abt.): *Leben und Briefe von Charles Darwin: mit einem seine Autobiographie enthaltenden Capitel* (in drei Bänden), Bd. 1. 1899
– Band 15: *Leben und Briefe von Charles Darwin: mit einem seine Autobiographie enthaltenden Capitel* (in drei Bänden), Bd. 2. 1899

– Band 16: *Leben und Briefe von Charles Darwin: mit einem seine Autobiographie enthaltenden Capitel* (in drei Bänden), Bd. 3. 1899

Darwins Werke liegen in vielen verschiedenen Ausgaben und Übersetzungen vor. Die meisten davon sind jedoch nur antiquarisch erhältlich (z. B. über das Zentrale Verzeichnis antiquarischer Bücher http://www.zvab.com) oder online einsehbar (http://darwin-online.org.uk/contents.html).

Derzeit lieferbare deutschsprachige Bücher (Auswahl)

Die Fahrt der Beagle. Tagebuch mit Erforschungen der Naturgeschichte und Geologie der Länder, die auf der Fahrt von HMS *Beagle* unter dem Kommando von Kapitän Robert Fitz Roy, RN, besucht wurden. Übers. von Eike Schönfeld, mit einer Einleitung von Daniel Kehlmann. Marebuchverlag, Hamburg 2006.

Reise eines Naturforschers um die Welt. Ausgewählt und mit einer Einleitung von Julia Voss. Insel Verlag, Frankfurt 2008

Über die Entstehung der Arten im Thier- und Pflanzen-Reich durch natürliche Züchtung, oder Erhaltung der vervollkommneten Rassen im Kampfe um's Daseyn. Übers. von H. G. Bronn. Mit einer Einführung von Thomas Junker. Wissenschaftliche Buchgesellschaft, Darmstadt 2008

Die Abstammung des Menschen. Übers. von Heinrich Schmidt. Mit einer Einführung von Christian Vogel. Kröner Verlag, Stuttgart 2002

Nichts ist beständiger als der Wandel. Briefe 1822–1859. Hrsg. von Frederick Burckhardt. Mit einem Vorwort von Stephen Jay Gould. Übers. von Ursula Gräfe. Insel Verlag, Frankfurt 2008

Mein Leben 1809–1882. Vollständige Ausgabe der »Autobiographie«. Mit einem Vorwort von Ernst Mayr. Hrsg. von Nora Barlow. Insel Verlag, Frankfurt 2008

Sind Affen Rechtshänder? Notizhefte M und N und die »Biographische Skizze eines Kindes«. Hrsg. von Henning Ritter. Friedenauer Presse, Berlin 1998

Die in *Darwins Garten* vorkommenden Zitate stammen in der Regel aus den *Gesammelten Werken* in der Übersetzung von J. Victor Carus. Daneben wurden noch folgende Übersetzungen verwendet: *Über die Entstehung der Arten im Thier- und Pflanzen-Reich durch natürliche Züchtung, oder Erhaltung der vervollkommneten Rassen im Kampfe um's Daseyn.* Übers. von H. G. Bronn. E. Schweizerbart'sche Verlagshandlung, Stuttgart 1860, und *Der Ausdruck der Gefühle bei Mensch und Tier.* Nach d. Übers. von Theodor Bergfeldt neu hrsg., ausgewählt u. kommentiert von Ulrich Beer. Rau, Düsseldorf 1964.

David Quammen

Charles Darwin

Der große Forscher und seine Theorie der Evolution. Aus dem Amerikanischen von Inge Leipold. 320 Seiten. Gebunden

Wer war Charles Darwin? Ein englischer Biologe, der auf den Weltmeeren segelte und Bücher schrieb. Darwin war ein vorsichtiger, fast schüchterner Mann, ein stets kränkelnder Taubenzüchter, ein begeisterter Billardspieler, ein akribischer Käfersammler, ein fürsorglicher Ehemann und Vater. Und natürlich der herausragende Naturforscher, dem seine radikale Einsicht, dass »natürliche Auslese« die Triebkraft der Evolution sei, eine quälende Last war. Denn was er da, viele Jahre nach seiner Reise an Bord der *Beagle*, in aller Stille in seinem Haus über Jahrzehnte hinweg erforschte, war mehr als eine wissenschaftliche Theorie: Es war eine Revolution.
David Quammen bietet beides: eine einfühlsame Beschreibung des Menschen Charles Darwin und eine glänzende Darstellung seines Werkes. Was ist Evolution? Wie entstand die mächtige Theorie? Und warum wird Darwin für seine Theorie über die Entstehung der Arten von den einen in den Himmel gehoben und von den anderen verdammt?

01/1761/01/L